PAGES INEDITES D'HISTOIRE DE BOURGOGNE
AU XVIᵉ SIÈCLE

FRAGMENTS DES ANNALES

DE LA VILLE DE

VERDUN-SUR-SAONE-ET-DOUBS

PAR

J.-P. ABEL JEANDET

(DE VERDUN)

Ancien médecin du service médical gratuit du département de Saône-et-Loire,
Ancien maire de la ville de Verdun,
Ancien archiviste des villes de Mâcon et de Lyon,
Lauréat de l'Institut de France et des Académies de Dijon et de Mâcon,
Membre titulaire ou correspondant des Académies ou Sociétés savantes de l'Aube,
de l'Yonne, de Beaune, des Antiquités de la Côte-d'Or,
de Saône-et-Loire, de Chalon-sur-Saône, etc.

DIJON

IMPRIMERIE DARANTIERE

65, RUE CHABOT-CHARNY, 65

1893

FRAGMENTS DES ANNALES

DE LA VILLE DE

VERDUN-SUR-SAONE-ET-DOUBS

PAGES INEDITES D'HISTOIRE DE BOURGOGNE
AU XVIe SIÈCLE

FRAGMENTS
DES ANNALES

DE LA VILLE DE

VERDUN-SUR-SAONE-ET-DOUBS

PAR

J.-P. ABEL JEANDET

(DE VERDUN)

Ancien médecin du service médical gratuit du département de Saône-et-Loire,
Ancien maire de la ville de Verdun,
Ancien archiviste des villes de Mâcon et de Lyon.
Lauréat de l'Institut de France et des Académies de Dijon et de Mâcon,
Membre titulaire ou correspondant des Académies ou Sociétés savantes de l'Aube,
de l'Yonne, de Beaune, des Antiquités de la Côte-d'Or,
de Saône-et-Loire, de Chalon-sur-Saône, etc.

DIJON

IMPRIMERIE DARANTIERE

65, RUE CHABOT-CHARNY, 65

1893

A LA MÉMOIRE DE

MON FILS UNIQUE ET BIEN-AIMÉ

Je dédie

Ces pages d'Histoire

de son pays natal

QU'IL ÉTAIT APPELÉ A ILLUSTRER

PRÉFACE

J'ai souvent donné des preuves de mon penchant pour les études historiques et biographiques, auxquelles depuis un demi-siècle j'ai consacré tous les loisirs que m'ont laissés les études sérieuses, puis les devoirs impérieux du pénible exercice de la médecine dans les campagnes.

Mais je n'ai révélé qu'à un petit nombre d'intimes la source de ce penchant, source pure et limpide comme celle d'une fontaine mythologique, consacrée à la poésie et aux amours.

Tout était poésie et amour dans les sentiments qui m'inspiraient : poésie et amour du berceau, de la maison des ancêtres, du pays natal, du culte pieux de la famille pratiqué, enseigné par les aïeuls, par l'exemple du travail et des vertus domestiques, donné chaque jour par eux et par leur fils et leur fille mes chers père et mère.

Dans cette atmosphère calme et sereine, la pétulance native de mon caractère s'adoucit et mon imagination s'ouvrit à toutes les aspirations généreuses. Le patriotisme ne tarda pas à enflammer mon cœur. Je voulus connaître le passé inconnu de ce pays aimé où je goûtais le bonheur, et je devins son historien, naturellement, sans savoir ce que c'était qu'un historien.

Je noterai cette particularité, c'est que je n'avais

fréquenté ni l'école, ni le collège ; ma première école fut la maison de mes modestes aïeux, mes premiers maîtres furent, ma mère, une grand' tante, ma marraine, puis, pour les études classiques, mon cher père, ancien chirurgien militaire et docteur en médecine, un de mes oncles, frère de ma mère, et un cousin germain, élève de mon père.

A 17 ans je quittai, à regret, ma chère Bourgogne, pour aller à Paris, avec une candide et complète ignorance des habitudes du monde. J'arrivais à Paris, comme mon père, y était venu, au même âge, trente ans auparavant, pour y étudier la médecine.

Alors commença pour moi une existence toute nouvelle, une odyssée, un roman vrai, que j'ai écrit en même temps que l'histoire de ma famille. Ce livre intime fut dicté, par mon cœur, ma conscience et mon expérience, pour la consolation de mes vieux jours et pour l'éducation de mon fils unique.

Ce fils, d'abord frêle enfant, se fortifia, grandit et devint un homme, *Vir!* fort, parmi les forts, et brave parmi les plus braves. Il ne tarda pas à se trouver à l'étroit dans cette France, sa patrie aimée, dont il déplorait les défaillances, les fautes et les malheurs. Il la quitta pour aller porter haut et ferme, sur une terre lointaine devenue française, son glorieux drapeau qui, là-bas, serait véritablement, disait-il, « le drapeau de la liberté et de la civilisation ».

Les populations primitives du Sénégal se groupèrent autour de ce blanc qui les traitait comme ses frères, et bientôt ils l'aimèrent comme leur père et lui obéirent comme à leur chef. Il était à la veille de recueillir les fruits de ses labeurs et de ses conquêtes, moitié pacifiques, moitié guerrières, et d'en faire profiter la France, lorsqu'un noir, musulman fanatique, instrument d'un complot antifrançais brisa, par un lâche et criminel attentat, cette noble existence, riche d'un brillant avenir.

Le coup mortel qui m'a enlevé mon fils m'a fait une blessure profonde et incurable qui a mis fin à ma vie sociale et intellectuelle.

J'emprunte à un de mes derniers ouvrages le passage ou j'ai dépeint les tristesses de mes derniers jours.

Extrait du livre intitulé : Macon au XVI⁰ siècle
Aperçu historique et littéraire.

POSTFACE

ADDENDA

Ce travail fait partie d'une suite d'études sur toutes les branches de l'histoire de ma province natale, la Bougogne, à laquelle je n'ai cessé, depuis un demi-siècle, de consacrer tous mes loisirs. Il a été inspiré par le plus sincère patriotisme et composé uniquement, comme tout ce que j'ai écrit, d'après des documents officiels, des titres originaux et des mémoires contemporains, manuscrits ou imprimés, à peine connus. Bien peu d'historiens m'avaient précédé dans cette voie. Mon but a été de répandre quelques rayons de la lumière du flambeau de la vérité sur notre histoire provinciale, c'est-à-dire nationale, en faisant connaître, pour la première fois, celle de quelques-unes de nos villes.

Mâcon est le sujet de ce fragment; il n'embrasse qu'un siècle, le XVIᵉ, période la plus animée, la plus agitée et la plus importante de son existence. Cette existence oubliée, nous l'avons fait revivre, pour ainsi dire, dans une suite de tableaux et de notes explicatives.

L'accueil bienveillant que reçut mon œuvre m'y attacha davantage ; je m'appliquais à la revoir, afin qu'elle fût moins imparfaite, lorsqu'une blessure incurable vint me frapper au cœur. Une mort prématurée, imprévue et cruelle, m'enleva mon meilleur ami, un *alter ego*, mon fils unique et bien aimé !

Homme de cœur, esprit d'élite, d'une instruction variée, mes travaux historiques l'intéressaient vivement et il se plaisait à les applaudir. Ses sympathies encourageantes stimulaient mon ardeur pour l'étude. Le jour où elles me manquèrent, je me sentis défaillir : mes forces m'abandonnèrent, mon âme attristée et mon intelligence engourdie délaissèrent mon corps, en proie à la maladie et à la souffrance, pour aller à la recherche de la belle âme de mon cher fils.

Dès lors je n'eus plus qu'une seule préoccupation, celle de la retrouver dans une autre vie, car j'étais entièrement détaché de celle de ce monde qui m'avait trompé et trahi en me privant de mon fils au moment où elle lui faisait espérer de nombreuses années utilement remplies au service de sa patrie, et où elle lui promettait un glorieux avenir !

J'ai donc abandonné, sans retour, comme des distractions stériles, mes chères études historiques qui ne m'apprenaient rien sur les destinées futures de l'homme, pour me plonger dans la lecture attentive et réfléchie des livres qui, depuis la Bible, les Evangiles et les Pères de l'Eglise, jusqu'aux auteurs modernes des écoles philosophiques et religieuses, nous révèlent et nous font espérer une seconde vie où, après les épreuves supportées avec résignation dans cette vallée de misères, nous goûterons, sous l'œil de Dieu, si nous n'avons douté ni de sa toute-puissance, ni de sa justice, des joies plus grandes que toutes les douleurs que nous aurons endurées sur cette terre (1).

Mais, pour être admis dans cette région divine de la béatitude, il nous faut accomplir « la plus héroïque de toutes les actions : savoir mourir ! car c'est à la mort que se consomme le plus grand mystère de la prédestination de l'homme » (2).

Ecoutons Pierre Charron, l'auteur d'un livre justement estimé, intitulé : *De la sagesse* :

---

(1) M. l'abbé J.-M. Buathier, curé de Buellas (Ain), *le Sacrifice dans le dogme catholique et dans la vie chrétienne*, 2ᵉ édit., 1 vol. in-8. Lyon, Witte et Perrussel, 1886, chap. xxi, *le Sacrifice et le bonheur*, p. 473.

(2) L'abbé Sigorgne, archidiacre, vicaire général et official de Mgr l'évêque de Mâcon, de la Société royale de Nancy, *Oraison funèbre de Louis XV, roi de France* (13 juin 1774), in-4, p. 20.

— x —

« Le jour de la mort est le maître-jour, le juge de tous les autres ; car la fin couronne l'œuvre.

« Surtout il faut s'efforcer que nos vices meurent avant nous.

« Il n'a pas mal employé sa vie, qui a appris à bien mourir. Il l'a perdue qui ne la sait bien achever.

« Le sot craint et fuit la mort ; le fou la cherche ; le sage l'attend (1). »

« La mort pour l'homme religieux et intelligent n'est qu'une évolution, dernier phénomène de sa vie terrestre, à laquelle succède la vie nouvelle où il entre (2). »

Quant aux conditions dans lesquelles s'accomplit notre seconde existence, ce n'est point un problème scientifique que l'homme peut résoudre, c'est un mystère impénétrable par lequel Dieu affirme et impose sa toute-puissance.

« Dieu, après avoir créé le monde, l'a mené au point où nous le voyons, et mènera à la vie future DONT SEUL IL A LE SECRET (3). »

Soutenu par ces pensées fortifiantes, le père de François-Abel Jeandet donne chaque jour un pieux souvenir et des larmes à la mémoire de son fils unique. Il laisse à ses chefs, à ses collègues, à ses subordonnés le soin de faire connaître ses vertus civiques, ses qualités et la perte que sa mort

---

(1) *De la sagesse*, par P. Charron, 1541-1604, liv. II, ch. xi.
(2) M. l'abbé Buathier, ouvrage cité, chap. xviii, *le Sacrifice et la mort;* — Louis Figuier, *le Lendemain de la mort* ou *la Vie future*, 8ᵉ édit., 1881, p. 424.
(3) A. de Chambrun de Rosemont, *Essai d'un Commentaire scien-*

a causée à la France et à la colonie du Sénégal.

Ces hommages unanimes rendus spontanément sont des adoucissements à la cruelle douleur de sa mère et de son vieux père; voilà pourquoi nous les avons consignés dans ces notes historiques, manifestation dernière de la vie intellectuelle du père d'Abel Jeandet.

QUELQUES DOCUMENTS
RELATIFS A LA MORT DE
F.-J.-E.-ABEL JEANDET, DE VERDUN

Lauréat de la Société des écrivains français et de l'Académie de Vaucluse; membre correspondant de celle de Mâcon et de la Société des sciences naturelles de Saône-et-Loire; ancien chef de cabinet des préfets des Pyrénées-Orientales et de la Gironde; administrateur colonial; ancien commandant des cercles de Podor, de Saint-Louis, et de sa banlieue; ancien directeur des affaires politiques du Sénégal et dépendances; résident français dans le Cayor, et commandant du N'Diambourg et du N'Guick.

Nouvelles du Sénégal
ASSASSINAT DE L'ADMINISTRATEUR JEANDET

M. Etienne, sous-secrétaire d'Etat aux Colonies, a reçu du gouverneur du Sénégal le télégramme suivant qui confirme une triste nouvelle donnée hier par le *Temps* :

Saint-Louis (Sénégal), 3 septembre 1890.

J'ai la douleur de vous annoncer la mort de l'administrateur Jeandet, assassiné hier au cours d'une mission dans le Toro.

La cause du crime semble, jusqu'à maintenant, être la

---

tifique de la Genèse, Paris, A. Lévy, 1883, in-8, chap. LXXIII, p. 461.
Lire également sur ce grave et important sujet, Auguste Nicolas, magistrat, *l'Art de croire ou Préparation philosophique à la foi chrétienne.* Paris, A. Bray, 1867, 2 vol. in-8.— André Pezzani, avocat à la cour de Lyon, *la Pluralité des existences de l'âme,* Paris, lib. Académ. de Didier, 1865, in-18 (2e édition).

vengeance personnelle d'un indigène auquel M. Jeandet venait de confirmer l'amende infligée pour rébellion par le lam Toro (1). M. Jeandet dormait dans sa case quand il reçut un coup de fusil à bout portant, dans l'aisselle gauche. Il mourut sur le coup. Le meurtrier a pris la fuite ; des cavaliers se sont lancés à sa poursuite.

Un administrateur et un capitaine sont partis par un vapeur pour faire une enquête.

Un service religieux sera célébré à Saint-Louis, à la mémoire de M. Jeandet, et un monument sera élevé à Podor aux frais de la colonie. La mort de M. Jeandet cause une émotion profonde dans tout le Sénégal, où il avait conquis la sympathie et l'estime générale des Européens et des indigènes.

M. Etienne, sous-secrétaire d'Etat aux Colonies, a télégraphié au gouverneur du Sénégal pour le charger de le représenter aux obsèques de M. Jeandet. Il devra, en outre, prononcer l'éloge du défunt en y joignant l'expression des regrets que cause à l'administration des Colonies la fin tragique de ce fonctionnaire. Ses obsèques, qui auront lieu en grande pompe, seront faites aux frais de l'Etat.

Ajoutons que, d'autre part, les ordres les plus rigoureux ont été envoyés au gouverneur du Sénégal, lequel devra user, le cas échéant, des représailles les plus vives et traduire pour la moindre incartade les coupables devant la juridiction la plus rapide.

M. Clément Thomas, gouverneur du Sénégal, fit annoncer en ces termes la mort de M. Abel Jeandet, dans le *Journal officiel du Sénégal et dépendances,* du jeudi 4 septembre 1890, avec encadrement de deuil :

---

(1) Roi du Toro. On ne tarda pas à acquérir la certitude que ce crime n'était pas le résultat d'une vengeance personnelle, mais d'un complot politique.

NÉCROLOGIE
ABEL JEANDET

Le 2 septembre, à 9 heures du matin, M. Jeandet (Abel), administrateur colonial, commandant le cercle de Podor, a été assassiné, au grand Aéré, par un Toucouleur nommé Baydi-Katié. Une pluie battante avait obligé tous les gens qui entouraient M. Jeandet à se disperser pour se mettre à l'abri. Baydi-Katié s'approcha de la case où, près de la porte, M. Jeandet s'était allongé, en fumant sa cigarette, et lui déchargea son fusil chargé de trois balles, à bout portant, dans l'aisselle gauche. Les balles sortirent de l'autre côté de la poitrine. La mort fut instantanée.

M. Jeandet, administrateur d'une grande valeur, était aimé et estimé de ses chefs qui savaient tout ce qu'on pouvait attendre de lui, de ses collègues qui trouvaient en lui un camarade dévoué et sûr, de la population européenne qui rendait justice à ses qualités d'homme privé et de fonctionnaire et enfin de tous les indigènes, qui sentaient en lui un chef qui, tout en sachant les commander, les aimait.

Doué d'une grande bravoure, d'une intelligence vive et souple, d'une instruction brillante et étendue, sachant manier l'indigène, M. Jeandet, successivement administrateur des cercles de Louga, Podor, Tivavouane et directeur des affaires politiques, avait été souvent chargé de missions délicates et périlleuses dont il s'était tiré à son honneur. Aussi, récemment, le Gouverneur demandait-il pour lui, au département, la croix de la Légion d'honneur qui, certes, n'aurait jamais reposé sur un cœur plus noble.

Puissent les regrets universels causés dans la colonie par la mort de Jeandet adoucir un peu pour ses parents, si justement fiers de leur fils et qui l'entouraient d'une si vive et si tendre affection, l'amertume de la cruelle perte qui vient inopinément les frapper.

Copie d'une lettre de M. Clément Thomas, gouverneur du Sénégal, à M. le D' Abel Jeandet, à Verdun (Saône-et-Loire) :

Saint-Louis, le 6 septembre 1890.

Monsieur,

La foudroyante nouvelle de la mort tragique d'Abel Jandet, après avoir jeté la consternation dans tout le Sénégal, est allée briser le cœur d'un père et d'une mère.

Devant l'immensité de la douleur où vous plonge la perte cruelle d'un fils unique, je ne puis que vous prier de me permettre de présenter à Madame Jeandet et à vous l'expression de ma profonde sympathie.

La raison se révolte à la pensée que tant de loyauté, de bravoure et de noblesse de cœur aient pu être anéanties par l'acte stupide d'une brute sauvage.

Eh quoi ! c'est à lui, Abel Jeandet, qu'un tel sort était réservé !... Lui ! qui avait risqué vingt fois sa vie dans tant de missions périlleuses si brillamment accomplies !

Lui qui, naguère dans le Baol et le Djoloff, faisait l'admiration des officiers par sa bravoure allant jusqu'à la témérité !

Il devait mourir frappé traîtreusement par la balle d'un vulgaire assassin ! peut-être d'un fou ?

Je ne tenterai point de vous apporter de vaines consolations. Laissez-moi vous dire, cependant, cher monsieur, que toute la colonie a ressenti le coup qui vous a frappé si cruellement. Votre noble fils ne comptait ici que des amis ; il suffisait de l'approcher pour l'apprécier et l'aimer.

J'ai vu couler bien des larmes lorsque la fatale nouvelle s'est répandue si inopinément.

Puissent ces larmes d'amis sincères, en se mêlant à celles du père et de la mère d'Abel Jeandet, tempérer la violence de leur douleur.

Veuillez, Monsieur, dire à Madame Jeandet qu'une colonne commémorative, digne de celui que nous pleurons tous, sera élevée aux frais de la colonie, à la place même où il repose à Podor, et qu'un service funèbre, auquel tous nous serons présents, sera célébré à Saint-Louis, dès le retour de M. Amédée Jeandet qui se trouve en ce moment à Podor.

Du courage! cher Monsieur!

Veuillez agréer et faire agréer à Madame Jeandet l'hommage de mon profond respect et de mon entier dévouement.

CLÉMENT THOMAS.

Copie d'une lettre écrite par M. le docteur Tautin, directeur des affaires politiques du Sénégal, à M. Jeandet père, à l'occasion de la mort de son fils:

Saint-Louis (Sénégal), 5 septembre 1890.

MONSIEUR,

Mieux placé, peut-être, que personne ici pour apprécier votre fils à sa juste valeur, je me fais un devoir de vous adresser l'expression des sincères regrets que me cause, à moi, son chef et son ami en même temps, la mort de votre fils Abel Jeandet.

Je ne saurais essayer de vous consoler, Dieu seul le peut; mais, si quelque chose peut adoucir l'amertume de la perte cruelle qui vient de vous frapper, permettez-moi de vous dire que tous, au Sénégal, Européens, mulâtres et noirs, commerçants, militaires ou fonctionnaires, estimaient et aimaient votre fils, cet homme au cœur d'or, ouvert, droit, intelligent, zélé, instruit, bien élevé, courageux, énergique et doux.

Dans un pays où le caractère souvent aigri pousse aux accusations méchantes, envieuses et calomnieuses, votre fils n'avait jamais été attaqué : tout le monde s'inclinait devant la dignité et la noblesse de son âme et se sentait gagné, séduit par l'affabilité de ses manières.

Sa mort a affecté tout le monde et j'ai même vu des indigènes pleurer, car il n'avait que des amis.

Je vous prie d'agréer, Monsieur, l'assurance de ma respectueuse sympathie.

Dr TAUPIN.

Copie de la lettre de M. Picanon, inspecteur des Colonies, à Mme Jeandet :

Paris, 22 septembre 1890.

Madame, c'est avec une profonde tristesse que j'ai appris le terrible malheur qui vient de frapper votre famille et de vous plonger dans la plus horrible douleur.

Permettez-moi de me joindre à ceux qui ont connu, c'est-à-dire apprécié et aimé votre regretté fils, et de vous adresser l'expression de ma profonde et respectueuse sympathie.

Je n'ajoute rien : nulle consolation ne peut exister après un pareil malheur. La France vient de perdre l'un de ses plus loyaux, de ses plus dévoués serviteurs. Chacun le regrette et sa mémoire restera profondément honorée.

Veuillez croire, Madame, à mon profond respect.

E. PICANON, *inspecteur des Colonies*.

Copie d'une lettre de M. Edouard Martin, commandant de Dagana, collègue d'Abel Jeandet, à son père et à sa mère :

Saint-Louis, 4 septembre 1890.

CHER MONSIEUR, CHÈRE MADAME,

Pardonnez-moi ce début un peu familier et qui doit vous étonner de la part d'un étranger. *Etranger!* Oui, je le suis pour vous, mais vous ne l'êtes pas pour moi. Je suis l'ami d'Abel, non pas un ami banal, comme il y en a tant, mais un ami sincère. J'aimais Abel comme un frère, et il me le rendait bien. J'avais été attiré par cette intelligence d'élite, cet esprit élevé, ce cœur généreux. Il m'a bien souvent parlé de son vieux père et de sa chère mère, dans les occasions où notre métier aventureux nous permettait de nous rencontrer. Dernièrement, il y a quinze jours, je le quittais à Podor, où j'étais allé passer huit jours de mon poste de Dagana, sans autre motif que celui de causer avec mon ami que je n'avais pas vu depuis un an.

Oui, vous avez perdu un fils sans égal ; un fils comme Abel ! vous devez être fiers de l'avoir engendré et moi, qui ne connais que le fils, je dis : Tel fils, tels parents.

La mort du pauvre Abel a jeté la consternation et la douleur dans tous les cœurs, car il n'avait pas d'ennemis : il était universellement aimé. Ses supérieurs le cotaient très haut et je puis vous dire une parole que le gouverneur prononçait hier, dans son cabinet, devant des officiers et en ma présence : « C'était notre meilleur administrateur! »

Ses collègues l'aimaient et l'estimaient, ses subordonnés le chérissaient. Et comment en eût-il été autrement? Esprit droit et chevaleresque, Jeandet était respectueux sans faiblesse vis-à-vis de ses supérieurs. Avec nous, il était cordial, franc, loyal, serviable ; avec ses subordonnés, il était bon, conciliant et énergique.

Oui, votre douleur est immense, mais si la nôtre peut en atténuer l'immensité, soyez persuadés qu'Abel ne laisse ici que des regrets.

Outre son ami, je suis le collègue d'Abel, j'ai demandé, comme droit d'ami, au Gouverneur de faire l'enquête sur ce drame ; je pars ce matin à 7 heures pour le lieu où il est tombé victime de son devoir et de sa trop grande confiance. Soyez assurés, cher Monsieur, chère Madame, que s'il y a un ou deux coupables, s'il faut brûler ou détruire cinq ou six villages pour le venger, j'outrepasserai les pouvoirs que me donne le gouverneur et mon ami sera vengé et bien vengé!

J'étais l'ami d'Abel, j'étais presque son frère ; permettez-moi de m'agenouiller devant vous et de vous demander votre bénédiction en baisant respectueusement vos mains.

EDOUARD MARTIN.

Copie d'une lettre du R. P. Audren, missionnaire apostolique, supérieur de la misson de Thies, dans le Cayor, à M. A. Jeandet, à Verdun (Saône-et-Loire) :

Mission de Thies, 16 août 1891.

MONSIEUR JEANDET,

J'ai reçu votre honorée lettre du 31 juillet dernier. Merci d'avoir pensé à moi et d'avoir cru que j'étais disposé à unir mes prières aux vôtres en faveur de votre digne et bien regretté fils. Car j'ai connu et apprécié Monsieur Abel Jeandet, commandant de cercle au Sénégal.

Avec quel charme nous causions ensemble !

Dans nos entretiens intimes, j'admirais dans votre fils la noblesse du cœur, la générosité. Je touchais du doigt, pour ainsi dire, l'habile politique, le brave guerrier, l'ardent patriote. Mais, assez souvent, planant au-dessus des choses périssables, j'aimais à constater en lui le grand chrétien, l'enfant de Dieu ! Avec quel empressement il rendait aux missionnaires tous les services qui dépendaient de lui.

Aussi la mission de Thies le compte parmi ses premiers bienfaiteurs. Peiné de n'avoir point la messe le dimanche, il avait fait toutes les démarches nécessaires pour fonder une mission à Tivaouane, capitale du royaume de Cayor. Il devait donc, sous ce rapport, m'aider de toutes façons et il brûlait d'envie de voir de ses yeux la bénédiction solennelle de cette chapelle de Tivaouane.

Il m'avait bien promis d'y assister en grande tenue et à la tête de cinq mille guerriers sénégalais. Il lui eût été facile de tenir sa promesse, car, sachant prendre le noir, lui témoignant de l'estime et de la confiance, il en était aimé profondément. Il n'avait qu'à manifester sa volonté et tous les contingents militaires des royaumes placés sous son commandement se seraient hâtés d'accourir !

Hélas ! pendant que M. Abel était tout plein de ces projets, le Gouvernement colonial, connaissant son grand prestige sur les Noirs, lui donna un commandement dans l'expédition du D'Joloff et, peu après, cette mission de pacification qui lui a été funeste.

Votre fils est mort victime du devoir. Cette mort soudaine a surpris tout le monde et affligé un grand nombre, car Monsieur Abel Jeandet comptait beaucoup d'amis au Sénégal.

Croyez, cher Monsieur, que j'ai déjà pris une large part à votre douleur. Après avoir appris la triste nouvelle, je me suis hâté de dire une messe pour le repos de l'âme de mon ami, et, pour le jour anniversaire de sa mort, le 2 septembre prochain, je vous promets de chanter un service, aussi solennel que le comporte la pauvreté du missionnaire. A ce service, je vous promets d'inviter tous les Français de Thies et de Tivaouane.

Ce service, je le considère comme un devoir de reconnaissance envers un bienfaiteur de la mission : par conséquent vous ne me devrez rien.

Veuillez agréer, cher Monsieur Jeandet, avec l'assurance de la part que je prends à votre vive douleur, l'expression de mes sentiments très respectueux.

AUDREN,

Miss^{re} apost., supérieur de la Mission de Thies (Sénégal).

Copie d'une lettre de Mgr l'Evêque, vicaire apostolique de la Sénégambie, à M. A. Jeandet, à Verdun-sur-le-Doubs :

CHER MONSIEUR,

Le R. P. Audren, supérieur de notre mission de Thies, m'a communiqué les lettres que vous lui avez adressées dernièrement à l'occasion de l'anniversaire de la mort de votre bien regretté fils. Permettez-moi de venir joindre mon témoignage de douloureux regret à ceux que vous avez reçus des nombreux amis que votre fils s'était créés au Sénégal. Les excellentes relations que votre fils avait toujours eues avec nos missionnaires de Thies pendant qu'il était à Tivaouane, administrateur du Cayor, m'avaient fait concevoir pour lui une haute estime avant de le connaître personnellement.

Quelques jours avant d'être envoyé à Podor, il vint me faire visite à Saint-Louis : je constatai bien vite que tout ce qu'on m'avait dit en sa faveur était encore au-dessous de la vérité. Je remarquai qu'en lui s'alliait à une haute intelligence un noble cœur et je voulus m'en faire un ami personnel. Je l'invitai donc à dîner avec moi à la Préfecture apostolique pour avoir l'occasion de pouvoir causer plus à l'aise et plus intimement avec lui. Il vint en effet, l'avant-veille de son départ pour Podor, partager notre dîner de communauté et émerveilla tous nos Pères par la justesse de ses vues sur les personnes et les choses du Sénégal.

C'est dans cet entretien qu'il me dit que si nous avions un Gouvernement chrétien, qui voulût suivre une politique franchement chrétienne, avant cinquante ans, tout le Sénégal serait catholique et français. Malheureusement nous sommes bien loin d'en être là.

Pendant que nous nous livrions tous à une douce cordialité, nous étions loin de soupçonner que, quinze jours après, ce cher ami devait tomber sous les balles d'un lâche assassin soudoyé par le fanatisme d'un chef musulman.

Je me trouvais avec le gouverneur, M. Clément Thomas, lorsqu'il reçut le télégramme qui lui transmettait cette douloureuse nouvelle. Je n'exagère pas en vous affirmant que si c'eût été son propre frère qui eût été victime de ce lâche assassinat, M. Clément Thomas n'en aurait pas été plus douloureusement affecté. Aussi vous avez pu voir, par le petit article nécrologique qu'il fit insérer dans le *Moniteur officiel de la colonie*, quelle haute estime il avait pour votre fils et quels amers regrets remplissaient son cœur à la suite de ce douloureux et si déplorable événement. Il comprenait toute l'étendue de la perte que le Sénégal venait de faire, maintenant surtout que les hommes de principes et de cœur deviennent de plus en plus rares.

J'ai eu la consolation d'assister aux deux services funèbres qui ont été célébrés à Saint-Louis lors de l'annonce de la mort de votre fils, où j'ai officié moi-même, et cette année pour l'anniversaire de sa mort.

J'ai confiance que le bon Dieu lui aura fait miséricorde et qu'il jouit maintenant dans le ciel de la récompense due à son dévouement et à sa fidélité à garder le précieux don de la foi que vous lui aviez inculquée dans son jeune âge.

Je vous dirai donc, cher Monsieur, ainsi qu'à Madame Jeandet : Consolez-vous de cette perte douloureuse par la pensée que vous avez au ciel un enfant qui prie pour vous et qui a cueilli, en quittant cette terre, la palme du martyre.

Recevez, avec l'expression de la haute estime que j'avais pour votre cher fils, celle de mes bien sincères et affectueux regrets et croyez-moi, cher Monsieur, votre bien dévoué et respectueux serviteur en N. S. J.-C.

† M. BARTET,
Évêque titulaire d'Abdère, vicaire et préfet apostolique.

Dakar, ce 23 septembre 1891.

Ces deux dernières lettres nous révèlent, chez l'administrateur Jeandet, un sens politique qui a manqué à tous les fonctionnaires que la France a envoyés au Sénégal jusqu'à ce jour. Seul le commandant Jeandet vit le péril que courait notre colonie française, noyée au milieu de Noirs fanatisés par les marabouts musulmans, prêcheurs de la guerre sainte contre nous. Le premier, il s'occupait activement à organiser, à l'aide de nos missionnaires et de notre clergé, une lutte pacifique, mais incessante, contre les envahissements de l'islamisme dans notre colonie, lorsqu'il fut assassiné !...

La gravité de cette question religieuse était déjà signalée, en 1855, par deux auteurs sérieux et compétents : Frédéric Carrère, président de la cour et chef du service judiciaire, et Paul Holle, ancien commandant des postes de Bakel et de Sennoudebou, dans un ouvrage intitulé : *De la Sénégambie française*, Paris, Firmin Didot, 1 vol. in-8 de 393 pages.

A l'appui de ce que nous avons dit sur l'affection que les naturels du Sénégal portaient au commandant Abel Jeandet, nous publierons une lettre qu'un grand chef du Cayor écrivit au docteur Abel Jeandet, deux ans, environ, après la mort de son fils :

Sakh, le 6 mars 1892.

MON CHER MONSIEUR JEANDET,

J'ai l'honneur de t'adresser cette lettre pour vous passer visite et t'annoncer que j'étai ignoré votre demeure seul effet m'empêchant de t'écrire, ce n'ai qu'aujourd'hui que M. Buquet ma donner des renseignements en me faisant inscrire votre adresse je l'ai très bien remerciez, or je ne veut pas que mon considération sur votre fils ne soit pas toujours exister sur sa famille, je ne peut guère vous inscrire tout le concour que ton fils à fait pour nous et comment il a été aimable de tout les pays protéger et surtout nous habitants du Cayor il a été au milieu de nous comme des frères, depuis que nous l'avons perdut tout le monde le connaissant on la tête troubler de peine, et sont comme des cadavres, ne connaissons plus rien des affaires. Je me suis obliger vivement de t'inscrire afin que nous ayons toujours relation à tout action d'amitié or les sien de ce pauvre Jeandet son les mien, je serai toujours utile a tout les besoins qu'un noir peut offert à son ami.

Voici mon adresse :

Damba War, Président de l'Assemblée des Notables du Cayor, à Sakh, N'Gaye Méklé.

Recevez, Monsieur et Madame, les assurances de ma considération la plus distinguée.

Signé : DAMBA WAR

On a respecté scrupuleusement le style et l'orthographe de cette précieuse lettre.

TABLE MÉTHODIQUE

DES PRINCIPALES MATIÈRES

Préface. v

CHAPITRE PREMIER

Aperçu géologique sur la composition du sol de Verdun. — Topographie physique. — Les rivières du Doubs, de la Saône et de la Dheune. — Topographie historique, origine et formation des divers groupes de la petite cité Verdunoise. — L'île de la Motte ou du château ; Verdun la ville ou le bourg de l'Ile. — Saint-Jean de Verdun. — Le petit Chauvort. — Les Bordes de Verdun — Les Montots, Le Chapot.

CHAPITRE II

Ancienneté de Verdun, preuves fournies par sa situation commerciale et militaire, par le témoignage des auteurs, par son nom et par les antiquités qu'on y a trouvées.

CHAPITRE III

Epoque Gallo-Romaine. — Esquisse des principaux événements dont Verdun dut ressentir le contre-coup. — Luttes des Éduens et des Séquanais. — Conquête de la Gaule par les Romains. — Gaule Romaine.

CHAPITRE IV

Epoque burgundo-franke ou barbare. — Epoque féodale. — Règne de la force brutale. — Anarchie. — Calamités publiques. — Prédiction de la fin du monde. — Premiers germes d'ordre public.

— Concile ou paix de Verdun. — Apparition de Verdun dans l'histoire avec la *Trêve de Dieu* (1).

CHAPITRE V

Premiers seigneurs du nom et des armes de Verdun. — Leur généalogie inédite, depuis l'année 1020 environ, jusqu'en 1373, époque de la mort d'Eudes de Verdun, dernier mâle de cette ancienne maison. — Il vend sa seigneurie au duc de Bourgogne Philippe le Hardi. — Il affranchit tous les habitants de sa terre de Verdun, il fonde un hôpital à Saint-Jean. — Tribut de reconnaissance payé à sa mémoire (2).

CHAPITRE VI

Verdun sous la domination des seigneurs issus de la maison de Verdun et conjointement sous celle des Ducs de Bourgogne.

Maison de Sainte-Croix.	Philippe le Hardi, duc de Bourgogne.
Maison de Luyrieux.	
Humbert de Luyrieux, seigneur de Verdun en partie, devient seigneur de l'autre portion par son mariage avec Catherine de Bourgogne, le 28 juin 1460.	Jean sans Peur, duc de Bourgogne.
	Philippe le Bon, duc de Bourgogne.
	Marguerite de Bavières sa mère, veuve de Jean sans Peur.
Maison de Mareschal.	Catherine de Bourgogne, duchesse d'Autriche.
Maison de la Chambre.	

Marguerite de Bourgogne et son mari Arthur de Bretagne, comte de Richemont, seigneur de Parthenay.

Isabelle de Portugal, duchesse de Bourgogne.

Marie de Bourgogne, fille naturelle de Philippe le Bon, épouse Humbert de Luyrieux, seigneur de Verdun en partie.

CHAPITRE VII

Verdun sous le régime féodal. — Condition des habitants pendant les XIII°, XIV° et XV° siècles. — Charte d'affranchissement octroyée par

---

(1) Voir, sur cet événement, la note et la pièce n° 1.
(2) Voir note et pièce n° 2, sur Eudes de Verdun et les Armoiries de cette ville.

Guy de Verdun, en 1234 (1). — Droit de franchise. — Mode de payement de ce droit. — Administration municipale. — Echevinage du xiii⁰ au xv⁰ siècle. — Coseigneurs de Verdun durant cette même période. — Les seigneurs de la maison de Verdun. — Les évêques de Chalon-sur-Saône (V. chap. xvii). — Les ducs de Bourgogne (V. chap. xvi). — Conflits d'autorité entre ces divers seigneurs. — Suprématie du seigneur de Verdun haut justicier. — Justices seigneuriales, à Verdun. — Étendue de la seigneurie de Verdun, du xiii⁰ au xv⁰ siècle. — Châtellenie ducale. — Liste chronologique des châtelains des ducs de Bourgogne à Verdun. — Les prévôts de la Justice seigneuriale de Verdun au xv⁰ siècle (étude de mœurs) (2).

CHAPITRE VIII.

Description de Verdun du xiii⁰ au xv⁰ siècle. — Son château féodal sur l'Ile. — Verdun la Ville. — Saint-Jean de Verdun. — Maladrerie. — Hôpital. — Fortifications, fossés, murailles et portes. — Annales historiques depuis l'avénement de Charles le Téméraire jusqu'à la fin du xv⁰ siècle. — Guerre de la réunion de la Bourgogne à la France par Louis XI. — Verdun ayant embrassé le parti de Marie de Bourgogne est assiégé et pris par les Français. — Il secoue leur joug ; — est assiégé et pris de nouveau, mis à feu et à sang. — Simon de Quingey, qui commandait dans Verdun, est fait prisonnier. — Tortures auxquelles Louis XI le soumet (3). — Après ce désastre Verdun n'est plus qu'un monceau de ruines. Réduction des droits de franchises pour y attirer des habitants. — Ils rebâtissent leur hôpital et leur église.

CHAPITRE IX

Verdun catholique. — Eglise paroissiale de Saint-Jean-Baptiste. — Son histoire et sa description — Est détruite deux fois dans l'espace de près d'un siècle. — Fondations et Confréries religieuses. — Confrérie des Treize, — de Saint-Crépin, — des Saints quatre couronnés. — Chapelle du Château-sur-l'Ile. — Maladrerie. — Hôpital fondé par Eudes de Verdun. — Son importance, dévotion

(1) Voir note et pièce n⁰ 3.
(2) Voir note et pièce n⁰ 4.
(3) Voir note et pièce n⁰ 5. Un fragment de ce chapitre viii.

— XXVI —

dont sa chapelle était l'objet. — Chapelle de Notre-Dame-de-Pitié, dans la ville, ancienne chapelle seigneuriale de l'hôtel d'Agey, acquise par la ville. — Souvenirs qui se rattachent à cette chapelle.

Influence et rôle civilisateur du catholicisme, à l'époque barbare de la primitive église et dans les temps modernes. — Exercice du culte. — Usages et coutumes.

CHAPITRE X

Misères, souffrances, épreuves subies par les Verdunois durant le xvi° siècle. — Leur pays cédé à l'Espagne avec toute la Bourgogne par le traité de Madrid. — Patriotisme des Bourguignons du comté d'Auxonne et des Verdunois. — La peste à Verdun. — Orages et grêle. — Nombre des feux de Verdun et de sa banlieue. — Les Huguenots dans les villes de Bourgogne. — Montbrun occupe Chalon. — Tavanes prend Mâcon. — Les Verdunois forcés de contribuer à ce siège et aux fortifications de Chalon. — Verdun accordé aux réformés pour l'exercice de leur culte. — Voyage de Charles IX en Bourgogne. — Il passe aux portes de Verdun. — La peste régnait dans cette pauvre ville. — Henri III et sa cour traversent Verdun. — Inondations, rupture des digues. — M. de Balagny à Verdun. — Ce qu'était ce personnage. — Prétentions de la ville de Chalon réprimées. — Toujours la peste. — Le registre du curé Blandin. — Procès et impôts. . . 1

1500-1588

CHAPITRE XI

Description sommaire de Verdun avant les premières guerres civiles. — Conduite politique des Verdunois vis-à-vis des divers partis. — Les gouverneurs de Beaune, de Chalon et de Seurre surveillent Verdun et de Bissy soupçonné de vouloir s'emparer de cette ville. — Lettre des Verdunois et de Pontus de Thiard à M. de Fervaques. — Importance de la position de Verdun. — Première campagne du duc de Nemours en Bourgogne. — Verdun lui fournit des vivres. — La guerre civile et religieuse. — Crimes sur crimes. — Le comte de Tavanes prend Verdun. — La compagnie du baron de Vitteaux y tient garnison. — Nota du curé Blandin. — Siège et prise de Verdun par le capitaine Guionvelle — Le capitaine Saint-Mathieux fait prisonnier. — Le capi-

— XXVII —

taine Laboriblanc y commande. — Projet de raser les fortifications de la ville. — Le capitaine Réal commandant à Verdun pour la Sainte-Union. — Son omnipotence et sa tyrannie. — Ses déportements et ceux de ses soldats. — Comment il se chauffait à Verdun. — Comment il procédait à la démolition de cette ville. — Bissy prend et délivre Verdun. — Mort violente de Réal 74

1589-1590

CHAPITRE XII

Verdun sous le gouvernement de M. de Bissy, depuis le jour où il s'empara de cette ville jusqu'à son investissement par l'armée des ligueurs commandée par le vicomte de Tavanes. . . 141

1590-1592

CHAPITRE XIII

Suite des guerres de la ligue. — Verdun sous le gouvernement de M. de Bissy. — Travaux de défense qu'il y fait exécuter en prévision du siège dont il était menacé. — Description et état des fortifications de Verdun, au moment où le vicomte de Tavanes vient l'assiéger. — Revue de l'armée des assiégeants, ses forces, sa composition, son artillerie, ses principaux capitaines, son général en chef 205

1592

CHAPITRE XIV

Verdun sous le gouvernement de M. de Bissy. — Il y soutient un siège mémorable contre tous les ligueurs de la Bourgogne. — Petit nombre et bravoure des défenseurs de Verdun. — Péripéties de ce siège. — Un traître met le feu dans les poudres à l'arsenal. — Mort tragique de Mme de Bissy. — Les ennemis arment un assassin contre Bissy. — Le vicomte de Tavanes, forcé de lever le siège, dissimule sa défaite. — Bissy poursuit ses succès contre les ligueurs et les force à implorer la paix . . 255

1592.

CHAPITRE XV

Suite des guerres de la ligue à Verdun. — Bissy répare et augmente ses fortifications. — Continuation des hostilités. — Le vi-

— XXVIII —

comte de Tavanes fait une nouvelle tentative contre Verdun. — Il est forcé de se retirer. — Bissy attaque les ligueurs et tombe entre leur mains. — Est emmené prisonnier à Beaune. — Il y meurt... — Fidélité des Verdunois. — Le comte de Tavanes déjoue les projets des ligueurs contre Verdun. — Henri IV nomme gouverneur de Verdun Gaspard de Gadagne, fils de Guillaume, comte de cette ville. — Il est tué dans une attaque contre les ligueurs. — M. de Sabran lui succède dans le poste de gouverneur de Verdun. — Cette ville continue d'être l'un des centres principaux du parti de Henri IV en Bourgogne. — Un grand nombre de partisans de ce roi viennent y chercher un asile.   321

1593-1599

CHAPITRE XVI

Héliodore de Thiard, chevalier, seigneur de Bissy-sur-Fley, Charney et Bragny-sur-Saône, capitaine de 50 hommes d'armes des ordonnances du roi, et de 200 arquebusiers, gouverneur des ville et château de Verdun-sur-Saône-et-Doubs, 1556-1593. — Marguerite de Busseul, dame de Bissy 1563-1592. — Biographie de ces deux héros Verdunois. 371

1556-1593

CHAPITRE XVII

Verdun féodal durant le xvi° siècle. — Seigneurs de Verdun fournis par les maisons de Mareschal, de la Chambre, de Collodio et Cenamy, et de Gadagne. — Richesse de cette famille. — Aperçu historique sur elle. — L'ancienne baronnie de Verdun érigée en comté en faveur de Guillaume de Gadagne en 1593. — Le Maréchal de Biron, seigneur de Verdun en partie.

1538-1599

CHAPITRE XVIII

Verdun féodal durant le xvi° siècle (suite). — Droits féodaux et seigneuriaux. Changements opérés depuis le xv° siècle. Le droit féodal s'efforce vainement de rester immuable, il se transforme au profit du droit commun. Grande réforme dans l'assiette de l'impôt foncier à Verdun. Les Justices seigneuriales de Verdun au xvi° siècle. — Bailliage et châtellenie du seigneur, juridiction, officiers, gens capables, Guillaume Tabourot; Bernard des Barres. — Jacques Grivel ; — Etienne Tabourot. — Prévôté de l'évêque, comte de Chalon-sur-Saône (voir chapitre viie). — Officiers de cette justice. — Pénalités. — Procès. — Etudes de mœurs. — Châtellenie royale de Verdun et Saulnières (domaine royal). Suite de son histoire (voir son origine au chapitre viie).

1500-1599

CHAPITRE XIX

Un bailly de la justice seigneuriale de Verdun au xvie siècle. — Maistre Estienne Tabourot. — Esquisse biographique, et littéraire 443

1549-1590

CHAPITRE XX

Exposé historique de l'administration municipale de Verdun pendant le xvie siècle. — Changement opéré par les habitants dans leur ancienne loi municipale. — Création d'un conseil de ville. — Suffrage universel. — Mode de votation. — Verdun considéré comme corps de ville. — Représentation et députation aux Etats généraux du comté d'Auxonne. — Rang que Verdun y occupait. — Examen sur l'influence que les luttes acharnées du xvie siècle ont exercée sur l'état politique et social des populations. — N'ont-elles pas été plus nuisibles que profitables?

1500-1599

CHAPITRE XXI

Verdun, oublié par tous les historiens du xviie siècle. — Injustice de cet oubli. — Promesses consolatrices du xviie siècle. — Il ne peut les tenir. — Verdun en 1602. — Mort du premier comte de Verdun. — Mort violente d'un autre de ses seigneurs, Gontaut de Biron. — Son portrait. — Ses derniers moments. — Il donne sa portion de la seigneurie de Verdun à son fils naturel. — Quelle était sa mère. — Il fut légitimé, puis tué à la guerre. — La paix en ce temps malheureux était encore la guerre. — Triste situation de Verdun et de sa banlieue. — Sa misère. — Intempéries, inondations. — Rupture des digues. — La nouvelle de l'assassinat de Henri IV parvient en Bourgogne. — Réflexions sur les dix meil-

— XXX —

leures années de son règne. — La démolition des châteaux forts de la Bourgogne.

1600-1610

CHAPITRE XXII

Le flot des soudarts. — Riches vendanges ; pour qui ? — La France est comme un camp au pillage. — Les garnisons se succèdent sans cesse à Verdun. — Ce qu'elles coûtent à la ville et aux habitants. — Verdun mis en état de défense. — Le duc de Bellegarde en renforce la garnison. — Passage des lansquenets et du duc d'Halluyn. — Encore l'inondation. — La vraie et la fausse histoire ; lettre du duc de Bellegarde au roi. — Impôts de guerre levés au mépris des privilèges de la province. — La peste. — Le curé de Verdun abandonne ses paroissiens ; arrêts du parlement contre lui. — Autre fléau ; garnisons et gens de guerre. — Prix des denrées à Verdun. — Révolte de Gaston et de Bellegarde. — Misère des habitants ; dettes de la ville. — Le maréchal d'Hocquincourt à Verdun ; une lettre de lui à son beau-frère. — Bilan de la petite ville de Verdun ; mouvement de sa population : 1630-1635. — Mortalité en 1631 ; — Nombre des feux et visite de Saint-Jean et de Verdun, en 1632. — La France déclare la guerre à l'Espagne. — Rupture de la neutralité entre les deux Bourgognes. — Invasion du comté ; siège de Dôle. — Verdun, ville voisine du théâtre de la guerre, en souffre. — Sa vie active. — Députe aux Etats généraux du comté d'Auxonne ; fournit l'alcade. — Assemblée et travaux des élus du comté d'Auxonne à Verdun. — Levée du siège de Dôle par les Français. — La France envahie au nord. — Richelieu dégarnit la Bourgogne menacée ; le prince de Condé aggrave cette faute.

1611-1636

CHAPITRE XXIII

Invasion dans le duché de Bourgogne. — Prise et sac de Chaussin et de Cuiseaux. — Lamboy et Forgatz marchent sur Verdun. — Ravages épouvantables de l'ennemi. — Les Croates à Pontoux. — Aperçu sur la vie militaire de Lamboy : son portrait. — Deux mots sur Forgatz, leurs noms deviennent une injure. — L'ennemi investit Verdun ; — position importante de cette place. — Mauvais état de ses fortifications. — Résolution héroïque de ses habitants ; — leur petit nombre les oblige à capituler. — Comment

— XXXI —

les lieutenants du roi faisaient leur devoir. — Condé et le marquis d'Huxelles. — Imprévoyance du gouvernement. — Le gouverneur de la Bourgogne. — Le lieutenant général du Chalonnais, les petites villes du comté d'Auxonne et les ennemis. — *Les Voleurs et l'Ane*, fable, par La Fontaine.

1636

CHAPITRE XXIV

Lamboy maître de Verdun s'y fortifie. — La prise de cette ville répand au loin la terreur. — Les ennemis évacuent Verdun, le pillent, l'incendient et emmènent des habitants prisonniers. — Comment ils torturent ceux de Cuizeaux pour les forcer à racheter leur vie. — Ceux de Verdun sont massacrés. — Dévastation et misère des villes, des bourgs et des villages. — Saunières cité comme exemple ; Allerey et le port de Chauvort brûlés. — Le curé Lebault ; son testament. — Incendie et pillage des châteaux et Senecey-en-Bresse, Vauvry, Ecuelles et Bragny. — Destruction d'une partie de la bibliothèque de Pontus de Thiard. — La guerre et les gens de guerre à cette époque. — Les historiens et l'histoire ; les faits rétablis.

1500-1599

CHAPITRE XXV

Verdun depuis les troubles de la Fronde en Bourgogne jusqu'à la fin du xvii° siècle. — Rôle important que jouèrent les habitants de Verdun qui chassèrent les fraudeurs de leur ville et y restèrent les maîtres.

1636-1699

CHAPITRE XXVI

Verdun féodal et municipal durant le xvii° siècle. — Seigneurs de la maison de la Baume d'Hostun dite de Gadagne. — Justices seigneuriales et administration municipale de Verdun et de Saint-Jean ; députation aux Etats d'Auxonne et du Duché de Bourgogne. — Distinction et privilège accordés aux députés de Verdun. — Budget, dettes et charges de la communauté. Instruction publique — Description de Verdun et de Saint-Jean à cette époque. — Fortifications restaurées puis démolies sans retour . . . .

1636-1699

CHAPITRE XXVII

Verdun pendant le xviiie siècle. Son histoire *in extremis* n'a plus de rôle dans l'histoire. — Derniers seigneurs féodaux de Verdun. — Maison de Pons d'Hostun. — Aperçu historique et généalogique sur cette maison. — Restes et débris des libertés municipales de Verdun.

1700-1799

CHAPITRE XXVIII

Commerce. — Voies de communication. — Rivières. — Ponts et chaussées. — Routes. — Histoire des digues de Verdun. — Grande digue du Doubs (ancienne voie romaine) ; digues de la Saône, petites digues. — Foires et marchés. — Halles. — Grandes halles. — Halle du fil, Petites halles. — Industries locales, tuileries, Tixeranderie (fabrication du fil et de la toile), importance du commerce à Verdun. — Transit sur la Saône. — Péages. — Octrois. — Privilèges. — Exemptions, idées économiques, liberté, entraves, prix des denrées et de la main-d'œuvre. — Valeur et produit de la propriété foncière. — Division de la propriété avant 1789.

CHAPITRE XXIX

La population de Verdun à travers les siècles. — Etudes statistiques. — Mouvement de composition et de décomposition. — Couches sociales. — Soulèvement et abaissement plus ou moins normal de ces couches. — Classes ou couches inférieures se substituant aux classes supérieures, qui redescendent. — Quelques familles de Verdun étudiées comme principaux types, etc. — Verdunois distingués.

CHAPITRE XXX

Mœurs et coutumes verdunoises anciennes et modernes. — Usages, Jeux. — Exercices publics, Jeux et compagnies de l'arbalète, de l'arquebuse et de l'arc, notes et souvenirs historiques.

CHAPITRE XXXI

Appendice.

Notes historiques sur les villages, paroisses et communauté de l'ancienne seigneurie, de l'Archiprêtré et du canton de Verdun.

PAGES INÉDITES D'HISTOIRE DE BOURGOGNE

AU XVIᵉ SIÈCLE

ANNALES

DE LA

VILLE DE VERDUN-SUR-SAONE-ET-DOUBS

CHAPITRE DIXIÈME

SOMMAIRE

Misères, souffrances, épreuves subies par les Verdunois durant le XVIᵉ siècle. — Leur pays cédé à l'Espagne avec toute la Bourgogne par le traité de Madrid. — Patriotisme des Bourguignons du comté d'Auxonne et des Verdunois. — La peste à Verdun. — Orages et grêle. — Nombre des feux de Verdun et de sa banlieue. — Les Huguenots dans les villes de Bourgogne. — Montbrun occupe Chalon. — Tavanes prend Mâcon. — Les Verdunois forcés de contribuer à ce siège et aux fortifications de Chalon. — Verdun accordé aux réformés pour l'exercice de leur culte. — Voyage de Charles IX en Bourgogne. — Il passe aux portes de Verdun. — La peste régnait dans cette pauvre ville. — Henri III et sa cour traversent Verdun. — Inondations, rupture des digues. — M. de Balagny à Verdun. — Ce qu'était ce personnage. — Prétentions de la ville de Chalon réprimées. — Toujours la peste. — Le registre du curé Blandin. — Procès et impôts.

1500-1588.

Cinq ou six mots sinistres, tels que ceux-ci : guerre, peste, misère, famine et mortalité, suffiraient presque pour résumer les annales de Verdun durant le cours du XVIᵉ siècle. Tous ces fléaux conjurés, leurs causes et leurs effets sont des enseignements.

Par les rudes épreuves auxquelles ils ont soumis

nos pères, ils ont retrempé leur âme et mis en relief leurs vertus et leurs vices. Ayons le courage et la patience de les suivre pas à pas au travers des agitations et des tourments de leur vie politique et sociale.

Le xvi° siècle trouva Verdun comme le siècle précédent l'avait laissé, tout occupé à relever ses ruines.

Les blessures qu'il avait reçues en combattant pour l'autonomie de la France en lui conservant la Bourgogne, furent si graves qu'elles n'étaient pas encore cicatrisées au bout de trente années.

1509 — Malgré les efforts des seigneurs de Verdun pour attirer des habitants dans cette petite ville, elle était encore si dépeuplée en l'année 1509 que les Etats généraux du comté d'Auxonne, touchés de sa triste situation, décrétèrent qu'elle ne serait portée sur les rôles que pour quinze feux et imposée à la modique somme de sept francs dix deniers (1) !

Il eût fallu les bienfaits d'une longue paix pour remédier à de si grandes misères, mais la guerre qui les avait occasionnées ne cessait d'exercer ses ravages.

Les expéditions de Louis XII dans le Milanais nous valurent l'invasion comme représailles. 40.000 soudarts (2), âpres à la curée, Suisses et Comtois au

---

(1) Titres et papiers du comté d'Auxonne. Archiv. de Bourgogne, à Dijon.

(2) Nous adoptons ce chiffre comme une moyenne assez exacte, entre les évaluations qui varient de 60.000 à 30.000 hommes. Voy. Courtépée et Béguillet, *Description de Bourgogne*, 2° édit., t. I, p. 225; t. II, p. 456, art. *Saint-Jean-de-Losne*, et t. III, p. 285, Art. *Verdun;* — *Mémoires de l'Académie de Dijon*, t. I, 1769, p. 40; J. Goussard, *Nouveau Guide pittoresque du voyageur à Dijon*, 4° édit., p. 82; — M. Joseph Garnier, *Correspondance de la mairie de Dijon*, t. I, p. cvii, 1868, in-8.

service de Maximilien d'Autriche, vinrent assiéger la capitale de la Bourgogne (7 septembre 1513). L'habileté du gouverneur Louis de La Trémouille, le courage et l'or des Dijonnais, arrêtèrent ces redoutables ennemis mais ne purent les empêcher de mettre à feu et à sang tout le pays, depuis Auxonne jusqu'aux portes de Dijon. 1513

La Bourgogne envahie, dévastée et ruinée, fut contrainte de fournir 400.000 écus pour prix de la paix.

La guerre semble s'éloigner de notre province, cependant les Verdunois en ressentent les cruelles atteintes. Une troupe d'environ 1200 aventuriers, qu'on disait être des Italiens à la solde de l'empereur Charles-Quint, mais qui n'étaient qu'un ramas de soldats débandés, non payés et de malfaiteurs, vint s'abattre sur la pauvre petite ville de Verdun qu'ils mirent au pillage. Ses rares habitants, incapables de la défendre, se réfugient dans les bois. 1523 (Mai)

Nul ne saura dire ce que Verdun souffrit de la présence de ces brigands dont les cruautés rappelaient celles des écorcheurs du siècle précédent (1), car aucun document relatif à ce funeste épisode de ses annales n'est parvenu jusqu'à nous.

Même lacune dans les diverses histoires de notre province si cruellement traitée par ces malandrins. A cette époque désastreuse on avait tant de sinistres à enregistrer que beaucoup étaient oubliés. Celui-ci méritait cependant de fixer l'attention.

---

(1) V. M. J. Garnier, *Corresp. de la mairie de Dijon*, t. Ier, précis historique, p. cxxvi, note 3.

Ces bandits une fois maîtres de Verdun en profitèrent pour menacer Seurre. Le bailly de Dijon rassembla des troupes et marcha contre eux, mais ne se trouvant pas en force pour les déloger de la première de ces villes, il fut contraint de les y assiéger. Dans ce but il demanda de l'artillerie à la mairie de Dijon qui s'empressa de lui envoyer quatre pièces de canon avec les munitions nécessaires au service de ces pièces (1).

Il y a lieu de supposer que cette expédition eut pour résultat de délivrer Verdun et de protéger Seurre; néanmoins une partie de notre province fut infestée de ces pillards pendant le reste de l'année, puisqu'au mois de septembre il fallut encore lever le ban et l'arrièreban pour achever de les chasser (2).

Tant d'épreuves n'empêchèrent pas les Verdunois de prendre souci des calamités publiques et de s'associer à la protestation patriotique des Bourguignons contre tout démembrement du royaume.

1526   Ici notre histoire locale grandit et s'élève à la hauteur de l'histoire générale. Autant cette période est funeste pour la France, et honteuse pour son roi, autant elle est glorieuse pour la Bourgogne. Cette généreuse province qui, loin de tirer profit et honneur de son annexion à la monarchie française, n'y trouvait que des maux à partager et des sacrifices à faire, fut assez magnanime pour ne point l'abandonner dans sa mauvaise fortune, et assez courageuse pour s'opposer à son morcellement.

(1) Ibid. et p. 301-302.
(2) Courtépée et Béguillet, t. II, p. 456, et t. III, p. 285.

François Ier par le traité de Madrid (14 janvier 1526) avait restitué le duché de Bourgogne y compris le Charollais, le comté d'Auxonne et le ressort de Saint-Laurent-lez-Chalon à l'empereur Charles-Quint, comme héritier de Marie de Bourgogne.

Ainsi un roi de France dépouillait la monarchie de cette belle et patriotique province qui devait donner tant de gages de dévouement, et tant d'illustres fils à la France !

Et encore, s'il eût accompli un pareil sacrifice pour arracher son royaume à une ruine certaine et après s'être sacrifié lui-même ? Mais c'était pour aller reprendre le cours d'une vie de voluptés dissolues, que ce roi laissait l'Espagne poser le pied sur le cœur de la France et lui tenir l'épée sur la gorge !

A peine rentré dans ses états amoindris par ses fautes et ruinés par ses prodigalités et ses guerres aventureuses, François Ier s'occupe de plaisirs, il jette de l'or à de nouvelles courtisanes tandis qu'il doit la rançon de ses deux fils et qu'il demande à la France appauvrie deux millions d'écus d'or pour les racheter ! Il va sans dire que la Bourgogne en paya sa part.

Par lettres patentes données à Cognac, le deuxième jour de mai, François Ier convoqua les Etats du comté d'Auxonne « pour délibérer sur la reddition dudit pays à l'empereur Charles-Quint. Le 8 juin suivant, les trois états de ce petit pays, clergé, noblesse et peuple, unis par le sentiment patriotique de la nationalité française en péril, déclaraient, sans discours d'apparat et sans phrases, dans une assemblée générale tenue à Auxonne : « Qu'ils voulaient demeurer sous l'obéissance de la couronne de France et non pas dudit empereur et qu'ils ne entendoient, ni vouloient en rien consentir audit traité (1). »

Nous reproduisons dans son éloquente simplicité toute spartiate la déclaration des représentants du comté d'Auxonne.

Verdun peut revendiquer sa part dans l'honneur qu'ils s'acquirent en cette occasion solennelle, car il comptait parmi eux deux de ses principaux citoyens, noble Ytasse de Brabant, châtelain en la justice seigneuriale, et honorable Jacques Grivel, juge en la prévôté de Saint-Jean de Verdun, pour monseigneur l'évêque de Chalon.

L'assemblée nationale de ce petit coin de terre bourguignonne si française choisit dans son sein quatre députés qu'elle chargea d'aller transmettre à la reine régente leur résolution et de lui demander des ordres pour le lieutenant du roi dans le duché, afin d'en obtenir des secours en cas d'attaque de la part de l'ennemi. Nos députés firent preuve d'une sage prévoyance, car les ennemis ne tardèrent pas à paraître devant Auxonne et à sommer cette petite ville d'ouvrir ses portes à l'empereur Charles-Quint : Mais les braves Auxonnais répondirent aux sommations de l'ennemi en le forçant

1531 à se retirer.

Nous avons vu les Verdunois s'efforçant d'atténuer les funestes effets d'une guerre qui avait abouti à un traité désastreux pour la Bourgogne et la France ; cinq ans après nous les trouvons en proie à la peste. Une ligne des registres de la justice seigneuriale de Verdun est le seul document qui nous y révèle l'existence

(1) Registre des délibérations des états du comté d'Auxonne. Arch. de Bourgogne, à Dijon.

de ce fléau et la terreur qu'il inspire. On cessa de tenir les assises durant la première quinzaine du mois de septembre « pour les dangers de peste régnant ès lieux circonvoisins ».

Cette même épidémie fut si meurtrière à Dijon que la Chambre de ville fut obligée de se réfugier à Saint-Apollinaire. « Le maire lui-même avait déserté son poste pour se rendre aux champs (1) ».

Tous les documents officiels de cette époque révèlent des souffrances excessives et des troubles profonds.

« La misère était si grande et la mortalité si considérable à Autun, en 1529, qu'une récompense pécuniaire fut accordée au recteur de l'hôpital du Saint-Esprit, pour avoir recueilli et nourri dix-huit petits enfants âgés de moins de deux ans, trouvés dans les rues d'Autun, abandonnés par leurs parents : « Sans cela ils auroient été dévorés par les chiens acharnés aux corps humains qui estoient estendus morts par la ville d'Ostun (2) ».

Après tant de maux Verdun paraît traverser une de ces périodes relativement calmes qui ne fournissent rien à l'histoire, mais où la chronique locale trouve encore à glaner : Voici ce qu'elle nous fournit : Le 7 août 1551, un orage épouvantable éclata sur Verdun. Maître Magnien, témoin oculaire, greffier de la justice seigneuriale de Bragny, nous en a laissé une description, en

---

(1) V. *le Parlement de Bourgogne*, par le président de la Cuisine, t. I, discours préliminaire, p. LXVII (2ᵉ édition), in-8.
(2) *Recherches historiques sur les médecins et la médecine à Autun*, par le Dʳ L.-M. Guyton; *in* Mémoires de la Soc. Eduenne, 2ᵉ série, t. Iᵉʳ, 1872.

huitains, espèce de prose rimée que nous avons découverte sur le feuillet de garde de son registre judiciaire.

Le soir du 7 août le ciel prit une teinte orangé puis le tonnerre gronda avec tant de fracas que « *les uns se pasmoient de peur,* et les autres se sauvoient affolés. »

Le lendemain matin la nuée creva et la pluie mélangée d'une grêle aux formes les plus bizarres se mit à tomber en abondance, inondant et ravageant les champs, dispersant le bétail et brisant les vitres des maisons de Verdun. Le greffier Maignin a pris soin de dessiner à la plume ces grêlons aux formes multiples et inaccoutumées : quelques-uns ressemblaient à des disques, d'autres à des étoiles aux angles arrondis ou à des roses doubles. Les plus petits mesuraient de 8 à 9 centimètres de circonférence et les plus gros de 11 à 14.

(Septemb.) 29-30

Notre greffier observateur nous apprend encore que :

> Au dit an, jour de Saint Michel
> Avec aussy le lendemain
> Neigea d'une si grant façon
> Qu'on n'osoit sortir des maisons.

Le greffier Maignin voyait dans ces intempéries des présages de mauvais augure ; il s'écrie donc :

> Sy prions tous dévotement
> Le Souverain Dieu éternel
> Que d'un tel inconvénient
> Il nous veuille tretous garder
> Avec aussy les fruicts de terre,
> Nous donne paix, évite guerre,
> Et à la fin nous tous saulve
> Amen !

Sa prière ne fut pas exaucée, au lieu de cette paix si désirée et si nécessaire, la plus cruelle des guerres, la guerre civile et religieuse allait s'abattre sur la Bourgogne.

Cette même année les élus du Comté d'Auxonne procédèrent au recensement des feux, pour l'assiette des impôts. Cette opération nous fournit les renseignements suivants sur la population de Verdun et de sa banlieue.

La ville de Verdun, proprement dite, ne renfermait que 26 feux taillables « oultre aulcunes pauvres femmes vefves et gens dont les enfants mendient, tenans feux et lieux par louaige ».

Nous rappellerons qu'en l'année 1509, Verdun ne comptait que 15 feux taillables ; il n'avait donc gagné, dans une période de quarante-deux ans, que 11 ménages en état de payer les impôts.

Saint-Jean-de-Verdun avait 24 feux ; les Montots, même paroisse, 4 feux ; Chauvort, de la paroisse Saint-Jean, 9 feux ; Les Bordes de Verdun, 18 feux, ce qui donne un total de 81 feux pour la ville de Verdun et les dépendances de sa paroisse.

Le village de Ciel-lez-Verdun comprenait 55 feux, répartis comme il suit :

Ciel 32 (6 de plus que Verdun (la ville) ;

Merley, 16 ; Vaulvry, 4 ; Chezcault, 3.

On comptait 28 feux taillables à Saunières, 13 à Sermesses et 27 à l'Abergement de Verdun, hameau caché au milieu des bois.

Un mémoire présenté par les élus du Duché de Bourgogne et du comté d'Auxonne au Roi, en son conseil, à Paris, le 16 octobre 1556, renferme d'importantes et tristes révélations sur l'état de notre province.

— 10 —

Ils remontrent « au Roi que les charges qu'elle supporte sont si insupportables que se sont, par nécessité, absentés dudit pays, plus de *dix mille* mesnagiers et habitans qui se sont retirez en la Franche-Comté où ils ont basty plus de quarante villages qu'ils appellent LA PETITE FRANCE, chose qui par traict de temps pourrait rendre nostre dit pays, si non habité du moins fort dépeuplé » (1).

Voici un extrait du rôle des impositions du comté d'Auxonne pour l'année 1561 ; le chiffre des cotes des localités y mentionnées fera juger de leur importance relative et de leurs ressources pécuniaires.

Verdun, la ville, 30 livres ; Saint-Jean-de-Verdun, 24 livres ; Chauvort, paroisse de Saint-Jean-de-Verdun, 10 livres ; les Montots-de-Verdun, 4 livres ; Sermesses, 13 livres ; Charney, 61 livres ; Auxonne, 162 livres ; Chaussin, 155 livres ; Seurre, 150 livres ; Saint-Laurent-lez-Chalon, 67 livres ; Louhans, 30 livres.

On remarquera combien le chiffre des cotes du bourg de Chaussin, de la ville de Seurre et du village de Charney est élevé en comparaison de celui de Saint-Laurent, de Louhans et de Verdun. Cette dernière ville avec ses dépendances n'est imposée qu'à 68 livres, 7 livres seulement de plus que le petit village de Charney, et plus de la moitié moins que la ville de Seurre (2).

Malgré leur pauvreté les habitants de Verdun étaient forcés de payer, en plus, une foule de redevances féodales, et de subvenir aux dépenses ordinaires et extraordinaires de leur commune. Ces dernières montèrent, cette même année, à 60 livres pour le payement des-

(1) Regist. du comté d'Auxonne. Arch. de Bourgogne, à Dijon.
(2) Ibid.

quelles il fallut lever une taille sur tous les habitants (1). 1561

Ce fut dans cette pénible situation que les Verdunois ressentirent les premiers contre-coups des guerres *de religion* qui devaient leur être si funestes.

Si les Verdunois tout entiers à leurs travaux quotidiens, à leur petit commerce, et à la pratique de la religion de leurs pères se préoccupaient fort peu des doctrines de Luther et de Calvin, il n'en était point de même dans les villes importantes de la Bourgogne. Les Huguenots (nom populaire sous lequel on désignait en France les protestants) y affichaient publiquement le mépris du culte catholique, et se riaient des lois et des édits rendus contre eux.

Dijon, Auxerre, Beaune, Chalon, Tournus et Mâcon sont tour à tour scandalisés par leur impiété ou ensanglantés par le fanatisme intolérant des deux partis. Les prétendus réformés de ces villes augmentent l'actif de leurs crimes en appelant à leur aide les capitaines protestants du Lyonnais et du Dauphiné qui mettent nos villes au pillage.

Montbrun, menacé dans Chalon par Gaspard de 1562 Tavanes, abandonne cette ville. Tavanes y arrive et traite les protestants comme ceux-ci avaient traité les catholiques. Un des biographes du Maréchal de Tavanes dit positivement qu'il abandonna Chalon au pillage (2). De Chalon il se dirige sur Mâcon, dont il est contraint de lever le siège : il revient à Chalon, où il rassemble des troupes, à l'aide desquelles il réussit à reprendre Mâcon.

(1) Registres de la Justice seigneuriale de Verdun.
(2) Voy. Perreau, *Continuation de la vie des hommes illustres de France*, t. XVI, p. 235, in-12.

Tous ces gens de guerre dévastent et épuisent le pays. Nous n'aurions pas à mentionner dans ces Annales verdunoises les événements que nous venons d'indiquer brièvement, si nous nous en étions tenus aux historiens contemporains ou modernes, car aucun d'eux ne parle de Verdun au sujet de ces drames historiques; cependant il en subissait toutes les funestes conséquences; ses habitants succombaient sous le poids des réquisitions et des subsides : les victoires des catholiques leur coûtent aussi cher que leurs défaites.

Tavanes échoue devant Mâcon, Verdun paye sa part de cette malheureuse expédition; Tavanes s'empare de Mâcon, Verdun paye ce succès; Tavanes fait fortifier Chalon, Verdun est forcé d'y contribuer; De Maugiron vient avec ses Dauphinois prêter main forte à Tavanes, Verdun paye encore pour ce prétendu secours qui lui est plus funeste que profitable.

Etrange manière de raconter l'histoire, que de la séparer des hommes par qui elle est faite et des lieux où elle s'accomplit !

Quelques détails peindront au vif les calamités de cette époque.

Les Verdunois, qui avaient à peine du pain noir à manger, reçoivent de M. de Tavanes l'ordre de lui fournir 4.000 pains blancs et, de plus, de les conduire à son camp de Mâcon à leurs dépens.

Claude Lebault, l'un des échevins de la ville, et Pierre Clerc, l'un des échevins de Saint-Jean de Verdun, durent remplir cette mission qui n'était pas sans péril. Ils en rendirent compte, ainsi que des frais de leur voyage, dans une assemblée générale des habitants « assignés, par eux, le treizième jour du mois de juillet, à sept heures du matin, en l'escriptoire du greffe de Verdung, par-devant maistre Itasse Gardien, notaire royal, lieutenant en la court de la chastellenie dudit Verdung (1). »

Ces 4000 pains coûtèrent 4 deniers chaque, ce qui faisait 66 francs 8 gros ; les frais de transport depuis Verdun jusqu'à Mâcon, par la voie de la Saône, revinrent à 25 francs 1 sol 4 deniers, y compris la dépense et les journées des boulangers et des bateliers que les échevins de Verdun avaient emmenés avec eux (2).

Dans cette même assemblée du 13 juillet les échevins et les habitants décidèrent qu'ils s'imposeraient une taille de 100 francs tant pour le payement de la fourniture de ces pains que pour d'autres dépenses de la communauté.

Les habitants de Verdun n'avaient pas encore eu le temps de lever sur eux cet impôt qu'il leur fallait trouver de l'argent pour en payer un autre. Tavanes l'exigeait au nom du roi, on obéit, mais ce fut par force. Le 17 juillet les échevins de Verdun et de Saint-Jean durent faire assigner en justice les échevins et les habitants de Chauvort, des Bordes et des Montots afin de procéder à la répartition de ce qu'ils devaient payer pour leur part « à dix pionniers gagnant six sols par jour, ouvrants pour le roy nostre sire aux rempartz de Chalon, aux frais de la parochie dudict Verdung » (3).

Faire contribuer les Verdunois aux fortifications

1562

(1) Regist. des causes de la justice de Verdun, pour l'année 1562 (anc. arch. de l'anc. hôtel de ville de Verdun).
(2) Ibid.
(3) Ibid.

d'une autre ville quand ils étaient déjà chargés de pourvoir à la défense et au muniment de la leur, ce n'était plus là une réquisition de guerre ordinaire, c'était une exaction de la dernière injustice, mais l'injustice et la guerre marchent habituellement de compagnie.

En effet le parlement de Bourgogne, par un arrêt en date du 23 janvier 1559, avait dressé le rôle des paroisses et des villages imposables pour les fortifications de la ville de Chalon ; on y voit figurer Chagny, Givry, Buxy, et dans la banlieue de Verdun, Gergy, Allerey, Baignant, Saint-Martin-en-Gâtinois, Verjux, Saint-Maurice et Ciel, mais Verdun et ses dépendances n'y sont nullement comprises (1).

C'était l'argument brutal du sabre réduisant au silence le droit.

Sur ces entrefaites Tavanes, comme nous l'avons dit, enlevait Mâcon aux protestants. Cette victoire avait comblé son cœur de joie et ses coffres d'un riche butin. Cependant, au milieu de l'encombrement des innombrables épaves du pillage de Mâcon, le 26 août, — il était entré dans cette ville le 20, — il trouve le moyen d'envoyer aux habitants de Verdun une commission par laquelle il imposait, « *sous forme d'emprunt,* sur les riches et bien aisés dudit Verdun, faubourg et banlieue » une somme de 100 livres « qu'il convenoit payer promptement pour les affaires du roy (2) ».

(1) M. Léopold Niepce, *Des diverses fortifications de Chalon-sur-Saône, in* Mémoires de la Soc. d'Hist. et d'Archéologie de Chalon, in-4, 1850, p. 80.

(2) Registre des causes de Verdun, déjà cité.

Ce prétendu emprunt, fait d'autorité sur les Verdunois à bout de ressources, par Tavanes qui roulait sur l'or et l'argent pris aux Mâconnais, ne témoigne pas en faveur de son désintéressement. Si nous en croyons les écrivains protestants, il se fit remarquer dans cette expédition par sa rapacité. « Ceux qui avoient le maniement de telles affaires disoient à leurs amis que Tavanes y avoit acquis de quoi acheter comptant 10,000 livres de rente (1). »

Selon les mêmes auteurs il aurait été merveilleusement secondé par Mme de Tavanes « qui avait ses raisons pour aimer la guerre qu'on faisait aux Huguenots et qui ne s'oubliait pas dans les circonstances qui en valaient la peine ; à Mâcon en particulier, elle sçut découvrir les cachettes, si subtilement, dit Théodore de Bèze, qu'elle eut pour sa part du pillage environ 180 bahus de meubles tous pleins, outre le fil, pièces de toiles et toutes sortes de linge..., dont Mascon avait la réputation d'être bien meublée entre les villes de France (2) ».

Le biographe de Tavanes, auquel nous empruntons ces curieux détails de mœurs, fait observer que c'est un protestant qui parle contre un ennemi déclaré de son parti et qu'on ne peut ajouter beaucoup de foi à ses paroles : « Cependant, continue le même auteur, comme cela se débitait partout assez hautement, il pourroit bien y avoir quelque chose de vrai (3). »

(1) Théod. de Bèze, *Histoire ecclésiastique*, liv. XV, *in Vie du maréchal de Tavanes,* p. 254.
(2) *Vie du maréchal de Tavanes* (déjà citée), p. 254.
(3) Ibid., p. 255. — Voir sur le maréchal de Tavanes la note 6.

Cette réticence en dit bien long ; le pieux abbé Agut, de Mâcon, achève de nous édifier sur les déportements de Mme de Tavanes, par l'anecdote suivante qu'il n'a pas jugée indigne de figurer dans un ouvrage historique :

« Lors de la première entrée de Charles IX à Mâcon, en 1564, Mme de Tavanes, qui voulait faire sa cour au roi et à la reine, se présenta devant leurs majestés avec des habits superbes à fond d'or et d'argent ; leur étoffe n'était autre que celle des ornements de l'église des pères Cordeliers de Mâcon, que Tavanes avait mêlés au butin pris sur les Huguenots et que Mme de Tavanes avait travestie en vertugales ou robes traînantes, selon la mode du temps. Le père Emot, gardien du couvent des Cordeliers, la voyant passer ainsi ajustée, et reconnaissant les ornements de sa sacristie, se mit à genoux devant Mme de Tavanes, en présence du roi, et dit à haute voix : « que l'on ne fût pas surpris de l'honneur qu'il rendoit à cette vertugale, puisqu'elle était faite d'une chappe qui avoit si souvent servi à l'office divin (1). »

On juge de l'effet que dut produire cette audacieuse sortie du père gardien des cordeliers de Mâcon. D'après le dire de l'abbé Agut, Tavanes affolé de colère se serait oublié au point de donner un soufflet au père Emot, en présence du roi qui ne parut pas y faire attention (2).

Les impôts extraordinaires, fruits de la guerre ci-

(1) *Hist. des révol. de Mâcon.*
(2) Ibid. Si cette anecdote n'est point un trait satirique lancé contre Tavanes il faut que celui qui la rapporte ait commis quelque erreur de date ou de lieu, car il est positif que Tavanes grièvement blessé dans les tournois qu'il avait donnés à Dijon, lors du passage de Charles IX, n'avait pu le suivre à Mâcon.

vile, continuaient à pleuvoir sur les pauvres Verdunois. 1563
Vingt jours après avoir satisfait à l'emprunt forcé de
Tavanes, ils en subissaient un autre de 21 écus soleil.

L'origine de cette dette mérite d'être connue, comme
étude de mœurs.

M. de Lessins, frère de M. Maugiron, avait détaché
à Verdun un gentilhomme de sa compagnie : celui-ci
ayant eu besoin d'un cheval pour un voyage qu'il avait
à faire « pour le service de sa Majesté », les échevins
de Verdun prièrent Maître Itasse Gardien, lieutenant
en la châtellenie, de le lui prêter, sous la promesse de
le rendre. Le gentilhomme partit avec le cheval, laissant aux échevins un reçu, en bonnes formes, signé de
sa main. Ce fut tout ce qu'ils en eurent, sans compter
les frais des poursuites que les habitants intentèrent
au gentilhomme qui court encore sur le cheval de
Maître Gardien (1).

Les Verdunois qui ne connaissaient les sectaires de
la nouvelle doctrine religieuse que par les troubles
qu'ils occasionnaient partout, allaient se trouver en
rapports quotidiens avec eux. Leur petite ville venait
d'être accordée aux calvinistes du Chalonnais pour
l'exercice de leur culte, en exécution de l'édit de pacification donné à Amboise le 19 mars 1563, lequel concédait aux protestants, dans chaque bailliage du ressort
direct des parlements, une ville où ils pourraient pratiquer librement leur religion.

Quoiqu'il existât un grand nombre de protestants en
Bourgogne, les catholiques y étaient en immense majorité, « se disant les Bourguignons plus anciens et pre-

(1) Reg. de la justice de Verdun.

1563 miers chrestiens que les autres Français, lesquels ne l'avoient esté que par le moyen de l'une de leurs princesses (Clotilde), mariée au roy Clovis Ier : c'est pourquoy ils vouloient aussi estre les derniers à souffrir dans leur pays cette nouvelle religion (1) ».

Telle était aussi la volonté des habitants de Verdun ; une scission s'établit donc entre eux et les hôtes qu'on leur imposait de par le roi. Les détails des petits conflits qui signalèrent la présence des calvinistes à Verdun ne sont point parvenus jusqu'à nous ; cependant, grâce à l'historien de Chalon, Claude Perry, nous en connaissons le curieux dénouement.

« Les habitants de Verdun qui estoient tous bons catholiques, dit-il, leur firent tant de niches, et leur jouèrent tant de pièces, qu'ils les contraignirent de sortir, quoiqu'ils y eussent esté établis par les sieurs de Montholon, lieutenant général au Bailliage et Languet, advocat et procureur du Roy, qui en avait reçu ordre du Roy, avec l'attache du sieur de Tavanes (2) ». Cet épisode des annales verdunoises, que les historiens ont laissé dans l'oubli, est des plus intéressant quand on l'envisage au milieu des événements d'alors. En effet la Bourgogne, par l'organe de son Parlement et des représentants de ses états généraux, avait protesté énergiquement, mais en vain, contre le nouvel édit rendu en faveur des protestants. Le Roi, par lettres patentes spéciales, du 26 mai 1563, ordonna au Parlement de Dijon de le faire exécuter dans toute sa teneur. Mais voilà qu'une protestation d'un genre spécial, protestation

---

(1) Mémoire de Guillaume de Tavanes, in-fol., p. 4.
(2) Perry, *Hist. de Chalon-sur-Saône*, p. 336.

sourde et muette, surgit du sein de la petite population catholique de Verdun, qui, de l'autorité de sa foi religieuse, abroge dans ses murs l'édit royal, en empêchant les calvinistes d'en jouir.

1563

C'est ainsi qu'à toutes les époques tourmentées par l'esprit de révolte, l'autorité légitime devient impuissante parce qu'elle est réduite à ne s'appuyer que sur des lois d'exception et de circonstances que chaque parti accepte ou rejette, au gré de ses passions ou de ses intérêts.

La France n'en était encore qu'à ses premiers pas dans la voie funeste et sanglante des guerres civiles et déjà elle succombait sous les calamités qui s'abattaient sur elle.

« En un an d'hostilités, dit un historien qu'on ne peut accuser ni de passion ni de partialité (1), le royaume avait été dévasté plus que par une longue guerre, parce que tout homme était devenu soldat. L'artisan quittait sa boutique entraîné par l'appât du pillage ; le laboureur, chassé par les gens de guerre répandus dans la campagne, abandonnait son champ. Les finances étaient épuisées, le commerce détruit, les terres en friches. La France entière ravagée n'offrait qu'un affreux tableau de brigandages. »

Mais ce qu'il y avait de plus triste, au milieu de toutes ces misères, c'était la perversion des consciences ; chaque parti érigeait ses crimes en vertus ; la parole royale, elle-même, n'était qu'une fallacieuse promesse.

Toutes les imaginations troublées déliraient; les mauvaises passions débordaient furieuses et cruelles ; Dieu

---

(1) Anquetil, *Esprit de la ligue*, t. I, p. 172-173.

1563 restait sourd à des prières qui étaient des blasphèmes.

Pour des maux si grands, point de vrais remèdes; le pouvoir royal aux abois a recours aux plus faibles palliatifs jusqu'au jour où il ne reculera pas même devant le crime de la Saint-Barthélemy!...

« *Excidet illa dies !* » — s'écrie le vertueux Lhospital; mais ce ne sera pas la mémoire de ce jour néfaste qui périra, ce sera la vieille France elle-même. En attendant Charles IX, roi de dix ans et demi succédant à un roi mort à dix-sept ans, est déclaré majeur à peine âgé de quatorze ans, et c'est sur le prestige de cette royauté embryonnaire conduite pompeusement, au bruit des fêtes officielles, dans les provinces de France, que compte la reine Mère, Catherine de Médicis, pour apaiser les partis et pour les grouper autour du trône !

La Bourgogne dut à son rôle politique et à son importance d'être une des premières à voir, dans tout son éclat, l'aurore de cette majesté royale qui devait bientôt s'éteindre dans le sang de ses sujets.

L'acte principal, le bouquet de cette grande mise en scène fut, pour Dijon, notre capitale (1). Le jeune roi Charles « avait alors la plus belle cour du monde », dit un de nos chroniqueurs; on y remarquait, en effet, des noms et des personnages qui s'imposent par la place qu'ils se sont faite dans notre histoire. C'étaient Catherine de Médicis, mère du roi, le jeune Henri de Navarre, le futur Henri le Grand, alors à peine âgé de onze ans, les princes de Nevers, de la Roche-sur-Yon

(1) Voir, sur le but et les résultats de ce voyage de la Cour en Bourgogne et à Dijon, *le Parlement de Bourgogne,* par M. de La Cuisine, 2ᵉ édit., t. II, p. 73-84.

et de Montpensier, les cardinaux de Lorraine et de Bourbon, le connétable Anne de Montmorency, le futur maréchal Gaspard de Tavanes, alors lieutenant général pour le roy en Bourgogne, le chancelier de Lhospital, enfin une nuée de gentilshommes de la première noblesse. Cet imposant cortège ne traversa point Verdun, mais il passa et s'arrêta trop près de cette petite ville pour que ses habitants et ceux des environs n'en aient pas profité et souffert. Il nous a paru intéressant de le suivre à la piste, à travers nos campagnes. Ce n'était pas chose facile. Trois siècles, en roulant sur les pas de tous ces puissants de la terre, en ont effacé jusqu'à la moindre trace; plus rien! ni sur le sol, ni dans la mémoire des populations!

Abel Jouan, l'un des serviteurs de sa majesté, qui faisait partie de sa suite, prévoyant que ce voyage serait un événement historique, en a tenu journal « depuis son partement de Paris, jusqu'à son retour audit lieu (1) ». C'est à l'aide de ce guide, éclairé par nous, sur les noms des lieux qu'il ignore et qu'il défigure tous, que nous avons pu suivre, pas à pas, la cour de Charles IX dans sa marche de Dijon à Chalon.

Après s'être arraché aux fêtes splendides et guerrières dont Tavanes avait comblé la cour pendant son séjour à Dijon, le Roi quitta cette ville, avec sa suite, le samedi vingt-septième jour de mai, passa la Saône en bateaux et alla coucher au château de Pagny, chez le comte de Charny « auquel lieu le dict seigneur y fict de beaux festins et le roy y demeura deux jours », puis en partit, le mardi 30 mai, pour Seurre, « belle petite

1563

---

(1) Paris, Jean Bonnefons, in-4.

1564 ville, dit notre guide, en laquelle le roy faict son entrée en passant ». De Seurre, sa Majesté alla dîner. « en un pauvre village », à Saunières.

Ceux qui pourront se faire une idée des ressources que Saunières offrait en l'an 1564, jugeront si la cour y fit bonne chère. Malgré les expédients auxquels ses officiers de bouche et *d'épée* durent recourir, il est hors de doute que Saunières, la Barre et Sermesses furent mis à sec, pour ne pas dire à *sac*, et que leurs habitants vécurent de joie et d'eau claire. Toujours est-il que le roi, après avoir dîné à Saunières, passa la rivière du Doubs en bateau « qui est grosse rivière qui tombe dans la Saône », dit Abel Jouan, et qu'il termina son étape de ce jour-là à Ciel, « *beau village* » où il soupa et coucha (1).

Dieu sait, et les habitants de Ciel et même de Verdun surent ce que leur coûta cette grande halte royale.

Le lendemain, mercredi, dernier jour de mai, le roi alla dîner à l'abbaye de Saint-Marcel, et coucher à Chalon-sur-Saône « belle, bonne et forte ville et chasteau, évesché, en laquelle le Roy fait ledit jour son entrée » (2).

---

(1) Il nous a fallu déchiffrer et deviner plus d'un nom des lieux mentionnés dans l'itinéraire du roi par Abel Jouan. Etranger aux localités qu'il traversait pour la première fois, il en demandait le nom aux habitants dont il écrivait les réponses faites dans le patois ou avec l'accent du pays, en joignant à cela les erreurs de l'audition, de plume et d'impression nous arrivons à un vocabulaire géographique du genre de celui-ci : *Lonsogeon* au lieu de Montsaugeon, *Trichasteau* au lieu de Thilchastel ou chasteau ; *Jeumeau* au lieu de Gemeaux ; *Paingny* au lieu Pagny ; *Sommiers-sur-Doubs*, au lieu de Saunières ; enfin *Assy* (sic) au lieu de Ciel, jadis Sciez.

(2) Itinéraire cité. Dans le *Recueil des lettres missives de Henri IV*, publié par M. Berger de Xivrey, ce savant a donné un itiné-

— 23 —

Cette entrée « fut fort pompeuse », au dire de l'historien Perry (1).

1572

Dans ses respectueux hommages, la flatterie des Châlonnais prit les accents d'une sage conseillère, en plaçant sous les yeux du jeune monarque sa belle devise, hélas ! lettre morte : *Pietate et Justitiâ*.

Charles IX, après avoir séjourné deux jours et célébré la Fête-Dieu à Chalon, en partit le samedi 3 juin et s'embarqua sur la Saône, dans un bateau que Messieurs de Lyon lui avaient envoyé, et alla coucher à Mâcon.

Ces fêtes, ces tournois, ces feux de joie, ce bienêtre apparent que le roi voyait sur son passage lui cachaient bien des tristesses, bien des souffrances, bien des misères. Elles se révélèrent par une peste qui, semblable à un spectre sinistre, le précéda ou le suivit dans sa marche en Bourgogne.

Verdun fut si maltraité par le fléau, que les habitants de cette ville adressèrent une supplique aux élus du comté d'Auxonne, afin d'obtenir une réduction sur leurs impôts de l'année 1565. Les élus prirent cette requête en considération et décidèrent qu'on ferait une remise de 10 livres aux Verdunois sur les 28 livres 12 sols auxquels ils étaient imposés, à la charge toutefois de les payer dans le cas où cette réduction ne se-

---

raire de Henri IV avant son avènement au trône de France, t. II, p. 518-19, in-4. — Cet itinéraire de Henri IV n'est que la copie de celui de Charles IX par Abel Jouan ; aussi est-il très inexact, car on n'y trouve pas la mention des villes de la Saône, que Henri IV traversa avec la cour en allant au-devant de Henri III, lors de son retour de Pologne.

(1) P. 337.

1572 rait pas allouée dans les comptes des receveurs du pays (1).

Cette peste régna également à Dijon, à Mâcon et à Chalon. Dans cette dernière ville, elle nécessita la fermeture des tribunaux ; les audiences du bailliage furent tenues dans le château de Germoles (2).

La guerre civile ensanglante de nouveau le sol de la France. La Bourgogne fournit le champ de bataille d'Arnay-le-Duc, où le jeune roi de Navarre fait ses premières armes sous l'amiral de Coligny, qui y met en fuite l'armée des catholiques commandée par le maréchal de Cossé (28 juin 1570 (3).

La paix boiteuse, accordée aux huguenots, donne le temps nécessaire aux intrigues et aux conspirations pour préparer le massacre de la Saint-Barthélemy (24 août 1572).

Rien dans nos annales locales ne rappelle ce crime politique, dont notre Bourgogne est restée pure, grâce à la prudence habile du président Jeannin et du comte Chabot-Charny.

Mais les temps sont à toutes les calamités, et l'histoire a gardé le souvenir de celles que l'inclémence des saisons occasionnèrent en Bourgogne.

L'année 1572, qui avait été brûlante, se termina par un hiver des plus rigoureux. Pendant les mois de novembre et de décembre il gela si fort que la Saône et le Doubs portèrent des voitures chargées. Les glaces qui couvraient les rivières se rompirent tout à coup,

(1) Papiers du comté d'Auxonne. Arch. de Bourg., à Dijon.
(2) Perry, p. 338.
(3) V. Lavirotte, *Ann. de la ville d'Arnay-le-Duc*, p. 64-72, in-8, 1837.

par suite de l'augmentation des eaux qui montèrent avec une telle furie qu'elles entraînèrent pêle-mêle avec les glaçons, bateaux, marchandises, maisons et habitants, « chose très pitoyable à voir », disait un témoin oculaire (1).

1573

Le froid reprit au mois d'avril 1573 au point de geler les vignes. D'autres bourgeons ayant repoussé une nouvelle gelée les surprit et perdit la récolte du vin et des autres fruits. « Les semis furent très endommagés par les chenilles que l'on excommunia du côté de Brancion... »

« La coupe de froment se vendit jusqu'à 4 et 5 francs au marché de Tournus (2). »

Les Verdunois eurent une large part dans ces calamités, comme l'atteste la requête suivante qu'ils envoyèrent à Messieurs les élus du comté d'Auxonne :

« Remonstrent les pauvres habitants de la ville de Verdun, que oultre le désastre leur advenu par les dernières gelées et espanchement des grandes eaux de la rivière, et leurs levées de fond en racine (détruites), ayant perdu leurs bleds, et la pluspart d'iceulx arrachez ; que le grant pont dudit lieu, à l'entretenement duquel ilz sont obligez par arrest, est perdu et rompu, pour la pluspart et les bois et plantifs d'iceulx emmenez par les glaces, et ce qui reste dudict pont, par la véhémence et force desdites glaces esbranlé, en danger de tumber au prochain jour, sique, en tout et partout, il le convient retenir et fere à neuf, inte-

(1) *Recueil des annales de Tournus,* par vénérable et scientifique messire J. Magnin, secrét. de l'église paroiss. de Saint-André, 1557-1575, *in* Juenin, *Hist. de Tournus.*
(2) Ibid.

restz auxditz supplians de plus de 2000 francs, oultre la perte d'aulcungs leurs principaux habitants lesquelx prévoyant lesdicts désastres se seroient retirez aux aultres villes circonvoisines.

« Par ce, Messieurs, il vous plaira, procédant au département du taillon, ou aultre impost prétendu par le Roy, vous souvenir de leur misère et pauvreté, les réduire à quelque somme légitime et non à celles du passé à eulx intolérables.

« Ce faisant, lesdictz supplians prieront Dieu pour vos nobles prospéritez et santez.

« A la requeste des supplians, comme eschevin,

« Jehan Marcelot (1). »

La misère publique permit-elle aux élus du comté d'Auxonne de venir en aide aux pauvres suppliants de Verdun? Nous l'ignorons faute de documents. Ceux que nous avons pu recueillir nous les montrent succombant sous le faix de nouvelles charges et de nouveaux désastres.

1574   Aux garnisons qui les épuisaient d'ordinaire, vinrent se joindre, en l'année 1574, 6,000 Suisses! Notez bien ce nombre et comparez-le à celui de la population de Verdun; 6,000 Suisses qui encombrent la pauvre petite ville et y vivent à discrétion pendant quinze jours, c'est-à-dire qui la pressurent, la pillent, la ruinent et mettent ses habitants sur la paille!

Ce fut dans ces tristes conjonctures que Verdun subit l'insigne honneur de recevoir dans ses murs les hôtes les plus illustres qui y soient jamais venus, la

---

(1) Anciens papiers du comté d'Auxonne. Arch. de Bourgogne, à Dijon.

reine-mère, la fameuse Catherine de Médicis, suivie de sa cour, y arriva le 20 août 1574. Elle se rendait à Lyon au-devant de son fils Henri III qui revenait de Pologne pour monter sur le trône de Charles IX.

Cinq mois après, le 30 janvier 1575, Catherine de Médicis passa de nouveau à Verdun avec Henri III qu'entourait une cour aussi nombreuse que brillante. 1575 (30 janv.)

C'était à qui saluerait le nouvel astre royal qui devait s'éteindre d'une manière encore plus sinistre que celui auquel il succédait.

De tous les grands personnages qui accompagnaient Henri III, nous n'en nommerons qu'un seul, Henri, roi de Navarre. Sa présence dans Verdun ajoute encore aux contrastes de la mystérieuse destinée de ce petit prince dans lequel allait bientôt se révéler un grand roi. Quel nécromancien eût été assez osé pour soulever le voile qui dérobait cette destinée aux yeux des hommes? Quel philosophe eût pu la concevoir? Quel historien eût pu la prévoir? Et le rusé Béarnais lui-même, en supposant qu'il entrevit parfois le trône de France dans ses rêves ambitieux, ne soupçonnait guère que cette pauvre bicoque de Bourgogne, où le roi de Navarre trouvait une si maigre hospitalité, serait un jour l'un des plus fermes remparts de la fortune incertaine du roi Henri IV.

Si nous composions une de ces histoires fantaisistes dans lesquelles les épisodes et les personnages, arrangés à plaisir, ressemblent à une mise en scène théâtrale, nous trouverions la matière d'une riante description, dans *l'heureux* événement qui procurait aux Verdunois l'honneur de recevoir leurs augustes souverains. Les historiens de toutes les villes où passa la

1575   cour du nouveau roi de France et de Pologne ne tarissent pas sur la *joie* et le *bonheur du peuple* en cette occasion. A Lyon, par exemple, au dire de Dom Thomas, l'entrée de Henri III « reçut moins de lustre des arcs de triomphe que les Lyonnois lui avoient dressés, que des acclamations qu'ils firent retentir et des transports de joie auxquels ils s'abandonnèrent » (1).

Ainsi parlent les historiens, mais si nous interrogeons l'histoire, voilà ce qu'elle nous apprend :

« A Messeigneurs, Messeigneurs,
« Les esleux des estats du vicomté d'Auxonne,

« Les manans et habitans de la ville de Verdun et Sainct-Jehan d'illec, asseurez qu'à l'ancienne forme, issue des estats du viscomté d'Auxonne, vous procéderez au département des cottisations pour rendre au roy les deniers luy accordés d'octroy sur ledit vicomté par ce (Messeigneurs) les supplians vous supplient vouloir avoir esgard aux grandes charges et oppressions que ordinairement ilz supportent, mesme quant au faict de la gendarmerie et garnison, entre toutes les aultres villes du duché de Bourgoigne, du rang desquelles ilz tiennent le lieu le plus pauvre, ce nonobstant, ordinairement, quand garnison s'assied en Bourgogne ils ont les estrangiers, lesquels sans difficulté, pour estre loingtains de leurs maisons demeurent en icelle leur garnison à la foulle dudit lieu de Verdun et villages circonvoisins.

(1) *Mémoires pour servir à l'histoire de Lyon pendant la Ligue*, par Dom Thomas, anc. bibliothéc. de Lyon. *Revue du Lyonnais*, 2, 1835, in-8.

« Oultre l'an passé, ilz ont soubstenuz le passaige 1575
de 6,000 Suisses par le temps de quinze jours, sans
munitions aulcunes et les aulcuns d'iceulx vivans à
volonté.

« En après ilz ont soubstenuz, à deux diverses fois,
le passaige de la Royne Mère, Messeigneurs les princes,
gentilzhommes et aultres de sa suite, et mesme le
passaige du Roy et aussy sa suite, choses qu'ilz n'ont
sceu supporter qu'avec grandz fraiz et impense.

« Et qui leur est pis est que, adjoustant malheurs sur
malheurs, par le ravage et impétuausité des rivières
de Doux et de Saône (leurs ingrates voysines) leur territoire et finage, puis dix jours, a esté misérablement
inundé et aussy misérablement perdu ; si que pour les
causes cy-dessus, la pluspart desditz habitans seront
contrainctz chercher ailleurs demeure ; davantage que
par arrest de la souveraine cour, ses années passées, ilz ont esté condempnez, à la poursuite de leur
seigneur, à l'entretenement de leur pont estant sur
lesdites rivières, dont ilz sont surchargez de plus de
4,000 francs, et puis six mois en çà condempnez
en oultre à 4.000 francs pour la réparation de leurs
levées estanz à l'endroit des susdites rivières.

« A ces causes, messeigneurs, les supplians asseurez que croirez leur proposé estre véritable, vous supplient vouloir avoir esgard à leur pauvreté, et leur cote
du passé modérer et réduire à cote raisonnable, et ils
prieront Dieu pour vos grandeurs.

« A la requeste desdits supplians,

« GAST, échevin de Verdun (1). »

(1) Anc. pap. du comté d'Auxonne. Arch. de Bourgogne, à
Dijon.

1575   Les deux lignes de cette humble et touchante supplique qui ont trait au passage de la reine-mère et du roi son fils à Verdun valent mieux, au point de vue historique, qu'une relation officielle.

Dans cette requête point ne lisons de ces phrases banales à l'usage de tous les princes régnants, de tous les pouvoirs passés, présents et futurs, mais nous y trouvons l'exposé vrai, simple et naïf des maux qui s'étaient abattus sur les Verdunois durant trois années consécutives. Ces maux y sont tous énumérés, chacun en son ordre : après les garnisons et le passage des gens de guerre, c'est celui de la reine, puis celui du roi et de messeigneurs les princes, enfin ce sont les rivières qui passent à leur tour sur le territoire de Verdun et achèvent sa ruine !

Le rapprochement de ces deux événements, le roi et la reine, le Doubs et la Saône *traversant avec toute leur suite* les champs des Verdunois, nous fournit la vérité historique sur ces visites « que l'on ne pouvoit supporter sans grands frais et impenses », comme le disait l'échevin Jacques Gast. Aussi après tous ces passages de princes et de soldats, les Verdunois étaient ruinés au point que, par une faveur exceptionnelle (le malheur des temps ne permettait pas de l'accorder souvent), les élus du comté d'Auxonne prenant en considération la requête des habitants de Verdun « leur quittèrent, pour ceste foys et sans pour ce tirer à conséquence, la somme à laquelle ils avoient été imposés cette même année pour l'octroi fait au Roi, à quelque somme que leur cote puisse monter » (25 mai 1575).

Leur cote d'imposition de cette année s'élevait à 49 livres.

Les rois comme les années se succèdent et changent sans que la chaîne des funestes destinées de la France soit rompue. Le nouveau règne commence, comme le précédent avait fini, par une guerre civile.

1576
(janvier)

L'année 1576 s'ouvre en Bourgogne par l'invasion de 18,000 à 20,000 reistres ; le jeune prince de Condé et le duc Jean Casimir sont à la tête de ces barbares qui font le désert sur leur passage. Tout l'ouest de la Bourgogne jusqu'au fond du Charollais est mis à feu et à sang. Les places fortes échappent seules. La ville de Nuits qui tombe en leur pouvoir devient un monceau de ruines sanglantes.

Dijon vit ce torrent dévastateur passer au pied de ses murailles, mais elles ne purent arrêter la peste qui sévit en cette ville durant les mois d'août et de septembre et visita Verdun et ses environs, comme nous l'apprennent une ordonnance de la municipalité d'Auxonne qui défendait aux marchands de cette ville d'aller à la foire de Ciel-lez-Verdun « *crainte de la contagion* » (1), et une page à demi lacérée du registre des baptêmes de la paroisse Saint-Jean de Verdun où nous lisons : « La fille de..., femme de feu... des Bourdes (Bordes) a esté baptizée le XIe jour de juing 1576, *durant* les pestes et a esté baptizée estant au bas de la muraille du cimetière... » (Curé L. Blandin).

Les élus de Bourgogne, en présence de tant de calamités, députèrent à la cour maître Pierre Michel, syndic du pays, pour faire connaître au roi l'horrible désastre de la ville de Nuits, la misère de la province entière, et pour demander la décharge du taillon tout

(1) Pichard, *Souvenirs de l'église N.-D. d'Auxonne*, 1847, in-8.

1576 entier ou au moins de la moitié et dans le cas où il ne serait pas fait droit à sa requête, il avait charge « *de déclarer l'impuissance où l'on étoit* de lever ledit taillon » (1).

Quoique la misère soit chose sacrée et bien capable à elle seule d'émouvoir et de toucher, messieurs les élus de Bourgogne, qui connaissaient les hommes et leur côté faible, chargèrent le syndic Michel « de distribuer 24 feuillettes de bon vin à ceux qu'il verrait les mieux intentionnés pour les intérêts du pays » (2).

Le bourgogne aidant, maître Michel obtint remise de la moitié du taillon « pour être employée à dédommager ceux qui avoient esté bruslés au passage des gens de guerre » (3).

On serait porté à croire que les habitants de Verdun, abattus par la mauvaise fortune, perdaient courage et se désintéressaient des affaires publiques ; il n'en est rien. Nous les voyons tenir leur rang dans les assemblées du comté d'Auxonne et s'empresser de répondre à l'appel fait aux villes closes du bailliage de Chalon pour l'élection des députés « *aux Etats libres et généraulx* des trois ordres du royaulme qui devoient s'assembler en la ville de Blois, le 15 novembre 1576, pour y faire entendre leurs doléances et ce qui leur semblera pouvoir tourner au bien public et soulagement et repos de chascun. »

A cet effet le 30 octobre 1576, par acte passé devant M⁰ Pierre Barbier, notaire royal à Verdun,

---

(1) Délibérat. des états de Bourgogne, R. 8ᵉ, fol. 7 et 32. Arch. de Bourgogne, à Dijon.
(2) Ibid., fol. 7.
(3) Ibid.

Me Guillaume Bony et Anthoine Gras, cohabitants et échevins de la ville de Verdun, agissant au nom des habitants de ladite ville, auxquels ils promettent de faire ratifier les présentes, et Maître Anthoine Réparé et Guillaume Coquillet, échevins et habitants du bourg de Saint-Jean-de-Verdun, agissant et se faisant forts, au nom desdits de Saint-Jean, constituent pour leur procureur général et spécial Maître Nicolas Vitte, praticien et lui donnent puissance et autorité, au nom desdites ville et bourg de Verdun, de signer les articles dressés par les députés pour tout le corps du bailliage de Chalon, pour être portés aux états généraux convoqués à Blois pour passer procuration suffisante à ceulx qui seront députés pour porter les articles et faire les remontrances nécessaires (1).

1576

Le 31 octobre le délégué de Verdun et de Saint-Jean présentait ses pouvoirs à l'assemblée générale des habitants de Chalon, convoqués pour la signature du cahier des plaintes et remontrances et pour la nomination des députés des villes du bailliage (2). Les sieurs Nicolas Julien, écuyer avocat, maire de Chalon, et Guillaud, enquesteur, furent élus députés (3).

La perte de nos archives municipales nous prive de tout détail sur ce qui se passa et fut résolu, en l'assemblée des habitans de Verdun, qui ne nous est révélé que par la mention qui en est faite dans les registres des délibérations de la ville de Chalon-sur-Saône.

Les élus des états du comté d'Auxonne procédèrent cette année, suivant leur coutume, au dénombrement

(1) Archiv. mun. de la ville de Chalon. Registre des délib. 1576.
(2) Ibid.
(3) Perry, *H. de Chalon*, p. 350.

1578 des feux pour fixer l'assiette de l'impôt, et à l'audition des plaintes et des réclamations des populations.

Dans le cours de leur tournée ils choisirent Verdun pour le lieu d'une de leurs réunions. Le procès-verbal de cette assemblée renferme sur quelques villages de notre contrée des renseignements authentiques et inédits, qui seront à leur place dans ces annales.

« Les sieurs de Saint-Vincent-en-Bresse et Rodet, esleus, estant départis du lieu de Saint-Marcel, assistés du commis greffier, se sont rendus au lieu de Verdun le 1er jour du mois d'aost et ont, par les sergents fait assigner plusieurs villages, lesquels se sont présentez et ont exhibé le rolle de leurs dernières tailles et avons fait mettre par escript le nombre de leurs feux et rédigés séparément les plaintes, doléances et autres requestes qui nous ont esté faictes.

« Estans audit Verdun, le 2me dudit mois d'aost se sont présentés devant nous Jehan Fouchier le jeune et Jehan Bauldot, eschevins du villaige des Bordes, près Verdun, lesquels nous ont remonstré qu'il y a environ deux ans qu'il brusla par accident du feu 13 mesnages audit lieu, qui ne se sont encore rebâtis et auparavant avoient déjà esté contagié de peste, tellement que par ce moyen ils sont du tout appovris et de beaucoup diminués et nous requeroient en faisant les cotisations et imposts avoir esgard que dessus autrement ils seroient contrainctz mandier, et absenter le lieu pour ce qu'ilz n'ont aultre moyen ny traffique pour gaigner leurs vyes que de pescher. »

« Les habitans des Montotz, perroisse de Verdun, nous ont remonstré que entre les feugs qu'ils ont donnés au nombre de sept il y en a trois grangiers et s'ilz sont tous fort pauvres, requierent que l'on y aist esgard. » 1578

« Les habitans de Vaulvry, perroisse de Ciel, comparans par Yve Chaulsebien, eschevin dudit Vaulvry, ont requis qu'on aist esgard à leur pauvreté et nécessité provenues principalement de ce que soit environ trois ans, les trois meilleures maisons dudit lieu feurent bruslées, tellement que le reste sont tous pauvres gens qui n'ont n'y biens, n'y moyens. »

« Le 3me du mois d'aost, les habitants de Saunières et la Barre, dudit Saunières, sont comparus par Maistre Jehan Mailley, greffier, audit lieu et François Turreaul, eschevin, remontrant qu'ilz sont assis entre les rivières de la Soone et du Doubs, tellement que leur finaige est journellement inondé, estant par ce moyen tellement appauvris qu'il ne faut avoir esgard au nombre de leurs feugs, pour ce que quatre n'en valent pas un bon, nous requérant que l'on ait pitié d'eux (1). »

« Les habitants de Senecey-en-Bresse, Saint-Didier et Labergement de Verdun remontrèrent également qu'ils étaient la plupart grangiers et fort pauvres et firent entendre les mêmes plaintes que leurs voisins (2). »

La cause principale, la source intarissable de cette misère universelle c'était l'homme de guerre, pillant, incendiant les chaumières, dévastant les récoltes, enlevant le bétail, détroussant le voyageur, mettant à rançon les villes et semant ainsi la disette, la famine, les maladies pestilentielles, la mort et la dépopulation. Des plaintes, des cris, s'élevaient, impuissants de tous côtés contre ce fléau destructeur. Au mois de mai de cette

---

(1) Pap. du comté d'Auxonne. Arch. de Bourgogne, à Dijon.
(2) Ibid.

1579 année 1578, les états généraux de Bourgogne assemblés à Dijon eurent recours à un remède violent comme le mal ; ils décidèrent que M. de Brion, élu de la noblesse, prierait au nom des états M. le duc de Mayenne, gouverneur de la province, de la faire décharger des troupes qui la pillaient et la ravageaient.

« A faute de quoi on le préviendrait que les gentilshommes se mettraient à la tête des forces qui leur seraient fournies par les villes, villages et communautés « *pour courrir* aux dites troupes, suivant la permission du roy. Laquelle commission ledit seigneur de Brion aurait acceptée et Messieurs de la noblesse offert et promis bailler main-forte (1). »

Les dégâts occasionnés par les inondations des années 1573 et 1575 n'étaient pas encore réparés entièrement quand les eaux envahirent le territoire de Verdun, en rompant les digues au commencement du mois de février 1579, ce qui isolait Verdun et le privait de toutes communications avec les lieux d'où il tirait ses provisions.

Nous avons retrouvé le souvenir de ce désastre consigné en ces termes dans un vieux registre de la justice de Verdun :

« Ce jeudy douzième jour du mois de febvrier 1579, jours du bailliage et chastellenye de Verdun, tenus au dit lieu... pour continuation du jeudy précédent cinquiesme jour du présent moys *que l'on ne tint point de cour*, *pour raison des grandes eaulx* espanchées et des levées dudit Verdun estant rompues, ainsy que personne des habi-

---

(1) Arch. de Bourgogne, à Dijon. — Délibér. des élus, Regist. 8, col. 436 v°.

tans ressortissantz de la terre et seigneurie de Verdun, pour les raisons susdites, ne pouvoient venir à leurs causes. »

1579

Le temps et surtout l'argent ayant manqué pour faire travailler aux digues, les eaux passèrent par les brèches dans la première quinzaine d'octobre de la même année et le territoire resta inondé jusqu'à la fin de décembre.

Entre les deux inondations de cette année les Verdunois essuyèrent un autre désastre, ce fut la visite de M. le colonel de Balagny à la tête de son régiment.

L'hôte était d'illustre maison, bien qu'on pût apercevoir sur son écusson certaine barre indiquant que le noble sang qui coulait dans ses veines avait subi le mélange d'un sang roturier.

Quoi qu'il en soit les Verdunois, qui savaient par expérience ce qu'il en coûtait pour recevoir de tels hôtes, s'empressèrent de fermer les portes de leur ville au nez de M. de Balagny. Celui-ci n'était pas homme à « se départir ainsy du dessein qu'il avait prins de loger dedans Verdun » (1), car il se trouvait assez bien accompagné pour obtenir par la force ce qu'on refuserait de lui accorder de bonne grâce.

Il fallut donc entrer en pourparlers avec lui, prier, supplier, discuter et en somme lui compter 268 beaux et bons écus pour l'empêcher de pénétrer dans la ville et de la piller.

Remarquez que cette sauvegarde si chèrement achetée par les pauvres Verdunois ne s'appliquait qu'au petit groupe de maisons que nous nommons Ver-

(1) Regist. de la Justice seigneuriale de Verdun pour l'an 1579.

1579 dun et qu'on distingue encore aujourd'hui de Saint-Jean. Ce faubourg moins fortifié et plus abordable que la ville proprement dite avait été envahi par une partie des troupes du seigneur de Balagny ; force fut d'entrer en composition avec elles pour éviter qu'elles ne fissent trop de dégâts. Le capitaine Montot qui les commandait demanda « 20 escus pistolets pour desloger dudit Sainct-Jehan », puis quand il les eut reçus il en exigea 40 qu'il fallut encore lui payer.

Pendant ce temps Balagny et ses hommes logés à Ciel vivaient aux frais et dépens des habitants de ce village et même de ceux de Verdun qui étaient obligés de fournir du gibier pour sa table (1).

La levée de l'impôt extraordinaire assis sur les habitants de Verdun, de leur propre consentement, pour payer la composition faite avec M. de Balagny rencontra plusieurs difficultés ; la patience des Verdunois était à bout et leur bourse à sec. Le malheur, qui rend souvent injuste ceux qu'il frappe injustement, donna lieu à une résistance opiniâtre de la part d'un habitant nommé Grégoire Bigaud qui refusa de payer la somme de trois écus à laquelle il avait été imposé. Cité par les échevins et le receveur de la taille devant le châtelain, Bigaud déclina la compétence de ce juge sous prétexte qu'il avait fait le traité avec M. de Balagny

---

(1) A l'audience du bailliage de Verdun du jeudi 20 juillet 1579, Pierre Marcelot, de Verdun, était demandeur contre Charles Calment, jadis échevin, défendeur et assigné pour lui payer 14 sous 1/2 d'un côté pour vente d'un *Lepvrault,* et 25 sols pour deux douzaines de cailles à lui livrées avec ledit levraut pour M. de Balagny lorsqu'il était logé à Ciel, avec ses troupes (*in* Registre déjà cité).

et demanda que l'affaire fût renvoyée devant le bailly de Chalon. Le jugé, après avoir affirmé qu'il n'avait été pour rien dans ce traité, se déclara juge compétent et condamna Bigaud. Celui-ci furieux en appela « disant que c'estoit deux ou trois larrons de ceste ville qui avoient mis les deniers en leurs bourses et non le dit Balagny ny ses troupes ». M⁰ Jean Vaudoiset, échevin de Verdun, demanda acte de cette déclaration de Bigaud et des injures qu'il avait proférées « pour en avoir réparation en temps et lieu pour ceux qu'il entend injurier après qu'il aura déclaré quels ilz sont. Il maintient en outre qu'on avait réellement traité avec ledit Balagny et payé les deniers soit à lui-même, soit à ses capitaines et ce avoit esté le profit de la ville et des habitants et crainte qu'ilz ne fussent pillés » (1).

1579

Ce Balagny et ses soldats qui rançonnaient ainsi les bons catholiques de Verdun devaient être, pour le moins, de maudits huguenots ? Point du tout, le seigneur de Balagny était, au contraire, un des membres les plus ardents de la Sainte-Union des catholiques, un ennemi juré des hérétiques, voire même du Béarnais. On pourrait dire que c'était presque un *Saint* gentilhomme, car issu de noble race il était né plus près encore des marches de l'autel que de celles du trône. Puisque M. de Balagny a voulu avoir une place dans l'histoire de Verdun nous allons la lui accorder ; il la mérite bien, et les Verdunois ont payé assez cher le droit de lui dire ses petites vérités.

Balagny appartenait à la grande et illustre famille des Montesquiou, il se nommait Jean de Montluc, et

(1) Reg. déjà cité.

1579 était le propre neveu du fameux Maréchal Blaise de Montluc, ce grand type du guerrier catholique, à la foi et au cœur de bronze, si connu par les cruautés qu'il exerça contre les protestants : il avait pour père Jean de Montluc, évêque de Valence. Quant à sa mère on n'en connaît au vrai ni le nom ni la nationalité : les uns disent que c'était une esclave grecque, d'autres une jeune Picarde nommée Anne Martin. Cet étrange prélat passe pour s'être fait protestant afin d'épouser sa maîtresse.

Disons deux mots de son père. Deux mots, sur un tel homme ! ce n'est rien, il fournirait la matière d'un volume, nous nous en tiendrons à ces lignes de Brantôme :

« Le Maréchal de Montluc eut deux frères, l'un M. de Lioux, qu'on appelait le jeune Montlus, qui fut aussi brave gentilhomme et fort habile ; mais qui l'a été plus que les deux frères, ça esté M. l'évêque de Valence, fin, délié, rinquant, rompu et corrompu, autant pour son savoir que pour sa pratique : il avoit été de sa première profession Jacobin. La feue reine de Navarre, Marguerite, qui aimait les gens d'esprit et les savants, le connaissant tel, le défroqua et le mena avec elle à la cour, le fit connaître, le poussa, lui aida, le fit employer en plusieurs ambassades ; je pense qu'il n'y a guère de pays en Europe où il n'ait été ambassadeur et en négociation..... On le tenait Luthérien du commencement, puis calviniste, contre sa profession épiscopale ; mais il s'y comporta modestement par bonne mine et beau semblant.... »

Ce croquis suffit pour donner une idée de l'original ;

homme d'une intelligence supérieure mais, malheureusement, sans principes et sans mœurs. 1579

Devenu vieux il se fit ermite, à la manière du diable, c'est-à-dire qu'il mourut en affectant de grands sentiments de piété, le 13 avril 1579, peu après le passage de son fils à Verdun.

Revenons à ce fils. Son père après l'avoir fait légitimer l'envoya étudier en l'université de Padoue, où il profita plus dans la gaie science de Rabelais que dans les saintes et bonnes lettres. Il le rappela pour l'envoyer comme éclaireur en Pologne afin de préparer l'élection du duc d'Anjou au trône en captant la bienveillance et les suffrages de la noblesse par ses manières insinuantes, sa munificence et ses largesses.

De retour de cette ambassade Balagny ne tarda pas à se jeter dans la ligue. Il la servit de son mieux, mais avec peu de profit pour elle et de gloire pour lui, bien qu'il fût un instant gouverneur de Paris. Il porta les armes contre Henri IV dans la journée d'Arques, ainsi qu'au premier siège de Paris et à celui de Rouen en 1592.

Lorsqu'il vit grandir la fortune de Henri IV il chercha à s'y rattacher. Sa femme, chargée de négocier sa soumission à ce prince, la fit payer bien au delà de ce qu'elle valait en obtenant pour son mari la souveraineté de Cambray, 20,000 francs pour de prétendus déboursés qu'il avait faits pour cette ville, une solde annuelle de 70,000 écus pour la garnison et l'entretien de la citadelle, une amnistie pour toutes violences et rapines commises par Balagny et ses gens : Enfin le bâton de Maréchal de France (1594).

C'était acheter Balagny aussi cher que Paris. Bala-

1579 gny ne joue que le second rôle pour ainsi dire dans cette période de sa vie. C'est sa femme qui tient le premier. Henri IV lui avait donné le bâton de Maréchal pour son mari. Ce fut elle qui le porta, du moins elle s'en montra plus digne que lui. Les Espagnols étant venus assiéger Cambray en 1595, les habitants profitèrent de cette occasion pour s'affranchir du joug de Balagny qu'ils méprisaient et détestaient, et prirent les armes contre lui pour les assiégeants.

Mme de Balagny, une pique à la main, accourut seule au milieu des révoltés et s'efforça d'arrêter la sédition ; largesses, prières, menaces, tout fut inutile ; les Cambraisiens ouvrirent leurs portes aux Espagnols qui ne tardèrent pas à se rendre maîtres de la citadelle par capitulation. Quant au noble maréchal de Balagny, prince de Cambray, jadis si arrogant avec les faibles Verdunois, et avec les bourgeois de Cambray, il n'osa paraître ni devant les insurgés, ni devant l'ennemi. Sa femme, voyant que tout était perdu, exhorta son mari à ne pas survivre à une chute aussi honteuse. Mais Balagny resta sourd à cet héroïque conseil. Alors sa femme indignée l'accabla d'injures : « Oh ! tu es bien le digne fils d'un prêtre, lâche et sans honneur ! lui dit-elle ; vis donc dans la honte et dépouillé du titre de prince que tu n'as su ni porter, ni défendre ; quant à moi, je mourrai princesse de Cambray. » Puis elle alla s'enfermer dans sa chambre où elle ne tarda pas à expirer de douleur et de désespoir (1).

Le maréchal de Balagny se consola aussi vite de la

(1) Cette virago était Renée de Clermont, sœur du brave Bussy d'Amboise, tué le 19 août 1579, par le comte de Montsoreau, dans les circonstances que l'on sait.

perte de sa principauté que de celle de sa femme; cinq mois s'étaient à peine écoulés depuis la mort de celle-ci qu'il contractait une nouvelle union avec Diane d'Estrées, sœur de la belle Gabrielle, dont l'influence le maintint en faveur auprès du Roi.

1579

Les plaisants de ce temps-là assuraient que ce mariage avait été prophétisé, en ces termes, par le fameux Nostradamus :

> En l'occident, de cité reconquise,
> Il sortira un enfant de l'Eglise ;
> Femme mourera et par bien grand escorne
> Joincte on verra la lune avec le capricorne.

D'un autre côté, les *mauvaises langues* disaient en parlant du noble maréchal de Balagny :

« Quand un homme a mérité la corde, il n'a pas un plus sûr moyen de s'en racheter que d'aller prendre une catin en plein b..... »

Cette fois les mauvaises langues disaient la vérité, et l'impitoyable histoire a confirmé leur jugement. Balagny mourut en 1608 laissant la réputation d'un voleur, d'après le témoignage de l'historien de Thou, confirmé par celui des Verdunois.

On regrette de voir un pareil homme revêtu de la plus haute dignité militaire du royaume, par un roi tel que Henri IV (1).

Un officier français venant avec ses soldats rançonner une ville française et amie serait aujourd'hui un événement inouï, monstrueux. Au xvi° siècle, c'était

---

(1) Voyez sur Balagny : *Journ. historique du règ. de Henri IV ; Mém. de la Ligue*, t. IV, in-4 ; — *Hist. du président de Thou ; — Diction. hist. de Moreri*, etc.

1579 un fait ordinaire qui, chaque jour, se reproduisait sur une foule de points du territoire de la France, mise au pillage par les soldats tandis qu'on la surchargeait d'impôts pour la solde et l'entretien de ces mêmes soldats.

Un subside de 17,000 écus avait été demandé aux villes closes et gros bourgs du duché de Bourgogne pour l'entretien des garnisons de Chalon et de Mâcon. Les villes et les bourgs exposèrent leur misère ; elle parut si grande que le Roi réduisit à 8,000 écus les 17,000 qu'il avait demandés. Les considérants énoncés dans les patentes royales données à Paris le 19e jour d'octobre 1599, méritent d'être cités : c'est de l'histoire :

« Ladite réduction était accordée « parce qu'il leur était du tout impossible de payer ladite somme de 17,000 escus, tant à cause du peu de traficq et commerce qui est audit pays pour estre esloigné de nos ports et à cause de l'inconvénient de la peste y ayant régné puis trois ans en çà et règne à présent en aucunes desdites villes, stérilité des années passées, passage des armées ayant ravagé et bruslé grand partye dudit pays, nombre infiny de subsides sur eux levés, sommes de deniers levés sur eulx es années passées pour aultres subventions *contre la forme et teneur des privilèges à eulx concédés* par nos prédécesseurs roys et par nous confirmés... et que pour raison d'icelles, charges et impositions plusieurs des habitants desdites villes eussent estez contrainctz quicter leurs habitations ordinaires et se retirer aux champs, ne pouvant payer ce qui estoit sur eulx imposé... »

La peste qui, depuis trois ans, régnait en Bourgogne,

paraît avoir épargné Verdun en 1579, car une ordonnance des élus du comté d'Auxonne transféra dans cette ville le siège de la recette de Saint-Laurent-lez-Chalon en raison de la peste qui y avait pénétré.

Cependant l'état sanitaire de notre petite ville ne paraît pas avoir été très rassurant vers l'automne puisque la municipalité d'Auxonne renouvela la défense qu'elle avait déjà faite en 1570, aux marchands de cette ville, d'aller à la foire de Ciel, près Verdun, « crainte de la contagion » (1).

Une année n'était pas écoulée depuis que le roi avait signé les lettres patentes du 19 octobre 1579, dans lesquelles il attestait l'état misérable de la Bourgogne, qu'il en signait d'autres à Saint-Maur-les-Fossés, le 30 septembre 1580, pour lever sur les villes et bourgs clos de cette province 5,400 écus afin de contribuer à la solde de 50,000 hommes.

En 1582, nouvel impôt de 16,933 écus ; même impuissance d'y satisfaire, les représentants de la Bourgogne réitèrent leurs plaintes, le roi fait remise d'un quart de cet impôt, « ayant esgard aux remonstrances faites par les délégués des Estats de Bourgogne, des foulles, oppressions, pertes et dommaiges que les habitants des villes closes, bourgs et bourgades dudit pays avoient souffertes en leurs biens, tant à l'occasion du passaige des gens de guerre que de la contagion de peste dont la plupart des meilleures villes ont esté travaillées depuis l'an 1578 jusqu'à présent qui a tant diminué le commerce que à peine ont-ilz pu se rédimer et subvenir aux frais nécessaires pour la con-

---

(1) Pichard, *Souvenirs de l'église N.-D. d'Auxonne*, 1847, in-8.

servation desdites villes... Ce qui les a réduict en telle pauvreté qu'il leur est du tout impossible, sans leur ruine totale, satisfaire entièrement au payement de la subvention que nous avons ordonné estre levée (1) ».

Les Verdunois, tout en ayant une large part dans ces calamités publiques, avaient encore leurs charges et leurs misères privées. Imposés en 1581 pour le *Don gratuit* que les Etats du comté d'Auxonne faisaient au Roi, ils leur adressèrent une humble requête dans le but d'obtenir l'exemption de leur cote ou au moins sa réduction de moitié; ils y exposaient :

« Que comme leur espoir estoit sur leur gainaige qu'ilz avoient proche les rivières du Doulx et de la Soone, néanlmoins le tout avoit esté inondé et gasté, encore qu'ils aient estez contrainctz semer par deux foys ce qui leur vient à grandz intérestz, oultre les réparations de leurs levées et pontz ausquels fault mettre la main d'heure à aultre. Outre cela, ilz sont ordinairement et les premiers chargés des passaiges de la gendarmerie tant à pied que à chevaulx, et que, encoires ces jours passés, ilz ont soubstenuz le passage de la compagnie de Monseigneur le duc du Mayne, ce qui est notoire à tous » (2).

Les habitants de Ciel adressèrent, à la même époque et pour le même sujet, une requête à peu près semblable à celle des habitants de Verdun. Ils y remontraient, « qu'à raison de la gendarmerie logeant ordinairement audit Sìel (sic), du débordement des eaux de la Saône et du Doux, de l'entretenement des

---

(1) Let. pat. données à Fontainebleau le... 1582. Arch. de Bourg., à Dijon.

(2) Anc. pap. du comté d'Auxonne. Arch. de Bourgog., à Dijon.

levées et chausées et des grandes foules et charges 1579-1582
des impôts ils sont tellement diminués d'habitants et
de moyens qu'ils n'ont le pouvoir et qu'il leur est impossible parvenir au payement de si grandes charges...
qu'ils sont imposés aux garnisons mises en ce pays par
Monseigneur le duc du Mayne et sont audit Siel logés,
par le présent, sept logis de gendarmerie... n'ayant les
moyens pour soutenir telles foules, pour avoir perdu
tous les moyens qu'ilz avoient à la foire dudit Siel
de faire quelque gain pour subvenir aux charges et
foules auxquelles ilz sont constitués. Ils supplient donc
Messieurs les Elus de leur diminuer leur cote, leur
étant du tout impossible de parvenir au payement de
si grands subsides *sans la destruction* dudit village de
Siel » (1).

Les élus du comté d'Auxonne prenant en considération les doléances des habitants de Verdun et de Ciel
réduisirent leurs cotes de 6 écus, 3 sur la cote de Verdun et 3 sur celle de Ciel.

C'était une bien petite aumône pour une si grande
misère qui allait encore augmenter comme nous verrons bientôt.

Nous avons dressé, dans le tableau suivant, un état
de la répartition des trois impôts dont nous venons
de parler, tant sur Verdun que sur quelques localités
voisines afin d'en faire connaître l'importance et la richesse, ou plutôt, la pauvreté relative à cette époque (2).

(1) Anc. papiers du comté d'Auxonne. Arch. de Bourgogne, à Dijon.

(2) Les cotes non indiquées dans ce tableau manquent dans nos notes.

1582

	1579 (1) 8,000 écus	1580 5,450 écus	1582 12,700 écus
Chalon	260 écus	300 écus (2)	932 écus 1/3 16 sols
Seurre	206 2/3	130 »	225 »
Verdun et St-Jean.	16 2/3	60 »	102 1/3 10 sols
Louhans	21 2/3	100 »	133 2/3 5 sols
Cuiseau	6 2/3	50 »	71 3/3 5 sols
Cuiserey	13 2/3	50 »	61 1/2 10 sols
Chagny	10 »	» »	61 1/3 10 sols
Givry	5 »	5 »	30 2/3 10 sols
Buxy	2 2/3	» »	20 1/2 10 sols

Par suite du mauvais entretien des levées de Verdun les champs étaient sujets à des inondations fréquentes qui avaient fini par réduire les propriétaires terriers de Verdun à une telle pauvreté que « beaucoup d'entre eux ne pouvant plus payer les impôts avaient été contraints d'abandonner leurs héritages paternels » (3). Ce qui avait fait retomber toutes les charges communales et autres sur le petit nombre d'habitants qui était restés dans la ville et les faubourgs de Verdun.

Depuis dix ans ces charges s'élevaient à plus de 3000 francs par année pour les seules réparations des ponts et chaussées, sans compter les corvées volontaires des habitants (4).

L'administration provinciale de la Bourgogne se

---

(1) La cote de cet impôt était pour Auxonne de 110 liv. ; — pour Saint-Jean-de-Losne de 70 liv. ; — pour Nuits de 15 liv. ; pour Chaussin de 10 liv.

(2) « Seulement, en considération du danger de peste estant audit lieu. »

(3) Advis au Roy touchant les réparations des levées et chaussées de Verdun, donné par les trésoriers généraux de France, au bureau des finances établi à Dijon, le 16 février 1583 (Arch. de Bourgogne).

(4) Ibid.

trouvait dans l'impossibilité de faire droit aux réclamations, aux plaintes et aux demandes qui arrivaient de tous côtés.

Le roi seul semblait être capable d'alléger les maux des Verdunois. Ils eurent donc recours à lui directement et le supplièrent de les autoriser à percevoir sur les marchandises qui s'expédiaient par eau et par terre dans l'étendue de la seigneurie de Verdun, des droits dont ils emploieraient le produit aux réparations et à l'entretien de leurs levées. Ils invoquaient, à l'appui de leur demande, d'anciennes lettres patentes qu'ils avaient obtenues du roi Charles VIII en 1493 et l'utilité des levées de Verdun dont la conservation n'intéressait pas seulement cette ville et les pays voisins, qui sans elles seraient inhabitables et inaccessibles, mais aussi le commerce général qui se fait sur les rivières de la Saône et du Doubs (1).

Le roi, en son conseil tenu à Fontainebleau, le 30 juin 1582, renvoya la requête de ses « *subjetz, manantz et habitans de sa ville de Verdun, et paroisse Saint-Jehan dudit lieu, en Bourgogne* » à ses trésoriers généraux de France à Dijon pour informer et donner leur avis.

Lorsque le trésorier Mᵉ Prudent Chabut, commissaire délégué, vint à Verdun pour y constater l'état des lieux et la position des habitants il la trouva de beaucoup empirée. « Car depuis la requête présentée à Sa Majesté il leur estoit survenu aultres inconveniens dont ils estoient contrainctz eulx plaindre et doulloir, ayant esté pillés et saccagés par la gendarmerie qui avoit passé

(1) Ibid.

1583 en ladite ville de Verdun et paroisse Saint-Jean, qui oultre ledit pillage les avoient contrainctz racheter l'honneur de leurs femmes et enfans à deux fois de 300 livres, oultre lesquelles foules, les Suisses passant pour le service de l'estat leur avoient délaissé la maladie contagieuse de peste de laquelle il estoit décédé les deux tiers desditz habitants, de manière qu'il n'y estoit pas 40 feugs en ladite ville de Verdun, et sy leur estoit si mal advenu que sur la fin des mois d'octobre, novembre et décembre derniers les rivières de la Sône et du Doux s'estoient tellement desbordées qu'elles avoient parachevé de grandement ruyner leurs levées et par ce moyen lesditz lieux demeurez inaccessibles, avec perte de toutes leurs semences, et leur continueront malheur si promptement lesdites levées n'estoient réparées ce qui ne se pourroit fere à moings de 3500 escus, a quoy ils ne pouvoient pourveoir (1). »

A l'aspect de tant de maux les trésoriers généraux de France donnèrent un avis favorable sur la requête des infortunés Verdunois le 16 février 1583, et le 23 avril suivant le roi, par lettres patentes datées de Paris, leur accordait les octrois qu'ils avaient demandés, « pour pourveoir auxdicts habitants des remèdes convenables, en considération de leurs remontrances et que par plusieurs incommodités, afflictions par lesdictz habitants souffertes et endurées tant à l'occasion des guerres que contagion advenues es ditz lieux, il ne reste à présent que 40 habitants en ladite ville de Verdun et Sainct-Jehan » (2).

(1) Extr. de la requête des habit. de Verdun, *in* advis au Roi, déjà cité.
(2) Lettre patente à la suite de l'advis au Roi, déjà cité.

— 51 —

Il paraît que des Chalonnais, non contents de connaître le proverbe : « Aux pauvres toujours la besace », voulaient encore l'apprendre aux Verdunois en le leur appliquant : Voici comment ils s'y prirent.

Chalon-sur-Saône, grande et opulente ville comparée à celle de Verdun, avait besoin de faire réparer ses fortifications ; afin d'avancer cette besogne et de s'en décharger sur d'autres, elle imagina d'étendre au delà de ses limites le cercle de ses retrahans et d'y englober les habitants de Verdun et de la banlieue de cette petite ville. En conséquence elle leur fit signifier d'avoir à venir creuser et réparer 1200 toises de ses fossés chaque année durant neuf ans (1) !

Les Verdunois qui, sans doute, avaient encore sur le cœur les corvées de ce genre que Tavanes leur avait imposées en 1562, ne voulurent plus subir une pareille humiliation. Ils protestèrent donc énergiquement et refusèrent d'obéir à la sommation des Chalonnais.

Cette suzeraineté que Chalon prétendait exercer sur Verdun parut si exorbitante aux élus du comté d'Auxonne qu'ils prirent fait et cause pour Verdun contre Chalon. M⁰ Philibert Millan, élu de Verdun, lui fut d'un très grand secours dans cette occasion.

L'affaire fut portée devant le parlement de Dijon qui, le 15 juin 1582, rendit un arrêt contre les habitants de Chalon en faveur de ceux de Verdun et des paroisses voisines de cette ville (2).

Les Chalonnais osèrent interjeter appel au Conseil

1582

---

(1) Inventaires des titres et papiers du comté d'Auxonne. Arch. de Bourgogne, à Dijon.
(2) Ibid.

1582 d'état; malheur en prit, car les Verdunois y gagnèrent de nouveau leur juste cause (6 juillet 1582) (1).

Qui le croirait? pour forcer les Chalonnais à abandonner ce procès inique qu'ils avaient perdu deux fois devant les premiers tribunaux du royaume, l'élu Philibert Millan, de Verdun, que ses collègues du comté d'Auxonne avaient député pour se rendre à l'assignation du Conseil à Paris, dut obtenir contre eux une commission du roi le 16 novembre 1582. Philibert Millan eut encore la satisfaction d'être chargé par le comté d'Auxonne d'aller à Dijon au Parlement pour faire exécuter l'arrêt du Conseil d'état contre la ville de Chalon (octobre 1583) (2).

Verdun venait de remporter une victoire moins éclatante mais plus fructueuse qu'un brillant fait d'armes. La perte de ce procès eût non seulement déconsidéré Verdun mais encore achevé la ruine de ses pauvres habitants qui ne pouvaient plus suffire aux charges qui pesaient sur leur petite ville. Elles étaient si nombreuses que nul n'en était exempt; Mᵉ Philibert Millan lui-même, pendant qu'il remplissait le mandat d'Elu du tiers état du comté d'Auxonne et qu'il rendait d'éminents services à sa ville natale, y était assujetti comme le dernier des habitants.

A sa prière ses collègues les élus écrivirent « des lettres très pressantes aux habitants de Verdun et de Saint-Jean pour les engager à l'exempter des tailles, du guet et garde et autres charges auxquelles lesdits habitants le voulaient imposer (3).

(1) Registre des délibérations des états du comté d'Auxonne.
(2) Ibid.
(3) Ibid.

Ce droit de guet, de garde et de menus emparements, que les villes exigeaient à l'exemple des seigneurs châtelains, donnait lieu à une foule d'abus criants. De la part des villes il était devenu une tyrannie insupportable aux paysans qu'elles contraignaient à travailler aux fortifications d'une place dans laquelle ils ne pouvaient s'abriter en temps de guerre en raison de son éloignement de leur village.

1582

Les malheureux habitants d'un seul village se trouvaient écartelés pour ainsi dire par deux ou trois villes et par autant de seigneurs châtelains qui tous prétendaient avoir le droit de leur imposer des corvées de fortifications.

Pour le château qui en cas de guerre *ou d'éminent péril*, comme on disait alors, était l'abri et le refuge ordinaire des vassaux dont les chaumières se groupaient autour de lui, ce droit avait sa raison d'être et sa légitimité, mais rien ne justifiait des prétentions semblables à celles de la ville de Chalon sur Verdun, ni de plusieurs autres villes sur une foule de villages qui n'appartenaient point à leur banlieue.

La ville de Seurre, par exemple, ou plutôt celui qui y commandait, contraignit maintes fois les habitants du pauvre village des Bordes de contribuer à ses fortifications. Rien n'égalait l'iniquité de cette servitude, car non seulement les habitants des Bordes, de la paroisse de Verdun, en étaient retrahans, mais ils ne pouvaient aller chercher un refuge dans Seurre dont ils étaient séparés par trois grandes lieues dans des chemins impraticables pendant six mois de l'année.

Néanmoins en 1587 on leur assigna pour tâche trois toises de fossés et deux gabions à faire dans la

1582 ville de Seurre, puis on les taxa pour payer les manœuvres qui exécutèrent ces travaux à leur défaut. Les contraintes étaient pressantes et coûteuses, il fallait y satisfaire ; les habitants des Bordes de Verdun durent entamer leurs propriétés communales pour subvenir au paiement de cette cote et vendirent une soiture de pré (1).

Nous verrons, plus tard, Verdun chercher aussi à exploiter en sa faveur ce droit dont on avait abusé envers lui.

Ces fortifications exécutées autour de toutes les villes sont les signes des temps de plus en plus funestes qui s'approchent. Nous verrons bientôt la guerre civile déchirant la Bourgogne. Les villes du comté d'Auxonne ne se réuniront plus dans leurs comices pour y traiter des intérêts du pays : elles se diviseront en autant de camps ennemis acharnés à sa perte. Le fonctionnement régulier des lois et des institutions fera place au règne de la force brutale.

Mais pour nous préparer aux horreurs de la guerre intestine nous devons auparavant traverser celles de la peste.

La peste. Ce n'est plus seulement le mot terrible qui va résonner à nos oreilles comme par le passé, cette fois nous allons nous trouver face à face, pour ainsi dire, avec la chose elle-même, car un témoin oculaire, qui

___

(1) Par acte passé à Verdun, le 29 octobre 1587, par devant Mᵉ Jehan Vaudoiset, notaire royal audit lieu, Anthoine Droillot et Jehan Ferriot, laboureurs et échevins des Bordes-les-Verdun, agissant tant en leur nom qu'en vertu de procuration spéciale des habitants desdites Bordes. Le prix de vente de cette soiture de pré fut de *onze écus* et 40 sous (original — inédit — collection de l'auteur).

avait des yeux pour voir, un homme qui n'a pas quitté Verdun pendant cette épidémie, va nous en signaler toutes les sombres péripéties.

1582

Cet homme est frère Edme Blandin, curé de Saint-Jean de Verdun. Frère Blandin n'est ni un historien, ni un chroniqueur, il n'a composé ni mémoires, ni journal historique sur sa paroisse, il a simplement tenu, de son mieux, « le Registre et papier des enfanz baptisez sur les sainctz fons de baptesme de l'église Monsieur sainct Jehan Baptiste de Verdun, de ceulx et celles qui sont trépassés et décédez et de ceulx qui ont esté espousez en la face de nostre mère saincte Eglise, estanz parociens de Sainct-Jehan de Verdun ».

Le curé Blandin.

Cependant il ne s'est pas contenté d'enregistrer avec l'impassible monotonie que la loi moderne impose aux secrétaires de nos états civils, les actes de son ministère religieux, il a surchargé les marges de son registre paroissial de notes sur les événements civils et militaires dont Verdun était le théâtre ; il les signale au souvenir de ses paroissiens, bien plus, il s'associe à leurs plaisirs, il partage leurs souffrances, il se réjouit de leurs victoires sur les ligueurs, lui prêtre catholique.

Ce modeste et vénérable pasteur a compris que ce qui se passait sous ses yeux pourrait un jour être de l'histoire et, en effet, les lignes incorrectes qu'il nous a laissées nous en apprennent plus sur Verdun que tous les livres. Elles fournissent à nos annales des faits, des dates, des détails qu'on ne trouve nulle part ailleurs et que 30 années de recherches, souvent fructueuses, n'avaient pu nous faire découvrir.

1582   Le registre du curé Blandin, tenu au jour le jour sous l'impression des événements qui s'accomplissaient à Verdun pendant la période la plus dramatique, la plus tourmentée de son existence, est comme un revenant de cette curieuse époque ; il en porte le cachet, il en reflète les mœurs (1).

La partie de ce registre qui est consacrée aux Mortuaires est, malgré de nombreux *desiderata*, des plus intéressantes pour les renseignements inédits qu'elle nous fournit sur les ravages de la peste qui envahit Verdun en 1582. A l'aide de ce document contemporain nous pouvons remettre en lumière, après trois siècles d'oubli, ce lugubre épisode de la vie de nos pères.

« Pendant l'année 1582, écrit le curé Blandin, la mort grande et admirable de peste a esté en la ville de Verdun sy grande, qu'elle se doibt appeler l'année des grandes pestes. »

Ce fléau se montra d'abord d'une bénignité insolite. Durant les sept premiers mois il ne fit que douze victimes (2). Du 1er au 13 août, il n'y en eut que deux : c'était le calme trompeur qui précède l'orage. Le 14, la femme d'un boulanger mourut de peste ; le lendemain 15, « jour de l'assomption Nostre-Dame, que nous disons my-aoust (3), des troupes suisses qui allaient en Flandres arrivèrent à Verdun (4) ». Ce même

(1) Voyez la description de ce registre, note et pièce n° 7.
(2) Le registre des décès de cette année ne commence qu'au 18 de février : n'y avait-il pas eu de décès en janvier, ni dans la première quinzaine de février ? C'est possible, mais le curé Blandin nous laisse dans l'incertitude sur ce point.
(3) Reg. du curé Blandin.
(4) Ibid. « C'étaient des troupes levées pour le compte du duc

jour, la peste s'affirmait en faisant six victimes.

1582

Les Verdunois accusèrent les Suisses de leur avoir apporté la peste ; ils se trompaient de bien peu, comme on le voit, les deux pestes, les gens de guerre et la contagion s'abattirent sur Verdun à un jour d'intervalle.

Le 16 du même mois, la femme d'Etienne Macault succombe avec ses deux enfants !

Durant la dernière quinzaine d'août, l'épidémie tout en se reposant sept jours fait vingt victimes, elle en avait fait dix les trois premiers jours de son invasion, en tout trente en seize jours.

La contagion diminue un peu en septembre ; elle se calme pendant neuf jours, cependant elle emporte vingt-deux individus dans ce mois.

En octobre, elle se montre d'une cruauté capricieuse, feint de s'apaiser huit jours durant et néanmoins tue vingt-huit personnes.

Elle redouble en novembre puisque, malgré la mortalité des mois précédents, elle fait encore vingt-quatre victimes. Enfin, décembre voit diminuer sensiblement la peste qui ne nous donne plus que neuf morts.

A la vérité, ce mois de décembre n'eut que vingt jours au lieu de trente. Cette année 1582, qui avait été si cruelle pour Verdun, finit avant son terme ; on en retrancha dix jours pour remédier aux erreurs croissantes du calendrier ancien (1).

d'Anjou, reconnu duc de Brabant, par les révoltés flamands (M. J. Garnier, *Corresp. de la mairie de Dijon*, t. II, p. 87, note 1).

(1) C'est ce qui a constitué la réforme du calendrier nommé Grégorien, parce qu'elle fut opérée sous le pontificat et par les soins du pape Grégoire XIII. Elle eut pour résultats de corriger les er-

— 58 —

1583

Hélas ! qu'importaient aux Verdunois dix jours de plus ou de moins. Bien avant sa fin, l'an 1582 avait comblé la mesure de leurs maux en leur apportant des procès iniques et dispendieux, les ravages des gens de guerre, ceux de l'inondation, la misère, la disette et la peste ! Quel horrible bilan !

Passons à celui de l'année 1583.

C'est la peste qui ouvre la marche ; elle emporte douze personnes en janvier, six en février et quatre en mars, avril et mai ; ces mois de sève et de floraison sont pour les Verdunois des mois de mort et de deuil ; quarante-sept d'entre eux y périssent de la peste qui en tue encore treize pendant le mois de juin. Elle disparaît enfin le 25 juillet, « jour où ledict mal contagieux a esté, à la grâce de Dieu, apaisé » (1).

Recueillons-nous devant toutes ces tombes obscures et essayons de les compter.

Compte
des
victimes
de
la peste.

Nous en trouvons cent quatre-vingt-quatorze remplies par la peste ; cent douze en l'année 1582 et quatre-vingt-deux en l'année 1583. Mais ces chiffres sont trop faibles, la confusion, la terreur, la désolation qui régnaient dans notre petite ville n'ont point permis de les établir avec exactitude. Si nous avons recours

reurs de l'ancien calendrier romain et de ramener le commencement du printemps au jour de l'équinoxe. Cette réforme finit par être adoptée dans toute l'Europe excepté en Russie. Elle commença à Rome le 5 octobre qui fut compté le 15 et en France le 10 décembre qui fut compté le 20, comme l'a soigneusement consigné sur son registre, malgré les angoisses de la peste, le curé de Saint-Jean de Verdun : — « Décembre — auquel moys fut retranché dix jour dudict moys de décembre, par ordonnance du sainct père le Pape et du Roy nostre sire et fust ordonné que le Xe jour dudict moys seroit compté le vingtiesme. »

(1) Reg. du curé Blandin.

au curé Blandin, nous en obtenons ce renseignement : 1583

« Et il fault noter, messieurs, que les morts et trépassés qui sont cy-devant nommez, ont estez inscripts en ce livre afin de en avoir mémoyre, au récit de ce que j'ai entendu et veu et noté les jours que iceulx mouroist. »

« Toustefoys sans y comprendre les mors dudit mal qui ont estez, sans en avoir esté adverty, tant au Prey que aultres lieux dont n'en ay eu congnoissance *qui nombre le nombre à plus de soixante personnes* (1). »

On peut donc, sans exagération, évaluer à quatre-vingts personnes le nombre des victimes de la peste qui ont succombé soit à l'hôpital des pestiférés, construit dans l'île du Pré, soit dans divers autres lieux de la petite ville et des faubourgs où ils n'ont pu être comptés.

En prenant le chiffre de soixante et quinze, on arrive à un total approximativement exact de deux cent soixante-quatorze victimes auxquelles il faut ajouter trente-cinq morts pour causes diverses, autres que la peste, soit trois cents décès en deux ans, dont vingt-deux mois et vingt-cinq jours d'épidémie.

Verdun n'était plus qu'un cimetière dans lequel erraient quelques pauvres habitants sur qui retombaient toutes les misères dont la peste avait délivré ceux qu'elle avait précipités dans l'autre monde. Les survivants adressèrent aux élus des Etats du comté d'Auxonne la courte requête qui suit :

« Supplient humblement les habitants de la ville de Verdun et dient qu'il est notoire à tous de la contagion

---

(1) Registre précité, fol. 40 verso.

1583 survenue en ladite ville, tellement que les trois quartz des habitants dudit lieu sont décédez; si vous requièrent avoir esgard de leur quotte de tailles qui présentement se vont faire, leur diminuer les trois quartz de leur quotte pour les causes que dessus, qu'il est bien raisonnable, et ilz prieront Dieu pour vostre prospérité et santé. »

Ceux de Saint-Jean de Verdun présentèrent aussi une requête conçue dans les mêmes termes.

Les élus « par les considérations contenues en ces requêtes et aultres raisonnables, firent remise aux habitants de Verdun de 9 écus 10 sous et à ceux de Saint-Jean de 6 écus 1/3 sur leur portion du taillon de 1583 (1).

Ces faibles allégements ne pouvaient point remédier aux souffrances des Verdunois. Ils présentèrent une nouvelle requête aux élus dans laquelle ils demandaient à être déchargés des impositions, « attendu les domages et intérests qu'ils avaient receuz dernièrement tant par la peste que aultrement » (2).

Les élus donnèrent commission à l'un de leurs collègues, le sieur Saint-Georges, prieur de Saint-Marcel, de se transporter à Verdun afin de juger par lui-même de l'état dans lequel était cette ville et d'en rendre compte à la prochaine assemblée, il y déclara qu'ayant visité les feux de Verdun, la ville, « il avoit treuvé qu'il n'y restoit plus que 29 ménages, tant propriétaires que locataires de maisons, et que la plupart sont velves, pupilles et artisans, et les autres maisons

---

(1) Anc. pap. du comté d'Auxonne. Arch. de Bourg., à Dijon.
(2) Registre des délibérations du comté d'Auxonne, ibid.

vacques, estant cela advenus par les dernières pestes... » 1584

Les élus, après avoir entendu ce rapport, décidèrent, « pour bonne cause et considération », que la ville de Verdun serait, à l'avenir, imposée pour 40 feux au lieu de 50 pour lesquels elle était portée sur les rôles (1).

Ces 40 feux eussent eu plus besoin d'être secourus que chargés d'impôts. Cependant au lieu de l'assistance que réclamait leur cruelle situation, ils se trouvèrent condamnés à de nouveaux sacrifices afin de faire face aux dépenses nécessitées d'un côté par la peste, de l'autre par la visite des levées endommagées par l'inondation de l'année précédente. Si c'eût été tout ! Et la part du soudart qui était toujours la plus grosse et la plus impérieusement exigée, il fallut la faire !

Voyez-vous ces 29 ménages, composés de veuves, d'orphelins et de pauvres artisans, échappés à l'épidémie comme d'un naufrage, contraints de tirer de leurs bourses vides 300 écus pour empêcher les soldats des capitaines Rochelin et Siméon de s'abattre sur Verdun que la peste elle-même ne protégeait pas contre ces bandes indisciplinées ?

En fin de compte les principaux habitants de Verdun, sans y comprendre ceux de Saint-Jean, durent payer la somme de *550 écus entiers* pour les charges de leur petite ville de l'année 1583.

La peste ne trouvant plus assez de victimes à frapper dans Verdun ne s'y montra pas durant l'année 1584, mais en revanche, une épidémie dysentérique de flux de sang enleva le reste des enfants que la peste

---

(1) Taille, jectz et impost faicts sur les manans et habitants de la ville de Verdun, le 21 octobre 1583. Copie du temps collationnée (coll. Bourguignonne de l'auteur).

avait épargnés, et vint tarir, pour longtemps, dans sa source, la population de cette ville infortunée.

Sans le curé Blandin ces faits importants fussent restés inconnus. A la fin de son précieux registre, il a dressé sur une page spéciale, page de deuil, la liste des noms de ces innocentes victimes que la vie jetait en pâture à la mort. Remarquez que ces petites créatures moissonnées par l'épidémie ne figurent point parmi les autres morts, tant la frêle existence de ces êtres éphémères était comptée pour peu de chose! Il a fallu un pasteur aussi soigneux que notre curé Blandin pour que nous ayons retrouvé une faible trace de cette génération qui ne fit qu'apparaître sur le seuil de la vie.

Cette épidémie avait commencé le jour de la Saint-Jean, le 24 juin 1584. Elle reparut l'année suivante et moissonna encore dix-sept enfants, principalement à partir du mois d'août jusqu'au 28 décembre. Le 29, Jehan Morlain, de Verdun, mourut de peste! Ce n'était, pensa-t-on, qu'un cas isolé, le dernier reste du levain pestilentiel.

Le 2 janvier 1586, la servante de Jehan Morlain succombait à la même maladie que son maître. Le doute ne fut plus possible; le fléau meurtrier avait reparu dans Verdun. Il y trouva encore le flux de sang pour lui disputer quelques enfants. En janvier les deux épidémies firent huit victimes, chacune quatre, dont une mère et ses deux enfants; en février, quatre, trois par la dysenterie, une par la peste. Celle-ci se repose en mars et en avril; celle-là cesse après avoir tué un dernier enfant, presque le dernier! Puis la peste fait trois victimes en mai, sept en juin, quatre en juillet, onze en août, dix-sept en septembre et trois en octobre;

elle disparaît en novembre. Elle avait encore ramassé quarante-quatre victimes dans le cours de l'année 1586. 1586

En résumé, durant une période de cinq années, la peste et le flux de sang firent périr dans la petite paroisse de Verdun près de quatre cents personnes (395), sans compter les décès occasionnés par d'autres maladies et qui s'élevèrent à cent dix-huit pour les cinq années, ce qui donne un total de cinq cent treize décès, chiffre effrayant eu égard à celui de la population.

Dans les annotations du curé Blandin, il n'y a pas un mot qui puisse nous éclairer sur la nature de cette peste, ses symptômes et son traitement. Son caractère contagieux ne saurait être mis en doute, à la vue des habitants de la même maison, des membres de la même famille atteints par le fléau. A chaque page du registre des mortuaires nous lisons : « une mère et ses deux enfants » ; « une mère et son enfant » ; un père et le dernier de ses enfants » ; « un père et deux de ses enfants » ; « la mère, ses deux enfants, ensuite leur père ! »

L'épidémie n'épargna aucun quartier ni aucune classe de la société. Nous la voyons dans l'hôtel d'Agey frapper à mort une femme de service, et pénétrer dans le vieux château isolé sur l'île.

Dès 1582 certaines maisons furent visitées si souvent par la peste qu'elles restèrent vides ; on les désignait avec un sentiment de terreur ; de ce nombre était celle des Bigaut du petit Chauvort : « Le mesme jour est trépassé François Bigaut, fils de Philibert Bigaut, de Chovort, plus sont trépassés en ladicte maison des Bigaut, Denise Foucher, servante, son fils et un serviteur. » La maison d'un nommé Jehan Lebault fut

1586 comme marquée d'un signe sinistre. Lebault y vit périr, pendant la peste de 1582, cinq de ses enfants, sa femme, sa servante et tous ses serviteurs, « et sont sortis de la dite maison Lebault, remarqua le curé Blandin, *unze corps tous* morts de peste, par plusieurs fois. »

Beaucoup des principales familles furent cruellement éprouvées. Maître Philibert Millan, alors élu de Verdun aux Etats du comté d'Auxonne et député auprès du Roi, à Paris, pour les affaires du pays, perdit, durant son absence, sa mère, deux filles et un fils. Maître Hubert Froissard, notaire royal, vit mourir, en un mois, sa mère, sa femme, deux jeunes fils et une fille ! Nous avons vu Etienne Macault perdre en un seul jour sa femme et ses deux enfants, M⁰ Pierre Barbier et Etienne Calment, notaires royaux, succombèrent à la maladie contagieuse ; dès son début elle atteignit le vicaire du curé Blandin.

Quelques familles furent détruites entièrement. Notre curé a accordé une mention à celle d'un nommé Claude Belin en ces termes : « La dernière fille et enfant de la dicte lignée dudit Claude Belin est aussy morte de peste ; brief fault noter que de ceste maison n'est demeuré neul ! » La destruction de cette famille composée de cinq membres eut lieu du 6 au 27 mai 1583 ; la mère mourut le 6, une de ses filles le 20, sa femme le 21, une autre de ses filles le 25 et la dernière le 27 !

En 1586 la peste reprit un instant sa première fureur ; au mois d'août Noel Borney, des Bordes, y succomba avec sa femme, et trois enfants ; cinq personnes dans le même ménage, encore une maison vide !

La marche de l'épidémie était aussi rapide qu'insidieuse. Guillaume Genevoix se marie le 3 septembre 1586 avec une veuve dont le premier mari était mort de la peste l'année précédente, le lendemain au soir la nouvelle mariée était veuve une seconde fois, son second mari venait de mourir de la peste.

1585-1586

L'effroi, la répulsion qu'inspirait cette hideuse et terrible maladie faisaient le vide autour des infortunés qu'elle atteignait.

Les soins et jusqu'aux consolations de la religion, tout leur manquait à la fois (1). On n'ose à peine s'approcher de la mère qui accouche atteinte de la peste, et l'enfant qu'elle a mis au monde n'est plus porté à l'église pour y recevoir le sacrement du baptême, le prêtre le baptise à distance, de loin et à la porte de la chapelle des fonts, ou même sur le cimetière près du bord de la tombe béante qui a reçu son père et qui l'attend, lui aussi ou sa mère et même tous les deux !

Nous n'inventons rien, nous transcrivons les notes du curé Blandin ; lisez plutôt : « Le fils de Philiberte, veuve de feu Claude Caseaulx, estant enfermée à cause du mal de peste, a esté baptisé le xviiie apvril (1583) dedans le SYMETIÈRE, DE LOING. »

Le premier jour de juing (1586) a esté baptisée la fille de feu « Claude Papille, isseu du corps de Jacquette Beauboys, sa fame, estant en danger et destenue du mal de contagion de peste ; ledit enfant a esté apourté

---

(1) Parmi les morts du 2 avril figure « Mº Grégoire Pyot, confrère de la confrérie des treize, mort *non de mal contagieux, ains a repceu tous ses sacrements* ». — Une note semblable du curé Blandin, à l'occasion de la mort d'une autre personne non pestiférée, indique clairement que les malheureux qui mouraient du mal contagieux ne recevaient point les sacrements de l'église, privation cruelle à cette époque de foi religieuse.

5

1582-1586 et baptisé *proche* la chapelle Mlle d'Age (d'Agey), de loing... »

Le fléau multipliait les scènes les plus déchirantes ; on vit avec horreur, dans la maison d'un nommé Charpy, la peste, après avoir frappé à mort coup sur coup, le père, la mère et un de leurs enfants, oublier l'autre qui, délaissé au milieu des cadavres des siens et torturé par la faim, n'expira qu'après s'être mangé les deux mains (1) !!

Ceci n'est qu'un coin du vaste et lugubre tableau que la Bourgogne et la France entière présentèrent de 1581 à 1586. L'humble pasteur de Verdun avait baptisé ces années meurtrières sous leur véritable nom en les appelant *les années des grandes pestes.*

Dès l'année 1581 la ville de Beaune est atteinte.

En 1584 et 1585 c'est au tour de Dijon ; le collège est fermé et défense est faite d'aller à l'île où étaient les malades *sous peine d'être arquebusé* (2)! tant on redoutait la contagion.

La peste exerce ses ravages à Mâcon durant les années 1582, 1586 et 1587. En moins de dix-huit-mois plus de douze cents personnes succombèrent malgré tous les efforts des habitants pour combattre le fléau. Les assemblées publiques, la tenue des chapitres et même les offices divins avaient été interrompus (3).

Enfin on retrouve cette peste de Lyon à Bordeaux. Dans la première de ces deux villes elle règne de 1581 à 1586, l'année 1584 exceptée ; dans la seconde cette

(1) Reg. du curé Blandin.
(2) De la Cuisine, *Hist. du Parlement de Bourgogne*, disc. prél., p. LXVIII (note).
(3) Arch. munic. de la ville de Mâcon, R. BB. 50, 51 et 52 ; —

épidémie fut si intense que du mois de juin au mois de décembre 1585 elle enleva plus de 14.000 individus (1).

1586

A Lyon, à Bordeaux comme à Verdun et en maintes autres villes du royaume, grandes ou petites, cette peste cruelle mit en relief d'héroïques dévouements, d'admirables courages et d'indignes lâchetés.

Lyon peut nommer avec orgueil et reconnaissance le père Edmond Auger, son gouverneur de Mandelot et presque tous ses consuls; Verdun se souviendra de ses échevins et de son pasteur, Bordeaux du Maréchal de Matignon, de plusieurs de ses jurats et de quelques membres de son parlement.

Pourquoi faut-il qu'au milieu de ces hommes de cœur qui demeurèrent à leur poste nous ayons la douleur de voir déserter le sien par un homme illustre dans le monde de l'intelligence et des lettres, par Montaigne, alors maire de Bordeaux (2).

Quelle était donc la science et la philosophie de ce savant qui ignorait la première des sciences celle qui enseigne le devoir et le dévouement jusqu'au sacrifice?

Voici en quels termes le célèbre Dr Brice Bauderon, alors médecin de l'hôpital de Mâcon, a parlé de cette horrible épidémie:

« En l'année mil cinq cens octante-six, le ravage de la peste fut si grand, qu'on le peut comparer aux con-

---

Agut, *Hist. des Révolutions de Mâcon*, p. 147-149; — Dr Abel Joandet, de Verdun, *Mâcon au xvie siècle*, p. 65, 239-40, Mâcon, Protat, 1892, 1 vol. in-8.

(1) *Notes et documents pour l'hist. de Lyon*, par Péricaud, 1574-1589. *Annuaire du Rhône*, 1843, in-8.

(2) Alph. Grün, *la Vie publique de Montaigne*, 1855, in-8, p. 286.

tagions les plus veneneuses qui soient esté jadis, et dont la mémoire en reste parmi les historiens. Pour lors la mort moissonnoit tellement les hommes qu'elle sembloit menasser de sa faulx le soudain retour du monde, dans le précipice de son premier chaos (1). »

Les tortures de la faim faisaient périr une partie de ceux qui avaient échappé à la peste.

« En ce mois d'aoust 1586, écrit Pierre de l'Estoile en son Journal de Henri III, quasi par toute la France, les pauvres gens mourant de faim allaient par troupes, couper sur les terres des épis de bleds... et les manger à l'instant pour assouvir leur faim effrénée ; et ce, en dépit des laboureurs, mesme les menaçoient, ces pauvres gens de les manger eux-mesmes s'ils ne leur permettoient de manger les épis de leur blé. »

Verdun était désert et paraissait mort. Cependant il fait acte de vie. Il faut qu'il défende le dernier morceau de pain qui lui reste ; car sans pitié de son affreuse situation on veut l'empêcher de jouir des grands octrois que le roi lui avait concédés en 1583.

Dans les calamités publiques le malheur de chacun durcit chacun et rend tout le monde égoïste.

Ce fut la ville de Chalon qui, au nom de ses privilèges compromis, intenta un procès à celle de Verdun et qui, vu l'importance qu'elle attachait à cette affaire, envoya un avocat à Paris pour la suivre au conseil d'État (2).

---

(1) *Paraphrase sur la Pharmacopée*, par M. Brice Bauderon, docteur en médecine, etc., etc., dernière édit. Paris, Math. Henault, 1623, in-8, p. 500.

(2) Reg. des délibérat. de la ville, du 5 juillet 1584. Archives municipales.

Puis vinrent les élus généraux de Bourgogne qui 1586
demandèrent la révocation des lettres d'octroi que les
habitants de Verdun avaient obtenues pour leur utilité
particulière, comme préjudiciables à la province.

Les élus du comté d'Auxonne intervinrent en faveur
de Verdun qui, en dépit des hautes influences de sa
partie adverse, paraît avoir obtenu gain de cause devant le conseil d'Etat (1585) (1).

Il va sans dire que les pauvres Verdunois continuaient à supporter leur part des charges publiques et
que, malgré le besoin qu'ils avaient de la paix *à tout
prix*, ils étaient forcés de payer des impôts de guerre.

Le 20 juillet 1586 les élus généraux des états de Bourgogne reçurent commission du roi pour faire lever,
sur les habitants des villes closes et gros bourgs de la
province, la somme de 22,630 écus pour portion de
solde, pendant quatre mois, de 27 cornettes de reistres,
8,100 hommes et 20 enseignes de suisses faisant 6,000
hommes « pour la défense du royaume ».

Voici une partie du rôle de la répartition de cet impôt sur quelques villes et bourgs du bailliage de Chalon
comme état comparatif de leurs ressources à cette époque.

Chalon-sur-Saône. . . .	1,800 écus
Seurre	400 —
Verdun	80 —
Cuiseau	80 —
Bussy.	40 —
Bellevesvre	40 —
Chagny	80 —
Chaussin.	80 —

(1) Registr. des délib. des élus. Arch. de Bourgogne, à Dijon.

1588   Le total des tailles royales levées sur Verdun en l'année 1586 fut de 115 écus 30 sols 4 deniers, sans compter les impôts qu'exigèrent les besoins de la communauté; c'était à qui s'affranchirait de ces charges et les ferait retomber sur d'autres au risque de les écraser. Tant l'excès de la misère avait étouffé le sentiment de la justice et de la solidarité dans tous les cœurs.

Ainsi nous voyons les habitants de Saint-Jean de Verdun refuser de payer leur part de cet impôt et vouloir le laisser tout entier à la charge de ceux de Verdun la Ville. Il en résulta un procès entre « les manants et habitants de la ville de Verdun, d'une part, et les manants et habitans de Saint-Jehan, dudit Verdun, d'autre part ».

Ce procès commencé le 4 février 1587 ne fut jugé que le 30 mars 1588.

La ville de Verdun le gagna ; c'était justice.

Quel spectacle attristant ! surtout après les scènes déchirantes auxquelles nous venons d'assister, que celui de ces deux petits groupes d'habitants réunis intimement par tous les liens sociaux, battus par toutes les tempêtes de la vie, se divisant au lieu de s'unir et dépensant, dans un misérable procès, leur dernier souffle de vie et leur dernière obole !

CHAPITRE XI

Description sommaire de Verdun avant les premières guerres civiles. — Conduite politique des Verdunois vis-à-vis des divers partis. — Les gouverneurs de Beaune, de Chalon et de Seurre surveillent Verdun et de Bissy soupçonné de vouloir s'emparer de cette ville. — Lettre des Verdunois et de Pontus de Thiard à M. de Fervaques. — Importance de la position de Verdun. — Première campagne du duc de Nemours en Bourgogne. — Verdun lui fournit des vivres. — La guerre civile et religieuse. — Crimes sur crimes. — Le comte de Tavanes prend Verdun. — La compagnie du baron de Vitteaux y tient garnison. — Nota du curé Blandin. — Siège et prise de Verdun par le capitaine Guionvelle. — Le capitaine Saint-Mathieux fait prisonnier. — Le capitaine Laboriblanc y commande. — Projet de raser les fortifications de la ville. — Le capitaine Réal commandant à Verdun pour la Sainte-Union. — Son omnipotence et sa tyrannie. — Ses déportements et ceux de ses soldats. — Comment il se chauffait à Verdun. — Comment il procédait à la démolition de cette ville. — Bissy prend et délivre Verdun. — Mort violente de Réal.

1589-1590

Verdun, amoindri, dépeuplé par les calamités de toutes espèces qui n'avaient cessé de s'abattre sur lui durant les quatre-vingt-huit années que nous venons de traverser n'était plus rien comme population et n'avait conservé d'une ville que le nom (1).

Cependant malgré ses malheurs passés et ceux des

(1) Au commencement de l'année 1588 Verdun la ville ne comptait que 29 habitants en état de payer les tailles royales et Saint-Jean de Verdun 30.

temps présents, ses habitants étaient parvenus, à force de sacrifices et d'énergie, à réparer en partie les pertes immenses qu'ils avaient essuyées depuis la fin du siècle précédent.

La petite ville, proprement dite, dépourvue d'édifices publics, excepté ses grandes halles propriété du seigneur, n'avait à relever que ses murailles, elle ne put le faire qu'imparfaitement.

Les Gadagne devenus possesseurs de l'emplacement de l'ancien hôtel des ducs de Bourgogne, situé à l'est de la ville en face de l'île, venaient d'y faire bâtir une maison seigneuriale. Cette maison était la plus importante et la plus belle de la ville.

1589 En 1589, les seules boiseries des portes et des fenêtres du principal corps de logis étaient évaluées à plus de 300 écus, les ferrures à plus de 100 écus et les verrières autant (1).

L'hôtel d'Agey et sa gracieuse chapelle, qui paraissent avoir échappé au désastre de 1478, continuaient à se mirer dans les eaux du Doubs.

La grande île du Pré avait conservé son ermitage.

Saint-Jean de Verdun plus éprouvé que la ville puisqu'il avait perdu l'hôpital et l'église qui étaient dans son enceinte, voyait de nouveau ces deux édifices debout, non dans leur splendeur première mais, du moins, convenablement reconstruits.

140 maisons au moins se groupaient déjà dans la grand'rue de Saint-Jean, sur la place de l'église, dans le voisinage de l'hôpital et une partie de la rue Chaude.

Les habitants de Saint-Jean avaient rendu plus ac-

(1) Enquête de 1590 ; preuve, pièce n° 17.

cessible la principale entrée de leur bourg du côté de la Bresse chalonnaise par l'établissement d'un pont sur le bras du Doubs qui alimentait le grand fossé que l'on traversait anciennement au moyen d'un bac. Ce pont aboutissait à la porte de Saint-Jean où il s'appuyait sur les restes de l'ancien mur d'enceinte élevé au xve siècle.

1589

Une autre partie de Verdun, l'une des plus importantes, était restée ensevelie sous ses ruines ; c'était son château féodal. L'île de la Motte, sur laquelle on l'avait vu fort et menaçant pendant tant de siècles, ne présentait plus qu'un amas confus de pans de murailles écroulées, de buissons et d'arbres au milieu desquels s'élevait la chapelle du château à demi ruinée, comme pour rappeler les désastres éprouvés par Verdun.

Mais Verdun avait conservé quelque chose que la rage de l'ennemi n'avait pu lui enlever, c'était sa position topographique qui, dans les événements militaires dont la Bourgogne allait devenir le théâtre, lui donnait une importance que chacun appréciait.

En effet, cette petite ville tenait le cours de la Saône, gardait l'embouchure du Doubs et coupait ainsi les communications commerciales et les opérations stratégiques entre les villes de la Ligue situées sur la première de ces deux rivières. Bien fortifiée, elle pouvait devenir un point capital.

Environnée de villes où commandaient les plus chauds ligueurs, ceux-ci la surveillaient et la convoitaient sans cesse. Ils craignaient de la voir au pouvoir d'un ennemi et même d'un ami dont ils eussent jalousé la puissance rivale.

Dans les temps de discordes civiles les personnali-

1589

tés égoïstes priment toujours l'intérêt général de la cause qu'elles affirment ou semblent servir, tandis que le plus souvent elles ne travaillent que pour elles-mêmes.

Tyard de Bissy, quoique capitaine appointé par la Sainte-Union des catholiques, et en bons termes avec le duc de Mayenne, était pour les autres capitaines de la ligue un véritable cauchemar. Ils le voyaient, sans cesse, maître de Verdun, place qui, par sa situation, à une portée d'arquebuse de son château de Bragny-sur-Saône, lui convenait à merveille et lui eût donné une grande autorité dans la contrée.

Les Verdunois, après s'être montrés zélés catholiques jusqu'à l'intolérance en forçant les protestants à quitter leur ville (1), eurent l'habileté et la sagesse, dès le commencement des guerres de la ligue, de se tenir dans une demi-neutralité qui les faisait rechercher, ménager et craindre par les deux partis.

Au moyen de cette politique ils parvenaient à épargner à leur petite ville la charge ruineuse et le péril d'une garnison, et à rester maîtres chez eux.

Tous ces détails, inconnus, nous ont été révélés par la correspondance inédite (2), entretenue avec M. de Fervaques, lieutenant général de Mayenne en Bourgogne, par de Montmoyen, gouverneur de Beaune, de Chastenay, gouverneur de Chalon, L'Artusie, capitaine

---

(1) Voyez à l'année 1563.
(2) La portion la plus intéressante de cette correspondance historique a été publiée, depuis, par M. Joseph Garnier de Dijon, le savant et laborieux conservateur des Archives de la Côte-d'Or et de l'ancienne Bourgogne, dans les *Analecta Divionensia* sous ce titre : *Correspondance de la mairie de Dijon*, extraite des Archives de cette ville. Dijon, Rabutôt, 1868-1870, 3 vol. in-8.

de la citadelle de cette ville, et Guillerme, commandant à Seurre.

M. de Fervaques recevait lettre sur lettre des gouverneurs des places voisines de Verdun pour appeler son attention sur cette petite ville et sur M. de Bissy, qu'ils soupçonnaient toujours de vouloir s'y loger avec ses gendarmes : ils entretenaient, aussi, une active correspondance entre eux sur le même sujet.

De Montmoyen écrivait de Beaune, sous la date du 3 février 1589, à M. de Fervaques, à Dijon :

« Monsieur, hier soir il arriva une compagnie de gens de pied, où il n'y a pas plus de cinquante ou soixante hommes, en unt village à une lieue d'icy, qui ne voulurent jamais nommer leur chef, ce qui me mit en doubte et ay tant fait que j'ay descouvert que c'est une levée que fait M. de Bissy, neveu de M. de Chalon, mesmement qu'il les a mandez toute la nuit pour aller se getter dans Verdun qui est une petite ville proche de sa maison de Braigny, qui n'est pas beaucoup forte, mais elle se peut bien fortifier et si est sur la rivière de Sone, j'ai estimé qu'il estoit expédient de vous donner advis de bonne heure afin de prévenir les desseins de ceux qui voudront brouiller cette province es encore que je ne sois pas en tout bien asseuré du fait, si est ce en ayant receu adviz, je n'ai voulu faillir de le vous donner, attendant que j'en puisse apprendre plus de vérité pour vous en mander plus certaines nouvelles, je viens d'envoyer à Chalon et à Seurre en advertir M. de Lartusye, lui envoyant vos lettres et le capitaine Guillerme, car ilz sont sur la rivière et leur importe plus qu'aux autres (1). »

(1) *Correspondance de la mairie de Dijon*, t. II, pp. 147, 148.

1589   Aussitôt M. de Fervaques écrit aux Verdunois et se hâte d'expédier des ordres aux commandants de Beaune et de Chalon afin qu'ils missent « leurs gens aux champs pour empescher le dessein de Verdun » (1).

De Montmoyen active l'arrivée de renforts dans sa garnison pour envoyer des troupes du côté de Verdun en attendant qu'il s'y achemine lui-même, si le cas le requiert. Il ne s'en tint pas là ; il dépêcha en même temps un exprès à Verdun pour raffermir les habitants ; il engage M. de Fervaques à écrire au capitaine Guillerme, à Seurre qui vient de lui mander que M. de Bissy avait passé le port près de cette ville, venant de Pagny ; enfin il avertit L'Artusie d'agir de son côté (2).

Le rusé et farouche commandant de la citadelle de Chalon n'avait pas besoin d'être stimulé. A la réception des lettres de Fervaques et de Montmoyen, il fait sur l'heure même monter à cheval un de ses gens pour aller « au beau galop » engager les habitants de Verdun à prendre les armes, les avertir de bien se garder « de ne recevoir Bissy ou aulcun de ses gens, quoiqu'il soit leur voisin, sur peine qu'ils s'en repentiraient », enfin pour leur offrir du renfort en attendant de nouveaux ordres de M. de Fervaques.

L'Artusie joint l'action aux paroles et ordonne au capitaine La Vallière, qui était en Bresse, de s'approcher de Verdun avec sa compagnie. Les Verdunois refusèrent de le recevoir.

De L'Artusie rendit compte de tous ces faits à M. de

---

(1) Lettre de M. de Montmoyen à M. de Fervaques, de Beaune, 4 février.
(2) Lettre de M. de Montmoyen, déjà citée. — Corresp. citée, t. II, 152-54.

Fervaques, dans une longue lettre qu'il lui adressa de la citadelle de Chalon, le 4 février 1589, et à laquelle il ajouta le post-scriptum qui suit: « Depuis la présente escripte, ceux de Verdun me sont venuz trouver et me sont venuz dyre qu'ilz se conserveront contre tretous et que Bissy ny aultres n'entreront en leur ville qui ne soit par commandement de M. du Mayne ou de vous et si vous trouvez bon de leur faire quelques bonnes exhortations, cela les obligera toujours de plus en plus » (1).

1589

De son côté, M. de Chastenay, baron de Saint-Vincent, gouverneur de la ville de Chalon, ne perdait pas de vue Verdun et ne restait point inactif, le 5 février, il écrivait à M. de Fervaques :

« Il m'a semblé à propos de vous donner advis de ce qui se passe par de çà ; mesme comme le jour d'hier nous eusmes advertissement qu'il y avait quelque embuscade sur la ville de Verdun, *laquelle combien qu'elle soit petite si est-elle de grande conséquence.* Et tost que je fus adverty, je dépeschay gens pour descouvrir ce qui en estoit et faire tenir prest les compagnies des capitaines Lavallière et Levesque pour secourir le dit Verdun en leur nécessité ; toutefoys, Dieu grâce, ils n'en ont pas eu besoin » (2).

On a lieu d'être étonné du courage, de l'habileté et de la persévérance que déployèrent les Verdunois pour échapper à la protection armée de leurs coreligionnaires et de leurs amis politiques. N'admirez-vous pas cette poignée d'habitants qui parviennent à sauve-

---

(1) *Correspondance de la mairie de Dijon*, t. II, 154-156.
(2). Arch. de la ville de Dijon. Corresp. et M. Joseph Garnier, ouv. cité, p. 155.

1589 garder leur petite ville contre les convoitises, les artifices et les menaces de ses puissants voisins?

Rien n'est intéressant comme de voir cette fourmilière verdunoise travailler seule à son relèvement et à sa libération.

Les Verdunois tout en protestant de leur attachement au grand parti de l'union et de leurs intentions pacifiques, fermèrent les portes de leur ville, puis refusèrent de les ouvrir aussi bien aux soldats de leurs amis qu'à leurs ennemis. Ils se *remparent*, comme disaient Montmoyen, font bonne garde de jour et de nuit sur leurs murailles et envoyent des députés au plus soupçonneux, au plus redoutable de leurs voisins, au commandant L'Artusie, un ennemi de M. de Bissy. Ces députés l'assurent qu'ils se conserveront à l'union envers et contre tous, que M. de Bissy ni aucun autre n'entreront dans leur ville, si ce n'est par ordre de Monseigneur du Mayne ou de M. de Fervaques. Enfin ils se firent si humbles et en même temps ils se montrèrent si résolus et si fidèles qu'ils amadouèrent et édifièrent l'incrédule L'Artusie « ce farouche Béarnois qui, dit l'historien Perry, ressembloit grandement à la dureté de son pays (1) », qu'il leur donna une lettre de recommandation pour M. de Fervaques « afin que celui-ci entende plus amplement leurs bonnes intentions » (2).

Ces bonnes intentions, ils les exprimèrent dans une lettre qu'un des échevins de Verdun écrivit, en leur

(1) *Hist. de Chalon*, p. 376.
(2) Lettre de L'Artusie à M. de Fervaques. — Arch. municip. de la ville de Dijon, correspond. (partie inédite) et J. Garnier, ouv. cité, p. 157.

nom, à M. de Fervaques auquel ils l'envoyèrent par une députation chargée d'en confirmer le contenu.

1589
(Février).

Cette lettre est d'autant plus précieuse pour nous qu'elle est *la seule pièce* de cette époque émanant de la municipalité de Verdun, qui ait échappé à la destruction de nos anciennes archives.

Empressons-nous de la transcrire ici :

« Monsieur, le jour d'hyer, à la nuict, nous receumes les vostres accompagnées de celles de M. de Montmoyen, (ce) qui nous a fait envoyer les porteurs exprès pour vous assurer que n'avons pensé ny penseront jamais sortir hors de l'obéissance que, doiz longtemps, avons vouhée à Monseigneur le duc de Mayenne et que moings avons veu, sceu, n'y entendu aulcune entreprise, s'estre voulu faire contre notre ville, qui est au milieu de celles de Chalon, Beaulme et Seurre ; en laquelle faisons telle garde qu'il seroit impossible de nous surprendre avant que en puissions descouvrir quelque chose. Ainsi que ayant estez advertis par M. de Turgis, gouverneur de Seurre, qui nous auroit mandé que nous nous tinssions sur nos gardes craincte quelque entreprise, nous en aurions soudainement adverty les sieurs de l'Artusye et Saint-Vincent qui nous ont offert secours, de quoy nous n'avons pas encores besoing, comme nous estimons que n'aurons aydant Dieu, (ce) qui nous fait vous supplier croyre que nous nous maintiendrons toujours amys et conformes à nos voysins et que n'avons jamais entendu, ny recognu d'où procédoit tel bruit que estimons avoir esté fait plus pour nous fatiguer que pour notre soulagement. Vous suppliant croire que n'avons jamais

1589
(Février).

heu aultre intention que de nous maintenir sous la protection de Monseigneur le duc de Mayenne et la vostre en son absence et que serons toujours de telle volonté que, après vous avoir bien humblement baisé les mains, nous supplions le créateur,

Monseigneur, qu'il vous donne en parfaite santé l'accomplissement de vos désirs.

A Verdun, ce 7 février 1589.

« Vos très humbles et obéissants serviteurs à jamais, les habitants de Verdun.

« Signé : MARCELOT, échevin. »

Post-scriptum : « Monsieur, depuis le présent escript, nous avons receu les vostres secondes par l'homme qu'il vous a pleu nous envoyer, suivant lesquelles et nos précédentes réponses nous vous supplions de croyre que ne seront jamais désunis du corps des villes qui sont de présent obéissantes de Monseigneur, et que par nostre deffault et aulcun inconvénient ny surprise n'adviendra de ce lieu, auquel ne permetterons jamais qu'aulcune troupe, ni particuliers, y entrent que par le commandement de Mons et le vostre, vous suppliant bien humblement ne nous charger d'aulcune garnison que la nécessité n'y soit fort requise (1). »

A cette même date du 7 février, le vénérable et docte Pontus de Tyard, évêque de Chalon, écrivait de son château de Bragny, à M. de Fervaques, pour démentir le bruit que l'on faisait courir « que M. de Bissy, son neveu, avait une entreprise sur Verdun ». Il assure

(1) Arch. municip. de la ville de Dijon, corresp. (partie inédite.)

que la vérité est qu'il venait de partir pour aller trouver M. le duc de Mayenne (1).

1589
(Février)

Notre digne prélat adressait une humble prière à M. de Fervaques, c'était « d'avoir l'œil au soulagement du peuple qui souffre de pitoyables dommages par les troupes espanchées », puis il terminait sa lettre par ce *post-scriptum* en faveur des Verdunois :

« Je vous supplie encore de favoriser noz povres voisins de Verdun, dont je vous demeureray obligé pour m'acquitter par ce que je pourray jamais en vous servant très humblement (2). »

Cette recommandation de l'évêque de Chalon, les démarches des Verdunois auprès de M. de Fervaques, leurs protestations de fidélité eurent un plein succès. Ils restèrent affranchis du joug d'une garnison, si justement redouté par nos pères, et ils continuèrent à se garder eux-mêmes.

Pour apprécier toute l'importance du succès que les Verdunois venaient de remporter en empêchant l'installation d'une garnison dans leur ville, il faut ne pas oublier qu'à cette époque d'anarchie et de violences, l'indiscipline de la soldatesque ne connaissait point de bornes. Pour nos pères, une garnison était un fléau semblable à l'invasion étrangère ou à la peste ; aussi

---

(1) « Quand ceux de Verdun vinrent parler à moy, ils me dirent que Bissy n'estoit point aux environs de leur ville et que s'en estoit allé trouver Mgr du Mayne, chose que je ne croyais pas. » Lettre de L'Artusie à M. de Fervaques, 6 février 1589, et J. Garnier, ouv. cit., t. II, p. 157.

(2) Nous ne donnons ici qu'un extrait de cette lettre que nous avons publiée en 1860, dans notre *Etude sur Pontus de Tyard*, p. 219, et qui se trouve également dans la *Correspondance de la mairie de Dijon*, t. II, p. 159.

6

1589
(7 Février).

toutes les villes, grandes ou petites, cherchaient à s'y soustraire, comme celle de Verdun.

Nous voyons les habitants de Saint-Gengoux-le-Royal recourir à M. d'Huxelles pour qu'il intercédât auprès de M. de Fervaques et le priât « de vouloir bien exempter leur ville de garnison, d'autant qu'il y a peu de subjets et en raison de l'affection du capitaine et des habitants de ladite ville qui sont entièrement disposés à bien conserver leur ville sous l'obéissance de Mgr de Mayenne et de la sienne » (1).

Les échevins de Saint-Jean-de-Losne écrivent directement à M. de Fervaques dans le même but, ayant juré fidélité à M. de Mayenne, *sous promesse de ne recevoir aucune garnison*, ils refusent celle qu'il veut leur envoyer (2).

Le droit le plus précieux que possédait la ville de Dijon fut d'être exempte de garnison. En 1595, Mayenne ayant fait entrer 300 hommes dans cette ville; la Chambre protesta que les habitants étaient disposés à mourir *plutôt que de souffrir l'insolence des gens de guerre qui sont la ruine et la désolation des villes* (3).

MM. de Châtenay, de Montmoyen et de l'Artusie avaient toujours insisté auprès de M. de Fervaques pour qu'il mît garnison dans Verdun (4). « Si vous

---

(1) Lettre de M. d'Huxelles, 4 février. Arch. de la ville de Dijon. Corresp. municip. (partie inédite).

(2) Lettre du 20 mars; *Corresp. de la mairie de Dijon*, t. II, p. 237.

(3) De la Cuisine, *Parlement de Bourgogne*, disc. prélim., t. I, pp. LXXII-XIII, 2e édit.

(4) Lettre de M. de Châtenay, 6 février, p. 141.

mettiez une compagnie à Verdun et deux à Saint-Jehan-de-Losne, lui écrivait l'Artusie, ce seroit une grande seureté pour le pays (1). » « Cinq jours après, il lui écrivait de nouveau : « Vous avez bien à vous prendre garde de Saint-Jehan-de-Losne et de Verdun et de Mascon, quand à moy je feray tout ce qui me sera possible (2).

1589
(Février).

Lorsque M. de Fervaques informa Montmoyen de la confiance que lui inspiraient les Verdunois et de la faveur qu'il venait de leur accorder, le gouverneur de Beaune n'hésita pas à lui répondre : « Monsieur, je suis très aise que soyez contant et bien édifié de ceux de Verdun, si est-ce que je ne vous ai point donné les adviz sans suget, et ne me puis persuader qu'ilz soient telz qu'ilz vous asseurent qu'ilz seront, car je suis bien adverty, et par quelques-uns mesmes d'entre eux, qu'ils ont heu intention de brouiller à la persuasion, de leur voisin (3) et que s'il n'en fut point esté fait de bruit, ilz estoient tous portez et persuadez au changement. Vous sceaurez bien vous asseurer d'eux ; mais si vous treuviez bon de mettre un gentilhomme des vostres avec son train seulement dans leur ville et un autre à Saint-Jehan-de-Losne, et qui n'auroit autre soin que de juger de leurs actions et déportements et se treuver aux ouvertures et fermetures des portes, ce vous seroit, il me semble, une belle asseurance et à eux peu de foulle et que je sais qu'ils recevront volontiers, et ceux-là n'auront pas seulement l'œil sur la

(1) Lettre du 6 février, ibid., p. 157.
(2) Lettre du 11 février, ibid., p. 163. *Corresp.* déjà citée.
(3) Héliodore de Tyard de Bissy.

1589
(Avril).

ville, mais aussi sur les gentilshommes voisins qui peuvent être suspectz... »

« Monsieur, je prie le créateur vous donner en parfaite santé très heureuse et longue vie.

A Beaune, ce 13 février 1589.

« Vostre très humble et très affectionné serviteur,

« MONTMOYEN (1). »

L'Artusie, dans une de ses lettres en date du 24 mars, écrivait encore à M. de Fervaques : « Je crains fort pour Saint-Jean-de-Losne et pour Verdun (2). »

Le vicomte de Tavanes lui écrivait également : « Envoyez garnison à Verdun et à Seurre, il doit en avoir à Saint-Jean-de-Losne depuis longtemps (3), enfin il n'y a pas jusqu'au duc de Mayenne qui ne signalât l'importance de cette mesure militaire (4).

La perte de Saint-Jean-de-Losne que Guillaume de Tavanes enleva aux ligueurs, le 4 avril, vint renouveler leurs soupçons au sujet de Verdun. De Montmoyen, dévoué à Mayenne, fait part à M. de Fervaques de ses impressions et de ses craintes. « Il y a longtemps que j'avais prévu cela, lui écrit-il, le 8 avril, et vous en avois adverty assez souvent. Je n'attens que semblables nouvelles de Verdun, et autres places de la Sone, ce qui mettra le pays en confusion, c'est pourquoi il est besoin d'y pourvoir, d'autant qu'il y a plus de péril et y devez entendre plustost qu'en autres lieux (5). »

(1) *Correspondance de la mairie de Dijon*, t. II, pp. 166-167.
(2) Ibid., p. 253.
(3) Ibid., p. 275.
(4) Ibid., p. 254.
(5) Lettre du 8 avril, ouv. cité, t. II, p. 282.

Le gouverneur de Beaune est à la piste des moindres nouvelles qui lui arrivent du côté de Verdun et il s'empresse de les transmettre à M. de Fervaques pour le tenir en éveil. Il l'informe qu'il vient « d'avoir avis que ceux de Verdun ont promis à M. de Bissy de tenir bon et je croy, ajoute-t-il, qu'ils ont jà introduit quelques gens dans leur ville, et de fait ils ramparent et se fortifient. C'est pour vous dire qu'il est maintenant question d'y procéder à force ouverte, car encore que nous eussions deffait la troupe du sieur de Bissy, nous ne laissons d'avoir affaire à ceux de Verdun. Le meilleur est de ne leur donner loisir de se fortifier. Il y a force troupes icy à l'entour qui tirent de vostre côté, s'il vous plait les faire rebrousser du costé de Verdun, ce sera autant avancé et je vais despescher à celles qui vont derrière, pour les faire tirer de ce costé là ; j'ay adverty M. de Lartusie et lui ay envoyé vos lettres (1) ».

1589 (Avril).

Lartusie n'avait pas attendu les ordres du lieutenant de Mayenne pour s'assurer de Verdun. Il s'en méfiait sans cesse ainsi que de Saint-Jean-de-Losne (2). Aussi dès qu'il sut la prise de cette dernière ville il envoya vingt arquebusiers à Verdun pour empêcher les ennemis de s'en saisir et pour prêter main forte aux habitants ; mais ceux-ci, comme précédemment, refusèrent de les recevoir, alléguant qu'ils se présentaient sans un ordre de M. le duc de Mayenne, ni de M. de Fervaques (3).

Le soupçonneux et clairvoyant capitaine de la cita-

(1) *Correspondance de la mairie de Dijon*, t. II, p. 285.
(2) Ibid. Lettre du 12 avril, p. 291.
(3) Ibid.

1589 delle de Chalon informa aussitôt Fervaques de tous ces faits en le suppliant de mettre une garnison dans Verdun qui, dit-il « fera comme Saint-Jean-de-Losne ». Je me doubte fort, ajoutait-il, que si vous n'y pourvoyez promptement vous le perdrez, que sy cela advenoit ce seroit une mauvaise épine pour Chalon (1) ».

Le capitaine Lartusie fut prophète comme les événements ne tardèrent pas à le prouver.

Quels qu'aient été les motifs de la conduite vacillante de Fervaques, soit manque de croyances religieuses et de principes politiques, soit prédominance de l'intérêt particulier sur l'intérêt général, soit disproportion entre la tâche qui lui était imposée et ses propres forces, toujours est-il que sa conduite exerça une influence considérable sur les résultats définitifs de la ligue en Bourgogne.

Si de Fervaques eût tenu compte des avertissements qu'on lui prodigua au sujet de la conservation des villes de la Saône et en particulier de celle de Verdun, « que sa position sur la frontière au confluent du Doubs et de la Saône rendait des plus importantes (2) », qui sait si la ligue n'eût pas balancé plus longtemps la fortune de Henri IV en Bourgogne et n'y eût pas arrêté ou changé le cours de sa destinée ?

Peut-être le roi Henri IV, en donnant le bâton de Maréchal de France à Fervaques, reconnut-il autant les services qu'il lui avait rendus en combattant pour lui qu'en servant dans les rangs de ses adversaires (3) ?

(1) Corresp. citée, II, 291.
(2) M. Joseph Garnier, ouv. cité. Précis hist., II, xxviii.
(3) Guillaume d'Hautemer, IVe du nom, baron de Fervaques, comte de Grancey, lieutenant général au gouvernement de Norman-

Les Dijonnais, ligueurs exaltés, tranchèrent le nœud gordien de la conduite de Fervaques en s'assurant de sa personne et en l'incarcérant dans le château de Dijon. Mayenne, informé par leurs auteurs eux-mêmes de ce coup aussi hardi que violent, n'osa pas se prononcer entre la municipalité de Dijon et M. de Fervaques : il se contenta de charger le duc de Nemours, son frère, qu'il venait d'envoyer dans le Lyonnais, en qualité de gouverneur, d'aller momentanément, prendre la direction des affaires de la ligue en Bourgogne.

1589 (Avril).

Ces annales ne comportent point le récit détaillé de cette mission politique et militaire de Nemours; cependant comme aucun historien n'en fait mention et qu'elle fournit à notre histoire provinciale plusieurs faits inédits, nous prendrons note des principales étapes du duc de Nemours en Bourgogne qu'il avait traversée, en se rendant à Lyon.

Un mois s'était à peine écoulé depuis son installation dans cette ville, où il avait été reçu avec grand apparat, qu'il en partait pour retourner en Bourgogne. Le 25 avril 1589 Nemours entrait dans Mâcon.

« Les gens de bien, écrivait-il, au Consulat de Lyon, me veulent prier de ne partir point d'icy que je ne les aye assurés, ce que j'espère faire, aydant Dieu, et y laisser bon ordre... (1). »

die, puis lieutenant général pour le duc de Mayenne en Bourgogne (1589). Il passa d'un parti à un autre, combattit pour et contre Henri IV qui le créa maréchal de France en 1596; il mourut en 1613. Dans une esquisse d'une touche ferme et sévère, M. Joseph Garnier a mis en relief les irrésolutions et les contradictions de sa conduite, comme lieutenant de Mayenne en Bourgogne. V. *Corresp. de la mairie de Dijon*, t. II, p. xxv et suiv. et p. 122.

(1) Arch. de la ville de Lyon. — Correspondance AA. Reg. 42.

1589   Le lendemain il avait pris possession de Mâcon ; conquête importante pour les ligueurs de Lyon auxquels il s'empressa d'annoncer cette bonne nouvelle. Voici la copie de sa lettre ; c'est un document inédit et officiel qui comble à la fois deux lacunes, l'une dans les biographies du duc de Nemours, et l'autre dans les annales de Mâcon où il substitue une page d'histoire vraie à celle toute de fantaisie dans laquelle l'abbé Agut raconte cet événement à sa manière (1).

« A MM. les consuls et échevins de la ville de Lyon,

« Messieurs depuys la lettre que je vous ay escripte de mon arrivée en ceste ville il est advenu qu'ayant envoyé quérir les principaux officiers d'icelle et les ayant prié de jurer l'union ilz m'auroyent faict responsé qu'ilz ne pouvoyent fere autre serment que celuy qu'ils ont faict par cy-devant d'estre fidelles au Roy, soubz l'obéissance de M. le duc de Mayenne, mon frère, et durant ces propoz Messieurs de l'esglise prendrent les armes et me vint-on dire que l'on se barriquait par la ville, de sorte que je me résoluz de prier ces Messieurs de ne point partir de la chambre où nous étions et les y laissay accompagné de M. le duc du Sol et de quatre soldatz de mes gardes, et m'en allay en diligence en la place avec bon nombre d'honestes gens, où je ne trouvay personne qui fist résistance et lors je gaignay les portes de la ville, et toutes les avenues de ladicte place que je fis bariquer et envoyay par toute la ville une troupe d'honestes hommes, pour empescher que les malzéléz ne prinssent les armes ; et me

(1) *Hist. des Révol. de Mâcon*, p. 165.

voyant le plus fort dedans la ville, j'envoyay demander à Messieurs de l'église pour quelle occasion ilz s'estoient armez et bariquez, qui me mandèrent par le comte de Trémont et le comte de Morlans, après un monde d'excuses, que ce qu'ilz avoyent faict n'estait que pour s'assurer contre les ditz Malzéléz leurs ennemys, ainsy qu'ils me prioyent de le fere, de façon que je me suis saisi du lieutenant, du prevost, de deux eschevins et ung nommé Lerat.

A Mascon, ce 26ᵉ jour d'apvril 1589.

Vostre entyerement plus affectyoné amy
à vous servyr,

« CHARLES DE SAVOYE (1).

Après ce succès Nemours continua sa marche vers la Bourgogne. Nous le voyons à Seurre le 5 mai d'où il écrit, ce même jour, à son frère le marquis de Saint-Sorlin, à Lyon, pour le prier de lui envoyer cinquante lances dont il avait besoin. Il arrive à Dijon le 11 mai. Le 2 juin il est à Arnay-le-Duc, d'où il expédie, sous cette même date, trois lettres à Lyon (2), une « à Messieurs du conseil séant près la personne de M. le marquis de Saint-Sorlin, son frère » et les deux autres aux consuls et échevins de la ville. Il les assure « qu'il

(1) Cette formule finale est écrite de sa propre main. — Arch. de la ville de Lyon. — Corresp. AA. Reg. 43, fol. 88.
(2) Arch. de la ville, AA, R. 43. fol. 100 et 105. Nous rectifions ici une erreur étrange qui a fait dater ces lettres d'une localité inconnue nommée *René-le-Duc* (sic). Cette fausse indication a été reproduite au dos de la lettre par l'archiviste lyonnais qui l'a inventoriée et depuis 1588 jusqu'en 1873, personne avant nous n'avait rectifié cette dénomination fautive.

regrette infiniment (sic) de ne pouvoir se rendre auprès d'eux, mais les affaires de ceste Bourgogne et la venue des Suisses de nos ennemis, le controignent de s'y arrêter et d'assembler le plus de forces qu'il pourra pour empêcher l'entrée desdits Suisses, mais, je ne peux rien faire que je ne sois secouru du costé de Lyon, de quelque somme d'argent ».

Nemours demanda au consulat 30,000 écus (1). Cette somme lui fut probablement refusée, car il changea son plan de campagne :

Le 9 juin il était de retour d'Autun à Dijon qu'il quittait pour nettoyer le pays des ravages et pilleries des ennemis (2).

Il prend d'assaut Is-sur-Tille, livre ce bourg au pillage, puis marche sur Tournus qu'il occupe le 13 juin (3), et « comme à Is-sur-Tille il y usa de plus de cruauté que s'il fust esté le turc, avec grandes insolences dedans les églises ».

Les habitants de Cuisery, frappés d'épouvante à la nouvelle du sac de Tournus, envoyèrent les clés de leur ville à Nemours. Celui-ci revient à Mâcon, pour retourner à Dijon ; d'où il part, sur la fin du mois de juillet, à la tête de 400 ou 500 lances, 4000 reistres,

---

(1) Arch. de la ville de Lyon, AA, R. 43. On peut voir dans les *Notes et documents pour servir à l'Hist. de Lyon*, par Pericaud, 28 juin 1589, à quels moyens violents Nemours eut recours pour se procurer de l'argent.

(2) Lettre de Nemours aux échevins de Lyon. — Arch. de la ville AA. R. 43.

(3) Ibid. Nemours annonce aux Lyonnais les prises d'Is-sur-Tille et de Tournus, mais il passe sous silence les horribles dégâts qu'y commirent ses soldats et l'abondance du butin qu'ils y firent. — *Correspondance de la mairie de Dijon*, par M. J. Garnier, t. II. *Précis historique*.

10,000 Suisses et 2,500 arquebusiers français qu'il conduisit au duc de Mayenne à Paris (1).

1589

Verdun paraît avoir eu la chance de ne point recevoir la visite de Nemours et de ses gendarmes, mais il n'en ressentit pas moins les conséquences fâcheuses de leur séjour en Bourgogne. Malgré sa pauvreté, accrue par la misère générale, il lui fallut fournir sa part de vivres « au camp et armée de la sainte union conduite par Mgr le duc de Genevoix et de Nemours (2).

Les habitants de Verdun livrèrent au sieur de Montculot, commissaire général des vivres de l'armée, 1120 pains, 3 queues de vin et 2 émines 6 boisseaux d'avoine.

Aux tristesses de tant de misères viennent s'ajouter des crimes politiques. Les meurtres de Blois provoquent l'assassinat de Saint-Cloud. Henri III avait fait tuer ses ennemis, les amis de ses ennemis le font tuer.

Ces taches de sang criminel furent lavées dans des flots de sang innocent qui loin de les effacer les firent ressortir.

La Bourgogne qui avait alors pour gouverneur Charles de Lorraine, duc de Mayenne, chef de la ligue, en devint le principal foyer.

Sous le voile de la religion, le fanatisme, la superstition, la discorde, la haine et l'ambition allument et attisent dans la France entière le feu de la guerre civile.

(1) Lettre de Nemours. Arch. de la ville de Lyon. Corresp. AA. Reg. 43. — Compte du sieur de Monculot, pour les mois de mai, juin et juillet 1589. Recepte de guerre. Arch. de Bourg., à Dijon.
(2) V. la note 9 sur cette première expédition de Nemours en Bourgogne.

1589
(Août).

La lutte débute par des arrêts et des décrets rendus au nom de la justice et des lois qu'ils outrageaient et foulaient aux pieds.

D'un côté on reconnaît pour roi *légitime* de France le cardinal de Bourbon, sous le nom de Charles X, et pour son lieutenant général le duc de Mayenne, tandis qu'on déclare rebelles, hérétiques, fauteurs d'hérésies et criminels de lèse-majesté divine et humaine, tous ceux qui tiendront le parti du roi de Navarre, comme prétendant à la couronne de France (1). D'un autre côté, ce même Henri de Navarre, ce huguenot, proscrit et excommunié est acclamé, seul roi légitime de la France, et ses partisans traitent ses adversaires comme on les traite eux-mêmes.

Le prétendu règne du roi Charles X est inauguré par un édit portant confiscation des biens de ceux qui tiennent le parti de son concurrent, le parlement de Dijon autorise à leur *courrir sus, comme ennemis de la patrie.*

Des décrets et des menaces on passe aux voies de fait, chacun court aux armes. Alors commença la guerre la plus horrible, la plus cruelle et la plus impie, la guerre entre les concitoyens, entre les proches, entre les frères, entre les enfants de la même patrie et du même Dieu! Guerre qui a mutilé la France, substitué la barbarie à la civilisation, compromis la religion et fait douter de tout!

La Bourgogne se divisa en deux camps ennemis rivalisant de passions violentes et aveugles, mais très inégaux par le nombre, la force et l'influence. Toutes

(1) Extrait des délibérations des Etats de Bourgogne. Reg. 10 Arch. de Bourgogne, à Dijon.

les principales villes, Dijon en tête, sont pour la ligue, ainsi que la majorité de la noblesse, du parlement et des états.

1589 (Août).

Au début de cette mêlée confuse des partis, *Dieu a pu reconnaître ceux qui étaient à lui*, mais les historiens n'ont pu dissiper l'obscurité qui enveloppait ce chaos et s'y sont égarés. Ainsi, quoiqu'ils aient écrit le contraire, pas une ville de Bourgogne même parmi celles qui devaient se signaler par leur fidélité à Henri IV, telles que Flavigny, Semur-en-Auxois, Saint-Jean-de-Losne et Verdun, n'échappa à la contagion, toutes subirent le joug de la ligue ; ce fut la conséquence forcée d'une politique de salut pour ces malheureuses villes.

M. L. Pingaud a donc écrit à tort (1) : « Guillaume de Tavanes se saisit de Saint-Jean-de-Losne, *ville qui n'avait jamais adhéré à l'union* (page 149). Nous n'ignorons point que cette assertion se trouve dans Courtépée et dans Béguillet, et même ailleurs, mais elle est mise à néant, par le témoignage de cette ville qui affirma sa fidélité à Mayenne au point de lui promettre *d'expulser de ses murs ceux qui avaient servi le roi Henri IV, à la suite du comte de Tavanes* (mars 1589) (2).

Semur-en-Auxois, capitale de la Bourgogne royaliste, *avait juré d'être fidèle à la Ligue à la vie et à la mort* (ibid., p. 229).

Du côté des individus il n'en fut pas de même, nous trouvons des caractères fermes et des fidélités à toute épreuve, en très petit nombre il est vrai ; Guillaume

(1) V. notes 19 et 20 sur le comte et le vicomte de Tavanes, et l'ouv. publié sur cette famille par M. L. Pingaud.
(2) V. *Correspondance de la mairie de Dijon*, publiée par M. Joseph Garnier, archiviste de la Côte-d'Or, t. II, p. 237, 249 et 262.

1589
(Août).

de Tavanes, dans l'armée et le président Frémyot, dans la magistrature, méritent d'occuper le premier rang parmi ces hommes au cœur vraiment noble dont la nature est trop avare.

Les rares partisans du Béarnais, le futur Henri le Grand, n'ont pour refuge en Bourgogne que quelques châteaux de leurs domaines et la ville de Flavigny qu'ils durent prendre de force. Ce fut là que se retira le parlement royaliste composé d'un petit groupe de onze magistrats fidèles ; les noms qu'ils portent font honneur à la Bourgogne, plusieurs d'entre eux l'illustrèrent tels que Millotet, Bouhier, Picardet, Saumaise et Bossuet ; ils ont à leur tête ce président Fremyot, dont un historien a résumé l'éloge en ce peu de mots : « Il ne ressembla à personne qu'à lui-même » (1).

Les forces militaires de ce parti consistaient en une poignée de gentilshommes bourguignons. Mais à la vérité, ces bourguignons sont des Rabutin-Chantal, des Cipierre, des Conforgien, des Chamilly, des Ragny, des Bauffremont, des Sirot, auxquels se joindront bientôt Tyard de Bissy, Baillet de Vaugrenant et quelques autres. Leur chef est Guillaume de Saulx, comte de Tavanes, guerrier modèle par son froid courage, son désintéressement et sa fidélité au drapeau de la France.

Magistrats et gens de guerre, tous répondent aux propositions de Mayenne et du président Jeannin d'entrer dans la ligue, en prêtant serment de fidélité à Henri IV et en jurant de venger la mort de son prédécesseur (2).

(1) De la Cuisine, *le Parlement de Bourgogne*, 2ᵉ édit., t. II, p. 156-157.
(2) Guillaume de Tavanes, *Mémoires*, in-fol., p. 59.

Aussitôt après le comte de Tavanes, à la tête de ses 1589
troupes, s'achemine du côté de la Saône, refuse une
trêve que proposent les ligueurs, traverse le Doubs et
commence une série d'opérations militaires des plus
avantageuses à son parti, par la prise de la ville de
Verdun qui fut suivie de celle de Louhans, de Charolles
et de Paray-le-Monial (1).

Le comte de Tavanes, qui laisse beaucoup à désirer
comme historien sous le triple rapport de l'exactitude,
de la clarté et de l'intérêt, ne nous fait connaître ni la
date précise, ni aucune des particularités de cette prise
de Verdun (2) ; pour la première fois nous allons combler ces lacunes. Verdun fut pris le 29 août 1589, dans
la matinée (3). L'absence de garnison dans la ville,
le petit nombre des habitants et l'immense supériorité des assaillants nous font supposer que les Verdunois ne purent résister longtemps.

Capitulèrent-ils, ou furent-ils forcés dans un assaut ?
on l'ignore ; mais nous savons trop qu'ils subirent
les cruelles conséquences de leur défaite par des soldats impitoyables. « Les ennemis qui vindrent en
leurs mains, nous dit Tavanes, furent passez au fil de
l'espée sans rémission : tant la vengeance de la mort
de leur prince les avoit justement animez » (4).

---

(1) *Mémoires* à la suite de ceux de son père, édit. orig., in-fol.,
p. 60.

(2) Ibid. et v. note 19. — Le chanoine Pépin (*livre de souvenance*
publié par M. J. Garnier, Dijon, 1866) ne mentionne pas cette
prise de Verdun, il nous apprend qu'il a été enlevé à Tavanes sans
nous avoir dit que Tavanes s'était rendu maître de cette ville.

(3) Reg. du curé Blandin et sa déposition dans l'enquête sur le
capitaine Réal. Pièce n° 7.

(4) *Mémoires de Tavanes.*

1589
(Septemb.)

Cette simple et courte note : « Ce fut lorsque la compagnie du baron de Vitteaux estoit dans Verdun », .. écrite par le curé de Bragny à la suite d'un acte de baptême qu'il était venu faire à Verdun en l'absence du curé de la paroisse, le troisième jour de septembre 1589 (1), suffit pour suppléer au silence de Tavanes.

La compagnie du baron de Vitteaux dans Verdun !!

Que de choses horribles, que de violences, que de crimes, que de douleurs et de larmes ce peu de mots rappellent !

La compagnie du baron de Vitteaux, c'était le pillage, le meurtre, le viol et l'incendie ! Sa présence en une contrée était un fléau destructeur. Pour cette bande tout pays devenait un pays ennemi. Elle commit avec son chef de si grands excès en Bourgogne qu'à la fin du XVIe siècle une des prières des habitants de cette province, était :

> Dieu nous garde du feu, de l'eau
> Et du baron de Vitteaux (2) !

Les Verdunois, eux aussi, durent, plus d'une fois, répéter cette prière qui sortait de tant de bouches. Ce ne sont pas des ennemis, mais des amis politiques, des coreligionnaires, des frères d'armes qui la font entendre.

De Montmoyen, de Châtenay et les magistrats de Chalon-sur-Saône, tout dévoués à la ligue et à Mayenne, écrivaient à M. de Fervaques que s'il voulait voir les habitants des bailliages de Chalon et de Beaune

---

(1) Reg. du curé Blandin.
(2) *Ann. hist. et statist. du département de la Côte-d'Or*, année 1822, 4e partie, p. 73.

abandonner la cause du duc de Mayenne il n'avait qu'à laisser au milieu d'eux le baron de Vitteaux et ses troupes qui les traitent comme les plus cruels ennemis (1). Le 22 mars 1589 sur l'avis que le baron de Vitteaux allait revenir dans le Chalonnais, les magistrats et le gouverneur de la ville de Chalon envoyèrent un exprès à M. de Fervaques pour lui rappeler qu'ils n'ont pas de plus grand ennemi que le baron de Vitteaux, en raison des cruautés qu'il a exercées dans leur pays, et pour l'assurer *« qu'au seul bruit que le baron de Vitteaux arrive, tout le peuple prendra les armes* pour se venger des maux qu'ils en ont reçus (2).

Maintenant nous comprenons le silence du comte de Tavanes, nous savons ce que l'un de ses indignes lieutenants a fait souffrir aux Verdunois, en voyant leur curé, Edme Blandin, homme inoffensif, en butte à ses violences, à sa rapacité, et retenu prisonnier pendant trois jours. A peine échappé sans doute à prix d'or, des mains de ses soldats, il s'enfuit jusque dans la ville de Beaune (3), tant la terreur était grande à Verdun. Et pourtant ce prêtre était habitué aux dures épreuves, il avait affronté la mort pendant la peste de 1582 à 1586, et nous le verrons bientôt, triste mais ferme et résigné, assister à la ruine de sa maison curiale et de son église.

De retour dans sa paroisse dévastée par les soldats du baron de Vitteaux, le curé Blandin consigna le

---

(1) J. Garnier, *Correspondance de la mairie de Dijon*, t. II, p. 197 et 238.
(2) Ibid., p. 243.
(3) Reg. cité, fol. 19, verso.

1589 souvenir de ce désastre sur son registre paroissial, sous cette forme simple et naïve que nous reproduisons exactement ici :

NOTA

Que lan mil cinq cent
quatre vingtz et neuf,
le vingtveufviesme aoust
entre huict et neuf,
jour de Feste Sainct Jehan
decollace
fut mis Sainct Jehan de
Verdun à la besace et

F^{re} Edme
BLANDIN.

Le baron de Vitteaux, chose triste à dire, fut laissé à Verdun comme gouverneur avec 200 arquebusiers et sa terrible compagnie de cavaliers (1). Ce poste lui fut donné sans doute en récompense de ce qu'il avait contribué particulièrement à la prise de Verdun que Perry lui attribue exclusivement (2).

Ainsi se trouvait expliqué, sinon justifié, le choix que fit Tavanes de cet homme sans conscience, à l'âme vénale, aux passions bestiales, d'une fidélité incertaine, qu'on remarquait naguère parmi les plus fougueux ligueurs, que nous voyons contre eux aujourd'hui et que demain nous retrouverons dans leurs rangs et même contre Verdun !

D'après la conduite ultérieure de ce héros sinistre de nos guerres civiles qui n'était encore qu'au début

---

(1) *Mémoires de G. de Tavanes*, p. 60.
(2) *Hist. de la ville de Chalon-sur-Saône*, p. 366.

de la carrière où il s'est acquis une si funeste renommée, nous sommes en droit de lui supposer une arrière-pensée en prenant le commandement de la ville de Verdun. Il était homme, après y avoir été installé au nom de Henri IV, à la détenir pour son propre compte sous le nom de la Sainte-Union et de son roi Charles X, quitte ensuite à la vendre chèrement ainsi que lui-même, au plus offrant et dernier enchérisseur.

1589

La conduite du baron de Vitteaux comme gouverneur de Verdun donne une pauvre idée de ses talents militaires ou de sa fidélité à la cause qu'il venait d'embrasser. Le comte de Tavanes d'un côté et l'historien Perry, d'un autre, malgré leurs réticences, nous apprennent d'étranges choses à ce sujet.

Nous lisons dans le dernier (1) :

« Le baron de Vitteaux... se saisit de la ville de Verdun. Il y rencontra nostre Evesque (2), et luy communiqua quelques propositions qu'il vouloit faire à la ville (de Chalon). L'importance estoit qu'il demandoit que le commerce de toute sorte de marchandises fût entretenu entre les villes de Seurre, de Verdun, de Chalon, de Tournus et de Mascon, qui sont toutes placées en ce rang sur la rivière de Saône. Il provoqua une assemblée des habitans de Chalon pour en délibérer.

« Le gouverneur de la ville qui était présent à cette réunion fut d'avis qu'on ne pouvait prendre aucune résolution avant que le conseil de l'union établi à Di-

---

(1) *Hist. de Chalon*, pp. 366-367.
(2) Pontus de Tyard, de Bissy.

1589 jon par le duc de Mayenne, pour la direction des affaires de la province, n'en eût été averti (1). »

Cette union commerciale entre belligérants, ennemis jurés les uns des autres, était en opposition formelle avec les mœurs et les habitudes de l'époque, autant que contraire à la véritable tactique et au but des opérations de l'armée royale dont Vitteaux faisait partie, et qui avait pour objet principal, en occupant le poste de Verdun, d'empêcher les communications entre les villes de la Saône toutes au pouvoir des Ligueurs, depuis Seurre jusqu'à Mâcon.

Cet étrange et irréalisable projet, conçu au début d'une guerre acharnée, par le commandant d'une place conquise de la veille et entourée d'ennemis puissants dont elle divisait les forces, serait pour nous un problème si nous n'y entrevoyons pas une espèce de défection ou plutôt une visée mercantile et vénale toute d'intérêt privé, de la part du baron de Vitteaux qui se promettait, sans doute, de grands profits du trafic de la Saône aux ports de Verdun, au moyen des droits, en argent ou en nature, qu'il eût prélevés pour lui-même sur les marchandises.

Pendant tout ce temps le nouveau gouverneur de Verdun veillait, sans doute, à la conservation de son importante conquête ? Pas le moins du monde, il la quitta avec une partie de ses soldats pour aller en sa maison dans l'Auxois !!

« Ce gouverneur s'oublia grandement, dit Tavanes, l'abandonnant si tost, au lieu de s'y tenir, et y faire travailler aux fortifications, aussi il en fust blasmé (2). »

(1) *Hist. de Chalon*, pp. 266-67.
(2) *Mémoires de G. de Tavanes*, p. 60. C'est à tort que Tavanes

Le conseil de la Ligue établi à Dijon s'émut vivement à la nouvelle des victoires du comte de Tavanes et de la prise de Verdun. La première pensée du conseil fut de reprendre cette place aux Royalistes. Le mouvement qu'ils se donnèrent, les forces qu'ils rassemblèrent pour atteindre ce but, témoignent de l'importance qu'ils attachaient à la possession de cette petite ville. Ils vinrent donc l'assiéger.

1589

Ce siège de Verdun a laissé dans les archives des villes de Lyon, de Mâcon, de Chalon et de Beaune qui y ont pris part assez de documents pour que nous en ayons retrouvé un grand nombre au bout de trois cents ans. Cela nous permettra de faire connaître cet épisode des guerres de la Ligue en Bourgogne et de montrer, une fois de plus, combien notre histoire provinciale a été négligée, même par ceux qui l'ont écrite (1).

De Nagu-Varennes, gouverneur de Mâcon, après avoir rendu une ordonnance le 3 septembre 1589, pour lever des troupes et amasser des munitions, s'adressa aux conseils de l'union de Mâcon et de Lyon afin d'obtenir leur concours. Il ne se fit pas attendre, et, au bout de quelques jours nous voyons le sieur de Guionvelle arriver devant Verdun, à la tête de sa belle compagnie de cent lances soutenue par ce qu'il avait pu rassembler de soldats, et quelques pièces de canon que Chalon lui avait envoyées. Mais à la vue de l'état dans lequel se trouvait la place, il jugea qu'il n'était pas assez fort

---

accuse Vitteaux d'avoir emmené avec lui ses soldats ; nous avons la preuve qu'il en avait laissé une partie à Verdun (Enquête de 1590). V. sur le baron de Vitteaux, ch. XIII, *Siége de Verdun*.

(1) Voir aux notes et pièces justificatives les nos 10, 11, 12, 13, 14, 15 et 16.

1589 pour l'attaquer avec succès. Le 15 septembre le gouverneur de Mâcon recevait de lui une lettre par laquelle il le priait de lui envoyer le sieur de La Grange, avec son régiment, le sieur de Rochebonne avec sa compagnie de cavalerie, et le sieur baron de Vaulx avec sa compagnie de fantassins, ce qui formait un effectif d'environ deux mille hommes.

Afin d'empêcher ou du moins d'atténuer les dégâts que ces soldats n'eussent pas manqué de faire dans les villages situés sur leur route en se rendant à Verdun, le gouverneur de Mâcon eut le soin de les faire monter par la Saône dans trois grands bateaux munis de vivres en suffisante quantité et protégés par une frégate de guerre que la ville de Lyon avait prêtée pour cette expédition contre Verdun. Cette frégate était montée par 8 mousquetons et 20 arquebusiers.

Pierre d'Anglure, seigneur de Guionvelle, qui avait été choisi par le conseil de l'union pour commander cette expédition en Bourgogne, était lieutenant général pour la Ligue dans le Bassigny, et l'un des capitaines les plus renommés de son parti (1) ; il avait empêché Guillaume de Tavanes de prendre Châtillon-sur-Seine.

Investir, canonner et emporter Verdun, fut pour Guionvelle l'affaire de trois jours. On ne sera pas surpris de la promptitude et de l'ardeur de ce fait de guerre, lorsqu'on saura que les Beaunois avaient fourni le vin à discrétion aux soldats de Guionvelle (2).

(1) Note de M. Joseph Garnier, *in Livre de Souvenance du Chanoine Pépin.* — Suivi du *Journal de Gabr. Breunot.* Dijon, 1866, in-8.

(2) Extrait des regist. des délibérations de la ville de Beaune. — Du mardi 12º jour de septembre 1589 : « Par délibération en date de ce jour, le sieur Navetier, échevin, est chargé de chercher des

Cependant la garnison de Verdun où se trouvaient 1589
les capitaines Tresnard et Saint-Mathieu, ce dernier
commandant du château de Montcenis pour Henri IV,
s'était défendue courageusement. La résistance fut très
opiniâtre surtout au faubourg Saint-Jean : les assiégés
y mirent le feu à plusieurs maisons afin de retarder les
progrès des assiégeants et de faciliter leur retraite dans
la ville où ils finirent par être écrasés dans un assaut ;
leurs barbares vainqueurs les taillèrent en pièces et pillèrent la ville (1).

Le général de l'armée des ligueurs ne se proclama
pas moins le libérateur de Verdun, et pour fêter d'une
façon selon ses goûts son entrée triomphante dans
cette malheureuse ville, qu'il venait, disait-il, *de remettre en sa première liberté* (2), » il voulut *donner au peuple un spectacle agréable*, qui consisterait à faire
pendre le plus marquant de ses prisonniers qui était
le capitaine Saint-Mathieu. Dans ce but Guionvelle n'avait pas hésité à payer sa rançon, lui si âpre à la curée,
au soldat qui l'avait fait prisonnier.

Tout était préparé pour cette exécution sauvage, qui

---

grains pour fournir à l'armée conduite devant la ville de Verdun par
le sieur de Guionvelle. Les vins seront pris dans les caves de Maisières contenant les vins pris sur ceux de la nouvelle opinion. Et
dans le cas où ils ne suffiraient pas, on en prendrait dans les maisons bourgeoises de cette ville » (Archives de la ville de Beaune).

(1) Lettre du capitaine d'Espeulle, gouverneur de Saint-Jean-de-Losne, à M. de Chabot-Brion, marquis de Mirebeau, qui en fit part au
Maréchal d'Aumont. *Correspond. de la mairie de Dijon*, publ. par
M. J. Garnier, t. II, p. 342. — Héliodore de Tyard, gouverneur de
Verdun-S.-S. (inédit).

(2) Lettre de Guionvelle au vicomte Mayeur de Dijon qui en
donna communication à l'assemblée de la ville du 21 septembre
1589 (Ext. du Reg. des délibér. Arch. de la ville).

1589 entrait dans les habitudes de Guionvelle (1) lorsque le capitaine Saint-Mathieu parvint à s'y soustraire par la fuite.

Guionvelle, qui avait promis un spectacle émouvant aux ligueurs de Verdun, n'était pas homme à leur manquer de parole en cette occasion : furieux de voir son captif lui échapper, *il fit pendre à sa place un brave homme* d'Is-sur-Tille, suivant l'armée et soupçonné d'avoir favorisé l'évasion du capitaine Saint-Mathieu. Cette exécution, sans formes de procès, « fut faite, dit le conseiller Breunot, en son journal, au grand regret de beaucoup de gens de bien qui connaissoient la prudhommie du dit pauvre homme » (2).

Le capitaine Saint-Mathieu s'est trouvé à Verdun dans des circonstances assez graves pour que nous lui accordions quelques lignes : c'était un officier distingué et instruit, qui mériterait d'être mieux connu. Il avait inventé de nouveaux engins de guerre, pour pratiquer des brèches dans les murailles des places. Baillet de Vaugrenant l'avait fait venir de Genève en vue d'utiliser ses inventions dans une surprise qu'il machinait contre Dijon.

Saint-Mathieu avait déjà failli d'être pris dans cette affaire (3). Après son aventure de Verdun, il regagna son poste au château de Montcenis où il continua à ser-

---

(1) Le 26 septembre 1589, peu après son départ de Verdun, ayant pris le château de Cruzilles et le capitaine Prins qui y commandait, il le fit tuer d'un coup d'arquebuse (Juenin, *Hist. de la ville et abbaye de Tournus*, p. 279).

(2) Journal de G. Breunot, mss. de la biblioth. de Dijon.

(3) Courtépée, *Description de Bourgogne*, t. II, 2ᵉ édit. ; — M. Joseph Garnier, t. II, p. xxxvi, 222-23.

vir la cause de Henri IV (1). Aux renseignements déjà connus sur le capitaine Saint-Mathieu, nous en ajouterons un inédit ; c'est une lettre du trop célèbre Lartusie, le commandant de la citadelle de Chalon, pour les ligueurs ; elle a trait à l'entreprise contre Dijon, et nous révèle des tentatives du même genre sur diverses villes de Bourgogne.

1589

La suscription de cette lettre porte :

« A monsieur Guérin, greffier au bailliage de Mascon, à Mascon.

« Monsieur Guérin, je vous écripvis hier et vous envoyai la lettre par monsieur de Champrenard, par laquelle je vous advertissai comme le baron Dambonne estait prins à Dijon, estant venu de Genève accompagné de Saint-Mathieu et de Lespagnolet, pour recognoistre de fere quelque entreprinse sur la ville et chasteau de Dijon et sur la ville et chasteau de Beaune et ville et citadelle de Chalon, et aussi pour recognoistre vostre ville, voyre s'il y auroit moyen de fere quelque chose par *la voye des pétards ou saucisses*. Le baron Dambonne est desia prins, comme je vous ay escript, les aultres deux se sont sauvez, et m'escript-on qu'ilz sont venuz pour recognoistre ceste ville (2), ou Mascon. Nous y faisons prendre garde icy, comme je vous prie aussi de prendre garde-là, de les fere saisir s'ilz arrivent en votre ville, comme j'ai aussi ordonné ceux de Tournus de prendre garde.

(1) Le capitaine Tresnard, son compagnon de fortune et d'infortune à Verdun, y fut épargné par les ligueurs, mais ils le firent périr sur l'échafaud à Dijon l'année suivante (*Chanoine Pépin*, t. I, p. 64).
(2) De Chalon.

1589 « Le dit Saint-Mathieu est assez grand, qui porte sa barbe noyre et assez grande, vestu d'un accoustrement de Beuffle avec des manches de velous violet et passements de soye violette et de fils d'or. Monté sur un petit cheval Bail qui a le crin et oreille coupée. Il porte aussi ung manteau violet ; qu'est tout ce que je vous peuve escripre, si non que vous ne prenyez garde à vous aultres, et me recommandant à vos bonnes graces. De la citadelle de Chalon ce XXIII mars 1589.

« Vostre affectionné amy à jamais.

« Lartusye (1). »

Guionvelle, après avoir mis dans Verdun une garnison d'environ quatre-vingts hommes d'infanterie sous le commandement du capitaine Laboriblanc, partit de cette ville pour continuer la campagne qu'il avait commencée, si heureusement, contre les royalistes.

Ceux-ci furent attérés par la perte de Verdun. C'était à qui d'entre eux se rejetterait l'un sur l'autre la responsabilité de ce grand échec qui ébranlait le courage de beaucoup de serviteurs du roi (2).

Le comte de Tavanes, plus intéressé que tout autre à cet évènement, s'y arrête à peine dans ses *Mémoires* où il se contente de blâmer la négligence du baron de Vitteaux, qui, sans contredit, est le grand coupable ;

---

(1) Cette lettre est fermée par un cachet aux armes de l'Artusie, passablement conservé, mais trop mal venu pour être déterminé. Au dos on lit (écriture du temps) : Lettre de M. de Lartusye escripte à M. le greffier Guérin, communiquée aux eschevins le XXIII mars 1589.

(2) Lettre de François Chabot-Brion à son beau-frère le maréchal d'Aumont, de Mirebeau, le 19 septembre 1589. *Corresp. de la mairie de Dijon*, t. II, pp. 310-12.

mais quelques-uns des contemporains de Tavanes ont été beaucoup plus sévères envers lui qu'il ne le fut envers Vitteaux.

Chabot-Brion, marquis de Mirebeau, dans une lettre au Maréchal d'Aumont, où il le presse instamment de venir en Bourgogne soutenir le parti de Henri IV, impute positivement la perte de Verdun à l'inaction de Tavanes !

Nous devons transcrire ici quelques lignes de cette pièce importante qui est restée inconnue pendant si longtemps :

« Depuis la présente escripte j'ay receu lettres de Monsieur d'Espeulle qui m'a mandé comme Verdun a esté prins et forcé de nos ennemys qui ont taillé en pièces ce qu'ilz y ont trouvé, n'ayant esté secouruz, *encore que l'on en eust adverty M. de Tavanes cinq ou six fois*, lequel n'estoit qu'à Flavigny, sans qu'il y soit voullu aller. Tellement que cela fait perdre cœur à beaucoup de serviteurs du Roy qui se retirent (1). »

Le capitaine de Laboriblanc que Guionvelle avait laissé pour commander à Verdun, ne demeura que peu de temps dans cette ville ; aussi n'y trouvons-nous point de traces de son passage. Il n'en est pas de même dans les lieux où il séjourna. Ce commandant éphémère de Verdun avait aussi son cachet ; ce n'était ni un baron de Vitteaux, ni un capitaine Réal ; cepen-

1589

---

(1) Un document officiel semble corroborer cette accusation, c'est la délibération de la municipalité de Beaune, en date du 12 septembre, relative aux approvisionnements de l'armée conduite devant Verdun (vide supra) ; ce ne fut que cinq jours après que cette armée arriva devant Verdun, Tavanes aurait donc eu le temps d'y envoyer du secours.

1589 dant il a joué son petit rôle parmi les ligueurs de notre province et y a gagné sa part de mauvaise renommée et de *ceinture dorée*.

Son vrai nom, que chacun défigurait, était Regnaut David, seigneur de La Borye Blanche (1). En qualité de neveu du fameux L'Artusye, le duc de Nemours lui donna, en 1591, le commandement du château de Montaigu qu'il venait d'enlever sur les royalistes, à la prière des Chalonnais (2). Mais ceux-ci ne gagnèrent rien à ce changement ; les soldats de leur ami et allié pourchassaient les cultivateurs, tombaient sur les paysans inoffensifs, les faisaient prisonniers, enlevaient leurs femmes et leurs filles et les outrageaient (3). Les magistrats et les habitants de la ville de Chalon se plaignirent en vain à L'Artusye, ils durent porter leurs plaintes jusque devant les Etats assemblés à Dijon, qui ordonnèrent que Laboriblanc *viderait de Montaigu* et irait tenir garnison à Louhans. Mais ce capitaine ligueur refusa d'obéir, à moins qu'on ne lui comptât 1400 écus, somme énorme dans ce temps de pauvreté universelle et qu'il fallut cependant payer pour le faire sortir de son repaire de Montaigu. Comment se procura-t-on cet argent ? Au moyen d'un impôt extraordinaire qui fut levé sur le bailliage de Chalon, déjà tant pressuré.

Les ligueurs continuèrent à se servir de cet homme qui obtint des lettres d'*abolition!* du roi Henri IV en 1595.

(1) Voir *Journal de Breunot*, édité par M. Jos. Garnier, t. II, p. 130.
(2) Perry, *Hist. de Chalon*, p. 374.
(3) Regist. des délibérat. de la ville de Chalon, assemblée des 19 mars, 23 juillet 1592 et 31 novembre 1593 (Arch. municip.).

De Guionvelle était à peine sorti de Verdun que le bruit s'y répandit qu'il avait l'intention de proposer au conseil de l'Union de faire raser les fortifications de cette place (1), dans la crainte de la voir tomber de nouveau entre les mains de leurs ennemis et dans l'impossibilité où l'on se trouvait alors de la fortifier suffisamment.

1589

Les habitants qui restaient dans cette malheureuse ville s'émurent à cette nouvelle et résolurent d'envoyer immédiatement des députés à M. de Guionvelle pour le supplier de ne point démolir leurs murailles. Ces députés, qui étaient messire Guillaume Maigret, prêtre, homme d'affaires du seigneur de Verdun; Richard de Bran, échevin, et honorable Claude Symonin, habitant notable, rejoignirent Guionvelle à Beaune. Ne pouvant en obtenir de réponse définitive, ils le suivirent jusqu'à Dijon où le conseil de l'union, de concert avec le capitaine Guionvelle, décida que les murailles de Verdun seraient seulement démantelées et qu'on y *pratiquerait une brèche raisonnable* (2), à la condition, d'après la requête pressante des habitants, qu'ils seraient déchargés de garnison, sur l'assurance qu'ils donnèrent « de se comporter modestement et sous l'obéissance du roi Charles dixiesme et de l'union (3) ».

Durant ces négociations, la compagnie d'un capitaine nommé Réal étant venue prendre garnison à Verdun, à la place de celle de Laboriblanc, les députés

---

(1) Enquête de 1590, dépositions de Richard Debran et de Grégoire Marcolot, échevins de Verdun.

(2) Ibid., mêmes dépositions; il fut dit que les matériaux provenant de cette démolition appartiendraient aux habitants qui les emploieraient à la réparation de leur pont.

(3) Ibid.

de cette ville firent spécifier dans l'arrêt qu'ils obtinrent du conseil de l'union, qu'aussitôt la brèche faite aux murailles de Verdun cette garnison en sortirait.

1590 On ignore comment le capitaine Réal avait obtenu le droit d'établir sa compagnie à Verdun; la ruse et la surprise paraissent n'y avoir pas été étrangères ; toutefois il fit légaliser cette position par le conseil de la Sainte-Union de Dijon qui le reconnut pour conmmandant à Verdun.

Le capitaine Réal avait tenu garnison en la ville de Seurre et la réputation qu'il y avait laissée n'était pas des meilleures (1). Les Verdunois ne le connaissaient encore que de nom. Sa compagnie l'avait précédé de quelques jours dans leur ville où il arriva presque en même temps que les députés qui revenaient de Dijon, ainsi que lui. Ceux-ci assemblèrent aussitôt le *peuple*, pour me servir de leurs propres expressions, et munis de l'arrêt du conseil avec toutes les pièces à l'appui en bonnes formes, se rendirent, accompagnés des principaux habitants, au logis du capitaine Réal, auquel ils présentèrent « *le plus humblement du monde l'ordonnance de Messieurs de l'union* » (2).

Le capitaine Réal prend les papiers des mains des échevins, les lit en fronçant le sourcil, puis arrivé au passage de l'arrêt où il était stipulé qu'il sortirait de la ville aussitôt qu'une brèche aurait été pratiquée aux murailles, il s'écria :

« Maugre Dieu ! de vous ! Vous êtes tous des chiens et des coupaux ! Je n'en ferai rien, ni pour vous, ni

---

(1) Enquête, déposit. de M. Gilles Bacot.
(2) Ibid., déposit. des échev. Debran et Marcelot.

pour vostre requeste, ni pour tous ceux qui l'ont commandé ! »

1590

Puis déchirant en mille morceaux l'ordonnance du conseil de la sainte union, la requête des habitants de Verdun et tous les papiers qu'ils lui avaient remis, il ajouta :

« Voilà comme je me soucie de vous et de vos commissions ! »

Et d'un air menaçant, montrant de sa main crispée le sol couvert des papiers qu'il venait de lacérer :

« Foutre de vous ! continua-t-il, voilà comme je me soucie de vos commissions ; je n'en ferai rien qu'à ma volonté ; je renie Dieu ! ou je vous mettrai si bas, que par la mort Dieu ! il ne vous restera que le souffle (1) ! »

Quel dut être le désespoir des habitants de Verdun quand ils virent que tous leurs efforts, tous leurs sacrifices pour s'affranchir d'une garnison n'avaient abouti qu'à les faire tomber sous la férule d'un soudart tel que le capitaine Réal !

Ne dirait-on pas qu'ils avaient le secret pressentiment des maux qu'ils en recevraient lorsqu'ils se faisaient si petits et si humbles pour être délivrés de sa présence ?

Verdun, à peine purgé de la peste, assiégé deux fois et pris d'assaut deux fois dans l'espace de vingt-un jours, rançonné et pillé par les gens de guerre qui remplissaient son étroite enceinte, Verdun privé de ses principaux habitants qui l'avaient abandonné à sa mauvaise fortune, réduit enfin à saper lui-même ses

---

(1) Enquête de 1590, déposit. des échevins de Verdun.

1590 murailles qu'il avait élevées avec tant de frais et de travaux, n'était plus qu'une proie dont les partis se disputaient les lambeaux. Sa faible population à bout de forces et de courage, incapable désormais de jouer un rôle dans les affaires du pays, était arrivée à une de ces heures néfastes d'affaissement moral et physique qu'on entend sonner, à travers le bruit des siècles, dans la vie des hommes comme dans celle des peuples, où les têtes sont prêtes à se courber sous le premier joug qui se présente.

Le capitaine Réal fut l'homme fatal qui vint imposer aux Verdunois le plus lourd, le plus abrutissant de tous les jougs, celui du sabre.

La terreur que Réal inspira bientôt fit prendre la fuite à plusieurs habitants de Verdun, comme si l'ennemi eût envahi leur ville. Le juge châtelain, Mᵉ Philibert Millan, qui s'était réfugié jusqu'à Dôle, fixa sa résidence à Bragny durant le séjour de Réal à Verdun ; Maitre Gilles Bacot, procureur d'office en la justice seigneuriale, se retira au village de Ciel, et ne vint qu'une seule fois à la ville pendant que Réal y commanda. Noble François De Curier, homme d'armes de la compagnie du sénéchal de Lyon, Guillaume de Gadagne, seigneur de Verdun, s'installa dans sa maison des Montots. Beaucoup de ceux qui restèrent dans la ville évitaient soigneusement la rencontre du commandant pour ne pas être en butte à ses menaces et à ses injures (1).

Ayons la patience et le froid courage de demeurer, de vivre et de souffrir au milieu du petit groupe d'ha-

---

(1) Enquête citée.

bitants que la nécessité, la crainte ou le devoir retinrent dans Verdun et qui furent les témoins et les victimes des violences de cet indigne chef, dont nous pourrons ainsi faire connaître l'infâme conduite.

1590

Dès son arrivée à Verdun le capitaine Réal avait dit crument : « qu'il se *foutait de tout le monde!* » Ses actes, sa conduite, ses propos de chaque jour furent la confirmation de ces grossières paroles, qu'il se plaisait à répéter ; il disait à qui voulait l'entendre : « Qu'il était le maître à Verdun et qu'il ne se souciait de personne, et nonobstant tous les commandements et toutes les ordonnances du conseil de l'union, ledit capitaine Réal est resté le maistre dans Verdun (1). »

En effet il devait, conformément à l'arrêt du conseil d'état de l'union des catholiques, présider au démantèlement des murailles de Verdun, puis évacuer cette ville. Eh bien! il s'y installa définitivement et fit travailler à ses fortifications! Quoique simple capitaine commandant, confondu dans la foule de tous ces soldats de fortune qui servaient le parti de la ligue, il était plus puissant dans Verdun qu'un gouverneur en titre. Il y tranchait du pacha, du souverain absolu, ne reconnaissant aucun supérieur, foulant aux pieds toutes les lois et n'ayant de respect pour personne.

Le baron féodal le plus farouche relevait jadis de Dieu et de son épée ; Réal lui ne connaissait que son épée et ne prononçait le nom de Dieu que dans les horribles blasphèmes que sa bouche vomissait incessamment.

Un jour maître Philibert Millan, juge châtelain de la

---

(1) Enquête. Dépositions des échevins Debran et Marcelot.

8

1590 seigneurie de Verdun, ancien élu aux états du comté d'Auxonne, vaquait à des affaires du ressort de sa charge, Réal commande à son lieutenant nommé *La Serpent* (le nom indique les qualités de la bête) de mettre ce magistrat en prison, ajoutant : « Par la mort Dieu ! je ne reconnais autre seigneur dans Verdun que moi ! Le seigneur de Verdun est un traître et un huguenot (1) ! jamais homme vivant ne me mettra hors de Verdun, si ce n'est monseigneur du Mayne, et encore, mort Dieu ! Je ne sais, quand il me commanderait d'en sortir, si je le ferais (2) ! »

Il se servit de cette omnipotence, qu'il s'était arrogée de sa propre autorité, pour établir à Verdun le règne de la terreur, et pour y organiser un système de violences, de persécutions, de rapines et de destruction dont l'histoire de cette affreuse époque, si fertile en crimes de tous genres, offre peu d'exemples.

Nous allons le voir à l'œuvre.

Le capitaine Réal commence par loger ses soldats chez les habitants, non suivant les ressources de chacun d'eux et l'importance de leurs maisons, mais au gré de son caprice et de sa volonté.

Il en met six chez Pierre Marcelot, l'un des échevins, qui en reçoit « une infinité d'opprobres » (3).

Il envoie jusqu'à vingt-cinq cavaliers avec leurs chevaux, chez Jacques Villette, marchand, qui est obligé de les défrayer à ses propres dépens. Une autre fois, il fait loger dans l'écurie de ce même habitant onze che-

---

(1) Guillaume de Gadagne, Sénéchal de Lyon, partisan de Henri IV.
(2) Enquête citée, déposit. de Me Philibert Millan.
(3) Enquête citée.

vaux que ses soldats avaient volés dans divers villages des environs. Non seulement Villette fut forcé de les nourrir mais les soldats de Réal lui prirent une jument (1) !

Réal ne se contentait pas de donner la plus grande licence à ses soldats, il les excitait à malmener les habitants de Verdun. Aussi toutes les maisons étaient au pillage comme après une prise d'assaut par l'ennemi. Chaque habitant se voyait incessamment menacé de mort ; sans la moindre provocation de sa part il apercevait tout à coup des épées nues dirigées contre sa poitrine. Plusieurs Verdunois ont failli d'être tués par ces forcenés.

Il fallait obéir, à la minute, au moindre signe du dernier de ces soudarts. Un jour quelques-uns d'entre eux demandent à un Verdunois la clé de sa grange ; celui-ci va la chercher, mais les soldats, trouvant qu'il ne la leur apportait pas assez vite, enfoncèrent les portes, et à son retour il les vit qu'ils emportaient son foin, ses gerbes d'orge et de blé qu'ils donnèrent à leurs chevaux, alors que les hommes mouraient de faim (2).

Ce qu'ils perdirent, ce qu'ils volèrent en provisions de toutes sortes est incalculable.

Chez Maître Gilles Bacot, par exemple, ils prirent près de dix-huit cents gerbes de froment, douze cents gerbes d'orge, six cents d'avoine et vingt-deux chariots de foin. Notez qu'on les payait pour qu'ils protégeassent ces récoltes que le malheur des temps rendait si précieuses, et que de plus maître Bacot avait

1590

---

(1) Enquête citée.
(2) Ibid.

1590 obtenu, pour ses récoltes, une sauvegarde du capitaine Guionvelle quand il prit Verdun d'assaut (1) !

Aller demander à Réal la répression des méfaits de ses soldats c'était s'exposer inévitablement à sa colère et à des représailles de leur part.

Nicolas Belin ayant été battu sans aucun sujet par des soldats alla s'en plaindre à leur chef, celui-ci le reçut en lui disant : « Mort Dieu ! je t'en vas donner davantage ; ôte-toi de là, ou je te tue (2) !

Richard Debran, qui était échevin en 1589, eut chez lui quatre soldats à loger pendant tout le temps que Réal tint garnison à Verdun. Un de ces hôtes insupportables alla jusqu'à traiter de p..... la femme de ce magistrat municipal. Celui-ci, sans faire aucun mal au soldat, crut avoir le droit de se plaindre de sa conduite : Le capitaine Réal après l'avoir écouté lui répondit: « Mort Dieu ! *Vous voulez tuer mes soldats !* Je renie Dieu ! je vous tuerai vous-mesme. » Puis s'adressant aux soldats qui l'entouraient, il leur dit : « Tous ces mignons de Verdun, appelez-les coupaulx, Mort Dieu ! Laissez-les fâcher ; mais le premier qui vous dira un mot ou qui vous fâchera, tuez-le (3) ! »

Réal ne s'en tint pas là ; ce n'était point assez pour lui que d'autoriser toutes les violences de ses soldats en donnant raison publiquement au lâche insulteur de la femme de l'échevin Debran, il punit encore celui-ci d'avoir osé se plaindre. Et pour cette punition il imagina de faire démolir, oui démolir ! de fond en comble des étables que cet échevin possédait dans le voisinage

(1) Enquête citée.
(2) Ibid.
(3) Ibid.

de la maison habitée par Réal. Debran supposant que ces affreux dégâts était commis à l'insu de Réal fit quelques remontrances aux soldats qui s'en étaient rendus coupables. Aussitôt que le terrible capitaine fut averti de ce qu'il nommait une audace de la part de l'échevin Debran, il le fit mander et l'apostropha en ces termes : « Venez ça, Mort Dieu ! Monsieur le mignon, je renie Dieu ! vous m'avez appelé barbare, vous avez dit que vous aimeriez autant avoir affaire à des Turcs et à des barbares qu'à mes soldats ; je vous apprendrai ce que c'est qu'un barbare : je renie Dieu ! je vous ferai rôtir ! »

Et incontinent il commanda à ses gens d'apporter du bois sous la cheminée afin de mettre à exécution sa sauvage menace, sous le coup de laquelle il eut la cruauté de tenir le malheureux échevin pendant fort longtemps, tout en proférant les jurons qui lui étaient familiers et en lui montrant ses armes, comme s'il eût voulu s'en servir contre lui (1).

Le capitaine Réal ne parlait que de tuer, de brûler et de jeter à la rivière; le fer, le feu et l'eau résumaient tout son système de guerre et de gouvernement. Ses hommes étaient de son école et de son humeur. Tous ceux qui avaient vu des soldats en garnison, même les plus mauvais, déclaraient n'en avoir jamais vu de pareils. Voici l'esquisse que l'échevin de Verdun, Richard Debran, et le curé Blandin nous ont laissée de leurs déportements : « Ils estoient fort dissolus, déréglés et débordés et les plus grands blasphémateurs et renieurs de Dieu, insolents que l'on pouroit dire, inspirant une si grande terreur aux habitants de Verdun qu'ils n'osoient

1590

(1) Enquête de 1590.

1590 souffler; traitant leurs hôtes comme des ennemis, les battant souventes fois, les injuriant toujours, eux et leurs femmes, les appelant coupaux et cornards, putains et ribaudes. Et ont exécuté avec le dit Réal ce dont il les avoit menacés, lorsqu'il déchira la commission de messieurs du conseil de l'unyon, qu'il ne leur laisseroit que le souffle, et n'a resté de faire que le surplus de ce qu'il disoit : *qu'est de les mettre en une maison et les brusler dedans (1).* »

Le capitaine Réal, afin de donner de l'entrain à cette soldatesque, lui faisait faire bombance et ripaille dans les auberges et les tavernes, promettant aux hôteliers de payer la dépense. Mais quand ceux-ci réclamaient soit aux soldats, soit à leurs chefs le paiement de ce qu'ils leur avaient fourni, ils n'en recevaient que des injures et de mauvais traitements.

Plusieurs soldats devaient une quarantaine d'écus à un boulanger de Verdun qui, pour augmenter ses petits bénéfices, tenait aussi une taverne. Pressé par ses fournisseurs qui refusaient de lui faire crédit plus longtemps, le pauvre boulanger dut fermer sa taverne et même son four.

« Ventre Dieu ! lui dit Réal, vous voulez faire le coquin ! vous allez voir ! »

Alors il le fit battre, devant lui, par le sergent *La Champagne*, puis conduire en prison, jurant qu'il l'y laisserait jusqu'à Pâques, — on était alors en janvier, — s'il ne continuait pas à livrer du pain et du vin à crédit à ses soldats. Le malheureux ne recouvra sa liberté qu'en souscrivant à ces conditions iniques et ruineuses (2).

(1) Enquête déjà citée.
(2) Ibid.

Un nommé Claude Foucher, de Verdun, suivant la commission que Réal lui avait donnée de faire venir du vin pour distribuer à ses soldats, sous la promesse qu'il serait bien payé et qu'il en répondait lui-même, défraya les soldats de Réal pendant un mois, en pain et en vin que lui-même achetait à crédit. Le crédit se retira et ce pauvre homme, qui se trouvait dans l'impossibilité de suffire à une si grosse dépense, en prévint le sergent Le Chêne qui, pour tout payement, l'accabla d'injures et le fit jeter en prison d'où il fut tiré au bout de deux jours et deux nuits par un autre sergent un peu moins inhumain que le terrible Le Chêne.

1590

Réal se trouvait alors à Dijon ; à son retour il dit qu'on n'aurait pas dû le relâcher et il ordonna à ses soldats d'aller chez le malheureux Claude Fouchier et « *d'y prendre hardiment à boire et à manger sans payer !* »

Les hommes de Réal ne se le firent pas dire deux fois, et ils payèrent, sans compter, avec les plus sales injures le pauvre Fouchier et sa femme auxquels ils emportèrent plus de soixante écus (1).

Ces bandits n'interrompaient pas même le cours de leurs excès et de leurs brigandages pendant les nuits : ils les passaient à marauder et à voler avec effraction ce que les habitants de la ville étaient parvenus à soustraire à leur rapacité durant la journée. Ils ne respectaient aucune maison. Une certaine nuit ils brisèrent les portes de la cave d'honorable Pierre Macelot, alors échevin, et la dévalisèrent du vin, de la viande salée

(1) Enquête.

1590 et de la plupart des objets qu'elle renfermait (1).

Les terrassements et les divers travaux que le capitaine Réal faisait exécuter autour de Verdun et de Saint-Jean et les gardes qu'il imposait aux habitants étaient pour lui et pour ses soldats autant d'occasions pour exercer des actes de tyrannie et de cruautés contre eux.

Trois fois seulement, en six mois, quelques habitants de Saint-Jean de Verdun manquèrent d'aller travailler aux fortifications pour cause de maladie.

Réal n'admettait point d'excuses, excepté celle de la mort. Chaque fois, il fit comparaître devant lui honorable Louis Belot, marchand et échevin de Saint-Jean : il faut voir de quelle façon il le recevait.

La première fois, Belot rencontre le capitaine sur le pont et le salue : — « Ventre Dieu ! lui dit Réal pour toute réponse, comment, vous n'envoyez pas vos gens travailler ? mais, par la mort Dieu ! si vous ne les envoyez, je vous jetterai sous le pont ! »

Au premier mot d'explication et d'excuse que voulut lui donner l'échevin Belot, il lui ferma la bouche en lui disant: « Mort Dieu ! Partez (2)! »

La seconde fois Réal le traita de même, avec cette variante: « Mort Dieu ! allez, je vous ôterai la tête de dessus les épaules ! »

La troisième fois, il fut mandé avec son collègue, Etienne Bourgeot, second échevin de Saint-Jean, par l'inévitable sergent Le Chêne qui les assura que le commandant les traiterait bien. La parole de Le Chêne va-

(1) Enquête.
(2) Ibid.

lait autant que celle de Réal ; ils furent à peine en présence de ce dernier que, sans les vouloir écouter, il ordonna qu'on les mit au fond du cachot. 1590

Réal forçait les habitants de tous les villages des environs à venir travailler aux fortifications de Verdun, sans s'occuper s'ils étaient ou non du ressort de cette place. C'est ainsi que ceux de Saunières, qui payaient déjà pour l'entretien de la garnison de Seurre, furent contraints de payer encore pour celle de Verdun, et de lui compter 30 écus. Ceux des Bordes, qui se trouvaient dans le même cas, durent lui payer la même somme. Après avoir requis les villages pour le travail des fortifications de Verdun, il les exemptait de cette lourde corvée à prix d'argent, dont il fixait le chiffre arbitrairement. Il extorqua de cette manière des sommes considérables aux habitants de Mervans, de Villegaudin, de Saint-Bonnet, de Dampierre et de plusieurs autres villages de la Bresse chalonnaise (1). Par cette industrie, le rapace capitaine remplissait ses coffres. Les impitoyables percepteurs de ces contributions iniques n'étaient autres que ses soldats qui les levaient sur les pauvres contribuables à coups de hallebardes ou de bâtons. Quand ils ne trouvaient plus d'argent, ils prenaient le bétail, dernière ressource de ces malheureux villageois. C'était pour le capitaine Réal une autre branche de commerce des plus fructueuses, car il avait l'effronterie de faire vendre publiquement les jeudis, jours du marché de Verdun, le butin provenant de ses rapines (2).

Le village de Ciel, situé aux portes de Verdun, eut

(1) Enquête.
(2) Ibid.

1590 particulièrement à souffrir de la tyrannie et des exactions de Réal et de ses soldats. Ils accablèrent les habitants de corvées et de contributions extraordinaires, et les contraignirent de payer, dans l'espace de quatre mois, 98 écus dont le capitaine Réal osait leur délivrer quittance, quoi qu'il n'eût aucune qualité pour percevoir cet impôt de guerre.

Il ne se passait pas de jour sans qu'il les mît en réquisition pour des charrois, par tous les temps, même en hiver, au milieu des eaux débordées et couvertes de glace. Ce fut dans ces conditions qu'il les força, ainsi que ceux de Chauvort, d'amener à Verdun près de 400 chars de bois. Comme les habitants de Ciel lui exposaient que leurs chevaux exténués ne pouvaient pas se tirer des chemins défoncés et impraticables : « Par la Mort Dieu ! et Ventre Dieu ! leur répondit Réal, il faut que vous m'ameniez 800 perches. »

Ils les lui amenèrent encore et un de ces malheureux, espérant qu'il serait enfin satisfait de leur empressement à lui obéir, lui ayant dit : « Monsieur le capitaine, voilà les 800 perches que vous nous avez commandé d'amener » :

— « Il ne faut plus les compter, répliqua Réal » et il continua d'exiger de nouvelles voitures de bois. Ces bois étaient rarement à la convenance de Réal ; alors il accablait d'injures et de menaces les échevins de Ciel. Un jour qu'il trouva qu'ils n'en faisaient pas amener assez, à son gré, il envoya ses soldats ravager le village et y abattre des maisons ! Dans cette cruelle extrémité, l'échevin Denis Emonnot fit assembler les habitants pour aviser entre eux aux moyens d'apaiser et d'adoucir l'impitoyable capitaine.

Hélas! aucun de ces paysans énervés par l'excès de toutes les misères n'eut une pensée virile; pas un, parmi eux, ne forma le courageux projet de se défaire de cette bête malfaisante, tous songèrent à la rassasier pour la calmer. Les uns proposèrent de lui acheter un cheval, d'autres de lui donner de l'argent. Le sergent Lechène, compère et plice de com son capitaine, feignant de donner un bon conseil dans l'intérêt des Ciélois, leur dit que Réal se contenterait d'une somme de 40 écus. Les pauvres diables font la somme et la portent à Réal « qui ne leur dit pas seulement merci (1) ! » Quant au fourbe sergent il préleva 4 ou 5 écus pour le conseil intéressé qu'il avait donné.

Pendant qu'il commanda dans Verdun, Réal força les Ciélois à envoyer douze hommes chaque jour, pour travailler aux fortifications ; un seul jour il n'en vint que six, aussitôt il dépêche des soldats à Ciel, avec ordre d'amener tous les chevaux de labour à Verdun, puis il envoya les soldats dans les cabarets de la ville en leur recommandant de n'en pas quitter avant d'avoir dépensé 20 écus à valoir sur les chevaux des Ciélois. Ceux-ci durent traiter avec les soldats pour se faire rendre leurs chevaux. Enfin Réal leur extorqua encore deux bichets d'avoine, et il les avait menacés d'une nouvelle contribution de guerre de 100 écus dont ils ne furent exemptés que par la mort de cet insatiable pillard qui, deux jours avant sa fin tragique, avait envoyé ses ravageurs en expédition à Ciel où ils démolirent une maison appartenant à un ligueur qui habitait Chalon et à des enfants mineurs (2).

1590

(1) Enquête. Déposit. de Denis Emonnot, de Claude Myard, de Ciel.
(2) Enquête. Déposit. de M° G. Bacot.

1590 C'était de son chef, sans permission aucune, que le capitaine Réal faisait couper et prendre toutes les perches, dont il prétendait avoir besoin, dans un bois appartenant à Noble François De Curier, homme d'armes de la compagnie du seigneur de Verdun. Ce gentilhomme lui fit quelques observations sur la façon dont il dévastait ses bois. « Si vous y mettez le moindre empêchement, lui répondit Réal, je les ferai couper si bas, si bas, que jamais ils ne repousseront (1). »

Personne au monde n'obtint jamais une bonne parole, ni une réponse satisfaisante de ce Vandale.

Dans le service des corps de garde que les Verdunois étaient forcés de faire de concert avec les soldats de la garnison, les simples caporaux rivalisaient de dureté et de tyrannie avec leur capitaine. Un seul exemple nous apprendra jusqu'où allait la cruauté de ces barbares.

Ecoutons une de leurs nombreuses victimes :

« Nicolas Faudier, tisserand, demeurant à Verdun depuis 25 ans, âgé d'environ 50 ans. Le serment de luy prins, a promis et juré de dire vérité, et enquis sur les requestes et mémoires dict: qu'environ les festes de Noël dernier (1589) ayant la fievre, il fust mis en sentinelle vers la porte du costé de Bragny et ayant demeuré environ cinq heures, ne pouvant plus supporter, tant pour raison du froid que de sa maladie, se trouvant près du corps de garde, il prya le caporal de envoyer un aultre en sa place, lequel caporal lui fist response qu'il y demeurerait encore quatre heures. Ayant patienté encore une heure, il voulust venir au

---

(1) Déposit. de noble De Curier.

corps de garde pour prier que l'on eust esgard à sa maladie : Le dict caporal, qui se fait appeler La Roche, vint au-devant de lui avec un baston, dont il luy rua trois coups, et du troisième le mit par terre, jusqu'à en rompre ledit baston, dont le déposant eust deux costes rompues, la teste enfoncée et un doigt rompu qui luy est tousiours demeuré inutile depuys ; disant qu'il le vouloit tuer, ce qu'il eust faict si les aultres soldats ne l'en eussent empesché. Et après l'aiant fait entrer dans ledict corps de garde, tout sanglant, comme il voulust monstrer sa main, ledit caporal tira son poignard, et le voulut encore tuer, ce qu'il eust indubitablement faict sans ses compagnons ; en après il le remit en sentinelle jusqu'après la garde levée, d'où il sortit tout enflé et en fort piteux estat. Quoy nonobstant ledict caporal disoit qu'il le falloit arquebuzer, et ne luy vouloit aulcunement permettre qu'il se retirast en sa maison pour se faire médicamenter, si un sergent n'y fust survenu qui luy donna congé. De quoy il n'osa oncques se plaindre au cappitaine Réal par ce que l'on luy dict qu'au lieu de luy en faire raison qu'il le feroit mettre encore en un fond de fosse (au cachot) (1). »

1590

Verdun, ses faubourgs et sa banlieue n'offraient pas un théâtre assez vaste pour l'industrie de ces infatigables malfaiteurs ; ils se mirent à l'exercer sur la Saône. De voleurs de rues et de grands chemins ils se firent pirates, écumeurs d'eau douce et s'attaquèrent au grand commerce.

Il ne passait pas un bateau devant Verdun que Réal

(1) Enquête déjà citée.

1590 ne le fit arrêter, visiter et imposer en nature de marchandises à sa convenance, puis il faisait conduire ses prises en son logis.

Au mois de février 1590 il prit en une seule fois cinq queues de vin, et du meilleur, sur trois bateaux (1).

Les soldats de Réal *goûtaient* de tous les tonneaux avant de faire leur choix. Leur brigandage revêtait les formes les plus diverses et les plus ignobles. Ces hommes qui avaient en main la force brutale du sabre et qui en abusaient recouraient encore à la fourberie et descendaient jusqu'à l'escroquerie. Les faits de ce genre abondent, deux méritent d'être cités.

Claude Chevalier, des Bordes de Verdun et Claude Geneux, de Saunières, venaient d'acheter six queues de vin à Chalon ; ils allaient partir pour Verdun avec leur bateau quand ils rencontrèrent le fameux sergent Le Chêne qui, jouant le bon apôtre, leur fit observer qu'ils n'ignoraient pas que le commandant Réal ferait difficultés de les laisser passer, mais que s'ils voulaient lui acheter une hallebarde, qu'il leur désigna chez un marchand de Chalon, il se faisait fort d'obtenir de son

---

(1) Enquête précitée. Rappelons que la queue valait deux tonneaux ou une pièce de Bourgogne. Cela faisait donc dix tonneaux de vin. Le batelier de Verdun qui déchargea ce vin, par ordre de Réal, nous fait connaître, dans sa déposition, les noms des trois marchands qui furent si indignement rançonnés ; chose curieuse ces trois noms sont devenus historiques, presque illustres dans leur province respective, la Bourgogne et le Lyonnais. L'un de ces marchands se nommait La Ramisse, d'Auxonne ; l'autre, Claude de Mucye, de Chalon, et le troisième, Marc du Peyrat, de Lyon. Nous les rencontrons ici, dans le commerce, au début de leur évolution sociale ascendante. (Voir nos études intitulées : « *Couches et Castes sociales de la France ; Province de Bourgogne ; Essai d'analyse et de synthèse historiques* », ouvrage en cours de composition).

commandant leur passage libre et que même il les
conduirait au delà de Verdun.

1590

La hallebarde fut achetée 2 écus et donnée au sergent. On partit; nos voyageurs firent l'heureuse rencontre de noble Gabriel de Brun, maître des ports de la Saône, qui leur promit d'obtenir de Réal tout ce qu'ils désiraient. A leur arrivée devant Verdun, le sergent Le Chêne s'esquiva avec sa hallebarde en riant de sa promesse; le maître des ports voulut tenir la sienne, mais il avait compté sans l'intraitable Réal.

— « Maugre Dieu! du maître des ports, répondit-il, il n'a rien à faire avec moi, ni moi avec lui »; puis il envoya des soldats avec ordre d'arrêter le bateau, de goûter le vin et de lui en choisir une feuillette du meilleur.

L'autre tour est encore plus fort. Trois marchands de Chalon-sur-Saône, ville toute dévouée à Mayenne et à la ligue, pour laquelle Réal commandait à Verdun, abordent au port de cette ville. Ils laissent des hommes dans leurs bateaux pour garder les marchandises et entrent à Verdun conduits par l'obséquieux et inévitable sergent Le Chêne, un des dignes suppôts de Réal, à l'auberge de Jean Nicard. On soupe aux dépens des trois marchands chalonnais qui poussent la générosité jusqu'à régaler une douzaine de soldats. Pendant ce temps que fit leur commandant? — il ne rougit pas d'aller lui-même, sournoisement, accompagné de quelques-uns de ses sbires, aux bateaux des Chalonnais, d'en faire battre, arracher de force et traîner en prison les gardiens. Quant aux marchands il les retint trois jours à Verdun, au grand détriment de leurs affaires et ne les laissa partir que moyennant une queue

1590 de vin et la solde de toute la dépense que les soldats avaient faite à la taverne de Jean Nicard (1).

Réal, on le voit, ne servait Mayenne et la ligue que pour son profit personnel, il rançonnait ceux de tous les partis ; amis ou ennemis, royalistes et ligueurs étaient victimes de sa rapacité et de celle de ses soudarts.

Le capitaine Réal se plaisait à afficher partout et toujours ces airs hautains, méprisants et provocateurs dont il accablait tout le monde. Insulter, blasphémer, menacer de mort n'était pas seulement pour lui le plus agréable des passe-temps, c'était un besoin de sa mauvaise nature. Blasé, en quelque sorte, par la soumission absolue des pauvres Verdunois, à plat-ventre devant lui, n'ayant plus personne à insulter dans Verdun, il expédiait, au dehors, par commission, ses grossièretés et ses injures aux gens les plus recommandables de son propre parti. Un jour qu'il était sur le pont-levis de Verdun, où il se tenait d'ordinaire, comme en sentinelle, il avise un batelier de Sainte-Marie-lez-Chalon qui descendait du côté de cette ville :

— « Ho ! là ! lui cria-t-il, dis de ma part, au maire et aux échevins de Chalon qu'ils sont tous des coupaux ! et si tu ne fais pas bien ma commission nous ne serons plus cousins (2). »

Pendant le séjour de Réal et de ses soldats dans Verdun la prison, où tous ces malfaiteurs avec leur chef eussent mérité d'être jetés, en attendant la potence, était remplie par les victimes de leur tyrannie. Les échevins de la ville, ainsi que ceux de Saint-Jean,

(1) Enquête.
(2) Ibid.

les ministres du culte catholique eux-mêmes, comme le dernier des habitants, tout le monde y passait.

1590

Réal, dans ses emportements sauvages, n'épargnait pas même ses soldats ; au moindre propos il les frappait et les faisait conduire en prison ou les y menait lui-même et les précipitait au fond du cachot ; c'était le lieu de prédilection où il envoyait presque tous ses prisonniers. Heureusement pour eux que Claude Peuty, le geôlier de Verdun, n'avait pas un cœur aussi endurci que celui de Réal : après avoir mis les prisonniers au cachot en présence des satellites de Réal, il les en retirait aussitôt après leur départ.

Ce geôlier que Réal employait à chaque heure de la journée faillit être victime de ses violences. Un jour il se précipita sur lui armé d'un gros bâton, jurant Dieu qu'il voulait le tuer, ce qu'il eût fait si le geôlier ne se fût dérobé à ses coups par la fuite (1).

Dans sa rage de faire de l'absolutisme il avait installé un curé à Verdun, sans l'autorisation épiscopale, en l'absence de Messire Edme Blandin qui n'était pas encore revenu de Beaune, où il s'était réfugié en sortant des griffes des soldats du baron de Vitteaux. Ce pasteur de Verdun, de par le capitaine Réal, voyant qu'il n'était pas agréé par les Verdunois, s'en alla. Réal, catholique à sa manière, fit venir un autre prêtre, Messire Symon, desservant du prieuré de Palleau. Mais peu après son arrivée il l'envoya en prison sans aucune forme de procès ; il l'y retint environ cinq semaines, souvent au cachot et en *simple jaquette*, sans qu'on pût connaître la cause de cette abominable persécu-

(1) Enquête précitée. Déposition du geôlier.

1590 tion : il ne fallut rien moins, pour y mettre un terme, que l'intervention du curé Blandin, et celle de l'évêque de Chalon (1).

Pendant ce temps l'hiver était venu augmenter les souffrances des habitants de Verdun. Mais le commandant Réal et ses hommes ne veulent pas ressentir le froid de l'hiver. Ils donnent des ordres aux échevins et ceux-ci leur fournissent du bois à profusion, plus d'un moule par jour (2). Dans les deux premiers mois de l'année 1590, Pierre Marcelot en fit livrer quarante moules (3) !

Cette forêt était un cotret, un paquet d'allumettes pour ces revenants de l'enfer ! En un seul jour, chose incroyable, ils consumèrent l'énorme quantité de onze moules de bois (4) ! Il y avait de quoi chauffer, rôtir, carboniser et réduire en cendres tout Verdun.

Mais ce feu produisait de la fumée, cela incommodait le Sultan Réal et ses ribauds de soudards ; il leur fallait un feu flambant et pétillant, ils ne voulaient plus brûler que du bois sec et mis à couvert depuis plusieurs années. Où en trouver ? Réal ne sera pas embarrassé pour si peu ; il enverra ses soldats au bois dans les maisons et dans les édifices de Verdun, ils y trouveront de vieux meubles, des portes, des fenêtres, des planchers, des solives et avec cela Réal fera chez lui, et ses soldats feront nuit et jour dans les corps de garde des feux de joie capables de réchauffer l'hiver le plus rigoureux !

(1) Déposition du curé Blandin.
(2) Le moule de Verdun équivaut à un stère et demi.
(3) 60 stères.
(4) 15 stères 1/2.

Alors les infortunés Verdunois assistèrent au spectacle navrant de la dévastation et de la démolition en détail de leurs maisons ; la plupart furent atteintes, dans beaucoup il ne resta que les quatre murs, d'autres furent ruinées de fond en comble (1).

Le capitaine de Guionvelle, lorsqu'il prit Verdun d'assaut, épargna la demeure de M. De Curier, par considération pour son propriétaire. Réal lui avait donné *sa parole* qu'on n'y ferait aucun dommage. Mais ses soldats la mirent dans un tel état qu'après en avoir brûlé tous les meubles ils finirent par la transformer en une écurie. Cette maison était l'une des plus belles de la ville.

Maître Gilles Bacot, procureur d'office, possédait une maison neuve dans laquelle ils ne laissèrent debout que les murailles. Sa femme fit observer au charpentier qui enlevait tous les bois, par ordre de Réal, qu'on pourrait, un jour, l'inquiéter pour ce fait ; Réal informé de la juste réclamation de cette femme recommandable et l'ayant rencontrée lui dit :

— « Comment, vieille braque ! Vous causez ? Ventre Dieu ! Si je vous prends je vous ferai mettre une corde et une pierre au cou et jeter dans la rivière (2). »

Ce commandant au nom de la *Sainte-Union des catholiques* fit dévaster entièrement la maison curiale de Saint-Jean de Verdun, nouvellement réparée tout à neuf. Le curé Blandin évalua la perte qu'il en éprouvait à plus de 300 écus (3).

1590

(1) Enquête précitée. Déposition des échevins de Verdun et de Saint-Jean.
(2) Ibid.
(3) Ibid. Déposition du curé Blandin.

1590

Réal parut prendre un plaisir tout particulier à saccager l'hôtel de Guillaume de Gadagne, seigneur de Verdun, qui, à la vérité, servait à Lyon la cause de Henri IV. Pour la première fois il remplissait son vrai rôle de ligueur.

Les experts chargés de constater les dégâts que cette maison avait éprouvée déclarèrent qu'il faudrait au moins 1000 écus pour la rétablir dans son premier état « d'aultant que les bois et menuiseries valoient plus de 300 escus et les verrières bien 100 escuz » (1).

Au début de ces démolitions l'échevin Marcelot ayant reconnu que des soldats avaient brûlé les fenêtres et les portes d'une de ses maisons, leur fit quelques observations « *fort modestement* », dans le corps de garde de la porte du pont. A peine avait-il commencé de parler que Réal qui se trouvait là et qu'il n'avait point aperçu se montra et lui dit :

— « Allez ! Mort Dieu ! vous ne valez rien, ni vous, ni votre femme, si je vous prends, je vous jetterai sous le pont ! »

Mᵉ Philibert Millan, personnage considérable à Verdun, fut aussi malmené par Réal que le dernier des habitants.

Le capitaine occupait sa maison ; Millan, pour éviter cet hôte aussi incommode que dangereux, se tenait à Bragny, comme nous l'avons déjà dit. Il s'était pourvu d'une sauvegarde du capitaine Guionvelle. Réal, sans se soucier de la sauvegarde délivrée par un de ses supérieurs, fit dire à M. Millan que, « par la mort Dieu ! s'il venait à Verdun, il n'en sortirait pas, quel-

(1) Enquête.

que passe-port qu'il eût, et qu'il se mît plutôt en mesures de lui payer 200 écus qu'il avait à toucher sur lui ».

1590

M° Millan, qui ne les devait pas, protesta, mais il préféra les donner pour empêcher l'entière destruction des maisons qu'il possédait tant dans la ville qu'à Saint-Jean de Verdun. Réal, une fois nanti des 200 écus de M° Millan, continua de plus belle sa besogne de démolisseur ; il fit brûler une partie des meubles de la maison qu'il habitait et abattre entièrement une étable, deux chambres et une autre maison de Philibert Millan.

Il existait des tanneries à Verdun sur le bord de la rivière, les soldats de Réal les détruisirent (1).

Mais où ce Réal se surpassa lui-même ce fut dans son acharnement à démolir le bel hôpital de Saint-Jean de Verdun, ainsi que sa chapelle ! C'est en vain que le curé Blandin intervint et le supplia d'épargner cet asile des pauvres, les amis du Christ, c'est en vain qu'il lui remontrait l'énormité de cette action sacrilège que les ennemis eux-mêmes n'avaient jamais songé à exécuter ; Réal lui répondit :

« Par la mort Dieu ! si ceux de Saint-Jean me fâchent, je leur abattrai toutes leurs maisons, sans en excepter aucune ; j'ai 200 livres de poudre pour faire sauter l'hôpital et votre maison qui le joint (2) ! »

M° Philibert Millan, en sa qualité de châtelain et d'officier de justice du seigneur de Verdun, joignit ses humbles remontrances à celles du curé, priant Réal, s'il

---

(1) Enquête.
(2) Ibid. Déposit. du curé Blandin.

1590 voulait continuer la démolition de la charpente, de lui permettre, au moins, de faire enlever les tuiles :

— « Mort Dieu ! lui répondit Réal, non seulement je suis en volonté de parachever la démolition de l'hôpital, mais de plus de la moitié du faubourg y compris l'église (1) !! »

Le temps seul a manqué à ce démon pour remplir son programme infernal.

Et dire qu'au milieu de la misère générale, quand il fallait pressurer, violenter, incarcérer les pauvres contribuables pour en tirer les impôts, le gouvernement de la ligue trouvait de l'argent pour solder ce brigand et sa bande (2) !

Quand la guerre civile, avec toutes ses fureurs, avec ses chefs de brigands, avec le pillage, l'incendie et le meurtre ravageait la Bourgogne, les déportements de Réal à Verdun parurent si monstrueux que les partisans de Henri IV s'en servirent comme d'un acte d'accusation contre les ligueurs et les leur jetèrent à la face, comme un reproche infamant !

Dans le cours de ce long accès de fièvre ardente qui tourmenta le XVIe siècle il n'y eut jamais ni repos, ni trêve entre les partis : quand ils déposaient un instant les armes, c'était pour combattre avec la parole et la plume. Les livres et les pamphlets, dont plusieurs ont mérité d'être conservés, pleuvaient de tous côtés. La Bourgogne fournit son contingent pour cette lutte. L'avocat Etienne Bernard se plaça au premier rang des ligueurs les plus fougueux par la publication de son *Avis*

---

(1) Enquête. Déposit. de Philibert Millan.
(2) Etat de paiement. Voir pièce n° 18.

à la noblesse de Bourgogne, dans lequel, dit un de ses adversaires, « il écumait sa rage contre le feu roi et son successeur (Henri IV) » (1).

1590

La réponse au violent pamphlet « du catholique romain » Bernard ne se fit pas attendre et un autre « catholique romain » publia un « *Contre avis* sur ce qu'il étoit expédient de faire pour s'opposer à ceux qui, sous le masque de la religion, veulent transférer la couronne de France en mains des étrangers » (2).

A ce mot d'étrangers, une voix française se fait entendre, elle dépeint les malheurs de la patrie, les horreurs de la guerre intestine, convie à l'union et à la paix toutes les classes et termine par cet appel au peuple où l'on sent le souffle des révolutions modernes :

« Et toi, Peuple, quand ta noblesse et tes villes seront divisées, quel repos auras-tu ? Peuple, le grenier du royaume, le champ fertile de cet estat, de qui le travail nourrit les princes, la sueur les abreuve, les métiers les entretiennent, l'industrie leur donne les délices à rechange, à qui auras-tu recours ?........ Pitié, confusion, désordre, misère partout, voilà les fruits de la guerre (3) !... »

La voix qui parlait ainsi était celle du jeune roi de Navarre, le futur roi de France, Henri IV.

Ce débat si élevé descendra jusqu'aux petites villes de Bourgogne, jusqu'à Verdun, jusqu'à Réal, un des

---

(1) *Mémoires de la Ligue*, 1576-1598, t. IV, pp. 139-160. Amsterdam, 1758, in-4, 6 vol.

(2) Ibid.

(3) *Lettre adressée par le roi de Navarre aux trois Etats du Royaume*, datée de Châtellerault, le 4 mars 1589. *Mémoires de la Ligue*, t. III, p. 239.

plus obscurs complices des crimes qui souillèrent cette époque.

Voici ce que nous lisons dans le *Contre avis* à celui de l'avocat Etienne Bernard :

« Si tu as fait tuer ton roi pour avoir fait impôts prodigieux et indues exactions, quel arrêt prononceras-tu contre toi et ton conseil de *feinte* union qui a fait de plus excessives et extraordinaires exactions en deniers comptants en huit ou neuf mois, que le feu roi n'a fait en six ans, sur les villes, villages de cette province qui sont sous la cruelle et ravissante patte de la *feinte union* ?

« Quelles villes en quinze ans, que tu dis que le roi a indignement régné, il a si cruellement traitées en cette province, que vous avez, en moins de quatre ou cinq mois, fait Is-sur-Tille, Fleury (1), Verdun, Tournus et le Mont-Saint-Vincent (2) ?

« Je ne veux chercher les exemples des cruautés barbares, déportements de cette feinte-union hors de notre province, m'assurant que l'échantillon qu'elle en a laissé sera preuve suffisante...

« Mais je te demande si aux sacs et brigandages d'Is-sur-Tille, Fleury, Verdun, Tournus et le Mont-Saint-Vincent et furieuses courses que les soldats de ton parti ont faites et continuent de faire par toute la province, ils ont été et sont retenus de fourrager le plat-pays, voler les paysans, brûler les villages, fourrager les villes, massacrer les bons et méchants, jeunes et vieux de tous âges et sexes, forcer les filles, violer les femmes, se baigner au sang des meurtriers, souiller

---

(1) Fleurey, village du canton ouest de Dijon (Côte-d'Or), était alors fermé de murailles (J. Garnier, *Pépin*, note, p. 53).

(2) *Mémoires de la Ligue*, t. IV, p. 139-160.

les choses sacrées, piller et saccager les temples et églises, blasphémer le nom de Dieu et fouler aux pieds tous droits divins et humains ? »

1590

Quelle peinture ressemblante ! C'est un tableau parlant ! Le nom de Réal n'y est pas, mais on reconnaît ce farouche soudard de la ligue, on l'entend au milieu de cette bande impie de blasphémateurs, on le voit faisant démolir Verdun, voulant faire sauter son hôpital et rêvant la démolition de son église !

Comme tous les tyrans grands et petits, comme tous ceux qui n'échafaudent leur puissance éphémère que sur la force brutale, l'injustice et la violence, le capitaine Réal, ce tyran de Verdun, y était sans cesse en crainte. Il ressentait en lui-même le contre-coup de la terreur qu'il inspirait aux autres. Il lui semblait que cette infortunée petite ville dont il avait fait sa proie, qu'il avait déchiquetée, dévorée en partie, allait lui échapper. Il se croyait toujours à la veille d'y être attaqué, tantôt par le marquis de Mirebeau (1), tantôt par M. de la Baume, gendre du seigneur de Verdun (2) et sans cesse par M. de Bissy. De ce côté ses craintes devenaient plus sérieuses de jour en jour. Elles se trahissaient chez lui par un redoublement de blasphèmes, de menaces et de violences.

Sur un bruit qui courut au mois de mars 1590 que M. de Bissy devait tenter de s'emparer du faubourg Saint-Jean (3), il contraignit les habitants de porter leurs provisions et leurs effets dans l'intérieur de la ville, afin, disait-il, que Bissy ne trouvât rien à prendre dans Saint-Jean de Verdun s'il parvenait à l'occuper.

(1, 2 et 3) Enquête précitée.

1590 Rencontrait-il quelques habitants de ce faubourg portant un paquet : « Mort Dieu ! remportez cela dans la ville, leur criait-il, car je veux que vous y veniez demeurer, parce que je veux faire brûler le faubourg Saint-Jean, et vous avec, si vous me fâchez(1) ! »

Ce soudard bilieux, colère et cruel, tournait au fou furieux ; semblable à un chacal qui se blottit dans la carcasse d'une proie dont il compte tirer encore quelques lambeaux pour assouvir sa voracité, Réal se retranchait au milieu des ruines dont il avait jonché le sol de Verdun ; il s'y trouvait dans son élément, et il jurait la Mort Dieu ! qu'il n'en sortirait *que les pieds devant* » (2) !

Il n'en sortit pas, il y laissa ses os.

La mesure de ses iniquités était comble. L'heure de la justice, d'une justice expéditive, telle qu'il la fallait pour un si grand coupable, approchait. Mais comme elle tardait à sonner, un homme de cœur et de résolution en avança l'heure. Au point du jour, à la tête de quelques gens de guerre les plus déterminés de sa compagnie, il s'approche de Verdun, y pénètre par escalade, coupe la gorge à la garde, se rend maître de la ville, court à Réal et l'immole sur le corps de sa victime expirante ! dans ce même Verdun qu'il avait tant torturé.

Ensuite il licencia ses satellites et en purgea Verdun.

Ce vrai soldat, ce brave capitaine n'était autre qu'Héliodore de Thiard de Bissy.

Cet événement, à jamais heureux et mémorable pour

(1 et 2) Enquête précitée.

les Verdunois, arriva un jeudi cinquième jour d'avril de l'année 1590, sur les six heures et demie du matin (1).

1590

Le soir de ce même jour, le capitaine Réal était inhumé dans l'église Saint-Jean de Verdun (2).

Pourquoi ce lieu béni pour ce corps maudit ? Il fallait la voirie à ce cadavre !

Réal avait commandé en tyran à Verdun, du 1ᵉʳ octobre 1589 jusqu'au matin du 5 avril 1590, six mois et quatre jours. Il faudrait compter les heures et jusqu'aux minutes de ce martyre des infortunés Verdunois.

Pendant ces six mois, Réal a commis plus d'attentats contre les habitants de Verdun et leurs propriétés, a fait cent fois plus de mal à la ville qu'il avait pour mission de protéger contre les ennemis, que ces mêmes ennemis ne lui en firent quand ils l'assiégèrent et la prirent d'assaut, en l'année 1589, soit sous le nom de royalistes, soit sous celui de ligueurs.

Dans l'étroite enceinte de la ville, il fit saccager ou démolir entièrement vingt-une maisons d'habitation et quinze granges ou étables, outre les tanneries. Dans Saint-Jean, trois maisons et cinq granges, en tout quarante-quatre maisons, non compris l'hôpital et ses dé-

(1) Regist. du curé Blandin. Enquête précitée, fol. XXI, verso, XLIV et LVII verso. Tous ces faits étaient inconnus. Nous n'avons pu emprunter que quelques mots à la relation fautive et pleine d'omissions de l'historien de *Pontus de Thyard*, Réal n'y est pas même mentionné ! — Voyez *Histoire de Pontus de Thyard de Bissy*, 1784, in-8, p. 29, liv. II.

(2) « Le jeudi, cinquiesme jour d'avril 1590, a esté tué le capitaine Réal en la prinse qui fut faicte ledict jour de jeudi, environ six heures et demye du matin. Et a esté ensépulturé en l'église Sainct-Jehan de Verdun, devant la chapelle Notre-Dame » Curé Blandin, reg. des décès, fol. 46, recto.

1590 pendances. Ces ruines furent évaluées à la somme de plus de 10,000 écus (1).

Le nom du capitaine Réal ne se trouve dans aucune de nos histoires de Bourgogne. On ne le rencontre qu'une seule fois dans le *Livre de souvenance* du chanoine Pépin, récemment publié, et encore y est-il cité de façon à faire supposer que ce monstre fut une espèce de victime de son parti, lui, le fléau et l'opprobre de tous les partis !

La morale, la justice et l'histoire indignées protestent contre ce silence et contre cette supposition mensongère. Le temps et un plus grand théâtre ont seuls manqué à ce routier de nos guerres civiles pour conquérir une des premières places parmi les brigands illustres. Ce qu'il a fait en six mois dans Verdun montre ce dont il était capable. Il ne faut pas que sa mémoire jouisse du repos de l'oubli, ni que sa vie se dérobe au châtiment de l'histoire, précurseur de l'éternelle justice de Dieu.

Voilà pourquoi nous avons eu le courage de remuer la fange de cette vie, afin de pouvoir décerner au capitaine Réal l'infamante renommée qu'il a méritée.

(1) Enquête de 1590, pièce n° 17.

CHAPITRE DOUZIÈME

Verdun sous le gouvernement de M. de Bissy, depuis le jour où il s'empara de cette ville jusqu'à son investissement par l'armée des ligueurs commandée par le vicomte de Tavanes.

1590-1592

De Bissy, capitaine ligueur, en prenant Verdun où le capitaine Réal commandait pour la Ligue, avait accompli un de ces coups de main aventureux et hardis, au point d'être coupables, s'ils n'étaient absous par la raison du plus fort et par les lois de la guerre sanctionnées par la victoire.

1590

En compulsant les états de solde des garnisons établies dans les places fortes de la Bourgogne par le conseil de l'Union des Catholiques siégeant à Dijon et d'après les ordonnances de M. le duc de Mayenne, nous trouvons le capitaine Réal appointé pour la garde de Verdun jusqu'au mois de mars, inclusivement, puis le sieur de Bissy, à partir du mois d'avril suivant (1). Rien, dans ce document officiel, le seul qui existe aux archives de Bourgogne, sur le fait qui nous intéresse et que nous mettons en lumière pour la première fois, ne laisse entrevoir la fin tragique du capitaine Réal et l'audacieuse entreprise de Bissy. C'est à des données aussi vagues et aussi incomplètes que nous étions réduits

(1) Voir aux Preuves et Notes de ces Annales, pièce n° 18.

1590 pour la composition de cette partie importante des annales de Verdun au xvi⁰ siècle.

La prise de cette ville par Bissy dut être pour Lartusie un sujet de joie secrète et de craintes sérieuses : car, d'un côté, ce fut pour n'avoir pas suivi ses conseils que M. de Fervaques perdit cette place ; d'un autre, il prévoyait combien elle pouvait devenir redoutable pour Chalon entre les mains d'un capitaine tel que Bissy.

Lorsqu'en 1589, le bruit courut qu'il s'était rendu maître de Verdun, Lartusie conseilla les mesures les plus violentes dans le but de le forcer à en sortir : « …S'il estoit vray que ledit sieur de Bissy se fust saisy dudit Verdun, écrivit-il à M. de Fervaques, il me semble qu'il seroit bon de se saisir de son oncle, Monseigneur de Chalon (1), que l'on dict qui est arrivé à Dijon, pour luy faire rendre ladite place, car il a tout pouvoir sur son neveu (2). »

Les chroniqueurs bourguignons de la Ligue, tels que Pépin et Sullot, ne disent pas un mot de la défection de Bissy et de Verdun qu'ils avaient trop à cœur, et si Guillaume de Tavanes, capitaine et historien royaliste, l'indique, c'est uniquement afin de s'en faire honneur. En effet, après avoir raconté la mort funeste du sieur d'Espeuilles, gouverneur de Saint-Jean-de-Losne, brave gentilhomme, tué dans une tentative pour se rendre maître de la ville de Seurre par ruse, Tavanes dit « qu'il s'achemina incontinent vers Saint-Jean-

---

(1) Pontus de Tyard, seigneur de Bissy, promu à l'évêché de Chalon-sur-Saône en 1578.

(2) Voir *Correspondance de la mairie de Dijon*, t. II, p. 155, publiée par M. Joseph Garnier, 1868.

de-Losne, où il arriva si à propos, que les ennemis assembloient déjà des forces pour l'aller attaquer, » puis il ajoute que « son arrivée servit à deux mois de là à réduire la ville de Verdun sur la Saosne, ensemble le sieur de Bissy, qui en estoit gouverneur, en l'obéissance du Roy, par les négociations qu'il fit avec luy, comme aussy, les chasteaux de Chaussin, La Perrière et les Maillys » (1).

1590

Sur ces entrefaites, M. de Bissy et les principaux capitaines ligueurs de la Bourgogne avaient été appelés au secours de la ville de Lyon, sérieusement menacée par les royalistes : mais Bissy ne prit point part à cette campagne; celle qu'il venait de commencer, de son chef, par la conquête de Verdun, l'occupait tout entier et rendait sa présence indispensable dans cette ville.

Quand Bissy l'eut délivrée du joug écrasant de Réal, lorsqu'il vit de ses propres yeux l'horrible état où ce soudard l'avait réduite, qu'il eut entendu ses pauvres habitants raconter les maux qu'ils avaient endurés, il fut indigné autant qu'effrayé; et, avant de toucher à ces ruines et de réparer ces désastres, il en fit constater toute l'étendue afin d'en laisser l'accablante responsabilité à leur auteur. Il voulut que les plaintes des Verdunois, si longtemps étouffées, fussent entendues de tous et s'élevassent accusatrices contre Réal et ses satellites.

Bissy se hâta de présenter une requête au lieutenant-général du bailliage de Chalon-sur-Saône, afin qu'il

(1) *Mém.* de Guil. de Tavanes, p. 63, in-folio. — Voir, pour les détails exacts de cet événement, le chap. xvi de ces Annales, entièrement consacré à la biographie d'Héliodore de Tyard de Bissy et de Marguerite de Bussœul, sa digne compagne.

1590 vînt à Verdun faire une enquête judiciaire « *sur les mauvois, pernicieulx, barbares et tyranniques déportements dudict capitaine Real et de ses soldatz* » (1).

Bissy était entré dans Verdun le 5 avril; sept jours après, noble maître Philibert Bernardon, lieutenant-général criminel, accompagné de maître Jean Byot, substitut, et de maître Guillaume Prisque, procureur du roi au bailliage, et Charles Le Fevre, clerc au greffe, procédaient à l'enquête demandée par Bissy. Elle dura du 12 au 15 avril, quatre jours consécutifs, pendant lesquels vingt-six témoins, des plus recommandables, furent entendus, tandis que des experts assermentés visitaient et évaluaient les ruines des édifices et des maisons.

Les officiers du bailliage de Chalon avaient à peine terminé leur enquête, que, déjà, le nouveau gouverneur de Verdun travaillait à sa restauration et à sa défense; car il comprenait que ce petit point allait être exposé à tous les chocs, à tous les périls de la guerre.

Ainsi le voulait sa position de ville frontière environnée de puissants ennemis : d'un côté, le duc de Savoie, maître de la Bresse ; d'un autre, le roi d'Espagne, occupant le comté de Bourgogne, enfin les villes d'Auxonne, de Seurre, de Chalon, de Beaune, de Dijon, tenant le parti de la ligue, tandis que Verdun tenait, seul, celui de Henri IV dans cette contrée de la Bourgogne.

Cette situation exceptionnelle triplait l'importance et le danger du poste de Verdun ; il fallait un homme de la trempe d'Héliodore de Bissy pour le choisir, s'y installer et pour s'y maintenir.

(1) Voir aux Preuves, XVIe siècle, pièce n° 17.

Tout était à créer dans Verdun pour le mettre à la hauteur du rôle que Bissy voulait lui faire jouer en Bourgogne. Cette petite ville manquait de munitions de guerre et de provisions de bouche ; ses fortifications, ébauchées par le baron de Vitteaux et le capitaine Réal, consistaient en une palissade, en quelques guérites à demi pourries, en des murailles endommagées par deux sièges récents, en deux petits éperons de terre, l'un du côté du pré, au couchant, et l'autre du côté du Doubs, enfin en fossés sans gazonnements (1).

1590

Le faubourg Saint-Jean, chargé d'empêcher les approches de la ville, du côté de la Bresse chalonnaise, n'avait pour défense que ses anciens fossés et une muraille à demi détruite.

L'île de la Motte, au confluent de la Saône et du Doubs, forte position occupée jadis par le château féodal, n'était plus qu'un terrain en friche, qui pouvait devenir périlleux pour la ville. Ce fut de ce côté, qui, par le pittoresque de son aspect solitaire, semblait plus propre à fixer les regards d'un paysagiste que ceux d'un homme de guerre, que Bissy dirigea son attention. Cette île, pendant les basses eaux, était d'un abord facile du côté de Bragny et des Bordes. Si l'ennemi s'y fût établi, il eût eu, pour ainsi dire, un pied dans Verdun, car il tenait au bout de son arquebuse le pont-levis du côté de Saint-Jean, une

---

(1) Voir aux Preuves, pièce n° 22, Procès-verbal d'information sur l'état des fortifications de Verdun, lorsque le sieur de Bissy s'en empara en 1590. (Collect. de l'auteur). Tout ce qui précède et ce qui suivra, sur l'état de défense de Verdun, durant la Ligue, est inconnu et inédit.

1590 partie de la grand'rue de la ville, les petites rues latérales qui y aboutissent et la ligne des remparts du levant et du septentrion.

L'intelligent gouverneur de Verdun apprécia, de suite, la valeur de cette position qui avait l'avantage de commander le cours de la Saône ; il comprit que la fortifier c'était se rendre maître de cette rivière et fortifier, en même temps, la ville. Tracer ses plans et en commencer l'exécution fut pour Héliodore de Bissy l'affaire de deux mois.

Dès le mois de juin 1590, l'île de la Motte avait changé d'aspect, tout était vie et mouvement sur ce tertre naguère désert et inhabité ; des terrassiers, des maçons et des charpentiers y travaillaient sans relâche, et une nouvelle citadelle commençait à s'élever à la place que l'ancien château-fort avait occupée. Afin que ces divers travaux pussent être utilisés, même avant leur achèvement, de Bissy les faisait marcher tous de front. Du 25 juin au 30 juillet, il avait payé aux maçons 500 écus, aux charpentiers 350 écus, à l'entrepreneur du pisé 70 écus, au maître terrassier et à ses ouvriers 150 écus pour les fondations et les fossés du château et pour les gabions qui devaient le fortifier. Enfin, dans l'espace de sept mois, notre gouverneur dépensa pour ce travail colossal, — si l'on tient compte des ressources qu'il avait à sa disposition, — 3110 écus ! Cette somme fut ainsi répartie : maçonnerie, 1,590 écus ; charpente, palissades et guérites, 900 écus ; fossés, épaulements, gazonnements et gabions, 220 écus (1).

(1) Voir aux Preuves, pièce n° 23, le livre de la dépense faite par maître Jacques Gast, commis de M. de Bissy, pour le paiement

Ce n'était là qu'une faible partie de ce que voulait faire le nouveau gouverneur de Verdun ; il établit des magasins de vivres et de munitions de guerre, commença l'armement de la place et renforça la garnison.

1590

Comment, dans un pays occupé par l'ennemi, ravagé, épuisé par la guerre et à bout de ressources, Bissy put-il accomplir toutes ces choses ? Nous le saurons plus tard.

La France, divisée, morcelée entre les partis contraires, était sillonnée en tous sens par des bandes armées qui rançonnaient ou arquebusaient les voyageurs. L'autorité du roi se trouvait réduite à ce point qu'il était impossible de cheminer pendant une journée dans un pays où elle fût reconnue. On ne pouvait donc compter sur l'appui du pouvoir central, ni en recevoir des ordres, des instructions ou des secours, en temps opportun.

Le comte Guillaume de Saulx-Tavanes, en sa qualité de fidèle serviteur du roi Henri IV, et de son lieutenant-général en Bourgogne, ne pouvait rester ni indifférent, ni étranger à ce que Bissy accomplissait dans Verdun pour le service du Roi. Il s'aboucha donc avec lui afin de s'entendre sur les mesures à prendre dans l'intérêt de la cause qu'ils servaient tous les deux et pour la conservation de Verdun. En conséquence, Tavanes expédia au gouverneur de cette ville, sur sa demande, la commission dont la teneur suit :

« Le sieur de Tavanes, chevalier des ordres, capitaine de cinquante hommes d'armes des ordonnances du Roy et son lieutenant-général en Bourgogne à

des ouvriers travaillant à la fortification de Verdun (Collect. de l'auteur).

1590	Monsieur de Bissy, gouverneur de la ville de Verdung. Aiant considéré combien il estoit nécessaire, pour la conservation de ladite ville en l'obéissance de Sa Majesté, d'y faire construyre et édiffier promptement ung moulin, ce que toutefois ne ce pourroit si librement et diligemment faire qu'il est requis, A CES CAUSES, sur l'advis qu'avons heu que au lieu de Navilly, il y en avoit ung qui ne pouvoit de beaucoup incommoder les habitans de la bannalité d'icelluy en estant distrait et amené audit Verdung, vous mandons et très expressement enjoignons, en vertu de nostre pouvoir, de tout aussitôt faire faire desmolir ledit moulin, icelluy amener en ladite ville pour le rédiffier, à la charge que le propriétaire d'iceluy ou ses facteurs et fermiers en leveront profitz et esmoluments tout ainsy et en la mesme forme qu'il a accoustumé en recepvoir audit Navilly. De ce faire nous vous avons donné toute puissance, auctorité et mandement spécial, mandons à tous ceux qu'il appartiendra que vous en ce faisant soit obéy. Fait à Saint-Jean-de-Loosne ce dix-neufviesme jour de juillet mil cinq cens quatre-vingt et dix.

« TAVANES.

« Par mondit seigneur,

« BONOUVRIER (1). »

Cet établissement d'un moulin sur bateaux, dans l'intérieur même de Verdun, pouvait être d'une très

(1) Original, sur papier (Coll. bourg. de l'auteur). — Cette pièce, qui émane de Guillaume de Tavanes lui-même, rectifie en partie les erreurs et les oublis qu'il a commis dans ses mémoires relativement à la réduction de Verdun sous l'autorité de Henri IV, par Tyard de Bissy.

grande utilité en cas de siège pour l'alimentation des habitants et de la garnison. C'était le complément des mesures que Bissy avait prises dans ce même but.

A partir du jour où Guillaume de Tavanes eut prêté son concours au gouverneur de Verdun, il ne fut plus abandonné à ses seules forces, et il trouva un peu d'assistance dans le parti qu'il servait avec tant de dévouement.

Dès le mois de mai 1590 (1), M. de Bissy, afin de subvenir aux dépenses considérables occasionnées par les fortifications de Verdun, avait établi des droits de navigation, aux ports de cette ville, sur les marchandises qui passaient sur le Doubs et la Saône. Ces droits, quoique prélevés pour le service et au nom du Roi, n'en étaient pas moins illégaux, puisqu'il ne les avait point autorisés ; cependant, comme ils offraient une source de revenus très précieuse dans la pénurie extrême où le trésor royal se trouvait alors, le Parlement royaliste, le comte de Tavanes, ainsi que les seigneurs et les autres personnes notables du parti, s'empressèrent d'approuver l'établissement de ce péage et d'en faire profiter également Saint-Jean-de-Losne, seule ville de la Saône qui, avec celle de Verdun, eût reconnu Henri IV.

Maître Jacques Gast, notaire royal à Verdun, nommé par Bissy receveur de ce péage, fut confirmé dans cette charge par le comte de Tavanes, « sur le

---

(1) Certificat de décharge délivré par messire Pontus de Tyard, évêque de Chalon, le 20 octobre 1593, à Mᵉ J. Gast, commis par feu M. de Bissy, gouverneur de Verdun, à la recette du péage qu'il avait établi *dès le 23ᵉ may* 1590 (Collect. bourg. de l'auteur). — Voir aux *Preuves*, pièces nᵒˢ 23 et 24.

1590

bon rapport qu'on lui avait fait de ses sens, suffisance, expérience et de sa fidélité au service du Roy ».

Donnons un extrait de ces lettres de commission, datées de Saint-Jean-de-Losne, le 3ᵉ de septembre 1590 : elles sont une page inédite de l'histoire de la Ligue dans notre province :

« Comme il soit que pour le peu de fonds que nous avons congneu estre à la recepte générale en ce païs, estant les finances de Sa Majesté entièrement altérées par le mauvais gouvernement et distribution qu'en font ceulx qui sont commis au maniement d'icelles, faisant leur résidence aux villes rebelles occupées par les ennemis, et considérant la nécessité que l'on en avoit tant pour survenir à l'entretenement des gens de guerre tant de cheval que de pied pour le service de Sa Majesté dedans les villes de Sainct-Jean-de-Losne et Verdun, présentement en l'obéissance de Sa Majesté, fortification d'icelles, munitions que aultres choses important et nécessaire audit service, bien et soulagement du païs, nous aurions, par l'advis de Messieurs de la Cour de parlement séant à Flavigny et plusieurs seigneurs et aultres personnes notables, estant près de nous, soubz le bon plaisir de Sa Majesté, décidé faire lever quelques daches sur les marchandises avallant ou montant par basteaux sur les rivières de Saone et du Doux à l'endroit des ports dudit Verdun, suivant le carcabeau que nous en avons dressé, pour les deniers en provenant estre employez, en vertu de nos ordonnances en ce que nous cognoistrons estre requis et nécessaire pour ledit service, vous mandons dresser estat de ladicte recepte bien et fidellement affin qu'en puissiez rendre bon et fidèle compte lorsque requis en serez (1).

Grâce à cet ensemble de mesures prises par Héliodore de Tyard pour la sûreté de Verdun, et à une trêve, que le mauvais vouloir et l'exaltation des ligueurs de Dijon ne devaient pas tarder à faire rompre, les ennemis l'y laissèrent tranquille pendant l'année 1590.

Comme la précédente, l'année 1591 nous montre de Tyard à son œuvre des fortifications de Verdun. En attendant que le printemps lui permît d'entrer en campagne, il met en chantier une armée d'ouvriers. Nous la trouvons à la besogne dès le 6 janvier, jour de la fête des Rois. Il l'emploie à compléter les défenses extérieures du château, à réparer et à augmenter les fortifications de la ville dont on n'avait pu s'occuper jusqu'alors et à en construire de nouvelles dans l'île de l'Ermitage afin d'empêcher les approches de Verdun du côté de Chauvort.

De Tyard dépensa encore 2,591 écus sur l'île du château, 2,270 dans la ville et 265 à la grande île de l'Ermitage.

Lorsqu'il eut payé tous ces travaux, il ne lui resta plus le sou, et, cependant, la besogne n'était point terminée ; il n'hésita pas à faire des emprunts à ses risques et périls pour défendre la fortune de Henri IV, alors incertaine et chancelante.

Trouver de l'argent à emprunter était chose difficile à cette époque calamiteuse et de misère universelle. Cependant, un des cousins de Bissy, Louis de Villers-

(1) Voir aux Preuves et Notes, pièces nos 23 et 24.

1591   la-Faye, chevalier de l'ordre du Roi, consentit à lui prêter 3500 écus, mais il demanda un répondant sérieux. Ce fut Révérend Père en Dieu Pontus de Tyard, évêque de Chalon-sur-Saône, qui se porta caution !

A côté du dévouement chevaleresque d'Héliodore de Tyard, il faut placer cette action mémorable de son oncle, l'illustre évêque de Chalon, action peut-être unique, en son genre, dans les fastes de l'épiscopat français pendant la Ligue. Monsieur de Chalon ne fut pas seulement l'un des premiers du clergé à reconnaître Henri IV, il fut, probablement, le seul prélat qui servit sa cause de sa bourse et par les armes en lui fournissant un capitaine de choix, en la personne de Tyard de Bissy, son neveu bien-aimé. Certes, il fallait que le savant Pontus de Tyard, philosophe de l'école de Platon, possédât une foi religieuse éclairée des lumières célestes ; il fallait qu'il fût animé d'un patriotisme aussi ardent que désintéressé, et qu'il fût doué d'un esprit politique profond pour se joindre aux partisans de Henri IV, alors que, déclarés ennemis de l'État et perturbateurs du repos public, ils étaient englobés dans l'excommunication que le Pape avait lancée contre le Béarnais et ses adhérents (1).

(1) Cette période de la vie de Pontus de Tyard, qui fut la plus difficile et la plus agitée de sa longue carrière, a été méconnue par tous les historiens de la Bourgogne. Nous-même avons payé notre quote-part à l'erreur dans notre *Etude sur Pontus de Tyard* (1 vol. in-8, Paris, 1860 ; ouvrage couronné), tout en y signalant la conduite patriotique de cet évêque gallican. La persistance de nos recherches sur le xvi⁰ siècle en Bourgogne nous a mis en état d'éclairer entièrement ce point de la vie de l'évêque de Chalon-sur-Saône. — Voir aux Preuves la note intitulée : *L'Évêque de Chalon, Pontus de Tyard, et les premiers partisans de Henri IV, en Bourgogne* n° 31.

Le faubourg Saint-Jean de Verdun en était encore à 1591 ses anciennes fortifications. Leur insuffisance et l'étendue de ce faubourg en rendaient la défense difficile. Bissy, en prévision de son occupation par l'ennemi, voulut que celui-ci profitât le moins possible des avantages de cette position : dans ce but, il résolut de faire un grand sacrifice, celui du clocher et d'une partie de l'église paroissiale de Saint-Jean-Baptiste, où les ennemis eussent pu se retrancher et compromettre la sûreté de la ville et du château.

Celui que cette cruelle exécution affligea le plus nous en a conservé le souvenir ; c'est le curé de Saint-Jean, Edme Blandin ; il y revient jusqu'à deux fois dans son registre paroissial où il lui consacre deux notes qu'il signe de sa main : voici l'une de ces notes, inscrite au registre des décès : c'était aussi un mortuaire :

« *Nota :* Que ce huitiesme jour d'apvril 1591, environ les huict heures et demie du soir, fut mis par terre le clocher et en tomba seulement la moytié avec une partie des voustes de la dicte église. Et le mardy suyvant, neufviesme jour du dict moys, fut aussy mis par terre l'autre partie des dicts clouché et voustes, environ les trois heures après midy. Le tout pour la misérable injure de la guerre (1). »

Ces mesures extrêmes étaient imposées par la gravité des événements. Tandis que l'arrivée du maréchal

---

(1) Registre paroissial du curé Blandin. — Voir aux Preuves et Notes, pièce n° 7.

Nous avons découvert aux archives du greffe de Chalon-sur-Saône ce précieux registre dans lequel nous avons puisé une foule de faits inédits des Annales de Verdun au xvi° siècle, de 1582 à 1594.

1591 d'Aumont, que Henri IV devait envoyer en Bourgogne était retardée, le duc de Nemours entrait dans cette province avec des troupes que les ligueurs renforcèrent et à la tête desquelles il s'emparait de plusieurs châteaux et petites villes (1).

Sur ces entrefaites, le maréchal d'Aumont arriva en Bourgogne, et résolut d'assiéger la ville d'Autun.

Verdun ne prêta pas seulement son gouveneur pour ce siège, mais il fut en mesure d'y envoyer des renforts en hommes et en munitions, tant Bissy lui avait donné de forces et de ressources.

D'Aumont, après les premières attaques contre Autun, où on avait prodigué les munitions (2), chargea le comte de Tavanes d'aller en personne, à Verdun, chercher quatre compagnies de suisses et des poudres. Les ligueurs de Chalon, informés de ce mouvement et de son but, essayèrent de les faire manquer en empêchant ces secours de parvenir à leurs ennemis. C'est ce qui donna lieu au combat d'Allerey-sur-Saône, que nous allons raconter d'après Guillaume de Tavanes, qui y commandait. Ce général, avec sa compagnie de gendarmes et une partie de celle du sieur de Souccy, au nombre de six-vingts maîtres, arriva du côté d'Allerey pour recevoir le renfort que Bissy devait lui amener de Verdun au port de Chauvort. Il était à peine arrivé à Allerey, où il avait mis pied à terre, que ses éclaireurs vinrent lui annoncer que les ennemis, sortis de Chalon,

---

(1) Voir, aux Preuves, la note 9, sur cette première expédition du duc de Nemours en Bourgogne.

(2) *Relation du siége d'Autun*, par le maréchal d'Aumont, en 1591 ; in *Hist. de la ville d'Autun*, par J. Rosny, 1802, in-4, p. 321-38.

marchaient contre lui. Ils avaient à leur tête deux des
plus braves capitaines de la Ligue, les barons de Lux
et de Thianges, avec lesquels nous ferons, l'an prochain,
plus ample connaissance sous les murs de Verdun.

1591

Tavanes fit incontinent monter à cheval pour les
aller recevoir ; les sieurs de Bissy, de Rubigny et de
Conforgien (1), qui étaient sortis de Verdun et avaient
passé la Saône en bateau, se joignirent à lui. Ils se
trouvèrent, bientôt, en présence de l'avant-garde des
ennemis composée d'environ quarante cavaliers, et la
chargèrent si vivement qu'après un léger combat, elle
tourna bride, laissant vingt gentilshommes prisonniers.
Le gros des ennemis, qui se trouvait à un quart de
lieue de là, n'osa point avancer et battit en retraite sur
Chalon « après avoir été suivi par les nostres en ordre,
partie au trot, partie au galop, près de deux lieues (2). »

Pendant ce temps, les suisses passèrent la rivière,
et, arrivés qu'ils furent à Allerey, ils en sortirent pour
aller au-devant de Tavanes jusqu'à un quart de lieue,
afin de le soutenir en cas de besoin. « Il les trouva, dit-
il, bien ordonnés et en bonne volonté de bien faire : le
lendemain, il les mena à Autun » (3), où le gouverneur
de Verdun les suivit.

(1) Guillaume de Clugny, baron de Conforgien ; ce noble Bourguignon mérite de figurer parmi les hôtes illustres de Verdun. Guerrier distingué, il repoussa avec succès les entreprises du duc de Savoie et du marquis de Treffort contre la république de Genève en 1590 et 1591. Son armure fut conservée, comme un souvenir de sa valeur, dans l'arsenal de cette ville. — Voir de Thou, *Hist.*, t. IX, in-4, p. 226-28 et 422 ; — Courtépée, *Desc. de Bourgogne*, t. IV, 129 (2ᵉ édit.) ; — *Journal de G. Breunot*, t. I, p. 340 ; note de M. Jos. Garnier.

(2) *Mém.* de Guill. de Tavanes, p. 66-67, in-folio.

(3) Ibid.

1591   Malgré la bravoure éprouvée des officiers qui servaient sous ses ordres, d'Aumont échoua devant Autun, dont il avait mal conduit le siège au dire de Tavanes, et qui fut courageusement soutenu par les habitants durant un mois (18 mai-21 juin).

Ce grand échec ouvrit la série de ceux qu'essuya ce maréchal dans le cours de cette campagne où il n'obtint que des avantages sans importance. La situation des affaires du Roi en Bourgogne fut encore aggravée par les fautes de la politique de son lieutenant en présence des rivalités jalouses des chefs du parti royaliste, enfin, par le retour du duc de Nemours, qui poursuivit le maréchal d'Aumont pendant tout le mois de juillet et profita de sa défaite sous les murs d'Autun pour chasser les royalistes des châteaux qu'ils occupaient autour de cette ville (1).

Bissy, seul, vient contrebalancer le peu de succès de cette campagne du maréchal d'Aumont et les avantages que les ennemis avaient remportés sur lui : il sort de Verdun presque chaque jour à la tête de sa compagnie de chevau-légers, fait des courses jusqu'aux portes de Beaune, de Seurre et de Chalon, enlève les convois de marchandises et les voyageurs qui se rendaient dans ces villes, leur coupe les vivres et les réduit à la misère en interceptant leur commerce par la Saône, en occupant militairement les métairies de leurs principaux propriétaires et en s'emparant de leurs récoltes. Il serrait Chalon de si près « qu'il n'y avait

---

(1) Voir aux *Preuves* la note 21 sur cette seconde expédition du duc de Nemours en Bourgogne, qu'aucun de nos historiens n'a fait connaître, malgré son importance.

pas un habitant si osé de sortir de cent pas hors de la ville » (1). M. de Saint-Vincent, gouverneur de Chalon, vint, dans une assemblée générale des habitants, tenue le 12 juillet, exposer cette situation intolérable et faire part de ses craintes pour la sûreté de la ville. Il engagea les citoyens de Chalon à recevoir une garnison afin d'éviter de plus grands maux, « combien, dit-il, que ce mot de garnison fust beaucoup odieux en une ville » ; et il fut d'avis de supplier Mgr le duc de Nemours et M. de Senecey de leur envoyer des troupes pour marcher, au besoin, contre les ennemis, tant sous ses ordres que sous ceux de M. de L'Artusie « promettant, pour son compte, d'y apporter toutes les bonnes volontés qu'il luy seroit possible » (2).

L'Artusie avait parlé dans le même sens aux magistrats de la ville et avait promis d'en écrire à MM. de Nemours et de Senecey.

Après que M. de Saint-Vincent fut sorti de l'assemblée, le maire l'invita à délibérer sur l'importante proposition qu'il venait d'y faire. La discussion s'engagea calme et modérée d'un côté, vive et passionnée de l'autre.

M. de Thésut, personnage justement considéré, ancien maire et juge châtelain de Chalon, qui, au commencement de l'année, avait été député à Verdun « pour illec penser induire le sieur de Bissy à entrer en quelqu'accord, à quoy il l'avoit trouvé assez bien *proposé* » (3), opina pour qu'on lui fît de nouvelles

1591

(1) Dire du gouverneur dans l'assemblée du 12 juillet 1591. Arch. mun., reg. des délibérat.
(2) Séance du 12 juillet précitée. Arch. mun., reg. des délibérat
(3) Ibid.

propositions de paix avant de recourir à une garnison.

Plusieurs citoyens lui répliquèrent « qu'on savait à quoi s'en tenir sur les intentions du sieur de Bissy, qui s'est révolté contre les catholiques et qu'il était urgent de demander des secours pour s'opposer à ses courses et à ses violences. Que les soldats de la garnison seraient assistés de beaucoup de gens de bien, catholiques de Chalon, qui s'exposeraient très volontiers pour résister aux ennemis » (1).

Maître Philibert Arbaleste eut la hardiesse de dire « que, si Montaigu et Verdun étaient enlevés à l'ennemi, Chalon n'aurait pas besoin de garnison, et qu'il fallait profiter de la présence de monseigneur de Nemours pour le prier d'assiéger ces deux places, et comme plusieurs Chalonnais s'étaient retirés dans les villes occupées par l'ennemi, que d'autres portaient les armes dans leurs rangs, que quelques-uns l'informaient de ce qui se passait dans Chalon, il fallait saisir leurs biens meubles et immeubles et les vendre pour subvenir aux frais de la guerre, et que tous ceux qui seraient surpris donnant des avertissements à l'ennemi fussent dénoncés et punis exemplairement » (2).

La majorité de l'assemblée adopta ces résolutions énergiques qui allaient donner lieu à une guerre acharnée et barbare entre des villes unies, naguère, par les liens les plus intimes.

Les magistrats de Chalon, d'accord avec les habitants, reprirent avec ardeur le projet du siège du château de Montaigu, dont la garnison les incommodait

---

(1) Séance du 12 juillet précitée. Arch. mun., reg. des délibérat.
(2) Ibid.

beaucoup. Le duc de Nemours, sur leur prière, assiégea ce nid de vautours, d'un abord assez difficile par sa position sur la croupe d'une montagne. Grâce à l'actif concours que les Chalonnais lui prêtèrent, et à des munitions de poudre et de balles de couleuvrines que lui avaient envoyées les ligueurs de Mâcon « *pour la bapterie de Montaigu* » (1), Nemours s'en rendit maître (18-27 juillet 1591) (2).

1591

Cette victoire releva, sinon le courage des Chalonnais, du moins leurs espérances, et les raffermit dans le projet que les plus hardis d'entre eux avaient conçu, d'un siège de Verdun, ennemi non moins incommode et beaucoup plus redoutable que le château de Montaigu (3). Mais cette nouvelle entreprise était assez importante pour mériter une mûre délibération ; elle fit l'objet de celle d'une assemblée générale des habitants, qui avait été convoquée afin de leur annoncer officiellement la bonne nouvelle de la prise de Montaigu, dont Nemours avait bien voulu autoriser la démolition sur la supplique des magistrats de Chalon (4).

L'assemblée fut unanime pour chercher à tirer parti des bonnes dispositions où se trouvait Mgr de Nemours, par suite de son récent succès, en lui offrant une occasion d'en remporter un plus grand et de rendre un service encore plus signalé à la ville en la délivrant de ses ennemis de Verdun. Le siège de cette place fut

(1) Archives municip. de Mâcon, CC. 97, cot. 29.
(2) Perry, *Hist. de Chalon*, p. 371.
(3) Ibid.
(4) Procès-verbal de l'assemblée de la ville, du dimanche 28 juillet 1591, reg. des délib. Arch. mun.

1591 donc résolu par les Chalonnais si Mgr de Nemours consentait à s'en charger (1).

Eloges, prières, paroles plus ou moins mensongères, rien ne sera négligé pour le décider à cette entreprise.

« On lui fera entendre que les murailles de Verdun ne sont si fortes, ny de telle largeur que celles de Montaigu, et que, s'il fait dresser deux bapteries, il foudroiera et fera bouleverser Verdun en moins de deux jours (2). »

Après avoir montré à Nemours l'agréable perspective de Verdun au pillage, sous son aspect le plus séduisant, on lui offrira comme un gage de reconnaissance pour le service qu'il venait de rendre à la ville, par la prise de Montaigu, une coupe qui avait été destinée à Mgr le duc de Mayenne.

Tout était préparé pour la réussite de cette négociation; néanmoins, dans l'éventualité d'un insuccès, quelques Chalonnais, en habiles politiques, firent décider par l'assemblée « qu'on écrirait au sieur évesque de Chalon pour le prier d'intercéder auprès du sieur de Bissy, son neveu, et l'informer qu'il pouvoit venir à Chalon » (3).

L'auteur de cette proposition fit remarquer, sournoisement, « que s'il y demeuroit, comme il tenoit les clefs d'une partie des volontés du sieur de Bissy, et ayant sur luy beaucoup d'authorité et puissance, il gagneroit sur luy d'empescher ses courses et fatigues

---

(1) Reg. des délibérat. de la ville, séance du 28 juillet 1591. Arch. mun.
(2) Ibid.
(3) Ibid.

contre les habitants de Chalon, aultrement le sieur évesque recevroit mille affronts de ceux qui feroient pertes en leurs biens par le moyen du sieur de Bissy » (1).

Ce piège, tendu à l'évêque Pontus de Tyard, quoique soigneusement dissimulé dans les lettres qu'on lui écrivit, était trop grossier pour qu'un homme tel que lui s'y laissât prendre, d'autant plus que les ligueurs de Chalon avaient eu la maladresse de l'engager « à venir fulminer dans sa ville épiscopale le monitoire de sa Sainteté le Pape contre les ecclésiastiques adhérents au parti du roi de Navarre et contre la noblesse et le tiers-état tenant le même parti » (2).

Faire excommunier le gouverneur de Verdun par son oncle, l'évêque de Chalon, était une façon étrange de le disposer à écouter favorablement ses recommandations en faveur de Chalon.

Le lendemain de cette assemblée, 29 juillet 1591, le maire et les échevins de la ville présentèrent à Mgr le duc de Nemours leur offrande et leurs remerciements pour « les labeurs et travaux qu'il avoit endurés au siège de Montaigu, et *le supplièrent d'entreprendre le siège de Verdun et* LA RUYNE DE LA PLACE » (3).

Un siège de *deux ou trois jours*, terminé par la ruine d'une ville dévouée à Henri IV, était un passe-temps trop agréable pour ne pas sourire au frère de Mayenne : aussi, répondit-il aux magistrats de Chalon : « qu'il estoit fort disposé d'entreprendre ledict siège et n'y espargner sa personne propre n'y ses moiens, pourveu

(1) Reg. des délibérat. de la ville, séance du 28 juillet 1591. Arch. mun.
(2) Ibid.
(3) R. des délib. 29 juillet 1591.

1591 qu'on luy fournît des munitions de guerre, mesme de deux cents balles avec des couleuvrines » (1).

Les Chalonnais, appréciant toute l'importance de cet appui dans une entreprise « qui intéressait Chalon beaucoup plus que nulle autre ville, par les oppressions que ses habitans recevoient de Verdun », firent tous leurs efforts pour engager Nemours « à persévérer dans sa volonté d'assiéger cette place » (2), et, pour hâter l'exécution de ce projet, ils continuèrent à en faire ressortir tout à la fois et les avantages et la facilité.

Ce siège de Verdun, répétaient-ils, serait moins coûteux et moins difficile que celui de Montaigu (3).

Maître Claude Languet, antique maire, conseiller de la ville et futur député aux Etats, qui avait assisté à ce dernier siège et connaissait Verdun, disait « qu'il s'en fallait de beaucoup que l'épaisseur et forteresse des murailles de Verdun approchassent de celles de Montaigu ».

Maître Pierre Petit, conseiller de ville, « ayant ressenti et soubstenu le fléau de rançon, pour avoir esté dettenu prisonnier du parti contraire, dans Verdun, déclarait hautement avoir recogneu leurs forces estre très petites ».

Un autre affirmait que le sieur de Bissy ne pourrait soutenir « un siège, étant déjà à demi vaincu par la prise de Montaigu ». (4).

---

(1) Reg. des délibérat. de la ville, séance du 29 juillet 1591. Arch. mun.

(2 et 3) Ibid.

(4) Ce siège avait coûté aux Chalonnais plus de 5,000 écus en pain, vin, poudre, cordages, harnais et attelage d'artillerie ; cette somme fut prêtée à intérêts (Séance du 31 juillet).

— 163 —

Ce n'était qu'une pure *gasconnade*, car, après la prise de ce château, les Chalonnais avaient fait une nouvelle tentative d'accord avec M. de Bissy, qui ne voulut point y entendre (1).

1591

Cependant, Chalon n'en faisait pas moins les plus grands préparatifs pour cette campagne contre Verdun, qu'on proclamait si facile. A mesure que le terme approchait, elle acquérait une telle importance, qu'elle était devenue une affaire d'intérêt général pour le parti de la Ligue et pour la province de Bourgogne.

Dans une réunion tenue le 2 août, le Conseil de ville de Chalon décidait : « que le siège de Verdun regardait non seulement *l'utilité et profit de Chalon*, MAIS DE TOUTES LES VILLES DE LA RIVIÈRE *de Saône et de la Bourgogne*, tenant le party des catholiques, qu'il est requis d'advertir pour contribuer audict siège (2). »

Afin que ces villes ne refusassent point leur concours, on décida que MM. de Nemours et de Senecey seraient suppliés d'ordonner aux villes de leurs gouvernements, telles que Dijon, Beaune, Seurre, Auxonne, Tournus, Mâcon, Villefranche, Lyon et autres, de contribuer pour les munitions de guerre et de blé nécessaires pour le siège de Verdun.

La ville de Chalon, qui, d'abord, ne comptait fournir que trois à quatre milliers de poudre (3), en acheta le double (4) et ses magistrats prièrent le sieur de Lartusie de prêter des balles, « estimant qu'il n'en

---

(1) Reg. des délibérat., séance du 24 août. Arch. mun.
(2) Reg. des délib., 24 août. Arch. mun.
(3) Ibid., assemblée du 29 juillet.
(4) Ibid., assemblée du 5 août.

1591 feroit aucune difficulté pour une *si sainte œuvre* » (1). En effet, Lartusie promit « d'aider de son costé, en telle affaire, tout ce qu'il pourroit ».

On rappela aux habitants « bien zélés à la cause » la promesse qu'ils avaient faite d'avancer de l'argent, du blé et du vin pour le siège de Verdun ; enfin, le maire et les échevins, au nom de la ville, renouvelèrent « *humblement et avec importance leurs prières à Monseigneur de Nemours de continuer sa volonté pour le siège de Verdun et d'escripre aux villes circonvoisines, mesme à Lyon et Mascon, de contribuer audict siège* ».

Nemours leur réitéra sa première promesse et demanda, tant en poudre qu'en balles, pour tirer trois mille coups (2).

Enfin, le projet du siège de Verdun et l'espoir de la destruction de cette place semblaient à la veille d'être réalisés (3). Déjà, un ardent ligueur de Chalon, le sieur Roillet, proposait son petit plan d'attaque, approprié à la position de Verdun ; il consistait en deux bateaux armés de couleuvrines et de bâtardes pour battre en ruines les murailles, tandis que la grosse artillerie « *travaillerait les Verdunois* ».

Ceux-ci, de leur côté, ne s'endormaient pas ; ils délibéraient et parlaient peu, mais ils agissaient et travaillaient sans relâche sous l'énergique et intelligente direc-

---

(1) Reg. des délibérat., assemblée du 29 juillet.
(2) Ibid., assemblées des 2 et 5 août.
(3) Nous lisons, dans le procès-verbal de la séance du 31 juillet, relative au siège de Verdun : « Pour les frais dudit siège résolu « contre la ville de Verdun, puisque Monseigneur de Nemours l'a entrepris » (Fol. xvii du reg. des délib. de la ville).

tion de leur intrépide gouverneur. Tandis que celui-ci remplissait de munitions et de provisions de bouche les *magasins du Roi* qu'il avait établis dans Verdun (1), les habitants de cette petite ville empruntaient, à intérêts, malgré leur extrême pauvreté, 1000 écus qu'ils avancèrent pour la solde d'une garnison plus nombreuse, et installèrent pour son entretien un magasin de vivres dans lequel ils mirent en réserve cent bichets de froment et vingt queues de vin, qui leur avaient coûté 720 écus (2).

1591

On était au 5 du mois d'août; les Chalonnais se voyaient déjà maîtres de Verdun, lorsque, le jeudi 8, dans une assemblée générale des habitants, le maire donna lecture d'une lettre du duc de Nemours en date du 6 du même mois. Cette lettre était, sans nul doute, écrite de son camp devant Verdun?— Point du tout, Nemours avait tourné le dos à cette ville, et il était déjà à Mâcon, se dirigeant sur Lyon. Il ne disait pas un mot du siège de Verdun dans sa lettre ; il y informait les magistrats de Chalon de l'arrestation du baron de Senecey par son frère, le marquis de Saint-Solin, — en ce temps-là, les loups se mangeaient, — puis il racontait une expédition qu'il venait de faire contre le château de Berzé, en Mâconnais.

Une pareille lettre, écrite aux Chalonnais, était une mystification et une amère ironie, ajoutée à la cruelle déception qu'ils avaient éprouvée, quand Nemours, au lieu d'aller assiéger Verdun, suivant sa promesse, se contenta de leur offrir cent chevaux pour faire la

(1) Voir aux Preuves, Compte de J. Gast, pièce nos 20, 23 et 24.
(2) Lett. patentes de Henri IV en faveur des habitants de Verdun (11 juillet 1595).

1591 guerre au sieur de Bissy; offre dérisoire, que les Chalonnais refusèrent (1). Tous leurs plans de campagne, leurs espérances, leurs projets de représailles terribles contre Verdun étaient allés à vau-l'eau, par suite de la défection de Nemours, qui les avait abandonnés lâchement en présence d'un ennemi justement irrité par leurs menaces de vengeance. Sans nul doute, le duc de Nemours s'était renseigné sur le véritable état de la place de Verdun, dont il connaissait de réputation le brave gouverneur (2).

Dans cette seconde campagne en Bourgogne, comme dans celle de l'année 1589, Nemours n'obtint aucun avantage sérieux et durable, excepté l'occupation de Mâcon, mais il y acquit la triste réputation d'avoir surpassé en barbarie amis et ennemis; ses coreligionnaires eux-mêmes maudissaient ses soldats.

« Il se fit un dommage incomparable en ce pays, écrivait le chanoine Pépin, ligueur exalté, tant des volleries des soldats et gens de guerre, des pilleries des églises, ravissements de femmes ; et sembloit que Dieu nous eust abandonné, des maux et méchancetés de ces canailles, coupant, fauchillant les bleds, prés, arbres, et faisant du pis qu'ils pouvoient (3). »

Ces atrocités ne désolèrent pas seulement un canton, mais la plus grande partie de notre province, durant près d'une année, depuis Montbard, où Nemours

---

(1) Reg. des délib. de Chalon, 24 août 1591.
(2) « Le duc de Nemours, après avoir promis d'assiéger Verdun, ne voulut pas faire ce siège » (*Journal de G. Breunot*, manusc. incompl. inéd. de la Bibl. de Dijon). — Voir Perry, p. 374.
(3) *Livre de Souvenance*, de Pépin, t. I, p. 74 ; publié par M. J. Garnier (de Dijon).

était arrivé le 31 janvier 1591, jusqu'à Mâcon, qu'il quitta au mois d'août après avoir parcouru l'Auxerrois, le Dijonnais, le Beaunois, l'Autunois, le Charolais, le Chalonnais et le Mâconnais (1).

Tels furent les sinistres exploits de que l'armée le duc de Nemours « *avoit levée et mise sus pour la conservation de la religion catholique, de la foi fondamentale de France contre l'usurpation des hérétiques et leurs associés...* » (2). Toujours de belles promesses cachant d'affreux mensonges!

Si la conduite de Nemours vis-à-vis des Chalonnais fut indigne d'un noble guerrier, celle des Chalonnais vis-à-vis de Verdun fut indigne d'eux. Que devaient-ils faire, quand ils se virent abandonnés du chef sur lequel ils avaient droit de compter pour vaincre leurs adversaires? — Les combattre : ils étaient cent fois plus forts qu'eux par le nombre; mais ils manquaient du plus puissant ressort des forces humaines, de l'union qui faisait des Verdunois un faisceau qu'une force extraordinaire pouvait seule briser.

Tout Chalon paraissait dévoué corps et âme à la Ligue et à Mayenne, mais cette apparence était trompeuse; elle venait d'une de ces erreurs dans lesquelles on tombe inévitablement lorsqu'on évalue les forces d'un parti politique d'après les noms et sur la parole de ses chefs, sans tenir compte des éléments qui le composent. De Lartusie, qui se montrait d'autant plus fanatique qu'il était ligueur par intérêt plutôt que par conviction, écrivait le 26 mars 1589 à M. de

---

(1) Voir note 21. Seconde expédit. de Nemours en Bourgogne.
(2) Lett. du duc de Nemours pour la nomination du commissaire des vivres de son armée. Arch. mun. de Mâcon, cart. EE. 52.

1591 Fervaques, au sujet de l'esprit public de la ville de Chalon :

« Nous avons ici, de trois parts, quasy deux qui sont mal affectionnez au service de nostre cause. C'est un mauvais peuple que celluy de ceste ville. Je vous supplie leur escripre de bonne encre qu'ils aient à faire justice des prisonniers qui sont à la citadelle (1). »

M. de Saint-Vincent, gouverneur de Chalon, écrivait au même, de son côté, le 3 avril 1589, « que les deux tiers des principaux habitants étaient du parti « des politiques (2). »

En effet, plus d'un Chalonnais restait dans la Ligue par faiblesse de caractère, indifférence ou crainte, tandis que beaucoup d'autres adhéraient, les uns de cœur, les autres ouvertement, au parti de Henri IV. Il ne pouvait en être autrement dans une ville pleine de vie et d'activité, qui avait fourni à la réforme les Doneau, les Bouvot, les Guide, les Ducret, les Machureault, les Riboudault, et aux armées du Béarnais le bouillant capitaine Baillet de Vaugrenant, dans une ville, enfin, qui, dès le commencement de la réforme, avait manifesté ses tendances vers les nouvelles doctrines et les idées révolutionnaires (3).

Nous ne sommes donc point surpris de rencontrer dans la population chalonnaise un groupe imposant

(1) Arch. de la ville de Dijon ; corresp. mun. (inédite), — Voir la partie publiée par M. J. Garnier, t. II, p. 252 et 277 ; deux lettres du même capitaine Lartusie, qui témoignent des résistances des avocats de Chalon aux agissements des ligueurs.
(2) Arch. de la ville de Dijon, corresp. mun.
(3) Voir, chap. x de ces Annales, la délibération des habitants de Chalon, du 7 mars 1560, et Perry, p. 323.

d'hommes sagement progressifs qui, non moins fidèles 1591
à la religion de leurs pères que les ligueurs, et plus
patriotes que les protestants, se montrèrent assez soucieux de l'avenir de leur patrie pour ne point la laisser
à la merci de deux partis extrêmes également aveu-
glés par le fanatisme.

Ces bons citoyens, désignés sous la dénomination
de *politiques*, étaient traités comme des suspects et
des factieux par les lieutenants de Mayenne (1), quoiqu'ils appartinssent aux premières familles de Chalon.
On remarquait parmi eux (2) : noble Nicolas Julien,
avocat, qui avait été trois fois maire de la ville et qui
le sera une quatrième, quand Chalon sera délivré du
joug de Mayenne (3); noble Claude Perrault, greffier
en chef de la chancellerie, ancien maire en 1573, 1583
et 1584 (4); noble François de Thésut, conseiller au
bailliage, maire en 1577 (5); noble Salomon Clerguet,
bailli de l'évêché, député aux états généraux de 1588,
et ami de l'évêque Pontus de Tyard; honorable Raphaël
Quarré, et noble Jean Janthial, grenetier en Chalonnais, plus tard maire de Chalon (6); ces deux derniers
poussèrent la fermeté de leur foi politique jusqu'à
renoncer officiellement à l'incolat de leur ville natale
et à venir demeurer à Verdun, déclarant publiquement,
dans des lettres qu'ils adressèrent aux magistrats de
Chalon (7), « qu'ils allaient faire leur devoir, *tel que
le devoit tout bon français* ».

(1) Voir *Correspond. de la mairie de Dijon*, t. II, p. 141, lett.
du gouverneur de Chalon, 1er février 1589; et Perry, p. 387.
(2) Lett. du gouvern. de Chalon, déjà citée.
(3, 4 et 5) Perry, *Preuves*, p. 119.
(6) Délibérat. de la ville, séances des 3 septembre, 1er et 3 octobre 1591. Arch. mun.
(7) Ibid.

1591   Quelques jours plus tard, Raphaël Quarré s'enrôlait pour le service de Henri IV, dans la compagnie de chevau-légers de Bissy. Enfin, en tête de cette liste, ne devons-nous pas placer l'éminent évêque de Chalon, Pontus de Tyard ?

En considérant combien étaient multiples et complexes les causes de division et d'animosité qui renaissaient sans cesse entre les Chalonnais et les Verdunois, on comprend les hésitations et la mollesse des premiers en présence de leurs adversaires, qui n'avaient qu'un seul drapeau, le panache blanc de Henri IV, devenu le signe de ralliement de tous les Français patriotes.

La situation des Chalonnais, déjà fort critique avant leur déclaration de guerre ouverte aux Verdunois, était devenue intolérable depuis que ces derniers connaissaient tous les efforts qu'ils venaient de faire dans le but de les écraser et de ruiner leur ville. C'était donc à Chalon de subir les conséquences de la lutte qu'elle avait engagée contre Verdun. Mais, chose triste à constater, Chalon, grande ville, très peuplée, bien fortifiée, ayant deux capitaines pour commander dans ses murs, un à la ville, l'autre à la citadelle, n'était point de force à lutter avantageusement contre Verdun, la plus petite, la moins peuplée et, naguère, la plus faible des villes de Bourgogne.

Qu'est-ce qui pouvait faire pencher la balance du côté du plateau qui paraissait le moins chargé ? — L'épée d'un homme de tête et de cœur ; ce que possédait Verdun et ce qui manquait à Chalon.

Cette ville se berçait encore de l'espoir de briser cette épée quand elle en ressentit les coups. Dans la nuit du 7 au 8 août 1591, trente cuirassiers de Bissy étaient venus se loger au faubourg des Chavannes et répandre l'alarme dans Chalon. Cette audace de la garnison de Verdun n'en donna ni à celle de la citadelle ni aux habitants de la ville de Chalon, qui, suivant leur habitude, s'assemblèrent « *pour délibérer sur les moyens d'empescher de telles courses* » (1).

1591

Pendant ce temps, Bissy opérait avec une telle vigueur dans un rayon de vingt-cinq kilomètres autour de Verdun, que les ligueurs des villes de Beaune et de Seurre se virent dans la nécessité de signer une trêve avec lui, et qu'au bout de quinze jours, ceux de Chalon vinrent à Verdun implorer la paix (2). En même temps, ils députaient à Lyon le sieur de la Troche, l'un de leurs échevins, pour supplier le duc de Nemours de leur envoyer de la cavalerie (3), et cela, après avoir refusé celle qu'il leur avait offerte en les quittant.

Cette conduite, peu digne des Chalonnais, ne leur profita guère : les secours demandés à Nemours n'arrivèrent point et les conditions que Bissy posa aux sieurs de Thésut et Clerc, députés à Verdun, leur parurent *si rudes* qu'ils n'osèrent traiter avant d'en avoir référé à l'assemblée générale de la ville. Elle fut immédiatement convoquée pour le lendemain, 24e jour du mois d'août (4).

---

(1) Reg. des délibérat. de la ville, assemblée du 8 août. Arch. mun.

(2) Assemblée du 24 août.

(3) Assemblée du 12 septembre.

(4) Cette assemblée se composait : du maire, de 3 échevins, du procureur-syndic, de 7 conseillers de ville sur 20, de 4 officiers du Roi au bailliage et de 42 habitants, en tout 57 votants. Comme point de comparaison, et pour faire connaître l'état de l'esprit public et communal de Chalon à cette époque, nous noterons que, dans l'assom-

— 172 —

1591   Nous en avons sous les yeux le procès-verbal exact et circonstancié ; analysons-le avec soin, c'est une curieuse étude de mœurs et d'histoire.

Comme cela se passe d'ordinaire, l'assemblée se divisa en deux camps opposés : l'un partisan de la paix ; l'autre, de la résistance. Le premier, s'appuyant sur les bases indestructibles des intérêts matériels, s'efforça, à l'aide de formes oratoires, d'en dissimuler les dehors trop grossiers sous les apparences de l'intérêt général, et de les mettre d'accord avec leur dignité personnelle et leurs principes politiques et religieux.

Écoutons les avocats de la paix :

« Lorsque deux parties plaidantes, disaient-ils, se sont involvées en grands procès, elles cherchent tous moyens d'accord, quoique poussées d'affection l'une contre l'autre ; à plus forte raison, des habitans resserrés entre quatre murailles debvoient rechercher accord avec ceux qui leur faisaient la guerre, principalement les habitans de Chalon détenus en telle captivité qu'*il ne leur estoit loisible de passer cent pas hors les barrières.*

« Il estoit possible d'entrer en accord avec le sieur de Bissy, sans que l'on put estre *redargué de pusillanimité*, et estoit besoin d'avoir esgard que si plusieurs habitans avoient déjà perdu leurs grains, qui estoit le

blée du 12 juillet précédent, réunie pour le même objet, il y eut le maire, 11 conseillers, point d'officiers du bailliage et 56 habitants : 68 votants ; dans celle du 29 juillet où devait être décidé le siège de Verdun, il y eut 7 conseillers, 69 habitants et le maire : 77 votants ; enfin, l'assemblée, convoquée le 4 août pour le même objet, ne put avoir lieu parce qu'il ne s'y présenta que deux conseillers et *un seul habitant !* (Reg. des délibérat. de la ville de Chalon. Arch. mun.).

moindre de leur revenu, qu'ils perderoient le revenu de leurs vignes qui estoit le plus, et seroient du tout exténués, pour raison de quoy estoit très nécessaire d'adviser le moyen que l'on pourra tenir pour passifier avec ledit sieur de Bissy. Plusieurs villes ayant fait trève avec l'ennemy, mesme la ville de Lyon avec ceux de Vienne, ceux de Dijon, qui est le parlement de la Bourgogne, avec ceux de Saint-Jean-de-Losne et ceux de Seurre avec ledit sieur de Bissy.

« De deux maulx falloit éviter le pire. A l'égard d'une garnison de cavalerie que l'on pourroit mettre dans la ville, lorsqu'elle seroit d'un costé, l'ennemy ravageroit de l'autre : une composition était beaucoup plus douce qu'une garnison. »

Le sieur de Saint-Vincent, gouverneur de Chalon, qui avait été introduit un instant dans l'assemblée pour y donner son avis, s'y fit l'organe du parti de la guerre et de la résistance. Il allégua qu'il était de toute impossibilité de conserver une ville et les biens de ses habitants sans une garnison. Il donna pour exemple « Verdun, qui n'estoit qu'une petite place HORS DE TOUTE COMPARAISON avec Chalon, et qui, par le moyen de quelque cavalerie logée dedans, conduite par le sieur de Bissy, ESTOIT RENDU REDOUTABLE. Que de composer avec l'ennemy estoit une chose de trop grande importance, *eu esgard à la qualité et gravité de la ville de Chalon à celle de Verdun......* »

Il exhorta les habitants « à mieux faire leur devoir que par le passé, parce que *la garde se fait avec une telle négligence*, que facilement la ville pourroit estre surprinse. Que, quant à une composition, *il n'y consentiroit jamais.* »

1591

1591   Puis il se retira.

Ces paroles énergiques trouvèrent de l'écho dans le cœur de quelques ligueurs chalonnais jaloux de la réputation de leur cité. Ils répliquèrent aux partisans de la paix « que déjà on avait tenté tous les moyens de conciliation avec le sieur de Bissy, sans pouvoir réussir, que ses prétentions croissaient en proportion des avances qu'on lui faisait, qu'il falloit lui remonstrer qu'il doit avoir respect à la personne du sieur évesque de Chalon, son oncle, tenant audit Chalon le premier rang dans l'Eglise, qui doit faire reluire luy et toute sa maison, que s'il n'y vouloit prester l'oreille, on prendroit une garnison si forte qu'on lui feroit la guerre à outrance, n'estant chose raisonnable qu'apprès avoir prins et ravagé la moisson de la plupart des habitans on lui donnât de l'argent. Que si les habitans de Chalon estoient bien unis, ils s'en trouveraient parmi eux qui avoient autant de vie, aussy bon bras, aussi adextres, aussy bien armés que les gens de guerre conduits par le sieur de Bissy et qui l'empêcheroient bien de faire tant de courses. »

Mᵉ François de Villey résuma, en ces termes, ces opinions viriles (1) : « Quel est l'homme, dit-il, quel qu'il soit, affectionné au parti des catholiques qui puisse condescendre en un accord avec le sieur de Bissy pour lui donner de l'argent ; la ville de Chalon a plus de moyens de *l'exterminer* que lui n'en a de la

(1) Mᵉ de Villey, quoique muni d'un passeport de Tavanes, « s'attribuant la qualité « bastarde de gouverneur de Bourgogne », avait été fait prisonnier et rançonné par les coureurs de la garnison de Verdun. Cet indigne coup de fouet n'avait pas peu contribué à le stimuler contre Bissy (Assemblée du 28 août 1591).

ruiner, si les habitants veulent *se saigner* pour payer des gens de guerre, ce qui estoit préférable à un accord désavantageux à la ville. »

Mais les Chalonnais de ce temps-là n'étaient ni assez patriotes, ni assez chauds ligueurs pour se saigner pour l'honneur de leur ville et de leur parti. Onze habitants, seulement, sur cinquante-sept se rangèrent à ce généreux avis, le seul qui fût digne de Chalon, en présence de Verdun. Tous les autres habitants préférèrent traiter avec le redouté gouverneur de cette petite ville (1).

Une nouvelle députation partit pour Verdun. Elle était composée de deux personnages des plus recommandables de la cité, noble Pierre Beuvrand, juge en la châtellenie de Saint-Laurent et ancien maire, et maître André Clerc, avocat, bailli de l'évêché, ancien maire et l'un des échevins.

Bissy ne changea rien à ses premières conditions, dont voici les principales :

On lui rendrait les meubles qui lui avaient été pris au château de Champforgeu (2) ; il y aurait, de part et d'autre, restitution de tous les objets enlevés que l'on pourrait retrouver ; les habitants de Chalon prendraient l'engagement de ne prêter ni aide, ni forces au siège que l'on voulait mettre devant Verdun ; ils lui payeraient les sommes imposées sur les habitants de

---

(1) Assemblée du 24 août 1591. Reg. des délib. de la ville.

(2) « Le sieur de Lartusie, qui n'aimoit gueres l'évêque de Chalon et haïssoit mortellement le sieur de Bissy, son neveu, luy jouoit de continuelles pièces, dit l'historien Perry ; il fit prendre le chasteau de Champforgeu, dépendant de l'évesché, et en fit enlever tous les meubles... et dont il n'eut jamais aucune raison » (*Hist. de la ville de Chalon*, p. 384).

1591 Saint-Laurent-lez-Chalon par les états royalistes tenus à Flavigny, parce que le produit de cet impôt avait été assigné au payement de sa garnison de Verdun. A défaut de l'argent de cet impôt, il demandait en compensation 4.000 écus ; enfin, il souscrivait à la plupart des articles que la ville de Chalon lu avait proposés (1).

Ces conditions n'avaient rien d'excessif, elles étaient telles que devait les attendre d'un ennemi fort et victorieux, un ennemi terrassé qui ne pouvait pas même invoquer en sa faveur les égards que l'on doit au courage malheureux.

C'est ce que les Chalonnais ne semblèrent pas comprendre. Cet impôt de guerre en argent que Bissy exigeait les blessa au vif dans leur amour-propre et dans leurs bourses, ils jetèrent les hauts cris. Afin d'adoucir la première douleur de *cette plaie d'argent qui n'étoit point mortelle* (comme le dit un des notables chalonnais, noble Philippe Bataille, partisan de la paix en dépit de son nom guerrier), les députés firent observer que M. de Bissy « n'entendait lever aucune imposition sur les habitants de Chalon, de Saint-Laurent et des Chavannes », et ils pensaient même que Saint-Cosme jouirait de la même immunité, enfin, qu'il consentirait à réduire les 4,000 écus à 2,000.

Ces concessions furent impuissantes à calmer quelques citoyens de Chalon, indignés de cette espèce de rançon que Bissy exigeait. « Payer les impositions que Bissy prétend lui avoir été assignées *par une authorité attribuée de soi-mesme*, du parlement de Flavigny, s'écrièrent-ils, ce seroit reconnaître ce parlement,

(1) Assemblée du 23 août 1591. Arch. mun.

« chose qui rendroit les habitants de Chalon perfides au serment d'union prêté par les catholiques et favoriser l'ennemy, ce seroit tomber sous la sentence d'excommunication jettée par notre Saint-Père le Pape, ce seroit faire descendre Chalon du rang qu'elle occupe, et *la prostituer*. »

Un citoyen de Chalon, nommé Roillet, que nous voyons figurer dans plusieurs assemblées de la ville, s'élève avec énergie contre une paix achetée. Il tonne contre la conduite du sieur de Bissy envers les Chalonnais. « Les ayant écorchés, dit-il, il désireroit encore *sucer leur sang*, et, pour récompense de ses exactions, il demandoit encore de l'argent, chose trop ridicule et hors de saison : Dieu n'a pas tant oublié les habitants de Chalon, qu'à bref délai, ils ne trouveront des secours quand ils voudront pour résister aux *énormitez et absurdités* du sieur de Bissy. Il faut, ajoute-t-il, employer l'argent qu'il demande à lui faire la guerre, *il faut préférer l'honneur à tous les biens* » (1).

De ces considérations d'un ordre élevé, l'assemblée retomba bientôt sous le coup des préoccupations matérielles. « Il falloit se souvenir que le sieur de Bissy tenoit et proposoit un passage par la rivière, qui estoit de très grande importance, et qu'il pourroit apporter une grande ruine par le moyen de la cessation du commerce, que, d'un autre côté, il empêchait le labourage, qu'il ne s'agissait pas d'être d'intelligence avec le sieur de Bissy, contrairement au serment d'union, mais *de soulager le pauvre peuple.* »

Que, d'ailleurs, « on n'étoit pas en mesure de *faire*

1591

(1) Assemblée du 28 août 1591. Reg. des délib. Arch. mun.

— 178 —

1591 *les mauvois*, et que, puisqu'on ne pouvoit pas terrasser Bissy, il falloit bien traiter avec lui. »

L'assemblée vota, pour un accord avec Bissy, à une grande majorité, à la tête de laquelle étaient les sieurs de Bataille, de Thésut et Bernardon. Elle décida que les précédents députés retourneraient à Verdun auprès de M. de Bissy « pour traiter avec lui à la somme la plus modérée qu'il sera possible » (1).

Cependant, neuf habitants sur soixante-treize refusèrent de se soumettre à la décision de la majorité, « ils protestèrent contre toute imposition que l'on voudroit lever sur la ville dans le but de traiter de la paix avec le sieur de Bissy, déclarant qu'ils ne vouloient rien payer et qu'ils prendroient à partie les sieurs maire et échevins et ceux qui procéderoient à l'assiette de cet impôt » (2).

Ces tiraillements firent traîner les négociations pendant une semaine, qui fut employée à de misérables chicanes sur le chiffre, le nom et la nature de l'impôt. Bissy, avec sa franchise de soldat, y mit fin en déclarant qu'il lui importait peu « en quelle nature il fût payé, vin, blé ou argent » (3).

Les avocats de la paix saisirent avec empressement cette concession du gouverneur de Verdun pour donner un semblant de satisfaction à deux violentes protestations des sieurs Roillot et de Beaumont contre « *tout espèce d'accord* ». Ils déclarèrent donc, s'efforçant de sauver les apparences en jouant sur les mots, qu'on ne donnerait point d'argent au sieur de

---

(1) Assemblée du 28 août 1591.
(2) Assemblée du 28 août 1591. Reg. des délib. de la ville.
(3) Assemblée du 31 août.

Bissy, « mais qu'on lui feroit présent de quelque autre chose ».

On choisit le vin qui représentait une valeur réelle (1).

Mais combien en donnera-t-on ? — Le moins possible : on en offrira 30 queues, puis 35, ensuite 40, enfin jusqu'à 45 ! Où trouver ce vin ? — Nouvel embarras ; la ville n'avait pas un denier pour en acheter ! Elle décide qu'on fera chercher du vin dans les caves des propriétaires auxquels on le payerait au moyen d'un impôt, dans l'assiette duquel on aura égard à ceux qui ont éprouvé des pertes (2).

Un citoyen dit qu'il possédait une certaine quantité de vin dont il avait refusé 25 écus par queue; néanmoins, *pour montrer la bonne affection qu'il avoit au bien public*, il offrait de le livrer au même prix (3).

Enfin, après deux nouvelles ambassades vers le gouverneur de Verdun, après avoir débattu le prix de la paix comme celui d'une marchandise, les Chalonnais finirent par la signer, — c'est-à-dire par l'acheter, — le 5 septembre 1591 (4).

Le maréchal d'Aumont, avant de quitter la Bourgogne, où il avait bien peu avancé les affaires du Roi, employa le mois de novembre en courses dans le Chalonnais et le Louhannais, s'y empara de quelques

1591

---

(1) « Depuis la mi-aoust (1591), on a vendu le vin bien cher jusqu'aux vendanges ; la pinte se vendoit ordinairement 9 à 10 sols, et le pis est qu'on avoit retiré les vannes, et n'en pouvoit-on avoir, quelque cher qu'il fust, qu'avec grandes prières, en cachette chez les hosteliers (Pépin, *Livre de Souvenance*, p. 73).

(2) Reg. des délib. de la ville de Chalon, assemblée du 5 septembre 1591.

(3) Ibid.

(4) Assem. des 31 août et 5 septembre 1591.

1591 châteaux et des villes de Louhans, de Cuisery et de Romenay, que les ligueurs reprirent peu de temps après.

Chalon en fut quitte pour une alerte, que Perry, historien de cette ville, raconte en ces termes (1) :

« ... Le jour de la feste de Toussaints, le maréchal d'Aumont estoit encore cette année en Bourgogne. Il ne pouvoit supporter les affronts qu'il avoit receus en diverses entreprises qu'il avoit formées sur des villes et des places considérables, qui n'eurent pas le succès qu'il avoit espéré et que sa bonne conduite et sa valeur méritoient néanmoins. Pour se venger donc de celuy qu'il receut à Chalon, quand il faillit de surprendre la citadelle, il tascha d'en avoir raison par une insulte qu'il vint faire à ses portes. Le jour donc que je viens de nommer, il vint en plein midy la braver ; il estoit accompagné de vidame de Chartres, des sieurs de Cipierre, de Tavanes et de Bissy. Il marchoit à la teste de huit cents chevaux et de quatre cents hommes de pié, se posta et fit ferme au bout du pont des Chavanes qui tire à Saint-Marcel. Les sieurs de Thianges et de Villeneuve ne purent souffrir cette bravade. D'abord, ils firent sonner le boutte-selle et montèrent à cheval avec leurs gens, et estant sortis de la ville, ils firent le coup de pistolet avec l'ennemy. Mais ce combat ne fut pas de longue durée, le sieur de Thianges eut toutefois assez de peine pour s'en retirer. Ce qu'il fit pourtant assez heureusement... Le sieur Duval, son lieutenant, y fut blessé et le sieur de Montrichard y receut deux coups d'épée ; il n'y eut que deux hommes tuez. Son maistre d'hostel en fut un et

(1) Page 374.

sept autres furent blessez. Les ennemys se retirèrent
à Verdun après ce léger combat, tandis que le capitaine
Nicolo, chef des Albanois, montoit à cheval au premier
avis qu'il en eut, mais ce fut trop tard à cause de la
retraite de l'ennemy. »

1591

Ainsi que vient de nous l'apprendre l'historien Perry,
le maréchal d'Aumont, après cette démonstration hostile contre Chalon, se retira, avec ses troupes, à Verdun. Ce fut pour cette ville un événement et un honneur que de donner l'hospitalité aux principaux chefs du parti dont elle-même était l'un des plus fermes soutiens, à des capitaines tels que Cipierre (1), Tavanes et d'Aumont (2), dont les derniers revers ne pouvaient faire oublier ni la bravoure ni les bons et anciens services.

(1) Humbert de Marcilly, seigneur de Thoisy et de Cypierre, bailly de Semur-en-Auxois, maréchal de camp, capitaine de cinquante hommes d'armes, fut récompensé des services qu'il rendit à Henri IV par le collier de l'ordre du Saint-Esprit (Anselme IX, 115 ; J. Garnier, note in Pépin, I, 47).

(2) Jean VI d'Aumont, comte de Châteauroux, baron d'Estrabonne et marquis de Nolay, en Bourgogne, se rattachait, par des liens nombreux, à cette province ; on y voit encore l'écusson de ses armes (d'argent au chevron de gueules, accompagné de 7 merlettes de même, 4 en chef et 3 en pointe), sculpté en pierre au-dessus de la porte de l'église de Touches (Saône-et-Loire), avec le millésime de 1561. — Jean d'Aumont ne se départit jamais de la fidélité qu'il devait aux rois de France. Il les servit avec distinction dès sa jeunesse, particulièrement dans les journées de Saint-Quentin, de Calais, de Dreux, de Moncontour, de Saint-Denis, d'Ivry, etc. Créé chevalier des ordres du Roi et maréchal de France en 1579, il mourut au mois d'août 1595, à l'âge de 73 ans, des suites d'une blessure qu'il avait reçue au siège du Château de Comper, près Rennes.

Tandis qu'il assiégeait Paris avec le nouveau roi Henri IV, en octobre 1589, les ligueurs « délibérèrent de mener ses enfants à l'endroit des murailles qu'il attaquerait, de les percer de coups à sa

1592

Le siège auquel Verdun avait échappé en 1591 fut pour Bissy un avertissement dont il profita en faisant travailler avec une nouvelle ardeur à le mettre en état de résister aux attaques dont il était menacé sans cesse. Dans ce but, il s'adressa directement à Henri IV, auquel, malgré la distance et les périls sans nombre de ce voyage, il envoya un homme d'armes de sa compagnie, chargé de ses instructions par écrit.

Cette mission eut l'heureux résultat que Bissy en avait espéré. Son courageux envoyé lui rapporta des lettres patentes et des commissions, signées de la main du roi, par lesquelles ce prince lui conférait tous les pouvoirs nécessaires pour assurer la défense et la conservation de Verdun (1).

Deux de ces pièces historiques ont échappé, comme par miracle, à la destruction de tous les titres de cette ville infortunée ; voici la copie exacte de celle qui a trait à ses fortifications :

« Henry, Par la grâce de Dieu, roy de France et de Navarre,

« A nostre amé et feal le sieur de Bissy, commandant pour nostre service dedans Verdun, salut :

« Estant besoing de pourvoir aux fortiffications nécessaires qui se présentent à faire en la ville de Verdun, affin de la conserver en plus grande seureté soubz nostre obeyssance, et voulant y faire travailler

---

vue et de jeter leurs corps sanglants dans le fossé. Un de ses amis l'en ayant averti : « J'espère, lui écrivit le maréchal d'Aumont, que Dieu, qui me verra fidèle à mon devoir, à mes serments, combattant pour mon Roi, protégera mes enfants..... » (V. Courtépée, art. *Nolay*, II, 337, 2ᵉ édit.).

(1) Voir, pour plus de détails sur cette députation de Bissy à Henri IV, le chap. xvi, H. de Tyard et M. de Bussoul.

selon que l'importance de ceste place le requiert, à ces causes nous vous mandons et ordonnons de faire continuer les fortiffications que vous avez faict commencer, démolyr et édiffier ce qui se trouvera à faire en icelle ville, et ainsy que verrez estre plus à propos, pour la forteresse et conservation de ladicte place, par l'advis de gens à ce experts, appelant pour y venir travailler tous les habitans des villages circonvoysins, à tour de roolle, avec les pesles, picqs et hoyaux, ainsy qu'il sera par vous advisé et ordonné et selon le roolle et département qui en sera faict, les contraignant à ce faire, souffrir et y obéyr par toutes voies deues et accoustumées en tel cas, nonobstant toutes oppositions ou appellations quelconques, sans toutes fois user de contrainctes allencontre d'iceulx que pour ce que commodemment ilz pourront faire pour ladicte fortification. Vous donnons de ce faire plain pouvoir, auctorité, commission et mandement spécial, mandons et commandons à tous nos officiers et subjectz qu'à vous en ce faisant obeyssent et entendent diligemment, car tel est nostre plaisir. Donné au camp, devant Rouen, le vingtiesme jour de mars, l'an de grâce mil V cent quatre-vingtz-douze et de nostre regne le troisieme.

1592

« Signé : HENRY.
« Par le Roy : POTIER (1). »

Pour que cette commission ne fût pas une lettre morte, il fallait qu'elle s'appuyât sur le nerf de toute

---

(1) Original parchemin (Collect. bourg. de l'auteur) ; a été publiée par lui en 1854. Au bas de la marge de cette pièce, on lit : « Fault adresser la commission au gouverneur de la province pour veoir et ordonner de la fortification nécessaire. »

1592 entreprise, l'argent, qui était devenu introuvable dans ces temps de dilapidation, de vols, de pillage et de misère générale. Cette considération n'avait point échappé à Bissy. Afin d'obtenir les fonds dont il aurait encore besoin pour l'achèvement des fortifications de Verdun, et, pour soutenir la guerre, il supplia le roi d'approuver et de régulariser le péage établi précédemment à Verdun. Henri IV s'empressa de faire droit à la requête de Bissy, et expédia, à cet effet, des lettres patentes à son cousin, « le maréchal d'Aumont, commandant pour son service en son pays et armée de Bourgogne ». Ces lettres sont datées du camp devant Rouen, le 27ᵉ jour de mars de l'an 1592 (1).

Le 5 avril suivant, le maréchal d'Aumont, en vertu des pouvoirs que lui conféraient ces lettres patentes, rendit une ordonnance par laquelle il arrêtait que, « sur la moitié des deniers provenant des marchandises et denrées qui passeraient, la présente année, sur la rivière de Saône, audit Verdun, le sieur de Bissy prendrait, par les mains du receveur, la somme de mille écus », qui seront employés à la fortification de la ville « *d'aultant que*, POUR L'IMPORTANCE DE LADICTE VILLE DE VERDUN, ajoutait le maréchal d'Aumont, il est nécessaire de la fortifier, ainsy que nous avons recongneu estant sur les lieux (2) ».

Enfin, le 17 juin, les élus des états de Bourgogne, réunis à Semur-en-Auxois, approuvèrent la vérification de ces mêmes lettres patentes « pour jouir par ledict sieur de Bissy du fruict d'icelles, sans toutefois

(1) Voir Sources et Preuves.
(2) Ibid.

tirer à conséquence », puis ils nommèrent, pour receveur du péage, maître Jacques Gast, notaire royal, et pour contrôleur, maître Philibert Millan, de Verdun, ancien notaire royal.

1592

Bissy n'avait pas attendu que toutes ces formalités fussent remplies pour faire continuer les travaux de fortification de Verdun ; il s'occupait sans relâche à les renforcer et à en établir de nouvelles autour de Saint-Jean ; il poussa ces travaux avec tant d'activité, qu'il y dépensa 3,000 écus en six mois, du 20 mars au 25 août 1592 (1).

Pendant ce temps, Henri IV était contraint de lever le siège de Rouen. Le duc de Mayenne profita de ce succès pour faire passer en Bourgogne le vicomte de Tavanes, qui avait contribué à la défense de Rouen, dont il était gouverneur. Malgré les échecs éprouvés par Tavanes dans les nombreux combats qu'il avait livrés, et les fautes qu'on pouvait lui reprocher, Mayenne comptait sur sa bravoure éprouvée, son activité et ses attaches en Bourgogne pour y faire triompher la Ligue définitivement. Il l'investit donc des pouvoirs les plus étendus, dont les titres de lieutenant général au gouvernement de Bourgogne et de maréchal général du camp des armées catholiques ne donnent qu'une faible idée ; pour savoir jusques où pouvait aller l'autorité du vicomte de Tavanes, il faut lire les lettres de provisions que lui signa le duc de Mayenne à Caudebec, le 11 mai 1592 (2).

Par un raffinement de politique habile, Mayenne,

(1) Voir aux Preuves, pièces nos 23 et 24 (Livre de J. Gast).
(2) Voir aux Preuves, cette curieuse pièce sous le n° 20.

1592 afin de réchauffer le zèle des ligueurs de Dijon, ne tarda pas à leur envoyer son fils aîné, Henri de Lorraine, âgé de quatorze ans à peine, mais jouant déjà avec assurance le rôle de prince. Son père voulait, écrivit-il au maire de Dijon, donner à cette ville et à la province entière un témoignage de son affection en leur confiant « son plus gracieux gage » (1).

Le vicomte de Tavanes sembla d'abord répondre aux espérances que Mayenne fondait sur son commandement en Bourgogne par l'activité qu'il y déploya en vue des opérations militaires qu'il méditait. Il parcourut les diverses contrées de la province, s'assura des dispositions et des ressources des villes ligueuses, s'aboucha avec leurs gouverneurs, vit les principaux capitaines et gentilshommes du parti, leur fit des ouvertures sur ses projets de campagne, et réclama leur concours pour la guerre qu'il était à la veille d'entreprendre « afin de purger le pays des hérétiques, huguenots et politiques rebelles, principalement de ceux de Saint-Jean-de-Losne, Verdun, Semur, Flavigny, Saulieu, tenant le parti du roi de Navarre » (2).

Une assemblée des états généraux de la Ligue de Bourgogne fut jugée indispensable pour délibérer sur cette grande entreprise. Tavanes les tint à Dijon le

---

(1) Lettre de Mayenne, *Correspondance de la mairie de Dijon*, éditée par M. J. Garnier, t. II, n° 544, p. 430. — Cet adolescent, qui représentait son père en Bourgogne comme gouverneur, avait pour mentor le vicomte de Tavanes. La plupart des biographes ont ignoré le lieu et la date exacte de sa naissance, qui sont Dijon, le 18 janvier 1579. Ce fut sous sa garde que Tyard de Bissy mourut prisonnier en 1593. Un joli portrait de ce prince, gravé en 1562, figure dans notre Galerie bourguignonne.

(2) Pépin, *Liv. de Souvenance*, I, p. 82-84.

1er juillet 1592. Ils se prononcèrent pour la guerre, et Tavanes fut autorisé à lever des troupes aux frais de la province, sur laquelle les états frappèrent un impôt de 25,000 écus (1).

Les ligueurs avaient à peine voté la guerre contre leurs adversaires, que ceux-ci la leur faisaient à outrance. Le 7 juillet, une partie des députés aux états généraux, qui avaient hâte de rentrer chez eux, partirent de Dijon. Ils n'étaient pas à une lieue et demie de cette ville qu'ils furent assaillis par le comte de Tavanes, suivi des gouverneurs de Verdun et de Saint-Jean-de-Losne. Quatorze ou quinze députés furent faits prisonniers, trois ou quatre restèrent sur la place, les autres se sauvèrent à Dijon, poursuivis jusqu'aux portes de cette ville où M. de Rouvray, « brave et jeune gentilhomme », fut blessé. Les nôtres firent un riche butin sur les députés ligueurs qui étaient, pour la plupart, de Beaune et de Chalon (2).

A la nouvelle de cette attaque audacieuse, le vicomte de Tavanes, furieux, jura de s'en venger. Il demanda des troupes de tous côtés, et, dès le lendemain, près de deux cents cavaliers et le régiment de gens de pied du baron de Thenissey arrivaient à Dijon (3).

Les autres députés demeuraient comme prisonniers

---

(1) Il est bon de noter qu'à cette date du 1er juillet 1592, les patentes qui conféraient à Tavanes le grade de lieutenant-général en Bourgogne n'avaient encore été ni visées ni enregistrées au parlement de Dijon, et que Tavanes n'était point encore installé dans sa charge; toutes ces formalités ne furent remplies que le 4 août suivant.

(2) Pépin, I, p. 85.
(3) Id. p. 86.

1592 dans cette ville, « n'osant se mettre en route, dit le chanoine Pépin, crainte des huguenots de Saint-Jean-de-Losne et de Verdun, qui tiennent les chemins » Ils se décidèrent enfin à partir le 20 juillet, mais le vicomte de Tavanes fut obligé de leur faire escorte en personne jusqu'à Nuits. Cependant, il n'y avait pas seulement parmi ces députés des prélats comme l'évêque d'Autun (Pierre Saunier) et le doyen de Beaune, on y voyait aussi des hommes d'épée, tels que Lartusie, Nagu-Varennes et Montmoyen (1).

La trêve que Chalon avait conclue avec Bissy étant expirée, les magistrats municipaux de cette ville convoquèrent, à diverses reprises, les habitants, « pour adviser aux moyens que l'on pourroit tenir pour la continuation de la trefve avec le sieur de Bissy » (2). Mais, tandis que les citoyens de Chalon désertaient les assemblées où les intérêts et l'honneur de la cité devaient être discutés (3), Verdun, qui ne relevait que du courage et de la volonté de son infatigable gouverneur, continuait à dicter des lois à Chalon.

Ce n'est pas que Bissy refusât de continuer la trêve, seulement il mettait pour condition que la ville de Chalon lui payerait 1,200 écus par quartier, somme à laquelle la ville était imposée au nom du Roi par les

---

(1) Pépin, I, p. 87-88.
(2) Reg. des délib. de la ville de Chalon, 3 mars 1592.
(3) Assemblée dudit jour, convoquée à son de trompe ; présents: le maire et 3 échevins !... — Assemblée du 4 mars sans résultats ; 8 habitants seulement s'y présentent !... Assemblée du 5 mars, nouvelle convocation générale; pas un seul habitant n'y répond ! — 12 mars, autre convocation ; 3 habitants y répondent !! (Reg. des délib. Arch. mun.). — Nous reviendrons, en temps utile, sur ces faits si tristement éloquents.

élus (1). C'était une manière habile et presque légale d'employer la force de son épée à faire reconnaître par les Chalonnais l'autorité contre laquelle ils s'étaient insurgés.

Pour éviter les poignantes perplexités dans lesquelles le gouverneur de Verdun les avait tenus l'année précédente, les Chalonnais ne trouvèrent rien de mieux que de s'engager, comme par le passé, dans les voies tortueuses des négociations, des ambassades et des lettres avec leurs amis aussi bien qu'avec leurs ennemis. Ils firent choix de « six personnages de qualité pour adviser, avec les sieurs de Lartusie et de Saint-Vincent, gouverneurs de la citadelle et de la ville, à la rédaction des lettres qu'on écriroit à M. de Bissy et à M. l'évêque de Chalon, son oncle : » ils écrivirent deux fois au duc de Mayenne, puis au vicomte de Tavanes, pour les informer de ce qui se passait (2); enfin, le maire et les échevins se transportèrent de leurs personnes auprès de ce dernier.

Tavanes « leur fit entendre que Mgr le duc de Mayenne, lieutenant de l'Etat et couronne de France, recepvoit en son âme *une extresme passion* des désordres de ceste province et que lui-même en son particulier en estoit *infiniment passionné*, désirant, suivant le cœur de mondit seigneur, d'y donner ordre, pour à quoy parvenir estoit besoin que les catholiques fussent unis, que pour soulager le peuple et faire la guerre aux ennemys, il estoit expédient de lever des forces et fournir deniers, de faire achats de munitions de guerre... » (3).

(1) Reg. des délib., 3 juin 1592.
(2) Ibid.
(3) Assemblées des 3 et 6 juin.

1592 Pendant tous ces pourparlers, Bissy, agissant avec sa rapidité ordinaire, avait recommencé ses courses à main armée, et apprenait aux Chalonnais que les *prétendus élus* des états de Semur et le roi de Navarre avaient pour eux le droit du plus fort, en levant de ses propres mains, sur les propriétés des habitants de Chalon, l'impôt qu'ils refusaient de payer (1).

Entre temps, le vicomte de Tavanes vint à Chalon (2); c'était une menace et un défi à l'adresse du gouverneur de Verdun. Celui-ci, loin d'en être intimidé, y répondit hardiment par une razzia qu'il opéra aux barrières mêmes de la ville de Chalon, emmenant, *sans miséricorde*, jusqu'aux enfants (3).

Le maire et les échevins, « *dans une nécessité si pressée,* » convoquèrent d'urgence une assemblée générale pour en délibérer et savoir si, « par forme de représailles, *courtoisement*, l'on retiendroit la veuve de Me Robert Guillaud, la femme de Me Jean Vaudoiset, et un de Verdun, qui se dit soldat cherchant fortune... » (4).

On n'osa exercer aucune représaille contre un ennemi aussi redouté et aussi redoutable que le gouverneur de Verdun, et l'assemblée décida qu'on ne retiendrait aucun des Verdunois, ni femmes, ni enfants qui pourraient se trouver dans la ville (5).

---

(1) Assemblée des 3 et 6 juin.
(2) L'historien chalonnais Perry n'a point eu connaissance de cette visite du vicomte de Tavanes à Chalon ; elle est attestée par une lettre qu'il écrivit de cette ville, le 26 juin 1592, aux magistrats d'Arnay-le-Duc. — Voir *Annales d'Arnay-le-Duc*, par Lavirotte, p. 133.
(3, 4 et 5) Reg. des délib. de la ville, assemblée du 27 juin 1592.

Le vicomte de Tavanes voulut s'assurer par lui-même de ce qu'était ce Verdun où Bissy bravait la Ligue. Il se présenta devant cette petite place le 25 juillet 1592. Au milieu des bruits de guerre qui bourdonnaient dans l'air et des menaces proférées de toutes parts contre Verdun, ses habitants crurent que Tavanes venait les assiéger, et, sous le coup de la première impression, le curé Blandin écrivit sur son registre paroissial (1) :

1592

« Et fault noter qu'en la présente année 1592, la ville de Verdun auroit esté encoire de rechief (2) assalie par l'armée de Mons. le viscomte, le xxv⁰ juillet. »

Mais ce n'était qu'une fausse alerte ; le vicomte de Tavanes ne se sentait pas encore en mesure d'entreprendre le siège de Verdun.

L'historien Perry s'est grandement trompé en écrivant que Tavanes, « aussitôt qu'il fut pourvu de la lieutenance générale au gouvernement de la province, *sans délibérer d'avantage*, résolut d'abord le siège de Verdun (3). » Le vicomte de Tavanes, au contraire, délibéra longuement avant de se décider à cette entreprise devant laquelle le duc de Nemours avait reculé l'année précédente, et il mit deux mois à en faire tous les préparatifs. Le 19 juin 1592, il s'en entretenait déjà avec Lartusie, commandant de la citadelle de Chalon, ainsi qu'avec MM. de Montrevel, de Saint-Vincent, de Vitteaux et plusieurs autres capitaines et gentilshommes

(1) Reg. des baptêmes, fol. 26 recto (Arch. du greffe de Chalon-s.-S.).

(2) Ces expressions « *encore de rechef* », employées par le curé de Verdun, font allusion aux trois sièges de Verdun, dont il avait été témoin.

(3) *Hist. de Chalon-s.-S.*, p. 375.

1592 ligueurs (1). Le 28 du même mois, il allait jusqu'à Châteauvillain, en Bassigny, pour en parler au commandant Guionvelle (2), qui avait assiégé et pris Verdun en 1589, et ce ne fut qu'à la fin du mois d'août qu'il investit cette ville. Nous avons vu par suite de quelles circonstances les ligueurs durent ajourner ce siège dont le projet avait été conçu par les Chalonnais en 1591. Ce projet fut repris et arrêté définitivement à l'assemblée des états généraux du 1er juillet 1592, comme une des opérations principales de la campagne qu'on allait commencer contre les ennemis de la Ligue en Bourgogne. L'entière direction de cette campagne fut laissée au vicomte de Tavanes. Ce général avait déjà étudié le terrain, sondé les dispositions des capitaines, dénombré les forces de leurs compagnies, évalué approximativement les secours qu'on pourrait tirer des villes, lorsqu'il fit voter la guerre par les états. Ceux-ci ne firent que légaliser et sanctionner une entreprise que Tavanes avait décidée et dont il avait préparé les principaux moyens d'exécution. Un document officiel, pris parmi un grand nombre d'autres du même genre, prouvera l'exactitude de ces faits qui ont échappé aux investigations de tous les historiens de la Bourgogne.

« Le mardi dernier jour du mois de juin 1592, au conseil tenu en la maison de noble Jean-Baptiste Beuvrand, seigneur de la Panissière et lieutenant-général de Monseigneur le chancelier de France en la cour de la chancellerie du duché de Bourgogne, maire de la ville de Chalon, lesdits sieurs maire et échevins ont

(1) Pépin, I, 82-83.
(2) Ibid., p. 84.

proposé [exposé] avoir receu lettres du sieur de Lartusie, par lesquelles il les rendoit certains de l'affection qu'avoit Mons. le vicomte de Tavanes, lieutenant-général de cette province, de faire la guerre aux ennemys de l'Union des catholiques pour le soulagement d'iceux, mais que pour ce faire falloit faire de grandes dépenses tant en achat de poudre que chevaux d'artillerie; que toutes les autres villes *prenoient deniers à frais* (1) pour l'achat desdits chevaux..., qu'il y avoit [un] personnage qui s'offroit d'en fournir ce qu'il faudroit, tout arnachez, pour 25 escuz la pièce, selon que leur en avoit donné advis le sieur de Lartusie...

« Qu'il leur mandoit aussi que M. le vicomte lui avoit dit qu'il falloit que cette ville fournisse de la poudre pour tirer cinq cens coups de canon, et autant de balles, ce qui reviendroit pour la poudre à huit milliers 500 livres.

« Pour faire achapt desquelles poudres et balles *ja département avoit esté faict sur le bailliage* de Chalon, de 1400 escuz par MM. les esleus du pays... Disent encore que le secrétaire du sieur de Lartusie leur avoit escrit qu'il y avoit des poudres au comté que l'on vendoit à Dole à raison de 16 escuz 2/3 le millier (2). »

Aussitôt après le vote des états de la Ligue, qui, « faute d'autres fonds, après plusieurs moyens recherchés », avoient ordonné la levée d'un impôt de guerre de 25,000 écus sur les villes, bourgs, villages et grangeages du pays, le vicomte de Tavanes fit adresser,

1592

---

(1) C'est-à-dire, empruntaient de l'argent à intérêts.
(2) Reg. des délib. de la ville de Chalon. Arch. mun.

1592 par les élus de Bourgogne, une lettre circulaire aux villes chefs-lieux de bailliages pour les inviter à faire l'avance de la totalité de la cote de leur bailliage « pour le soulagement du peuple et parce que l'importance de l'affaire ne peut souffrir grande retardation (1). » Il écrivit de sa main, dans le même sens, aux villes, et joignit à ses lettres une commission qui leur ordonnait d'avancer la somme dans le plus bref délai. Les états avaient fixé le terme du payement des cotes au 1er novembre ; dans la commission que le vicomte de Tavanes envoya, le 22 juillet, aux magistrats municipaux de Chalon, il leur *donnait* HUIT JOURS pour payer la somme de 1700 écus à laquelle la ville et le bailliage avaient été imposés, « à peine d'en répondre en leur propre et privé nom ». La ville, qui n'avait pas un denier en caisse, décida que « les aisés seroient invités par les magistrats à *fournir gracieusement* en avance ladite somme de 1700 escus pour estre employée à faire la guerre aux ennemis de la sainte Union... » (2).

D'un autre côté, Tavanes avait envoyé en Allemagne et au comté de Bourgogne le sieur Lavisey, commissaire général de l'artillerie, pour acheter des poudres et des chevaux. Ce commissaire était de retour à Dijon, le 31 juillet, « ayant si bien exploité et fait ses affaires, nous apprend le chanoine Pépin, qu'il a rendu bien deux mille de poudres et 80 chevaux pour l'artillerie, grande quantité de marchandise et armes, le tout ar-

---

(1) Lettre circulaire des élus des états de Bourgogne. Dijon, 22 juillet 1592. — Voyez aussi Lavirotte, *Annales d'Arnay-le-Duc*, p. 133.

(2) Reg. des délib. de la ville de Chalon, assemblées des 25 et 28 juillet. Arch. mun. (Inédit).

rivé en cette ville ledit jour avec belle et bonne compagnie de gendarmes à cheval et à pied ».

1592

Le 2 août, le vicomte de Tavanes, pour tenir en haleine les troupes qu'il avait déjà réunies à Dijon, en partit brusquement à leur tête sans dire de quel côté il se dirigeait (1).

Le lendemain de son retour à Dijon, 4 août, il y reçut une nouvelle compagnie de cent bons fantassins et concentra, autour de Beaune, d'autres troupes destinées à renforcer l'armée avec laquelle on parlait « de faire quelque bonne expédition devers Verdun », qui était le but dissimulé des premières opérations de la campagne.

Écoutons un témoin oculaire nous raconter le départ de cette brillante armée, pleine de confiance dans sa force et dans la victoire qui lui promettait un riche butin et l'anéantissement des partisans du roi de Navarre en Bourgogne.

« Le 5 [août], est parti de cette ville [de Dijon] M. le vicomte de Tavanes, le baron de Vitteaux, de la Villeneuve, le chevalier de Francesque, le capitaine Nicolas, le capitaine Guillerme, le baron de Thenissey, avec son régiment, les cent suisses de la garde de la ville, tout l'attirail des chevaux de l'artillerie avec des poudres et boulets, et beaucoup de braves soldats, tant du chasteau de Talant que de ce que l'on put tirer sans dommage des garnisons cy-près ; ce qui faisoit paroistre une bonne et notable compagnie, et ont tiré le chemin de Beaune où ils joindront le baron de Thianges avec bonne troupe de gens de chevaux et de pied. »

(1) Pépin, p. 90.

1592   Parmi ces troupes, on remarquait la redoutable compagnie de gendarmes à cheval du vicomte de Tavanes, composée de 115 cavaliers sous les ordres des sieurs de Ragecourt, de Chany, de Saint-Bartholomy, Auguste Vulcan et Pugeaut (1).

Le vicomte de Tavanes, au lieu de se diriger du côté de Verdun, suivit la route d'Autun, prit, brûla ou démantela dans les environs de cette ville les châteaux de Dracy, de Monthelon, de Vauthot, de Chaseul, de la Porcheresse, de la Vesvre, occupa Toulon-sur-Arroux (2), menaça Montcenis, et répandit la terreur jusque dans le Charolais (3).

Par cette première expédition, dont le succès était prévu et assuré, et qui ne fut qu'une promenade militaire, Tavanes avait eu un double but, stimuler l'ardeur de ses soldats par des victoires faciles (4) et attendre les renforts que le duc de Nemours lui avait promis. Il les reçut, en effet, à son camp de Paray-le-Monial (5), le 18 août : ils consistaient en 2000 hommes de pied, tant lansquenets que suisses, et en 800 chevaux.

(1) Ces capitaines reçurent la somme de 5,425 écus pour leur solde du quartier de juillet, août et septembre 1592 (Compte de J. Chrestienot. Arch. de Bourgogne, à Dijon).

(2) Bourg de l'ancien Charolais, aujourd'hui chef-lieu de canton de l'arrondissement de Charolles (Saône-et-Loire).

(3) Pépin, I, p. 94.

(4) Lettre datée du camp de Saint-Léger, le 25 août 1592, adressée par M⁰ Philibert Lemuet, garde des munitions de guerre et échevin de Dijon, aux maire et échevins de cette ville. Il leur écrit qu'ils sont allés en Autunois et en Charolais, où les châteaux qui tenaient le parti du Béarnais *se sont rendus sans coup férir* (Corresp. mun. Arch. de la ville de Dijon).

(5) Ville du Charolais, sur la petite rivière de Bourbince, aujourd'hui chef-lieu de canton de l'arrondissement de Charolles (S.-et-L.).

Désormais, en état de tenter une entreprise digne de lui et de son titre de maréchal général des camps et armées des catholiques, le vicomte de Tavanes se décida pour le siège de Verdun, dont Bissy avait fait l'un des principaux boulevards du parti de Henri IV en Bourgogne. Fidèle à son habitude de ne point divulguer ses projets (1), « les soldats, disait-il, doivent être dans les villes avant qu'ils ne sachent pourquoi (2), » il revint sur ses pas sans dire à personne le but de cette contremarche, et alla camper, successivement dans la même journée, à Saint-Léger-sur-Dheune (3), puis à Dennevy et à Chagny (4). Durant une halte à Dennevy, il expédia au gouverneur de Mâcon la commission dont la teneur suit :

« Le vicomte de Tavanes, mareschal général des camps et armées catholiques et lieutenant-général au gouvernement de Bourgongne. A Monsieur de Varennes, gouverneur de Mascon, salut. Dauctant que nous sommes en campagne avec l'armée de Monseigneur, conduite par nous pour servir à ceste province et fere quelqu'efort pour le repos et soulagement d'icelle, pour à quoy parvenir il est besoing avoir un grand nombre de pionniers, NOUS VOUS PRIONS que incontinent et en

---

(1) Lettre de Philibert Le Muet, déjà citée : « Il n'a pu leur faire savoir ce qui s'est passé à l'armée du vicomte de Tavanes, à cause de ses grandes affaires et de ce qu'il est si secret en ses affaires que personne ne peut rien y connaître. »
(2) Voir ses *Mémoires*, p. 126, in-fol.
(3) Village du canton de Chagny, arrondissement et à 20 kilomètres de Chalon-sur-Saône (Saône-et-Loire).
(4) Jadis gros bourg du Chalonnais, sur la Dheune, aujourd'hui chef-lieu de canton important de l'arrondissement de Chalon ; a pris le titre de *ville*.

1592 toute diligence vous faciez fere levée de cent cinquante pionniers, garnis de picqz, pioches, pesles et lochetz, sur les habitans des villages du Masconnois, dont vous en pourrez le plus promptement tirer, ainsy qu'adviserez, et, en cas de refus, les y contraindre PAR LA FORCE, comme pour chose importance à cedict pays, sans que vous soyez tenuz appeler les officiers du bailliage dudit Mascon, ny observer leurs formalitez, attendu l'urgente nécessité, et que cela apporteroit trop de longueur, sauf d'en estre par après faict département sur tout le bailliage dudict Mascon ainsi qu'est accoustumé.

« Et lesdits pionniers levés, nous les envoyer à Chalon, ou autre lieu où nous serons, pour servir, selon qu'ilz seront par nous employez.

« De ce faire, vous donnons tout pouvoir, commission et mandement spécial, mandons à tous les sieurs officiers et autres qu'il appartiendra que à vous ce faisant obéyssent.

« Donné au camp de Dencvy le vingt-cinquiesme jour d'aoust mil cinq cent quatre-vingt et douze.

« Signé : Le vicomte de TAVANES.

« Par mondit seigneur,

« BERTRAND (1). »

On remarquera que Tavanes persévère à garder le silence sur le but de son expédition.

Le même jour, 25 août, il quitta Chagny pour marcher rapidement sur Verdun ; mais, avant son départ, il prit soin d'assurer l'approvisionnement de son ar-

(1) Arch. mun. de la ville de Mâcon. Cart. EE 52, cote 77 (original), papier scellé du cachet dudit seigneur, en cire rouge (Inédit).

mée sous les murs de cette ville, et d'y avoir des renforts. En conséquence, il fit expédier, du camp de Chagny, des ordres pressants aux gouverneurs et aux magistrats municipaux des principales villes de Bourgogne.

1592

Voici la transcription de celui que M. de Varennes, gouverneur de Mâcon, reçut le 26 août, et qu'il communiqua aussitôt à la municipalité. Tavanes y dévoile, enfin, pour la première fois, ses projets contre Verdun, le jour même où il les mettait à exécution et où il arrivait devant cette ville :

« Le vicomte de Tavanes, mareschal général des camps et armées catholiques et lieutenant-général en Bourgogne, aux sieurs de Varennes-Nagu, maire et eschevins de la ville de Mascon. D'aultant qu'il est nécessaire d'employer l'armée de Monseigneur le duc de Mayenne où commandons en ceste province, à la nettoyer et desgager des places que les ennemys y occupent, entre lesquelles est principallement la ville de Verdun, par le moien de laquelle ilz exercent leurs ravages et font leur retraitte, après avoir saccagé le plat pays, laquelle nous nous résolvons d'ataquer, ce qui ne se peult faire si l'on administre des vivres aux soldatz et gens de guerre, qui ne leur peuvent estre promptement, commodément délivrez s'ilz ne sont tirez des villes plus prochaines, comme la vostre, A CES CAUSES, nous vous mandons que ayez à fournir au lieu devant Verdun, entre les mains de Mᵉ François Tabourot, commis aux vivres, la quantité de vingt mille pains, assavoir six mille dans le dernier jour de ce mois, six mille dans le second du mois prochain, et tiendrés vos farines prêtes pour estre façonnées en pain, à notre premier mandement, et dix queues de vin dans les dicts dernier et second du prochain mois, et ces dicts pains panagés entre blanc et bis, du poix de douze onces la pièce ; à quoy ne fairez faulte, et dont vous sera faict remboursement sur le pays, au premier gest et impost qui se fera par les sieurs esleuz; Vous donnant tous pouvoirs nécessaires pour l'exécution des présentes, avec mandement spécial à tous qu'il appartiendra de vous y obeyr, sur peine de rébellion, comme chose très importante au bien et repos de la province. Donné au camp à Chagny, le vingt-cinquiesme d'aoust mil cinq cent quatre-vingt et douze.

« Signé : Le viscomte DE TAVANES,

« Par mondit seigneur : BERTRAND (1). »

Ce document, à lui seul, suffirait pour faire connaître quel rang Verdun occupait parmi les villes ennemies de la Ligue, en nous révélant les moyens que Tavanes employa pour la réduire. C'était, il le dit lui-même une chose si importante au bien et au repos de la Bourgogne ligueuse, que c'est *sous peine de rébellion* qu'il enjoint de fournir des vivres à l'armée qui allait assiéger Verdun.

A cette même date du 25 août 1592, Tavanes investissait cette petite ville, et, sans perdre un seul ins-

---

(1) Arch. de la ville de Mâcon, cart. EE 52, cot 78 (original). Inédit. — Au dos est écrit : « Commission de M. de Tavanes, receue le 26° août 1592. »

tant, il expédiait lettres sur lettres, commissions sur commissions, afin de « tirer de toutes les villes de la Bourgogne et pays adjacents, ayde et secours, » soit en hommes, soit en munitions de guerre et de bouche.

Le gouverneur de Mâcon avait à peine eu le temps de prendre connaissance des ordres que nous venons de transcrire qu'il en recevait un second, avec une lettre à l'adresse des échevins sous la même date du 25 août, mais écrite du camp de Verdun. Ce n'était qu'un duplicata de la commission que Tavanes avait expédiée du camp de Dennevy pour la levée d'une compagnie de pionniers, mais, par surcroît de précautions, il avait chargé les échevins de Chalon de la faire tenir à ceux de Mâcon, ce qu'ils firent avec empressement en les engageant à y satisfaire (1).

Dans sa lettre aux échevins de Mâcon, le vicomte de Tavanes saisit le prétexte d'une mesure de police portant défense d'acheter le bétail volé par les soldats, pour prier les échevins d'ordonner à tous les soldats qui se trouveraient à Mâcon d'aller rejoindre son armée sous les murs de Verdun, et en cas de refus, de les y contraindre en les mettant hors de la ville.

Ces diverses réquisitions n'étaient pas les seules que le vicomte de Tavanes eût envoyées à Mâcon au sujet du siège de Verdun. En vertu d'une précédente commission en date du 4 août, les Mâconnais avaient dû faire conduire, par bateaux, à Chalon-sur-Saône, sous une escorte de soixante soldats, « un canon fran-

1592

---

(1) Voir aux Preuves, pièce n° 27.

1592 coys et deux collevrines laissées en garde à Mascon par Mgr le duc de Nemours, avec quatre milliers de poudre et 400 balles, moitié à canon, moitié à collevrines, ensemble les cordages et autres choses nécessaires servant auxdites pièces ».

De plus, conformément aux ordres de Tavanes, les échevins de Mâcon avaient mis en réquisition tous les charpentiers de cette ville, au nombre de treize, afin de les employer à quelques préparatifs pour le siège de Verdun, où ils furent conduits et entretenus aux frais des Mâconnais. »

Pour effectuer la levée des pionniers réclamés par Tavanes, la municipalité de Mâcon envoya, par des messagers, cent commissions, signées du gouverneur de Mâcon, aux échevins et aux capitaines des villes de Tournus, Cluny et Saint-Gengoux. Ces pionniers se trouvèrent réunis à Mâcon le 31 août; le lendemain, 1er septembre, ils y étaient passés en revue et dirigés sur le camp de Verdun par deux soldats et un tambour.

Les Mâconnais, quoique tout dévoués à la Ligue, trouvèrent la réquisition des vingt mille pains et les dix queues de vin un peu lourde. Les échevins décidèrent, de concert avec les officiers du bailliage et des principaux bourgeois de la ville, qu'un député serait envoyé exprès, en leur nom, « à M. le vicomte de Tavanes, avec amples mémoires » à l'appui de leur prière d'être déchargés de la contribution en pain et en vin pour le siège de Verdun, sauf d'en payer leur part suivant la répartition qui en sera faite sur le pays. Le député mâconnais devait rappeler à M. de Tavanes les charges qu'ils avaient supportées lors du passage des suisses, les dépenses que la ville avait dû faire pour les sièges de Crusilles, de Berzé, de Louhans, de Romenay et de Montaigu-lez-Chalon, enfin, la difficulté de se procurer du blé et du vin et même des voitures dans le pays (1).

Honorable Joachim Grillet, citoyen notable de Mâcon, accepta cette mission délicate sur les instantes prières de ses compatriotes. Il partit le lendemain, 1ᵉʳ septembre, à cinq heures du matin, en compagnie du gouverneur de Mâcon, M. de Nagu-Varennes, qui se rendait au camp de Verdun.

Les Mâconnais avaient espéré que leur député trouverait dans M. de Varennes un protecteur capable de disposer Tavanes à l'écouter favorablement ; il n'en fut rien, ce général poussa la dureté et la rigueur au point de faire emprisonner l'ambassadeur de la ville de Mâcon et de le contraindre à lui fournir pour 355 écus de vivres qu'il dut acheter à Chalon, sous la caution du sieur Languet, puis faire charrier à l'armée devant Verdun, ce qui entraina un surcroit de dépense de 55 écus.

Les échevins de Mâcon, ayant été informés par deux lettres de leur député des violences auxquelles il avait été en butte, lui retirèrent aussitôt son mandat « dans la crainte que le dit Grillet ne fournisse des munitions pour le siège de Verdun, à plus grande somme que des dits 355 escus ».

Ils écrivirent, en même temps, à M. de Varennes,

---

(1) Extrait du reg. des délib. de la ville de Mâcon, août 1592. Arch mun. (Inédit).

1592 gouverneur de leur ville, pour le prier « d'empescher qu'il ne soit faict aulcune violence à leur député, d'aultant qu'on ne doibt contraindre ung messagier, ny le molester, pour occasion que ce soit aultrement qu'on ne pourrait treuver de qui se servir » (1).

(1) Reg. des délib. de la ville de Mâcon. — Voir relativement à la mission de J. Grillet de Mâcon et sur le concours que prêta cette ville pour le siège de Verdun, les pièces réunies sous le n° 28.

CHAPITRE TREIZIÈME

Suite des guerres de la ligue. — Verdun sous le gouvernement de M. de Bissy. — Travaux de défense qu'il y fait exécuter en prévision du siège dont il était menacé. — Description et état des fortifications de Verdun, au moment où le vicomte de Tavanes vient l'assiéger. — Revue de l'armée des assiégeants, ses forces, sa composition, son artillerie, ses principaux capitaines, son général en chef.

1592

Le siège de Verdun était, comme on l'a vu, une entreprise que les ligueurs préméditaient depuis longtemps. Bissy, de son côté, s'était préparé à les recevoir. Nous avons déjà indiqué les travaux considérables de défense qu'il fit exécuter dans cette ville depuis le jour où il l'arracha, toute pantelante, des griffes de Réal. Le moment est venu de la montrer dans l'état imposant où Bissy l'avait mise, lorsque l'armée des ligueurs se présenta devant ses murs.

Depuis son grand désastre, lors de la conquête de la Bourgogne par Louis XI, Verdun avait cessé d'occuper un rang parmi les places fortes de cette province. De nombreux débris de murailles rappelaient son passé mais ne lui donnaient point la force de prendre part aux événements militaires de son temps. Ce fut cette force perdue que Bissy lui rendit dans sa vigueur première, non en relevant ses vieux murs, mais en les remplaçant par des fortifications nouvelles, au niveau des connaissances stratégiques de l'époque.

Ainsi que nous l'avons dit précédemment, l'attention du gouverneur de Verdun s'était concentrée sur l'île, restée sans défense depuis la destruction de son château féodal. Il y fit construire un nouveau château, véritable citadelle qui commandait le cours de la Saône et du Doubs et qui, semblable à une armure à l'épreuve, protégeait la tête et le cœur de la ville.

Ce château-fort ou citadelle consistait en un gros pavillon carré, flanqué, à chacun de ses angles, d'une tour carrée. Il n'avait qu'un étage et un grenier. Au-dessus de ce grenier régnaient deux plates-formes de 2^m50 cent. d'élévation. Du milieu de la plate-forme supérieure se dégageait un pavillon terminé par une lanterne de 2^m33 cent. carrés, surmontée d'une aiguille de 3 mètres de haut et supportée par quatre colonnes en bois de chêne de 6 mètres de longueur.

De cette lanterne, où se tenait le guetteur, la vue s'étendait sur toute la plaine environnante et pouvait y suivre les moindres mouvements de l'ennemi; elle signalait Verdun de fort loin par l'élévation de sa flèche et surtout par l'éclat de sa toiture qui était en fer-blanc(1). Le château, avec ses quatre tourelles, occupait une superficie de 74 mètres carrés. A l'exception de sa lanterne qui, par sa légèreté gracieuse, rappelait l'art de la Renaissance, rien n'était grave et simple comme l'aspect et la distribution de cet édifice.

On y pénétrait par une seule porte regardant la ville. Cette porte, en robuste bois de chêne, n'avait que 1^m25 de large sur 2^m085 de haut. De fortes bandes de fer

(1) Voyez la note sur l'invention du fer-blanc

en maintenaient les ais solidement assemblés. Trois gros verrous dont un à clef et une serrure servaient à le fermer.

Une seule chambre de 8 mètres carrés occupait tout le rez-de-chaussée. Elle était éclairée par deux fenêtres, l'une au levant, l'autre au couchant ; à chaque fenêtre, deux barreaux de fer en dehors et quatre travaux de bois en dedans ne laissaient passer que la lumière.

Six colonnes de 2^m66 cent. d'élévation soutenaient le plancher de cette chambre. Quatre portes, une à chaque angle, la mettaient en communication avec les quatre tourelles. Dans chacune d'elles était une petite chambre de 2^m83 cent. carrés qui recevait la lumière par une étroite fenêtre.

Un escalier en chêne, composé de treize marches, conduisait à l'étage supérieur dont la distribution était semblable à celle du rez-de-chaussée.

Le capitaine du château occupait ce premier étage.

Chaque salle était pourvue d'une cheminée de 2^m66 de large.

Ce qu'il y avait d'imposant dans cette petite citadelle, c'étaient ses fortifications et les dehors qui en défendaient les approches.

Ses murs, d'un mètre d'épaisseur, avaient un revêtement en pisé jusqu'à la hauteur de 9 mètres, afin d'amortir le choc des boulets (1).

Quoique placée dans une petite île formée par le confluent de la Saône et du Doubs, on l'avait encore entourée d'une ceinture de fossés dans lesquels un

---

(1) V. Aux preuves.

canal, qui communiquait avec le bras du Doubs, qui coule devant les Bordes, amenait les eaux de cette rivière. Cette ceinture de fossés offrait un développement de 124 mètres.

La partie située devant le pont-levis du château atteignait un peu plus de 16 mètres de large et 4m83 de profondeur. Les portions de ces fossés les plus éloignées des rivières étaient défendues par des remparts triangulaires en terre de 8m83 de base et de 1m17 de haut. Le long du bord extérieur de ces fossés régnait un chemin couvert de 236 mètres de long et de 1m65 en largeur et en profondeur, pour circuler à couvert autour de la contrescarpe.

La porte de l'île du Château, regardant la rue du pont-levis de la ville, était munie d'un pont-levis et défendue par deux éperons ou bastions en terre gazonnée, l'un de 15m67 de parapets, regardant le nord, l'autre de 13m33, regardant le midi. Ces éperons avaient 4m33 de haut et 1 mètre d'épaisseur. Un troisième éperon, ayant 28 mètres de parapets, regardait du côté de Saint-Jean-de-Verdun; un quatrième, mesurant 46 mètres, regardait le clocher de Ciel et l'angle des Bordes. Un parapet de 82 mètres de long allait de ces éperons à la Saône.

Les autres côtés du château étaient enveloppés par un boulevard en terre gazonnée de 62 mètres de long, de même hauteur et épaisseur que les éperons qui étaient tous garnis de parapets en terre d'environ 1m60 d'épaisseur et de 1m33 de hauteur sur un développement de 208 mètres.

Ce château était pourvu de quatre casemates « dont l'une du costé de bize flancquoit le pont dudit chasteaul, l'aultre en l'esperon joignant la courtine qui flancquoit et regardoit le travers du Doux contre les Bordes, et l'aultre, proche du puys qui flancquoit contre Sainct-Jehan ». Les parapets de Chaume de ces casemates avaient 32 mètres de circuit « tellement que lesdites, quatre casemates contenaient, en tout, 78 toises (156 mètres) ».

Trois rangées de palissades complétaient les dehors du château : la première rangée l'entourait entièrement. On y pénétrait par une porte « d'aiz de chaigne, de largeur de 3 pieds 8 pouces et de 5 pieds 1/2 de haut ». La seconde « estoit fondée et construicte dans la rivière du costé du Doux regardant Sainct-Jehan, un peu plus haut que la place ou estoit la chapelle dudit chastel du cousté de la rivière de Saône, regardoit contre les Bordes, Braigny et la porte faite en forme de barrière à la pointe de ladite isle, regardant contre bise, par où l'on entre dez la ville et rivière de Saosne en ladite isle » (1).

Enfin, un petit corridor ou chemin couvert de 1 mètre de large sur 1^{m}67 cent. de profondeur, longeait le pied des palissades d'enceinte du château.

La construction de ce nouveau château fort de Verdun n'était pas encore achevée que Bissy s'occupa de fortifier la ville elle-même.

La nature avait donné à Verdun, pour sa défense, le Doubs et la Saône. Bissy utilisa tout d'abord cette

(1) Les palissades dont on faisait usage alors dans les fortifications consistaient en pieux de chêne équarris, d'environ 3 mètres de long et terminés en pointes ; « elles estaient soubstenues en plusieurs endroits de seulz de poteaux, bras et barres, chevilles. » (Rapport des experts. *Procès-verbal de visite*. Manuscrit (copie du temps) collect. bourguig. de l'auteur).

14

fortification naturelle et la renforça au moyen de fossés que les deux rivières alimentaient et qui formaient avec elles une double enceinte. Dans les grandes eaüx, rivières et fossés se confondaient pour former ensemble, autour des murailles de Verdun, un lac immense qui mettait la ville hors d'atteinte.

Le développement des fossés que Thiard de Bissy fit creuser autour de la petite ville de Verdun était de 147 toises (293 mètres environ). Leur largeur et leur profondeur variaient suivant que les parties correspondantes de la ville se trouvaient plus ou moins faibles.

En descendant le long du quai actuel vers l'ancienne porte de Bragny, les fossés allaient en s'agrandissant et mesuraient de 10 à 17 mètres de large en haut, 12 mètres en bas et un peu moins de 3 mètres en profondeur. A partir de la porte de Bragny jusqu'à l'angle nord des murs de la ville, du côté de la Saône, ils acquéraient plus de 18 mètres de large en gorge, 21 au fond et près de 4 de profondeur. De cet angle à l'angle opposé, regardant le sud-ouest, le fossé qui séparait la ville de la grande île du pré mesurait 16 mètres en haut, 13 mètres en bas et environ 4 de profondeur. Une portion de ce fossé, aujourd'hui en culture, subsiste encore sous le nom de *fossés du château* qu'on lui a donné en raison de son voisinage du château moderne de Verdun, également détruit aujourd'hui.

Ce fossé mettait en communication la Saône et le Doubs, en tombant dans le canal artificiel de cette dernière rivière désigné sous le nom de petit Doubs qui sépare Verdun de Saint-Jean. Ce canal, beaucoup plus profond alors qu'il ne l'est aujourd'hui, était alimenté sans cesse par l'eau courante de la rivière.

L'établissement de ces fossés avait fourni une grande quantité de terre qu'on utilisa pour les fortifications de la ville. Ces fortifications en terre, qui étaient en usage à cette époque, offraient de grands avantages sur les fortifications en briques et en pierre, sous le rapport de la facilité d'établir à moins de frais les ouvrages extérieurs et intérieurs, et surtout de la résistance qu'elles opposaient à l'artillerie (1).

Les anciens murs de Verdun furent garnis extérieurement de glacis en terre et en fascines, de gazonnements et de bonshommes. Un chemin couvert, qu'on désignait alors sous le nom de corridor, régnait autour des fossés de la ville.

De fortes palissades renforçaient le bas des murs dans les parties les plus exposées aux attaques, on en voyait une ligne de 112 toises (225 mètres environ) se dérouler, comme une file de soldats immobiles le long de la contrescarpe du fossé du petit Doubs. Une autre ligne garnissait le bas de la muraille depuis l'angle du vieux quai du Doubs, en face de l'île du château, jusque derrière la chapelle. Deux autres rangées de palissades étaient plantées en travers du bras du Doubs qui coule entre la ville et l'île, la première partant de l'angle sud-est des murs de la ville, la seconde du pied de la chapelle. Cette seconde ligne de palissades était fortifiée par une troisième, de 23 mètres de longueur, pla-

---

(1) « On vit en 1592 au siège de Strewicq, place forte de Hollande, située sur l'Aa, toute la résistance que peuvent opposer *des fortifications en terre*, construites comme on les élevait à cette époque. » (*Etude sur le passé et l'avenir de l'artillerie*, par le prince Louis-Napoléon-Bonaparte, président de la République Française. Paris, 1851, *in Moniteur de l'armée*, n° 24 février 1852).

cée à la pointe de l'île du château, dans la Saône, du côté du couchant.

Ces palissades avaient pour but d'empêcher l'ennemi de s'introduire entre la ville et le château, pour y battre les murailles de l'une ou de l'autre avec des canonnières ; elles offraient encore l'avantage de conserver libres les communications entre la ville et la citadelle, et de créer un bassin fermé où l'on avait établi le moulin de Navilly, près duquel stationnaient des barques en cas de besoin.

Les dehors de la place consistaient dans les fortifications suivantes :

Une demi-lune, qu'on nommait vulgairement le grand éperon du Doubs, flanquait le pont-levis de la ville sur sa gauche ainsi que toute la courtine opposée au midi, en face Saint-Jean. Son développement était du côté du levant de 70 mètres, du côté du midi de 24 et d'autant à sa base contre la ville ; sa hauteur était de 7^m.50 cent.

Il avait sur ses flancs deux casemates, l'une, du côté du soir, de 24 mètres de circuit, 2 de hauteur et 1^{m}50 d'épaisseur ; l'autre du côté du matin, regardant les Bordes, de même élévation et épaisseur, mais de 26 mètres de circuit.

Le mur d'enceinte de la ville faisant face à l'île du château ne comportait aucun dehors ; ce n'était qu'après avoir passé la chapelle qu'on rencontrait une petite tour carrée faisant l'office de demi-lune. Un peu plus bas se dressait la porte de Bragny, la plus importante de la ville après celle du pont. Cette porte, appuyée contre une grosse tour ronde en briques, était protégée par un ravelin en maçonnerie, revêtu de terre, autour duquel régnait un fossé. Quatre portes en fermaient l'entrée, la première en forme de barrière placée dans le ravelin; la seconde et la troisième dans l'embrasure de la porte et la quatrième en dedans de la ville.

A égale distance de cette porte et d'un bastion dont nous allons parler, s'élevait une tour carrée désignée sous le nom de *pied d'âne*, de 4 mètres de faces et de 2 mètres de hauteur.

Deux ogives en briques servant de contreforts avaient été construites le long des murailles en descendant du côté du couchant, pour résister à la poussée des parapets et des plates-formes. On arrivait ensuite à l'extrémité nord-ouest de la ville vers une ancienne tour nommée la tour du bourreau. Ce point, situé assez loin de la Saône pour ne plus être protégé par cette rivière, fut fortifié avec un soin tout particulier. Héliodore de Thiard y fit construire, en avant de la tour du bourreau, un vaste bastion avec deux casemates, l'une au levant, l'autre au midi. Ces deux casemates, voûtées en briques, mesuraient 10 mètres de long et 2 de haut.

Sur l'angle opposé de l'enceinte de la ville du côté du sud-ouest on éleva un bastion à peu près semblable au précédent, un peu moins vaste, mais pourvu de quatre casemates, deux au nord, une au midi et une au couchant. Ces deux bastions mesuraient le premier 142 mètres, le second 136 mètres, leurs revêtements et gazonnements, ainsi que ceux des casemates, avaient 1 mètre d'épaisseur et 6 de hauteur y compris les parapets.

Ces bastions étaient les ouvrages principaux des nouvelles fortifications de Verdun, cela leur valut l'honneur d'avoir pour parrain noble Gabriel de Saint-Belin, seigneur de Cussigny, l'un des officiers les plus distingués de la garnison de Verdun et pour marraine noble damoiselle Marguerite de Busseul Saint-Sernin, femme et compagne du brave gouverneur de Verdun.

A 40 mètres du bastion de Cussigny en remontant le boulevard du petit Doubs on trouvait une demi-lune de 28 m. de circuit avec revêtements et gazonnements.

Toutes ces fortifications ne parurent pas suffisantes à Thyard de Bissy contre les forces de l'ennemi qui le menaçait, ni pour la résistance opiniâtre qu'il voulait lui opposer. Il s'empressa donc d'y ajouter des travaux intérieurs. Des plates-formes et des remparts furent élevés en dedans des murailles de la ville.

La plate-forme du bastion Sainte-Marguerite n'avait pas moins de 30 toises (60 mètres) de long, 4^m 66 de large et 2 de haut. Elle formait une espèce de courtine à quatre pans inégaux, regardant les quatre points cardinaux.

Derrière le bastion de Cussigny était une plate-forme semblable à la précédente.

De l'une à l'autre de ces deux plates-formes, parallèlement et à une certaine distance du mur d'enceinte, on avait creusé un retranchement ou fossé de 108 m. de long, sur 3^m 33 cent. de large et 3 de profondeur.

Du côté sud de la plate-forme du bastion de Cussigny partait un autre fossé intérieur de 4 mètres de large sur une longueur de 52 mètres, de la partie de la ville qui fait face à ce que l'on nomme les ilons.

De ce même côté, à peu près en face de l'embouchure des fossés de Saint-Jean, dans le petit Doubs, on avait construit un rempart en demi-lune.

En remontant le petit Doubs, on avait établi en face Saint-Jean, non loin du pont-levis, un autre rempart de 76 mètres de long, 4 d'épaisseur et 3 de hauteur qui s'appuyait sur les maisons des habitants (1).

A partir de ce rempart, en dedans des étables et de la grange de Claude Clerc jusqu'à la porte du pont, Bissy en avait improvisé un autre, à l'épreuve de l'artillerie, avec un mélange de terre et de fumier. Il mesurait 19 mètres en longueur, 3 en hauteur et un peu plus en largeur.

De l'autre côté de la porte du pont-levis sur l'éperon sud-est de la muraille qui reçoit le choc du Doubs, existait un ancien corps de garde : Bissy le fit démolir, comme étant trop exposé, et y substitua un rempart de terre et de fumier de 12 mètres de long, 5 de large et 2 de haut.

Dix guérittes neuves en bois de chêne étaient espacées sur les murailles de la ville. L'île dite du pré, située à l'extrémité ouest de Verdun, pouvait être d'une grande ressource pour cette petite ville en cas de siège, car elle y trouvait l'espace dont elle manquait pour faire prendre un peu d'exercice à la cavalerie et aux troupes de la garnison, pour déposer des fourrages et enfin pour établir un hôpital barraqué comme on le faisait en cas d'épidémie.

Bissy résolut de la mettre à l'abri d'un coup de main et de la faire servir également à la défense de Verdun comme travail avancé. Le terrain s'y prêtait par sa forme en delta qui imitait celle d'un grand éperon et

---

(1) « Qu'est l'endroit où fut faicte la bapterie du siège des ennemys, en l'année 92 » (Procès-verbal de visite de 1594.

par sa situation entre la Saône et le petit Doubs qui baignaient ses deux côtés tandis que les fossés de la ville lui servaient de base.

On éleva un retranchement gazonné à la pointe de l'île qui fut coupée transversalement par un fossé de 75 toises de long, aboutissant par l'une de ses extrémités dans le petit Doubs et par l'autre dans la Saône, de même que le grand fossé creusé entre l'île et la ville. De ce dernier fossé en partaient deux autres, l'un parallèle au petit Doubs, l'autre à la Saône, pour aboutir à la tranchée de la pointe de l'île du côté de Chauvort. On y construisit un corps de garde en maçonnerie de forme ronde, ayant 38 mètres de circonférence et seulement 1^m 33 cent. d'élévation. Enfin toute l'île fut fermée par une rangée de palissades.

De Bissy n'avait pu trouver ni le temps ni les moyens de s'occuper des fortifications de Saint-Jean, faubourg très important, et qui couvrait la ville du côté de la Bresse. Il se hâta d'y faire travailler.

Un grand retranchement de 9 mètres 33 de large sur 96 de long fut élevé à l'extrémité de la rue Chaude. Il partait du petit Doubs au nord pour aboutir à une demi-lune joignant l'ancien fossé de Saint-Jean du côté du midi. Au pied de cette demi-lune on avait commencé deux fossés, l'un mesurant 28 mètres en tous sens, l'autre 7^m 66 de large sur 3 mètres de profondeur; ils occupaient la place des anciens fossés de Saint-Jean et allaient rejoindre le grand retranchement dont nous venons de parler.

46 toises d'un troisième fossé étaient déjà creusées pour édifier un éperon contre la demi-lune, lorsque l'arrivée de l'ennemi mit fin à ce travail.

Toutes ces fortifications étaient renforcées, suivant les lieux et les besoins de la défense, par des gabions ou des tonneaux remplis de terre. Nous avons vu le gouverneur de Verdun faire payer 160 écus aux soldats suisses de sa garnison pour avoir fabriqué 800 gabions.

Ce n'était pas trop de tous ces moyens, de tous ces efforts, de tous ces travaux joints à l'énergique volonté de l'intrépide gouverneur de Verdun, et au courage des habitants de cette petite ville, pour résister aux flots de l'armée des ligueurs qui, semblables à ceux du Doubs, et de la Saône en leurs jours de furieux débordements, la menaçaient d'une entière destruction

Nous avons entendu le chanoine Pépin, interprète des sentiments de ses coreligionnaires de Dijon, s'extasier sur le nombre, la bravoure et la belle tenue de l'armée du vicomte de Tavanes le jour de son départ de cette ville, le 5 du mois d'août, pour aller assiéger Verdun.

Qu'eût-il dit, s'il l'eût vue, vingt jours après, alors qu'augmentée de plus de moitié, elle se déployait autour de cette petite ville ?

Il est impossible de fixer exactement le chiffre de ses forces à cette époque puisqu'aucun historien ne s'est arrêté à ce siège de Verdun.

Le petit nombre de ceux qui en ont fait mention l'ont confondu dans la foule des épisodes militaires de cette époque toute entière à la guerre. Mais comme il s'en sépare complètement et qu'il les domine tous par l'influence qu'il exerça sur les destinées de la ligue en Bourgogne, il n'est pas sans intérêt de savoir quel fut le nombre de ces soldats qui ont dépensé tant de furieux courage, amoncelé tant de ruines, causé tant de maux, commis tant de crimes autour de Verdun, et qui n'y auraient pas laissé trace de leur funeste présence, sans le souvenir que nous leur consacrons dans ces modestes Annales.

Le chanoine Pépin, l'unique chroniqueur qui donne quelques renseignements sur cette armée du vicomte de Tavanes, ne fournit, sur son effectif, que des données approximatives et très inexactes. Nous en avons acquis la preuve dans plusieurs documents officiels, que les événements produisaient au jour le jour, et qui n'existaient pas encore pour *ce journaliste contemporain*.

Cependant les chiffres qu'il a recueillis forment une base que nous allons utiliser pour le dénombrement des troupes qui vinrent assiéger Verdun au mois d'août 1592.

A la date du 17 de ce mois le vicomte de Tavanes aurait eu sous ses ordres 4,000 hommes et six pièces de canon (1). Le lendemain il recevait 2,000 fantassins, au moins, tant Lansquenets que Suisses et plus de 800 chevaux que le duc de Nemours lui avait envoyés de Lyon (2). Ce qui portait ses forces à plus de 6,800 hommes, sept jours avant son arrivée devant Verdun.

A ce chiffre il faut ajouter le nombre inconnu des troupes que les gouverneurs de Beaune, de Mâcon, et de la citadelle de Chalon, ainsi qu'un grand nombre de capitaines et de gentilshommes ligueurs conduisirent au siège de Verdun, enfin la foule des soldats

---

(1) Pépin, *Livre de souvenance*, t. I, p. 9-93.
(2) Ibid.

débandés et des volontaires que la perspective du pillage et l'appât du gain y attiraient (1).

Toutes ces forces réunies constituaient une armée imposante, aussi le chanoine Pépin proclame que « M. le vicomte de Tavanes estoit devant Verdun, avec un *beau camp.*

Aux six pièces d'artillerie qu'il possédait lors de son départ de Dijon, nous devons ajouter « *un canon français et deux couleuvrines* » qu'il fit venir de Mâcon, où M. le duc de Nemours les avait laissés en garde, ce qui lui donnerait neuf pièces. Il est très probable que Tavanes en employa un plus grand nombre durant le siège de Verdun, à en juger d'après le personnel de son artillerie devant cette ville.

En voici la composition d'après un document officiel (2) : Un commissaire général, qui n'était autre que le commissaire général de l'artillerie en Bourgogne ; il recevait 33 écus 1/3 de solde par mois (3) ; deux commissaires extraordinaires et un commissaire ordinaire ; un contrôleur ; un garde des munitions de

---

(1) Délibération de la Chambre de ville de Dijon, 11 septembre 1592 : « La Chambre conclut et délibère que tous ceux qui sont allés en l'armée de M. le vicomte de Tavanes, par son commandement, comme officiers d'artillerie et commissaires des vivres, seront exempts de la garde qu'ils devoient à ladite ville, tant qu'ils seront à ladite armée et *quant à ceux qui y sont allés de leur autorité privée* et pour leur profit particulier et sans licence et permission des magistrats, seront contraints au debvoir de faire guet et garde à leur tour, ou y mettre gens capables en leur lieu (Arch. mun. de la ville de Dijon). Pour les soldats débandés Tavanes usa de son autorité pour les contraindre à venir augmenter ses forces contre Verdun.

(2) Compte de Jehan Mahaut. Arch. de Bourgogne, à Dijon.

(3) Environ 15 francs par jour de notre monnaie.

guerre et deux commis ; un trésorier, qui était le trésorier de l'artillerie de la province, avec solde de 25 écus par mois ; un capitaine des pionniers à la suite de l'artillerie et un chirurgien ; il se nommait Maitre Jacques Gros Clerc, et recevait 12 écus de gages par mois (1) ; soit pour l'état major de l'artillerie onze officiers.

Venaient ensuite les canonniers et leurs aides, un forgeur et son aide, les charpentiers d'artillerie et leurs aides, les charrons, les chargeurs et déchargeurs, un fourrier, enfin un tonnelier.

Les frais de solde de ce personnel s'élevèrent pour le mois d'août et la moitié de septembre 1592 à la somme de 172 écus, ce qui représente au moins 3,000 fr. de nos jours.

Nous relevons dans les comptes du trésorier de l'artillerie les dépenses suivantes relatives au siège de Verdun « pour achat de menues munitions et ouvrages faits pour ladite artillerie tant par les ordonnances de M. le vicomte de Tavanes que de celles du sieur de Ruffey, commissaire général ».

« A Claude Collenot, Thonnelier de Beaulne, 10 escuz 5 solz pour huit poinçons et quatorze fillettes de thonneaux neufs pour enchapper les poudres. »

« A Nicolas de Montereau, Thonnelier à Chalon, 5 escuz pour six poinçons pour faire enchapper six tonnes de pouldres amenées de Mascon. »

« A Hugues de Bay, marchand de Dijon, 2 escuz 30 solz, pour 12 sacs de trailly, à porter pouldre en baptterie. »

---

(1) 180 francs environ d'après la valeur actuelle do l'argent.

« A Claude Vallon Suisse, soldat de la citadelle de Chalon, 5 escuz à lui ordonnez par le sieur de Ruffey pour despense de bouche faictes en sa maison par les Maitres charpentiers et leurs aides à l'effet de servir au siège de Verdun. »

Les équipages de l'artillerie devaient être considérables, car nous voyons le commissaire général passer un marché avec Guillaume Guy, Bresson et Léonard Maillet, Maitres bourreliers à Dijon, pour « l'arnichement de 100 chevaux de ladite artillerie ».

A ce cadre fixe le vicomte de Tavanes ajouta pour les besoins extraordinaires du service pendant le siège de Verdun toute une armée de pionniers, de charpentiers, de charretiers et de chevaux d'artillerie qu'il mit en réquisition dans toutes les villes de la ligue (1).

Le chanoine Pépin fait mention de sept capitaines qui accompagnaient le vicomte de Tavanes le jour de son départ de Dijon. Après son arrivée sous les murs de Verdun nous en comptons, dans son armée, jusqu'à vingt-cinq à la tête de leurs compagnies ou de corps de troupes plus considérables, placés sous leurs ordres (2).

Nous croyons donc pouvoir porter à près de 10,000 le chiffre des forces que Tavanes rassembla contre Verdun, c'est-à-dire au double de celles qu'il avait réunies au camp de Paray-le-Monial.

En ce temps-là 10,000 hommes constituaient une grosse armée. La guerre perpétuelle qui régnait sur

(1) Au conseil de la ville de Chalon-sur-Saône tenu le 3 juillet 1592, le maire communique une nouvelle commission de M. le vicomte de Tavanes pour imposer une somme de 60 écus sur la ville pour l'achat de chevaux d'artillerie (Arch. mun.).

(2) Compte de J. Mahaut et compte de J. Chrestiennot (Arch. de Bourg., à Dijon).

toute la surface de la France éparpillait ses forces et rendait impossible la concentration d'un corps d'armée considérable. Les maréchaux et les rois de France eux-mêmes n'avaient sous leurs ordres que de petites troupes et c'est avec peu de soldats qu'ils soutinrent de longues luttes et qu'ils livrèrent des batailles qu'on désignerait aujourd'hui sous le nom de simples combats, à ne les considérer que sous le rapport des forces engagées, mais qui n'en sont pas moins de véritables batailles par leurs conséquences politiques et par le renom et l'habileté des généraux.

A Coutras, en 1587, le roi de Navarre, depuis Henri IV, n'avait que 1200 chevaux et 4,500 fantassins. Sully contribua au succès de cette journée par la supériorité du tir de son artillerie qui consistait en trois pièces de canon !

En 1589, à la brillante affaire d'Arques, Henri IV battit plus de 25,000 hommes avec 7,000 ; il remporta la victoire d'Ivry, en 1590, avec 8,000 fantassins, 3,000 cavaliers et 6 pièces de canon. Le duc de Mayenne, son adversaire, dont les troupes étaient plus nombreuses, ne possédait que quatre pièces de canon. Le maréchal d'Aumont avait sous ses ordres, au siège d'Autun, en 1591, 6,000 à 7,000 hommes, non compris 700 suisses et 7 pièces de canon.

L'armée à la tête de laquelle le vicomte de Tavanes vint assiéger Verdun, en 1592, peut donc être rangée parmi les plus considérables que les divers partis mirent sur pied pendant le cours de nos guerres civiles.

Mais la force de cette armée, comme celle de toute armée, résidait moins dans le nombre de ses combattants que dans la valeur de ses chefs. Parmi les soldats, éléments les plus hétérogènes, apportés des quatre points cardinaux de la vieille Europe par les tempêtes politiques et religieuses qui déchiraient ses flancs, il y avait un peu de tout, beaucoup plus de mauvais que de bon. Albanais, Italiens, Allemands, Suisses, Français des diverses provinces, tous étrangers entre eux de caractère, et de langage mais rapprochés par la misère générale, par l'instinct de leur conservation, par les mauvais penchants de l'homme et par les appétits de la brute qui les poussaient à faire souffrir leurs semblables pour jouir et à les tuer pour vivre! Ces meutes humaines, qui formaient le fond immonde de toutes les armées d'alors, faisaient merveille à la picorée, au pillage, à l'incendie, aux meurtres, et donnèrent à la guerre de cette époque calamiteuse un caractère hideux et sauvage.

Quant aux capitaines de cette armée c'étaient, pour la plupart, des hommes distingués et choisis parmi les meilleurs et les pires du parti. Beaucoup appartenaient aux premières maisons de la Bourgogne et comptaient parmi les plus intrépides champions de la ligue. Aux passions haineuses, égoïstes et violentes, se mêlaient dans leur cœur endurci l'amour de la guerre et un fanatisme aveugle pour la cause qu'ils servaient.

Tous avaient fait leurs preuves de courage et de cruauté sur les champs de bataille de la Ligue, et les récits contemporains nous ont transmis les noms de plusieurs d'entre eux écrits en lettres de sang mêlé de larmes et de fange. Cependant l'histoire est restée silencieuse ou menteuse sur le compte de ces hommes qui lui ont taillé tant de besogne en pleine lumière du xvie siècle.

Nous allons profiter de leur présence sous les murs de Verdun pour esquisser leurs vies et prendre leurs silhouettes qui sont autant de types des physionomies étranges que ce siècle a produites.

Commençons par les moins accentuées ; elles ont déjà leur cachet.

Voici venir le gros des compagnies de chevau-légers, elles défilent avec leurs capitaines en tête, parmi lesquels nous remarquons d'Attignac.

D'Attignac — Le capitaine d'Attignac n'aura pas à s'applaudir de sa campagne contre Verdun, où il sera fait prisonnier ; mais il en revint sain et sauf. Après avoir tenu garnison à Chalon, il y fixera sa demeure et y finira ses jours dans un âge avancé. L'historien chalonnais, Claude Perry, qui l'avait connu, en parle comme d'un « gentilhomme que la ligue n'avait pas fort enrichi (1) ». — C'est un éloge que mériteraient bien peu de ses compagnons d'armes.

Le baron de la Clayette, Claude de Chantemerle, ligueur obstiné, qui ne reconnaitra Henri IV qu'à la dernière heure.

Drée de la Serrée — Guillaume de Drée, seigneur de la Serrée en Mâconnais, gentilhomme de vieille roche, dont la noblesse est rehaussée par ses alliances avec les familles du Bled d'Uxelles, de Saulx, de Vauldrey, de Digoine, de Damas, de Foudras, d'Albon, de Busseul, de Thiard, de Choiseul et de la Guiche (2).

Aussi sa belle compagnie de chevau-légers avait été l'objet de la sollicitude de Mayenne et du vicomte de

---

(1) Perry, *Hist. de Chalon-sur-Saône*.
(2) Voir A. Arcolin, *Armorial du Mâconnais*.

Tavanes qui, peu avant le siège de Verdun, avait ordonné aux habitants d'Arnay-le-Duc de lui donner asile et assistance afin de se remonter.

A la vérité M. de Drée a passé dans le camp des ligueurs avec armes et bagages en livrant le château de Dijon à Mayenne. Plus tard, il sera nommé capitaine du château de Saint-Gengoux où il conservera les habitudes tyranniques des capitaines de la ligue en contraignant les habitants des onze villages retrayants de ce château à venir y faire guet et garde quoique en temps de paix. Une sentence du bailliage royal de Mâcon lui interdit d'user de ce droit excepté en temps de guerre et d'éminent péril (1).

Jean de Foudras, seigneur de Morlan, est l'un des chefs d'une des huit branches de cette famille chevaleresque des Foudras qui, depuis les croisades jusqu'à la guerre de l'indépendance de l'Amérique, a versé du sang de ses nobles fils sur tous les champs de bataille où la France a déployé son drapeau.

Jean de Foudras

René de Foudras, frère de Jean, avait épousé Diane de Tyard, sœur du gouverneur de Verdun; il portait donc les armes contre son beau-frère et contre ses neveux; tristes conséquences des guerres civiles (2).

M. de la Villeneuve, capitaine commandant du château de Châteauneuf; encore un gentilhomme bourguignon. Non content de faire la guerre dans sa pro-

De la Villeneuve

(1) Bailliage de Mâcon. Reg. B 946. Année 1602.
(2) De cette union était descendu le marquis de Foudras, le fécond écrivain, le type du gentilhomme chasseur, dont il s'est fait l'attrayant historien. Le marquis de Foudras est mort pauvre à Chalon-sur-Saône, et sa famille est tombée aussi bas qu'elle avait été élevée.

vince aux partisans du roi de Navarre, il alla le combattre jusqu'aux portes de Paris. Ce capitaine ligueur passe pour avoir, dans sa compagnie, des *tueurs assurés* et des voleurs émérites (1).

Le capitaine Nicolas

Le capitaine Nicolas, commandant de la ville de Nuits, a obtenu ce poste pour prix d'une double trahison, en livrant son chef le capitaine Johannes au duc de Nemours et en passant du côté des ligueurs. Nemours fit pendre Johannes et donna sa place à Nicolas. Présentement le capitaine Nicolas est loin de prévoir sa destinée ; nous allons la faire connaître : de même que son prédécesseur il perdra son poste de commandant avec la vie, non en combattant, mais sous les coups de quelques courageux citoyens de la ville de Nuits qui le mettront à mort pour briser son joug et celui de la Ligue (2).

Le chevalier de Franchesse

Le chevalier de Franchesse est capitaine commandant du château de Montbard et de plus neveu du Ligueur du même nom qui joue un certain rôle, en sa qualité de commandant du château de Dijon.

Le neveu ne le cède pas à l'oncle. C'est, au dire de ses coreligionnaires « un brave et jeune gentilhomme Bourbonnais (3), hardi et prompt à la main (4) », si prompt qu'un jour, peu s'en fallut qu'il ne tuât l'un des plus fervents défenseurs de la Ligue, l'avocat général Legouz de Vallepelle (5). Ce magistrat était coupable

---

(1) Voir *Journal de Gab. Breunot*, publié par M. J. Garnier, t. II, pp. 6 et 25.
(2) Chan. Pépin, I, p. 72 et Breunot, II, p. 524.
(3) Pépin, I, p. 112.
(4) Breunot, II, p. 237.
(5) Ibid., p. 25.

aux yeux du chevalier de Franchesse de l'avoir jugé comme il le méritait : « Si la Ganche (c'était le nom d'un ligueur condamné à mort pour ses méfaits) mérite la corde, avait dit M. de Vallepelle, le chevalier de Franchesse mérite la roue (1) ! »

Le chevalier de Franchesse n'aura pas ce qu'il méritait, néanmoins il finira d'une façon tragique, comme beaucoup d'autres de ses pareils, il sera tué par ses propres soldats dans une embuscade qu'il avait dressée contre les royalistes de Flavigny.

Ce chevalier de Colombière est encore un neveu du commandant Franchesse ; il se nomme Pierre Desvoyau (2), il est seigneur du petit fief dont il porte le nom, et il prend le titre d'écuyer. Il était naguère commandant du château de Duesme. Il suivra la fortune de son oncle jusqu'au bout : celui-ci le donnera en otage à Henri IV pendant qu'il règlera avec ce prince les articles de la capitulation du château de Dijon, dans laquelle le chevalier de Colombière fut compris nominativement.

<small>De Colombière</small>

Parmi les officiers d'infanterie nous devons nommer le sieur de Saulx-Vantoux, colonel d'un régiment de gens de pied, parent du général en chef, qui lui fit allouer 100 écus « pour survenir à partie des frays et despens qu'il lui convient faire pour lever sa compagnie, afin de faire secours près dudit sieur vicomte » (3).

<small>De Saulx Vantoux</small>

---

(1) *Breunot*, t. II, p. 236.

(2) M. Jos. Garnier le nomme de Boyaux ; Pépin, I, 59. Son nom est écrit, comme nous le donnons, dans la capitulation du château de Dijon (18 juin 1595), mss. de M. Demigieu (Biblioth. du chât. de Savigny).

(3) Compte de J. Chrestiennot (Arch. de Bourg., à Dijon).

De Marcy: Le sieur de Marcy, mestre de camp d'un régiment de gens de pied français.

De la Plume: Le capitaine François de la Plume, seigneur de Missery et de Nogent-les-Montbard, a été commandant du donjon de Semur-en-Auxois. Nous le verrons payer de sa personne au siège de Verdun.

Le capitaine Studer: Le capitaine Claude Studer commandant les cent suisses de la garnison de Dijon « qui allèrent à la suite du sieur vicomte pour le service de la cause dudit pays ».

Le capitaine Batelier: Enfin nommons encore le capitaine Batelier de la garnison du château de Dijon, et les capitaines Saint-Julien et Gaspard Plaisantin; ce dernier commande une compagnie d'Albanais.

Ces soldats étrangers rivalisaient avec les bandits et les voleurs les plus redoutés de ce temps, si fécond en malfaiteurs. Le baron de Thianges, quelque dévoué qu'il fût à la ligue, se vit repoussé des faubourgs de Dijon, où la mairie et les habitants refusèrent de le loger parce qu'il avait dans sa compagnie des Albanais « fort dépravés, mal vivants, voleurs et meurtriers », comme les qualifie leur allié le chanoine Pépin (1).

Des farouches capitaines de ces compagnies d'aventuriers qui continuaient les traditions des écorcheurs et des routiers, aux capitaines les plus brillants et les plus distingués de la même armée, la transition est toute naturelle, comme le prouvera un aperçu de leurs faits et gestes.

Nous n'essayerons pas d'introduire un ordre quelconque dans cette revue des principaux chefs ligueurs qui ont pris part au siège de Verdun, nous les signa-

(1) T. I, p. 79.

lerons au fur et à mesure qu'ils passeront devant nos yeux.

Le premier qui se présente mérite l'une des premières places, autant par sa renommée militaire que par sa haute naissance : C'est Joachim de Rye connu sous le nom de marquis de Treffort (1). Il était seigneur de Saint-Claude au comté de Bourgogne, capitaine de 50 lances, colonel d'un régiment de pied, gouverneur et lieutenant général en Bresse, Bugey et Valromey, Conseiller d'état du duc de Savoie et chevalier de son ordre. *De Rye Marquis de Treffort*

C'était, on le voit, le représentant du parti des étrangers venant combattre l'unité française jusque dans Verdun.

Le marquis de Treffort amenait aux assiégeants de puissants renforts que grossissait encore la terreur qu'il avait répandue l'année précédente dans les environs de Verdun, en prenant d'assaut et en mettant au pillage Louhans, Cuiseaux et Romenay.

Dans cette expédition en Bourgogne il avait pour frère d'armes, comme au siège de Verdun, Léonard de Damas, baron de Thianges, qui ne lui cédait ni en noblesse ni en bravoure. Le baron de Thianges se signala contre Henri IV à la journée d'Arques, comme il le fera encore au combat de Fontaine-Française ; il avait sauvé l'armée des ligueurs de Lyon, au péril de *De Damas Baron de Thianges*

---

(1) Son aïeule Antoinette de la Baune Montrevel mit au monde douze enfants en six couches, six garçons et six filles. Le marquis de Treffort, issu de cette féconde progéniture, mourut sans postérité. (Voyez Dunod, *Mém. pour servir à l'hist. du comté de Bourgogne*, p. 83; Guichenon, *Hist. de Bresse;* — Juénin, *Hist. de Tournus;* — Pépin, Note de M. J. Garnier, I, p. 87.

— 230 —

sa vie (1). La ligue n'eut pas de soutien plus ferme que ce gentilhomme bourguignon. Au milieu des souillures de ces luttes cruelles, il semble conserver un caractère chevaleresque qui le sépare des autres capitaines de son temps. Nous le verrons un jour se montrer vainqueur noble et généreux envers un de ses plus grands adversaires politiques. Ce noble baron de Thianges est seigneur de Fleury-la-Tour, Levaux de Chizeul et Charancey, commandant d'une compagnie de cent hommes d'armes, gouverneur de Noyon et de Soissons, enfin lieutenant des gendarmes du Duc de Mayenne, *dont il est l'un des confidents* (2).

Le chevalier de Rochefort

Voici encore un des grands noms de la noblesse de Bourgogne, un de ces noms qui semblent prédestinés aux renommées tapageuses qu'enfantent les troubles civils (3) ; il est porté par un jeune capitaine de chevau-légers dont la compagnie fait rage autour de Verdun. Sa famille joignait l'illustration de la toge à celle de l'épée. Son trisaïeul et son bisaïeul furent

---

(1) Le 28 avril 1590 le consulat de Lyon s'assembla pour délibérer sur les dons et présents qu'il convenait de faire au baron de Thianges en reconnaissance des services qu'il venait de rendre à la ville « s'estant mis à pied pour faire retourner visage à nostre infanterie qui estoit entrée en ceste espouvante, qu'elle tournoit le dos, et ayant repris courage par le moyen dudit sieur de Thianges qui y fust grièvement blessé d'une arquebusade en la cuisse, de laquelle il estoit malade à Lyon... » — Le consulat envoya aussitôt, pendant la nuit, un chirurgien pour le panser, et lui fit présent de chapons, de confitures et de 500 écus. Arch. de la ville de Lyon, BB 125, fol. 78, et Péricaud, *Notes et Documents*, 1590 28 avril. — Annuaire du Rhône, 1884.

(2) Voir *Pepin et Breunot*, table V° Thianges, t. III.

(3) M. Henri de Rochefort, devenu si populaire par la publication de sa *Lanterne*, sous le second empire, est de cette illustre famille.

chanceliers de France ; son grand-père avait été fait prisonnier à Pavie avec François Ier; un de ses oncles fut tué à la terrible bataille de Saint-Quentin en 1557 ; son père, René de Rochefort, c'est ainsi qu'il se nomme lui-même, était chevalier des ordres du roi, gouverneur et lieutenant-général du comté de Blois et des bailliages d'Amboise et Loudunois.

Quant à lui, tout chevalier qu'il est de l'ordre de Malte, il n'a du chrétien que la croix qu'il porte sur son habit. A le voir faire la guerre et choisir ses ennemis, on le prendrait pour un sectaire de Luther ou de Calvin, car il se plaît à butiner sur les gens d'église et dans les monastères. Son frère aîné lui prête main-forte dans ces expéditions sacrilèges. Voici le récit très abrégé de l'une d'elles.

En l'année 1589 ces deux chevaliers de la sainte union des catholiques avaient pratiqué des intelligences dans le bourg de Moutiers-Saint-Jean. Dès qu'ils y furent introduits avec leurs soldats, ils tentèrent l'escalade de l'abbaye. Le prieur et le portier s'étant présentés sur la muraille furent tués et jetés dans les fossés. Le chevalier de Rochefort et son frère s'emparèrent de l'abbaye, la firent fortifier par les habitants du bourg et des villages voisins qu'ils conduisaient et stimulaient à coups de bâtons.

« Ces espèces de défenseurs de la religion catholique, écrit le froid et grave continuateur du bénédictin Dom Plancher, commirent, dans l'abbaye de Moutiers-Saint-Jean, des excès et des profanations qui ne cédèrent en rien à ceux que les calvinistes avaient exercès quelques années auparavant.....

« Ces suppôts de la sainte union se gouvernèrent

comme des brigands, ils dissipèrent les titres et papiers de l'abbaye qui avaient échappé au pillage des calvinistes en 1567, ils brisèrent les cloches pour faire des canons, et allèrent à main armée dans les villages environnants qu'ils pillèrent (1). »

Nous reverrons bientôt le chevalier de Rochefort dirigeant un assaut furieux contre Verdun ; cette fois il n'aura pas pour adversaires des moines sans défense, il trouvera à qui parler.

<small>Le baron de Thenissey</small> A côté de ce jeune ligueur en voici un vieux qui mérite notre attention ; c'est Antoine de Gellan, baron de Thenissey, seigneur de Maissey, Rochefort et Essarois, mestre de camp d'un régiment d'infanterie et gouverneur de Châtillon-sur-Seine pour le duc de Mayenne.

Outre son régiment de gens de pied, il commandait encore au siège de Verdun cent chevau-légers et trente arquebusiers à cheval.

Le vicomte de Tavanes attachait tant d'importance à la présence du baron de Thenissey et de ses soldats, que, pour hâter leur arrivée au camp de Verdun, il envoya jusqu'à Lyon le capitaine de George, vers le duc de Nemours et fit payer 100 écus pour le voyage.

Le baron de Thenissey, « l'un des arcs-boutans de la ligue (2) », était une de ces vieilles et fines lames aciérées par les coups qu'elle portait d'estoc et de taille et qui avait besoin d'être retrempée sans cesse dans le feu des incendies et dans le sang des combats.

---

(1) Voir *Hist. de Bourgogne*, in-fol., t. IV, p. 610 et Courtépée, article *Mont-Saint-Jean*.

(2) *Journal de G. Breunot*, publié par M. J. Garnier, t. II, p. 452

Ce ligueur farouche, obstiné et cruel, qui porta les armes contre Henri IV en maintes occasions, arrive devant Verdun précédé par le bruit lugubre de ses récents exploits en Bourgogne qui n'ont été qu'une suite de brigandages. Il les continuera plus tard avec une rapacité insatiable et une cruauté inouïe, sur les infortunés bourgeois de Châtillon qui, quoique du parti de la ligue, était traités par lui comme des ennemis pris les armes à la main.

« Le seul nom du baron de Thenissey, grand pirate et écumeur de la Ligue, était en exécration (1). »

La vie agitée de ce barbare qui s'était joué de la vie et de la fortune des autres fut le jouet d'une sombre et obscure destinée. Maudit en Bourgogne pour ses cruautés, il finit d'une manière violente, les uns disent par suite d'un assassinat, d'autres en combattant (2).

Voilà Guillerme, gouverneur de la ville de Seurre où il s'était installé de son autorité privée, autorité qu'il conserva et exerça sous le nom de Mayenne, comme il l'avait acquise, à l'aide de la violence En un temps où la barbarie, les exécutions sans jugement et le massacre des prisonniers étaient à l'ordre du jour, le capitaine Guillerme se fit remarquer par ses cruautés et sa tyrannie. Ce gouverneur fut un véritable fléau pour les malheureux habitants de Seurre.

Le capitaine Guillerme

La plupart de ses soldats étaient des brigands et

---

(1) *Journal de G. Breunot.*
(2) Il paraît que Thenissey aurait été blessé à mort sous les murs de Luxembourg, au mois de novembre 1597. Voir G. Lapérouse, *Hist. de Châtillon-sur-Seine :* — De Thou, *Hist.*, t. XI, in-4 ; — *Pépin et Breunot*, t. I. Note de M. J. Garnier, t. III. Table, V° Thenissey.

des malfaiteurs étrangers qu'on désignait sous les noms de *bandouliers* et *d'Albanais*; lui-même était Milanais et s'appelait Guillermi.

Nous n'en avons pas fini avec ce coupe-jarret de la ligue, nous le verrons aux prises une seconde fois avec les soldats de la garnison de Verdun.

De Nagu seigneur de Varennes

Celui qui suit est, sans contredit, de meilleure maison que le précédent ; il le prouva souvent, mais il l'oublia plus d'une fois... C'est M. Jean de Nagu, seigneur de Varennes et de Faulin, baron de Lucre et de Mercé, gouverneur et lieutenant de la ville de Mâcon et du pays du Mâconnais *pour les princes* catholiques (1) qui l'avaient établi dans ce poste après l'assassinat des Guise à Blois.

Ce gouverneur de Mâcon a joué un rôle secondaire dans les guerres de la Ligue ; sa principale campagne est celle du siège de Verdun. Plût à Dieu qu'il n'eût tiré l'épée que contre Thiard de Bissy ! En ces temps de troubles cela était de bonne guerre. Mais son épée fut tachée de sang humain répandu dans deux rencontres si mystérieuses qu'on les qualifia d'assassinats ! Il fallut la toute-puissance royale du droit de grâce pour sauver de l'échafaud des criminels la tête de ce *noble ligueur*.

Quel est le chef fougueux de cette brillante compagnie d'hommes d'armes ?

Le baron de Lux

C'est Edme de Mâlain, baron de Lux. A peine âgé de 31 ans ce gentilhomme bourguignon d'origine plé-

(1) Texte du serment d'union et d'obéissance que le duc de Nemours fit prêter à Nagu-Varennes lors de son installation comme gouverneur de Mâcon en 1589 (Arch. de la ville de Mâcon, R BB 55.

béienne a déjà parcouru plus de la moitié de sa carrière. La fortune ne cessera, comme par le passé, de le conduire aux honneurs, malgré les nombreux obstacles que lui-même sèmera sur sa route.

Après avoir gagné les faveurs du roi Henri IV en se rangeant du côté de ses ennemis, il les conservera malgré ses relations intimes avec le traître Biron, envers lequel le bon Henri se montrera politique aussi impitoyable que le cruel Louis XI.

Il deviendra chevalier des ordres et conseiller de ce même roi qu'il brave et qu'il méconnaît, en portant les armes contre ses plus fidèles serviteurs.

Il deviendra son lieutenant-général en Bourgogne, gouverneur de la bastille de sa ville de Paris; enfin il obtiendra sa promesse royale du premier état vacant de maréchal de France.

Mais la noble épée d'un Guise transformée en un vil couteau d'assassin tranchera le fil de cette brillante destinée (5 juin 1613).

Tout en faisant la part de l'imprévu et de l'inconnu, qui jouent un si grand rôle dans notre existence, il faut reconnaitre que le baron de Lux avait des titres aux faveurs de la fortune.

Un de ses contemporains a esquissé son portrait, dans quelques lignes dont voici les plus accentuées:

« Sans lettres il estoit savant pour toutes sortes d'affaires: la guerre, les finances, la police, de grande mémoire et bien disant... Il estoit fort sobre et des plus judicieux; grandement versé aux affaires d'Estat, et homme de grand conseil et prudence, rempli de grandes persuasions, et, pour ce, estimé et craint...

« Par les appointements et accords qu'il faisoit journellement pour les querelles, il fut surnommé *Le baron des accords.*

« Il estoit de haute taille, maigre, les yeux gris, les cheveux blancs, non de vieillesse, mais de veilles (1). »

Edme de Mâlain ne fut point un de ces héros que l'on coule en bronze ou que l'on taille en statue dans le marbre pour protester contre la fragilité des héros en chair et en os. S'il eut les défauts de son époque, il posséda le talent pratique de savoir être de son temps et de son pays. Ligueur ou politique, il eut l'habileté de s'arrêter à point sur la limite extrême de ces deux partis, de quitter l'un à son dernier soupir, de saluer l'autre à son premier soleil et de les servir tour à tour sans compromettre ses propres intérêts, ni ceux de sa patrie (2).

De Montmoyen

Gardons-nous d'oublier le baron de Montmoyen : C'est un petit gentilhomme bourguignon, originaire du Châtillonnais. Son nom de famille est Regnier (Edme) ; il est fils d'un président à la Chambre des Comptes de Dijon. Mayenne, dont il était maître d'hôtel, le nomma gouverneur de la ville et du château

---

(1) *Mémoires* de Sullot, procureur au Parlement de Dijon, manuscrit inédit. Copie de M. de Migieu, Biblioth. de M. de La Loyère, au château de Savigny (Côte-d'Or).

(2) En consacrant cette page à l'un des capitaines les plus distingués qui prirent part au siège de Verdun, nous avons eu pour but de protester contre le silence de tous les biographes à son égard, sans en excepter ceux de sa province natale et d'engager les lecteurs sérieux à se tenir en garde contre les erreurs que les rares historiens bourguignons qui ont parlé de lui ont commises. Les faveurs dont le combla Henri IV furent si peu le prix de ses services durant la ligue, que le baron de Lux ne porta l'écharpe blanche qu'à la fin du mois de juin 1594 ; à ce moment la Ligue n'était plus qu'un corps en décomposition.

de Beaune en 1585. C'est un habile homme, il s'applique plutôt à surveiller les ennemis de la ligue qu'à les combattre.

Le siège de Verdun où il vient payer de sa personne, et celui qu'il soutiendra dans le château de Beaune contre les citoyens de cette ville et les soldats du maréchal de Biron, sont presque les seules affaires où il se montre soldat.

Beaune est un théâtre suffisant pour ses rôles de prédilection. Il y paraît tantôt sous la peau d'un loup cervier avide de proie, tantôt sous celle d'un renard plein de respect pour les poules et trouvant tous les raisins trop verts pour les cueillir. Ce sont autant de ruses de guerre dans le but de saigner à blanc les Beaunois. Mais leur extorquer leur argent, attenter à leur liberté, cela ne suffit point à M. de Montmoyen, il veut connaître ce qui se passe dans le fond des consciences. Pour y pénétrer ce suppôt de Mayenne, ce soi-disant défenseur de la religion catholique, ne recula pas devant la profanation de ses mystères les plus sacrés ; il se joua de la sainte hostie et de la communion et associa un prêtre indigne à ses ruses sacrilèges qui ne firent qu'avancer l'heure de sa chute.

Un Beaunois nous a conté en ces termes cette scène d'hypocrisie : « Montmoyen fit entendre à ceux qu'il savait pencher du côté des royalistes, qu'il avait dessein de se ranger de leur parti, les assura de ses bonnes volontés et, pour les leur prouver, il leur dit qu'ils feroient leurs pasques ensemble et recevroit avec eux le corps de Jésus-Christ, et afin qu'ils fussent pleinement assurés de ses paroles il leur protesta qu'il jureroit sur ce mesme corps de garder tout ce qu'il leur avait promis. Puis il prévint le prêtre et, par une perfidie étrange, lui donna le mot de ne point consacrer l'hostie et il fit son serment sur ce pain non consacré (1). »

De Lartusie

Voici un fin ligueur qui nous intéresse particulièrement : Nous avons déjà eu occasion de parler de lui, c'est M. de Lartusie, commandant de la citadelle de Chalon-sur-Saône, un dangereux voisin pour Verdun.

Ce de Lartusie se nommait Antoine de Guillermy, tranchait du gentilhomme, était né en Béarn, sujet du roi de Navarre, et en cette qualité affirmait son affection pour lui (2) (pure gasconnade), car il se rangeait du côté de ses plus cruels ennemis.

« C'était, dit un historien de Chalon, un farouche qui ressentait grandement la dureté de son pays, et d'un naturel violent qui ne se rend pas aisément à la raison et ne se laisse point toucher de compassion (3). »

Malheur à ceux qui tombaient sous les griffes de ce *sauvage!* Ce malheur advint aux citoyens de Chalon auxquels Mayenne avait imposé le sieur de Lartusie comme capitaine de leur citadelle. Il n'en sort guère pour aller à l'ennemi qu'il laisse ravager les propriétés des Chalonnais, il a bien assez à faire de prendre

---

(1) « Les Beaunois ayant depuis appris cette fourbe et ouï que ce gouverneur se railloit de cette surprise, se faschèrent et s'emportèrent extraordinairement de l'injure qu'il leur avoit faite, prirent des mesures pour se délivrer de sa servitude. » *Réduction de la ville de Beaune à l'obéissance d'Henri IV*, 1595, mss. Copie autographe du R. P. Nicolas Grozelier, de Beaune (Collect. Abel Jeandet). Voy. Gandelot, *Hist. de Beaune*, p. 133-34, in-4 ; — Courtépée, t. II, p. 287, art. Beaune (2ᵉ édition, in-8).

(2) Perry, *Hist. de Chalon*, p. 387.

(3) Ib., p. 376 et 387.

avec eux des airs hautains de capitaine fracasse, de les menacer, de les rançonner et d'aller jusque dans leurs maisons enlever de force et avec effraction l'argent dont il prétend avoir besoin pour payer ses soldats (1) et pour se payer lui-même. On parle de 50,000 écus qu'il aurait placés chez des banquiers de Lyon, il en avoue 30,000 (2).

Ce capitaine rapace, fourbe et retors, a la bosse du commerce, tout en comptant picorer un peu de gloire militaire et beaucoup de profits sous les murs de Verdun; il essaya de tirer son épingle du jeu, avant d'entrer en campagne, en écoulant *les produits de son industrie,* blés et vins récoltés dans les champs d'autrui. Il fit donc l'offre à la ville de Chalon non seulement de son épée, mais encore « de l'accomoder de bled et de vin » pour la fourniture de l'armée des assiégeants. En honnête marchand il envoya de la montre de son blé, mais *il était tellement échauffé* que la municipalité le refusa (3).

Lartusie avait autour de lui des neveux et un fils (4) qui, à son exemple, servaient la ligue avec grand profit pour eux, bien entendu. Ce ligueur avare, dont la fortune scandaleuse était le fruit des extorsions qu'il avait exercées sur les habitants de Chalon (5), sera

(1) *Journal de G. Breunot*, t. I, p. 396.
(2) Ibid.
(3) Reg. des délibérat. de la ville de Chalon.
(4) Noble Jean Ludovic de Lartusie, dont la fidélité avait été achetée, en même temps que celle de son père, par un brevet de gentilhomme ordinaire de la Chambre du roi.
(5) Perry, p. 396. Pour donner une idée de la rapacité de ces hommes, ajoutons qu'il osa prêter de l'argent à la ville de Chalon qu'il avait réduite à lui emprunter 3,000 écus (Arch. de la ville de Chalon, invent. CC 168, p. 118).

— 240 —

puni dans ses plus chères affections. Son fils trouvera la mort en combattant contre les derniers souteneurs de la ligue, ses anciens coreligionnaires; ceux-ci emporteront son cadavre, et leur chef (un ancien frère d'armes de Lartusie) aura la barbarie d'exiger de ce malheureux père, qui redemandait la dépouille mortelle de son fils, 10.000 écus et 200 bichets de blé (1).

« C'est icy, dit l'historien de Chalon, Claude Perry, qu'il faut admirer les jugements de Dieu. Cet homme avoit amassé quantité de biens du sang du peuple et avoit acquis beaucoup de terres; néanmoins tout cela a été dissipé aussitôt que sa postérité, dont il n'est resté personne (2). »

Mais à son nom est restée la honte dont il se couvrit au siège de Verdun.

Le baron de Saint-Vincent

A côté du trop fameux capitaine de la citadelle de Chalon nous remarquons le gouverneur de cette ville. C'est Joachim de Chastenay, baron de Saint-Vincent-en-Bresse, ancien commissaire des guerres en Bourgogne, gentilhomme ordinaire de la Chambre du roi et capitaine des gardes du corps du duc de Mayenne (3) qui l'a nommé gouverneur de Chalon.

Ce gentilhomme bourguignon n'a pas dans sa vie, comme son collègue Lartusie, de ces tâches qui ter-

(1) Perry, H. de Chalon.
(2) P. 396 Lartusie ne rougit pas de rester à Chalon, théâtre de ses tristes exploits. Il y tint sur les fonts, le 5 octobre 1600, le fils d'un nommé Denis Carlot, à Chalon, avec noble damoiselle Judith Quenot, femme de noble Me Estienne Bernard, lieutenant-général au bailliage; il a signé au registre des baptêmes « L'artusie (sic) ». (Anc. reg. de la paroisse Saint-Vincent de Chalon-sur-Saône (Arch. du greffe du Tribunal).
(3) Corresp. de la mairie de Dijon, t. II, 169. Note de M. J. Garnier.

— 241 —

nissent pour toujours une réputation. Nous nous plaisons à compter le silence de ses contemporains sur ses faits et gestes, comme un témoignage favorable. Nous devons lui rendre cette justice c'est qu'il a flétri en termes indignés les cruautés et les exactions des bandes du baron de Vitteaux (1).

Cependant nous ne pouvons oublier que M. de Saint-Vincent est un ardent ligueur et une créature de Mayenne. Car nous le voyons dans Chalon se tenir sans cesse en garde contre toute surprise du dehors et la moindre agitation au dedans. Il a l'œil aussi ouvert sur les ennemis que sur les Chalonnais ; il surveille tous leurs mouvements, interdit les réunions, ferme la bouche aux députés qui veulent rendre compte de leur mandat; enfin il pousse la *sollicitude pour le repos public*, c'est-à-dire pour la sécurité de son parti et la *conservation de Chalon en l'obéissance de monseigneur du Mayne*, jusqu'à conseiller à M. de Fervaque de faire arrêter et transporter à Dijon les *politiques les plus remuans* de Chalon, qui n'étaient autres que les personnes les plus notables et les plus influentes de la ville (2).

A part son penchant à recourir aux mesures arbitraires, dont tous les partis abusent dans les temps de révolution, nous n'avons guère à reprocher à ce gouverneur de Chalon que son attachement aveugle et obstiné à la ligue et à Mayenne, ce qui en faisait un ennemi redoutable de plus pour Verdun.

Ce capitaine à l'air féroce, qui commande cette compagnie d'hommes d'armes « autant leste que faire se

Le baron de Vitteaux

(1) *Corresp. de la mairie de Dijon*, pp. 197 et 202. Lettre des 28 février et 3 mars 1589.
(2) Ibid. Lett. des 1er et 6 février 1589.

peut, et bien montée (1) » est pour les Verdunois une ancienne connaissance dont ils ont conservé la mémoire, c'est le trop fameux baron de Vitteaux, le même qui prit Verdun pour Henri IV, et qui veut le prendre aujourd'hui à Henri IV.

La vie de ce souteneur intéressé de tous les partis qui laissaient un libre cours à ses mauvais instincts se trouve mêlée deux fois à l'histoire de Verdun, la première en qualité de gouverneur de cette ville, la seconde à titre d'ennemi. Nous l'avons montré à l'œuvre comme gouverneur (2), nous allons le voir comme ennemi. C'est toujours le même homme à la tête des mêmes gens de guerre, gens de sac et de corde ; tel chef, tels soldats. Partout où ils passent ils laissent des traces sinistres. Des rives de l'Yonne et de la Saône à celles du Rhône, les malédictions des populations les poursuivent.

Tous ceux qui demandèrent assistance à sa déloyale épée s'en repentirent amèrement. C'est ce qui est arrivé au comte Guillaume de Tavanes, dans Verdun, en 1589 ; c'est ce qui advint, l'année suivante, aux Lyonnais lorsqu'ils l'appelèrent avec le baron de Senecey au secours de leur ville. Vitteaux et sa troupe ont à peine mis le pied dans le Lyonnais qu'ils commencent leurs ravages ; les plaintes arrivent de toutes parts au Consulat. Ne pouvant prendre ce taureau sauvage par les cornes, il tâche de l'apprivoiser en le flattant (3).

(1) Pépin, I, 404.
(2) V. plus haut, ch. xi.
(3) Voir la lettre écrite le 26 avril 1596 par les consuls de Lyon au baron de Vitteaux à l'occasion des doléances des habitants de Chazay, sur les mauvais déportements de sa compagnie (Arch. mun. de la ville de Lyon. Correspond. AA Reg. 109, fol. 90).

Le baron de Vitteaux dut bien rire lorsqu'il entendit louer *ses vertus, sa bonne réputation et sa discipline militaire ;* les consuls de Lyon durent regretter leurs éloges intéressés quand ils virent cet homme satanique leur jeter à la face, pour toute réponse, son ignoble conduite dans l'armée du marquis de Saint-Sorlin. Sous ce général de dix-huit ans, chez lequel les vices avaient poussé avant les premiers poils de barbe (1), Vitteaux se surpassa. On le vit à la prise de Charlieu (2) s'adjuger pour sa part de butin une jeune femme de dix-huit ans, nouvellement mariée à l'un des principaux habitants de la ville, refuser de la rendre aux supplications de son mari qui lui offrait 3.000 écus et plus encore pour sa rançon. Puis après avoir violé cette infortunée, il l'emmena avec lui et en abusa publiquement comme d'une concubine (3) !!

Nous regrettons d'ignorer si cette femme ne fut pas tourmentée par le chagrin de ne pouvoir venger l'honneur de son époux et le sien en arrachant la vie à cet infâme.

(1) V. Avertissement des élus des états de Bourgogne au roi sur les ravages et cruautés licencieusement exercés par les ennemis, particulièrement à Charlieu où le sieur de Saint-Sorlin *a, non seulement permis mais par exprès,* commandé aux soldats toutes espèces d'hostilités, même le rapt des filles et des femmes mariées... (Reg. des délib. des élus, 1590. Arch. de Bourgogne, à Dijon). Saint-Sorlin, dans une lettre écrite aux échevins de Lyon, le 4 mai 1590, à l'occasion de la prise de Charlieu, dit qu'il n'a pu empêcher le sac de la ville où il y a eu du *désordre et de la confusion, principalement à cause de ceux de Bourgogne* (Arch. mun. AA. R. 43). N'est-ce pas étrange d'entendre ce louveteau de Saint-Sorlin reprocher au vieux loup de Vitteaux sa voracité.

(2) Cette petite ville, qui fait partie du département de la Loire, dépendait autrefois du Mâconnais.

(3) Avertissement des élus, cité ci-dessus.

Cette variété de monstre hideux figure comme un bon gentilhomme des plus inoffensifs dans la généalogie de sa maison (1). Pas un mot n'y fait soupçonner l'écorcheur des guerres de la ligue ; on y lit seulement qu'il se maria ; — c'était une victime de plus ajoutée à ses trop nombreuses victimes — et qu'il eut des enfants ; — autres victimes innocentes de l'infamie paternelle (2).

Ce baron de Vitteaux est de la maison du célèbre chancelier Antoine Duprat, son bisaïeul, et se nomme comme lui (3). Il a fait de Vitteaux en Bourgogne son principal repaire. Pour satisfaire ses cruels instincts de rapine, ce n'était point assez d'un seul antre, il en choisit un second dans le château de Noyers (4). Nul ne connaîtra jamais tous les crimes qu'il y a commis ou fait commettre. Les infortunés qu'il arrache à leurs familles y périssent, pour la plupart, dans les tortures de la faim ou des cruautés qu'il exerce contre eux. Soixante-dix

(1) Voir : *Revue historique de la noblesse*, par M. Borel d'Hauterive, t. III, p. 73, in-8.

(2) Sa descendance ne prospéra guère et s'éteignit à la troisième génération.

(3) Courtépée (art. Vitteaux) lui donne à tort le prénom de Guillaume et paraît l'avoir confondu avec un de ses oncles. C. X. Girault, Annuaire (ci-devant cité) lui attribue également le même prénom. L'estimable auteur de l'*Histoire des guerres du calvinisme et de la Ligue dans le département de l'Yonne*, M. A. Challe, est tombé dans une erreur qui l'a conduit à un résultat qui paraît impossible, car il consiste à mettre sur le compte du baron de Vitteaux des crimes qu'il n'a pas commis, et qui sont le fait d'un de ses oncles, également baron de Vitteaux, mais qui portait le prénom de Guillaume (V. M. A. Challe, ouvrage cité, p. 229 in *Bulletin de la Société des sciences historiques de l'Yonne*, t. XVIII, 1864).

(4) Aujourd'hui chef-lieu de canton de l'arrondissement de Tonnerre (Yonne).

de ses prisonniers moururent de la sorte en moins de sept mois et leurs cadavres furent jetés à la voirie, comme des charognes immondes, par les soldats du baron de Vitteaux (1) !

En paix, comme en guerre et en politique, ce baron de Vitteaux est un caméléon ou un serpent ; ramper, se redresser, mordre, siffler ou se taire, changer de peau souvent, de nature jamais, voilà sa manière d'être, on peut dire que son sang était comme un venin empoisonné, il en vivait, mais les autres en mouraient!

Qui le croirait? un jour, Henri IV passera l'éponge de sa clémence royale sur la fange de cette vie et traitera, comme un noble et généreux adversaire, ce condottière sans âme, sans cœur et sans entrailles, qui, pour assouvir ses mauvaises passions, avait tourné casaque jusqu'à quatre fois, de 1589 à 1594 (2) !

A la tête de l'état major de l'artillerie des assiégeants nous trouvons encore un ligueur pur sang, c'est noble Estienne Petit, seigneur de Ruffey, de Villeneuve et de

Petit, seigneur de Ruffey

---

(1) Ce monstre et ses satellites poussèrent le raffinement de la cruauté jusqu'à s'amuser à faire des expériences sur leurs prisonniers dans le but de savoir combien un homme peut vivre de jours sans boire ni manger. Un de ces martyrs vécut neuf jours, un autre onze. (V. M. A. Challe, ouv. cité, p. 272-274 et 438. Voir aussi *Notice sur Chastel-Girard*, par M. Petit. Bulletin cité, t. XIII).

(2) On est indigné, dit l'abbé Courtépée, en lisant le traité du baron de Vitteaux de le voir capituler en souverain avec Henri IV, son maître, et des demandes que ce sujet rebelle ose faire à son roi... » (*Descript. de Bourgogne*, art. Vitteaux, t. III, p. 534 (2º édit.). Nous avons découvert dans les curieux manuscrits de M. Demigieux, conservés soigneusement par l'un de ses descendants, M. le comte E. de La Loyère, au château de Savigny-sous-Beaune, une copie de ce traité. M. A. Challe l'a publié depuis dans les pièces justificatives de son *Histoire de la Ligue dans le département de l'Yonne*), 1ʳᵉ partie, nº XVII, pp. 429-34.

Pouilly, d'une famille déjà ancienne, qui aurait fourni un maître de l'artillerie du roi à Dijon, vers la fin du xv⁰ siècle. Son nom fut inscrit en tête de la liste des ligueurs incorrigibles qui devaient être bannis de Dijon, car il ne reconnaîtra Henri IV qu'à la dernière extrémité. Ce prince n'en confirmera pas moins, en sa faveur, les lettres d'anoblissement que Philippe le Bon, duc de Bourgogne, avait accordées à Jean Petit, son bisaïeul (1).

Sous les ordres du seigneur de Ruffey, commissaire général de l'artillerie, sont des officiers dont les noms attirent notre attention : le garde des munitions de guerre est maître Philibert Le Muet, échevin de Dijon, dont le fils illustrera son nom dans le génie militaire et l'architecture (2).

Le Muet a pour commis Claude Cazotte, encore un nom bourguignon devenu célèbre ; enfin le commissaire des vivres s'appelle François Tabourot : c'est le cousin d'Etienne Tabourot, le joyeux « Seigneur des Accords », ardent ligueur, grave magistrat, conteur graveleux, avec lequel nous ferons connaissance à Verdun (3).

Parmi ces hommes de types différents mais ayant tous des airs de famille qui tiennent, sans doute, à la similitude du costume, du genre de vie et des préoccupations, il en est un qui attire particulièrement notre attention par ses traits plus accentués, par son regard impérieux et mobile : ce type est celui du général en

---

(1) Courtépée, t. II, p. 186 (nouv. édit.) et J. Garnier, in Breunot, t. II, p. 77, et Correspondance de la mairie de Dijon, II, p. 180.

(2) Pierre Le Muet, né à Dijon, mort à Paris, conseiller ingénieur et architecte du Roi, a dirigé les fortifications et les sièges de plusieurs places et à construit le Val de Grâce, à Paris ; il est l'auteur d'un traité d'architecture et traducteur de Palladio et de Vignole.

(3) Voir le chap. xix de ces Annales.

chef. Plusieurs biographes et peintres d'histoire ont essayé de nous donner son portrait, mais leurs images tracées de mémoire et d'après des esquisses imparfaites ne pouvaient être ressemblantes.

La figure et la vie de ce gentilhomme bourguignon, qui a commandé non seulement en chef, mais en tyran, dans notre province, nous ont paru mériter une étude plus sérieuse et plus fouillée. Nous avons donc suivi ce personnage pas à pas, pendant les années 1592 et 1594, sous les murs de la petite ville de Verdun, qui le compta au nombre de ses plus redoutables ennemis, et dans Mâcon, qui eut le coûteux honneur de lui donner, par force, l'hospitalité.

Nous l'avons vu à l'œuvre, nous avons eu entre nos mains ses lettres, ses commissions militaires, enfin nous avons lu et relu ses mémoires : Car ce soldat savait manier la plume aussi bien que l'épée. Connaissant à fond notre homme au physique comme au moral, nous en avons peint un portrait ressemblant, fait d'après nature : c'est ce portrait que allons placer sous vos yeux.

Jean de Saulx, vicomte de Tavanes et de Lugny, baron de Sully et d'Ingornay, seigneur de la Marche-en-Bresse et du Val Saint-Julien, chevalier d'honneur au Parlement de Bourgogne, ancien gouverneur de la ville et du château d'Auxonne, ex-gouverneur de Rouen et de la Normandie, maréchal général des camps et armées des catholiques et lieutenant général en Bourgogne, était pour ainsi dire l'image vivante et la personnification de l'armée qu'il avait sous ses ordres. Comme elle, il est ardent, indiscipliné, fougueux, violent, audacieux et sans pitié, mais il a de plus qu'elle la pensée qui anime et décuple toutes ces passions, toutes ces forces diverses, et la volonté qui les dirige.

Sa naissance, son nom, son âge, 37 ans, son ambition, son penchant pour les entreprises hasardeuses, l'avaient fait choisir par le duc de Mayenne pour être le champion et le boute-feu de la guerre civile dans sa province natale, contre ses proches, contre son frère aîné ! Son humeur, ses principes, sa religion s'accommodèrent de cette mission qui eût paru cruelle et coupable à beaucoup d'autres. Il l'apprécia lui-même en ces termes, avec l'esprit frondeur qui le caractérise :
« L'amitié n'est pas tousiours entre les parents ; j'y suis expérimenté : mon frère du party du roy, moi des catholiques liguez, faisions, chacun de son côté, ce que gens de bien pouvaient faire.

« La prise des armes pour justes qu'elles soient offence Dieu, si ce n'est pour son nom. C'est une pierre jetée qui ne se peut retenir ; il faut avoir bonne intention et après ne s'en repentir.... Toutes considérations doivent estre mises en arrière, les requestes des parents, des amis..... Il fallait considérer avant d'entreprendre ces malheurs..... C'est cruauté, dira-t-on, de faire pastir les innocents. Cela est bon à la bouche des gens de bien, mais ceux qui rompent les barrières de prud'hommie sont autant damnez pour peu que pour beaucoup (1). »

Jean de Saulx-Tavanes ne porte pas seulement, avec fierté, le nom et l'épée du maréchal, son père, le tenant infatigable et invaincu des plus rudes tournois, l'un des vainqueurs de Cérisoles, de Renty, de Jarnac et de Mon-

---

(1) *Mémoires de Tavanes*, p. 246 (édit. originale).

contour ; il en a le fanatisme, l'orgueil, l'ambition, la bravoure et le cœur d'airain.

La vie et la fortune guerrières de son père furent pour lui un idéal qu'il s'efforça vainement d'atteindre,

L'éducation de Jean de Tavanes, comme homme de guerre, commença dès le berceau et s'acheva dans la meilleure des écoles, celle des revers : « Ceux qui ont eu de grandes infortunes, qui ont perdu des batailles, disait-il au déclin de sa carrière, sont plus expérimentés que les Victorieux. »

Nous le trouvons à l'âge de treize ans en Allemagne pour y apprendre à commander les Reistres dans leur langue. Par ce début on devine ce que dut être sa carrière militaire; ce fut une suite non interrompue de combats, de sièges de villes où le courage et l'habileté se mêlent à des actions chevaleresques. Il faut le suivre dans une expédition contre les Turcs, en Moldavie, où, lui cinquième, résiste dans une maison en flammes assiégée par deux cents ennemis. Il eût fallu le voir à la journée de Dormans, où il eut son cheval tué sous lui, en faisant prisonniers quinze cents Reistres et en dégageant le duc de Guise qui venait de recevoir la blessure qui lui a valu le surnom de *balafré*. A Auxonne, pris par stratagème, il s'évada d'une prison située à une hauteur de plus de cent pieds. Pour juger de sa bravoure, il faut assister à sa glorieuse défaite au secours de Noyon où il reçut trois coups d'épée et eut un bras cassé ; pour montrer jusqu'où il était capable de pousser la délicatesse du point d'honneur, nous dirons qu'il refusa d'acheter sa liberté au prix d'une action déloyale ; enfin son échange contre quatre princesses, la mère, la femme et les deux sœurs du duc de Longueville, pour la rançon desquelles on avait offert 100,000 écus, prouve en quelle estime ses ennemis le tenaient.

Mais ses qualités et ses actions d'éclat furent obscurcies par ses mauvaises passions qui le poussèrent même à commettre des crimes. Dans le cours des guerres sauvages de la Ligue il se montra colère, violent, cruel et dissimulé; il permit à ses soldats le pillage, l'incendie, le meurtre, le viol et jusqu'à la dévastation des églises, lui qui se posait en champion de la religion catholique.

Plus tard il écrira dans ses mémoires :

« Ceux qui bruslent les bastiments sont plus méchants que les Turcs... Les Huguenots ont bruslé les églises de France, cruauté qui tient de l'ancienne barbarie des Goths et Vandales. »

Ce sera Jean de Tavanes, sur le retour, aux prises avec les remords tardifs de sa conscience, qui condamnera ce que le capitaine ligueur avait fait.

L'inaction, l'isolement, le calme de la paix, la tristesse de l'oubli, autant de supplices pour cet homme possédé par l'activité dévorante et l'esprit révolutionnaire de son siècle, le condamnèrent tout vivant à faire le mort.

Se voyant échoué dans le naufrage de ses rêves ambitieux avant le terme de sa vie agitée, il eut souci du jugement de Dieu et de l'opinion des hommes. Il pensa que l'histoire pourrait l'appeler devant son tribunal. Alors le fervent catholique fit tout haut son examen de conscience et sa confession, tandis que, pour sa rentrée posthume sur la scène du monde, le sujet rebelle, le routier sans pitié des guerres civiles, le preux et *vrai* gentilhomme, se composa un rôle, un visage et eut l'habileté et la hardiesse de se peindre lui-même. Ce portrait est l'œuvre d'un artiste plus soucieux de la pose et du coloris que de la ressemblance; il ne s'y montre ni de face, ni en pied, mais de profil : tantôt sur son cheval de bataille, l'épée au poing, tantôt assis rêveur dans le calme de son cabinet de travail, la plume à la main. Dans l'une comme dans l'autre de ces situations, il pose pour un Tavanes légendaire et chevaleresque, le seul qu'il veut faire connaître.

Le vicomte de Tavanes n'est point le premier qui a pris ce masque et ne sera pas le dernier. Il avait réussi jusqu'à nos jours, aussi bien et mieux que beaucoup d'autres à tromper ses biographes; mais ses expéditions en Bourgogne et sa campagne contre Verdun, en nous permettant de le suivre et en nous plaçant face à face, en ennemis, nous l'ont fait connaître tel qu'il était.

Comme dans toutes les individualités d'une certaine valeur, il y avait dans le vicomte de Tavanes deux hommes; l'homme de tête et de pensées réfléchies, plus ou moins maître de lui-même, et l'homme d'action et de luttes qu'entraîne la marche capricieuse des événements et qu'irritent les obstacles. Celui-ci, homme de parti, sectaire ardent, soldat ambitieux, avide de fausse gloire, use et abuse du glaive pour vaincre à tout prix : c'est le Tavanes ligueur en chair, en os et en actions; celui-là, gentilhomme de race, jaloux de conserver et d'accroître l'illustration de ses aïeux, fier et fort, libre et indomptable comme le lion qui se dresse sur son blason au milieu des entraves qu'il a brisées, s'arme de sa plume, la manie comme une épée et, tout en rugissant, se révèle écrivain original, guerrier consommé, politique profond, penseur hardi, critique mordant et catholique philosophe. C'est le Tavanes de ses mémoires qui, comme il l'écrit lui-même, « brusle les faux sentiers et ne laisse que les grands chemins de la vertu ».

Nous devons lui tenir compte de ce retour tardif dans cette voie où beaucoup, hélas! ne rentrent jamais.

La postérité, cette grande justicière, semble commencer pour lui de son vivant :

« Enfants, neveux, cousins, dit-il au début de ses mémoires, j'escris par devoir de nostre père, pour exemples et préceptes à vous mes parents, non par gloire; je me connais trop...

« Je ne me soucie de ce qu'on pourra dire, pourvu qu'il vous profite, j'auray atteint le but auquel j'aspirais pour votre utilité, au bien de la Patrie, à l'honneur de Dieu, que je supplie de faire prospérer vos bons desseins. »

Le vicomte de Tavanes

Le vicomte de Tavanes a placé l'image et le nom de son père au frontispice de ses mémoires pour honorer sa mâle figure et pour indiquer qu'ils sont l'œuvre du père et du fils. En effet, le premier en a fourni l'idée mère et la trame, le second en a tissé l'étoffe et en a retrempé et ravivé les couleurs.

Son existence non moins agitée et plus aventureuse que celle de son père, ses défaites et ses revers plus nombreux que ses victoires et ses succès, ses ambitions inassouvies, ses espérances déçues, le mirage du bâton de maréchal de France, supplice de Tantale auquel les Bourbons victorieux condamnèrent ce ligueur vaincu, les courants révolutionnaires qu'il avait traversés, toutes ces causes imprimèrent à son esprit un cachet de philosophie stoïque mélangée d'un scepticisme tempéré par sa foi religieuse qui domine les plaintes, les récriminations, les colères et les rancunes dont ses mémoires abondent.

Dans chaque ligne qui s'échappe par saccades de sa plume frémissante, on ressent les dépits, les tristesses, les déchirements de cœur d'un homme qui s'est heurté, toute sa vie, contre les abus, les vices, les calamités et la perversité de son époque, dans lesquels il lui revient une large part au détriment de sa renommée.

Les mémoires du vicomte de Tavanes sont un composé étrange, unique, peut-être, par la forme autant que par le fond. Ce fond est d'une grande richesse : c'est une mine où les matières les plus variées, les plus curieuses sont enfouies pêle-mêle, comme des métaux précieux dans leur gangue.

Il faut feuilleter, lire, laisser, puis reprendre et relire attentivement, le crayon à la main, ce vieux livre, aussi mal connu que son auteur, afin d'y noter toutes les idées *modernes* et hardies, toutes les pensées profondes ou originales qu'on y découvre ; nous signalerons les suivantes :

La suppression de la torture ; la décapitation employée comme unique supplice, la fusion de toutes nos lois, gloses et coutumes en un seul code, de CINQUANTE FEUILLETS ; la convocation régulière d'une assemblée des représentants de la nation entière ; la question d'Orient ; la Grèce affranchie du joug des Turcs, et ces derniers chassés de Constantinople ; la réunion du Louvre aux Tuileries ; le Rhin COMME FRONTIÈRE NATURELLE DE LA FRANCE ! Tels étaient, entre une foule d'autres, les sujets qui firent l'objet des méditations du vicomte de Tavanes, dans sa retraite de Sully, et qu'il aborda dans ses mémoires.

Ses observations et ses travaux sur l'art militaire y occupent une place considérable. En l'écoutant faire l'historique des grandes batailles de son temps, comparativement à celles des siècles précédents, raconter les campagnes de son père et les siennes, énumérer les qualités qui font le bon soldat et le bon général, discourir sur la composition, la discipline, les manœuvres et l'armement des troupes, sur la défense et l'attaque des places, on reconnaît en lui le tacticien consommé qui a la passion et le génie de la guerre.

Contraste étrange et surprenant! cet intrépide capitaine, un jour de bataille, étonne par ses insuccès plus encore que par son bouillant courage qu'attestaient dix blessures reçues par devant.

De tous les évènements, de tous les faits d'armes de la carrière militaire du vicomte de Tavanes, le plus important est celui auquel tous les historiens et tous les biographes ont accordé le moins d'attention ; ils le mentionnent à peine ! Cependant il exerça une influence désastreuse sur sa fortune et sa renommée d'homme de guerre, ainsi que sur le sort de la Ligue en Bourgogne. Cet évènement oublié, que nous ferons connaître dans tous ses détails, est le siège de Verdun où le brave Thiard de Bissy, que Tavanes croyait inférieur à lui, sous tous les rapports, et qu'il regardait du haut de son orgueil et de sa force, confondit cet orgueil et enchaîna cette force par un courage et des talents militaires devant lesquels Tavanes vaincu fut contraint de céder.

CHAPITRE QUATORZIÈME

Verdun sous le gouvernement de M. de Bissy. — Il y soutient un siège mémorable contre tous les ligueurs de la Bourgogne. — Petit nombre et bravoure des défenseurs de Verdun. — Péripéties de ce siège. — Un traître met le feu dans les poudres à l'arsenal. — Mort tragique de Mme de Bissy. — Les ennemis arment un assassin contre Bissy. — Le vicomte de Tavanes, forcé de lever le siège, dissimule sa défaite. — Bissy poursuit ses succès contre les ligueurs et les force à implorer la paix.

1592

Nous connaissons, maintenant l'armée formidable qui enveloppait Verdun avec l'espoir, disons plus, avec la certitude de l'écraser. Car ce n'était point une armée ordinaire, mais une réunion de chefs et de soldats qui combattaient pour une cause qu'ils avaient embrassée avec fanatisme, sous un drapeau et sous un chef qu'ils avaient choisis. Ce chef était un Tavanes; cette armée c'était la ligue en armes et servie par ses plus ardents sectaires, par ses champions les plus intrépides et les plus redoutés, c'était la Bourgogne ligueuse représentée par ses principales villes et par sa noblesse militaire, c'est-à-dire par les plus braves de ses enfants.

Le comte Guillaume de Saulx-Tavanes, lieutenant général pour Henri IV, en Bourgogne, ne se sentit pas en état, avec toutes les forces de son parti, de se mesurer avec elle, ni de l'empêcher d'investir Verdun (1).

Après avoir fait reconnaître ses positions autour de cette ville il assembla un conseil de guerre dans lequel on décida que tous les capitaines royalistes se retireraient chacun dans leurs garnisons respectives d'où ils s'efforceraient de harceler l'armée des assiégeants (2).

Cette résolution dictée par la nécessité et par une prudence timorée ne pouvait guère profiter aux Verdunois ; en effet ils étaient environnés de tous côtés par des places ennemies et parmi celles peu nombreuses occupées par leurs amis, il n'y en avait pas une seule dont ils ne fussent séparés par une ville du parti contraire qui pouvait agir directement contre Verdun, sans être entravée ni incommodée sérieusement par les garnisons royalistes, comme le reconnut le comte de Tavanes (3).

En définitive, Bissy et Verdun furent abandonnés à eux-mêmes à leurs propres forces. Quelles étaient ces forces ? — nous allons le dire pour la première fois. Commençons par la population, car en ce siècle d'acier, où des épreuves quotidiennes retrempaient sans cesse les courages, chaque habitant était soldat pour défendre son foyer.

Après avoir suivi le cours calamiteux de ces annales, on ne sera point surpris d'apprendre que le recensement officiel fait en 1588 ne donna pour Verdun (la ville) que 35 feux et pour Saint-Jean de Verdun, 30 ; soit 65 feux agglomérés dans ces deux petits groupes auxquels il faut ajouter, pour les Bordes de Verdun, 13 feux, au-

---

(1) *Mémoires de Guillaume de Tavanes*, éd. in-fol., p. 72.
(2) Ibid., p. 73.
(3) *Mémoires* déjà cités.

tant pour Chauvort et 2 pour les Montots, total, 93 feux pour la paroisse entière (1), ce qui représente une population d'environ 465 habitants.

Ce faible chiffre fut encore diminué par les deux sièges que soutint Verdun en 1589, ainsi que par la présence du baron de Vitteaux et le séjour du capitaine Réal.

A la vérité il augmenta un peu à partir du moment où Bissy eut pris le commandement de la ville dans laquelle beaucoup de partisans du roi et d'habitants des environs vinrent chercher un refuge. On peut donc évaluer le nombre des individus qui prirent part à la défense de Verdun à deux cents; nous ne disons pas deux cents hommes, parce que nous savons que l'exemple donné par l'héroïque épouse de Bissy trouva plus d'une courageuse imitatrice.

La revue des troupes que Bissy avait dans Verdun sera bientôt passée; elles consistaient :

1° Dans sa compagnie de cinquante gendarmes, dits chevau-légers ;

2° Dans sa compagnie de cent cinquante hommes de pied français ;

3° En une compagnie de vingt-huit hommes du régiment du comte de Crusilles (2), auquel de Bissy avait demandé un renfort à la nouvelle de l'approche des ennemis ;

---

(1) Cherche des feux du comté d'Auxonne. Archives de Bourgogne, à Dijon.

(2) Georges de Bauffremont, comte de Cruzilles, frère du baron de Sennecé et ancien gouverneur de Mâcon, dépossédé par les ligueurs, leur fit une guerre acharnée dans le Mâconnais et les environs de Tournus (Pépin, note J. Garnier, I).

4° Enfin, durant le siège, le comte Guillaume de Tavanes lui fit passer un secours de 50 mestres de la compagnie du sieur de Soussey.

Ce fut donc avec DEUX CENT SOIXANTE DIX-HUIT SOLDATS et quelques gentilshommes volontaires assistés par deux cents habitants que Bissy soutint dans Verdun le choc d'une armée dont les forces se renouvelaient et s'accroissaient chaque jour, au point que toutes les troupes royales de la Bourgogne ayant à leur tête des capitaines tels que Saulx-Tavanes, Cipierre, Conforgien et Vaugrenant avaient battu en retraite devant elle.

Bissy avait pour lieutenant de sa compagnie de gendarmes un coreligionnaire, un ami de cœur, Claude de Lenoncourt, seigneur de Chauffour, qui portait dignement le nom chevaleresque de son illustre famille (1); pour cornette Jacques de Croisier, seigneur de Dampierre, son cousin, *le parangon des bons gendarmes* (2), et pour maréchal des logis, Claude Symonin, un simple bourgeois. Son noble capitaine l'avait en assez grande estime pour lui permettre de choisir Madame de Bissy pour marraine d'une de ses filles, puis pour sa commère, enfin pour être, lui-même, le parrain d'un de ses fils (3).

Cette compagnie recrutée « *parmi les meilleurs et les plus aguerris* que Bissy avait *pu recouvrer* », conformément au texte de son brevet de capitaine, était composée principalement de volontaires gentilshommes ou bourgeois que le patriotisme et le péril commun transformèrent en guerriers intrépides. Nous y avons

---

(1) Voir la note 34.
(2) Voir la note 35.
(3) Reg. du curé Blandin,

reconnu jusqu'à dix-huit Bourguignons, magistrats, notaires, bourgeois ou négociants qui rivalisaient de bravoure avec les gentilshommes rompus au métier des armes. Empressons-nous d'enregistrer ici leurs noms :

De Villers-la-Faye, parent de Bissy (1), Léonard de Vallerot (2), Denis Arcelin, élu pour le roi en Mâconnais (3), Jacques Quarré, de Chalon, seigneur de Pyemont, Raphaël Quarré, de Chalon (4), Claude Dandet, Mâconnais, Robert de la Cour, Benoît de la Tour, Maître Noël Dunoyer, notaire royal de Buxy, et depuis seigneur de Jancy-La-Guiche ; il eut le courage de porter des lettres du gouverneur de Verdun à Henri IV, alors au siège de Rouen! Jean Janthial, grenetier au magasin à sel de Chalon, qui fut plus tard maire de cette ville (5), honorables Claude Bourguignon et Ro-

---

(1) D'une illustre maison de Bourgogne. Il mourut et fut inhumé à Verdun, au mois de décembre 1592, par suite des fatigues endurées pendant le siège.

(2) D'une famille ancienne de Bourgogne. Claude de Vallerot, capitaine-commandant au régiment de Mgr le duc d'Epernon, fut maintenu dans la noblesse en 1669 ; il était seigneur de Senneceyen-Bresse, dans le comté de Verdun, en 1647. Sa fille fut mariée au marquis de Rorté, d'une grande famille de Lorraine.

(3) D'une ancienne famille de Cluny ; a fourni plusieurs officiers à nos armées et un grand nombre d'échevins aux villes de Cluny et de Mâcon. Elle est dignement représentée aujourd'hui par M. Adrien Arcelin, connu dans le monde savant par ses travaux préhistoriques. Parmi les publications de M. A. Arcelin, nous mentionnerons un *Indicateur* héraldique et généalogique du Mâconnais. Paris et Mâcon, 1866, 1 vol. in-8.

(4) Il était marié et accompagné par sa femme ; elle accoucha d'une fille à Verdun, qui eut pour parrain noble Louis de Pontoux de Chalon. Reg. Blandin.

(5) C'est ce même patriote français qui, en 1591, renonça à l'incolat de Chalon où la ligue dominait, pour venir habiter

binet Ponsonet, marchands de Mâcon, Jean Deguerre, aussi de Mâcon, honorable Pierre Guillaume, de Tournus, honeste Guillaume Chanut, fils de maître Guyot Chanut, notaire roial et bourgeois de Louhans (1), maitre Humbert Jehannin, notaire royal et procureur du roi en la Châtellenie de Sagy, honorable Girard Jehannin, marchand à Louhans, et Guy Jehannin (2), également de Louhans, ces trois derniers oncles de Guillaume Chanut, Jacques Desmolins, de Pourpiere en Beaujolais (3), N. Desclos, d'Allerey-sur-Saône, tué pendant le siège de Verdun, le 6 septembre 1592, Jehan Roger, Charles Coulet et Claude Tivernon, dit le capitaine La Roche.

La compagnie de « *gens de pied français* placée sous la charge et conduite du sieur de Bissy » avait pour lieutenant l'un de ses parents, Noble Philibert Cayot, écuyer, seigneur de Burnand en Mâconnais, ancien garde du Roi et maitre d'hôtel de Philibert de la Guiche,

---

Verdun, la ville fidèle à Henri IV. Il appartenait à une des principales familles de Chalon. Parmi ses descendants, nous nommerons noble Jacques Janthial, conseiller du roi, enquesteur au bailliage et chancellerie de Chalon et maire perpétuel de cette ville vers la fin du règne de Louis XIV ; Jean Janthial, avocat conseiller du roi, maître particulier des eaux et forêts en Chalonnais et Charollais ; Philippe Janthial, mort en 1736, chevalier de Saint-Louis et lieutenant-colonel d'infanterie. Cette famille portait : d'azur à une étoile d'or.

(1) Par contrat passé à Verdun, le dernier de février 1593, en la présence de M. de Bissy qui a signé l'acte, Guillaume Chanut épousa « honeste fille Itasse Bailly de Verdun (original coll. de l'auteur).

(2) Ce bourgeois de Louhans se distingua au point de devenir capitaine de cette même compagnie, sous le comte de Verdun, après la mort de Bissy en 1593.

(3) Par contrat, reçu Jean Vaudoiset, notaire royal à Verdun, le 1er décembre 1591, il épousa, de l'avis et en présence du sieur de Bissy, Jeanne Barbier, de Ciel.

grand maître de l'artillerie de France (1) ; pour porte-enseigne, noble Bernard Teston, écuyer d'écurie du Roi, et pour sergents Jean Gauthier et Jean Saulnier.

Ce porte-enseigne était un vieux soldat italien, on ne le nommait à Verdun que le *Seigneur Bernard*. D'abord ligueur il avait pris part au siège de Verdun sous les ordres du capitaine Guionvelle, en 1589. Il se rallia des premiers à Bissy qu'il servit avec fidélité ; il eut l'honneur de devenir le compère de la femme de son commandant avec laquelle il tint un enfant sur les fonts en 1591 (2).

Le poste important de commandant du château était rempli par le capitaine Jean Camus. Cet officier s'était fait connaître en défendant courageusement la tour de Perrigny contre les reistres au mois d'octobre 1591 (3). Il prit part à tous les faits de guerre des deux sièges de Verdun en 1592.

Plusieurs gentilshommes volontaires durent mettre leur épée au service des défenseurs de Verdun, mais le nom d'un seul est parvenu jusqu'à nous, c'est celui de Gabriel de Saint-Belin, seigneur de Cussigny, le noble et digne parrain d'un des bastions de la ville.

Le 25 du mois d'août, fête de Saint-Louis, qui ce jour-là tombait un mardi (4), le vicomte de Tavanes investissait Verdun et mettait en fuite les terrassiers

---

(1) Ce brave gentilhomme avait pour aïeule maternelle Sébastienne de Tyard, tante du père d'Héliodore de Tyard de Bissy.
(2) Reg. du curé Blandin.
(3) Pépin, en son journal (t. I, pp. 77), a été induit en erreur lorsqu'il écrivit que les ennemis firent pendre ce capitaine, après qu'il se fut rendu à composition.
(4) Reg. du curé Blandin.

que Bissy faisait travailler sans cesse aux fortifications de Saint-Jean et aux *corridoux* de la ville, comme l'atteste cette note inscrite sur le livre du comptable chargé de payer les journées des ouvriers.

« Le vingt-cinquiesme du dit mois la ville fust investie du siège pour le viscomte de Tavanes, tellement que nos ouvriers se dérobèrent, au moyen de quoy la besogne cessa (1). »

Aussitôt commença une autre besogne, besogne rude, périlleuse, meurtrière, accomplie de part et d'autre avec une égale ardeur, la grande besogne du siège de Verdun !

« En guerre celui qui entreprend a l'advantage, le premier coup en vaut deux, disait le vicomte de Tavanes (2). Il essaya donc d'ébranler Bissy par la rapidité de son attaque qui eut lieu brusquement, le jour même de son arrivée, à dix heures du soir (3).

La faiblesse du faubourg Saint-Jean ne lui avait pas échappé, tous ses efforts se concentrèrent de ce côté, aussi furent-ils couronnés d'un plein succès ; Saint-Jean tomba en son pouvoir le lendemain 26 août (4).

Bissy avait prévu cet échec occasionné par l'infériorité de ses forces sur ce point, car il n'entrait pas dans ses plans de sacrifier inutilement des hommes à la défense du faubourg Saint-Jean trop étendu et

---

(1) V. preuves, pièce n° 23.
(2) *Mémoires*, p. 463.
(3) Note du curé Blandin.
(4) Ce fâcheux événement nous est révélé par cette note du curé Blandin : « Le mercredi xxvi° dudit moys (août) fut tué un marchand d'Ossonne (Auxonne), nommé Suremain, par lesdits ennemis estant à Sainct-Jehan ».

trop vulnérable pour pouvoir être conservé. Cependant, comme les ennemis y gagnaient une position très avantageuse il résolut d'y retarder leur établissement en allant les y attaquer. Il ordonna donc une grande sortie contre Saint-Jean pour le lendemain matin jeudi 27 du mois d'août.

Cette journée, qui n'était encore que la troisième du siège, fut l'une des plus funestes et des plus meurtrières pour les Verdunois. Ils franchissent leur pont-levis, pénètrent dans Saint-Jean occupé par l'ennemi et y mettent le feu à plusieurs maisons. La lutte devient acharnée; honorable Thibault Clerc, l'un des échevins de Verdun, y trouve la mort en combattant à la tête des habitants qui soutenaient les soldats de la garnison(1). Afin de diviser les forces des assiégés, le vicomte de Tavanes fait attaquer la ville sur divers points à la fois : des combats s'engagent sur toute la ligne des remparts.

De Tyard est partout, faisant face aux assaillants.

Dans une situation aussi grave, chacun, dans la petite ville, prend part à la défense, et la digne compagne d'Héliodore de Tyard choisit, pour son poste, l'arsenal afin de ménager les munitions, en se chargeant de les distribuer elle-même.

Au milieu du va et vient des arquebusiers qui se pressent dans l'arsenal, une étincelle détachée d'une mèche allumée tombe dans un baril de poudre sur lequel Mme de Bissy était appuyée ; aussitôt une explosion se fait entendre et une colonne de flamme enveloppe Mme de Bissy, la lance dans l'espace, renverse,

(1) Noto, Curé Blandin.

suffoque et brûle les personnes qui l'entouraient et met le feu à l'arsenal.

L'effroi, la confusion règnent dans la petite ville. Les ennemis se réjouissent de ce désastre dont ils espèrent profiter pour prendre d'assaut Verdun. Mais Bissy, un instant abattu par le cruel accident qui venait de le frapper en la personne de sa noble et bien-aimée compagne, se relève plus énergique et plus terrible, et repousse les assaillants.

Outre son côté tragique et navrant, cet incendie du magasin des poudres, qui engloba la chambre du gouverneur, brûla ses papiers et occasionna la mort de sa femme (1), était une perte sensible et un grand échec pour les Verdunois. Car en même temps qu'il les privait d'une partie de leurs munitions, il apparaissait à leur esprit comme un présage funeste qui ébranlait leur confiance, tandis qu'il exaltait les espérances et l'audace de leurs adversaires, qui avaient recours même à des crimes, pour triompher des Verdunois ; car disons de suite que l'incendie de l'arsenal et la mort de Marguerite de Busseul furent l'œuvre ignoble de deux indignes soldats de la garnison corrompus par l'or des ennemis (2).

Le vicomte de Tavanes continua les opérations du siège de Verdun avec ardeur mais aussi avec les précautions que la force de la place et la résistance des assiégés exigeaient.

---

(1) Voir pour plus de détails sur cette fin si funeste de Mme de Bissy le chapitre XVI consacré à H. de Thiard et à Marguerite de Busseul, son épouse.

(2) Voir, sur la véritable cause de l'incendie de l'arsenal qui causa la mort de Mme de Bissy, la note 36.

Allerey et le port de Chauvort furent choisis pour le quartier général de son artillerie qui détacha une partie de son personnel et de son matériel au faubourg Saint-Jean où se logea l'infanterie dont une partie était sous le commandement de Lartusie, capitaine de la citadelle de Chalon. Il installa son principal corps de garde dans l'église, se faisant un jeu de la profaner (1). La cavalerie occupait les villages d'Allerey, de Bragny et des Bordes où elle faisait ordinairement garde à cheval (2), afin d'empêcher l'entrée de tout secours dans Verdun.

Les ennemis résolurent d'utiliser la position de Saint-Jean pour canonner Verdun et dressèrent, à cet effet, une forte batterie sur une courtine de terre palissadée qu'ils avaient construite sur le bord du fossé du petit Doubs qui se trouvait presque à sec (3).

Ils employèrent la journée du 28 à ces préparatifs pendant lesquels on tirailla des deux côtés sans résultats importants. Un habitant de Verdun, nommé Jean Tabu, charpentier en bateaux, qui était de garde sur les remparts, y fut tué (4).

Quoique les ligueurs n'eussent réussi qu'à demi dans leur machination contre Verdun ils crurent que ses défenseurs, découragés par ce désastre et effrayés du nombre des assiégeants, prêteraient l'oreille à une capitulation.

Le 29 août le vicomte de Tavanes chargea l'évêque

(1) Reg. du curé Blandin.
(2) *Mémoires de Guillaume de Tavanes.*
(3) Id. Cette batterie était placée sur le terre-plein qui correspond de nos jours à la petite place Saint-Jean.
(4) Curé Blandin.

de Chalon, Pontus de Tyard, qui vivait retiré à Bragny, d'aller à Verdun porter des propositions à son neveu le gouverneur pour la reddition de la ville avec composition.

En cas de refus Tavanes déclarait qu'il était décidé à ne point ménager les assiégés (1).

Tandis que l'évêque de Chalon remplissait auprès de son neveu la mission dont l'avait chargé le lieutenant général Jean de Tavanes il en recevait une autre du lieutenant général Guillaume, frère de Jean, qui écrivait à Bissy « qu'il lui amènerait des secours et qu'il se gardât bien de capituler, comme on lui avait dit qu'il faisait (2). »

Il faut des époques révolutionnaires pour présenter des contrastes et des antagonismes pareils à ceux que le siège de Verdun nous offre.

Le docte et vénéré prélat, messager fidèle autant que *politique* habile, s'empressa de remplir ces deux missions si opposées qui lui venaient de deux frères armés l'un contre l'autre. A Guillaume de Tavanes le lieutenant de Henri IV, il fit tenir une réponse favorable de Bissy « avec bonnes espérances d'attendre des secours (3) ». Quant à la réponse qu'il transmit à Jean de Tavanes, le lieutenant des ligueurs, elle fut telle que pour y répliquer celui-ci dut faire avancer son canon et recommencer le feu (4) ; puis pour se mettre en état d'exécuter plus promptement ses menaces contre Verdun il redemanda des renforts de toutes sortes en

---

(1) *Pépin*, I, 94.
(2) *Mémoires de Guillaume de Tavanes*, p. 73.
(3) Ibid.
(4) *Pépin*, I, 95.

hommes, en vivres et en munitions de guerre aux villes de Bourgogne.

Le 29 août il expédia une commission aux maire et échevins de Chalon pour qu'ils aient à lui fournir 4000 pains et 4 queues de vin par jour, pendant toute la durée du siège de Verdun (1).

Les villes de Beaune et de Seurre reçurent de semblables ordres et s'efforcèrent d'y satisfaire (2).

Avec Dijon le vicomte de Tavanes use de plus de ménagements, il n'expédie pas de commissions impératives, mais il écrit des lettres pressantes dans lesquelles « il demande secours luy estre donné par la ville, de gens de guerre et de pionniers pour s'en servir au siège où il est devant ledit Verdun (3) ».

La Chambre de la ville convoquée extraordinairement par le maire pour délibérer sur les demandes du vicomte de Tavanes, arrêta, après avoir pris connaissance de ses lettres et entendu les conclusions du procureur syndic : « qu'il serait fait levée en toute diligence de cent arquebusiers et de vingt-cinq pionniers dans la ville et que pour y parvenir promptement sera sonnée la quaisse parmi elle, afin de les envoyer

---

(1) Reg. des délib. de la ville de Chalon, du 29 août. Archives municipales.

(2) La perte des registres des délibérations de ces villes, ainsi que d'une partie de leurs archives pour l'année 1592, nous privent de documents intéressants sur la part qu'elles prirent à ce siège de Verdun, mais la preuve qu'elles y contribuèrent se trouve consignée, pour ce qui regarde la ville de Seurre, dans des lettres patentes de Mayenne (voyez aux preuves), et pour la ville de Beaune, dans les *Mémoires de Guillaume de Tavanes*, p. 73, éd. originale in-fol.

(3) Lettres datées du camp de Verdun, le 29° d'août 1592.

au sieur viscomte de Tavanes, sauf à luy en envoyer plus grand nombre selon qu'il a demandé ».

De son côté Chalon va au-devant des ordres et des demandes du vicomte de Tavanes. Cette ville qui, faute d'argent pour payer sa cote-part de l'impôt de guerre voté par les états de la ligue, s'était vue dans la nécessité de recourir à la générosité de ses habitants, n'hésita pas à donner plein pouvoir à ses magistrats de contracter des emprunts « *afin que rien ne fust retardé* ». Ceux-ci prirent 1000 écus à intérêts, auprès de M. d'Uxelles, pour acheter des poudres à Lyon et des chevaux d'artillerie à Dijon. Dès le mois de juin 1592 le maire et les échevins avaient « faict achat de balles de canons et de couleuvrines pour plus de 600 escus, afin de servir à toutes occasions qui se présenteroient (1) ».

La première, la principale de ces occasions était le siège de Verdun que les Chalonnais désiraient ardemment et pour lequel ils faisaient des préparatifs depuis une année. La prise de Verdun n'était pas seulement pour eux une affaire d'honneur et d'amour-propre, mais encore une affaire de la dernière importance « *de laquelle*, c'est eux-mêmes qui le disaient, *dépendait la ruine totale de leur ville* (2) ». Aussi n'épargnèrent-ils rien pour seconder puissamment le vicomte de Tavanes, dans ses efforts pour s'emparer de Verdun. Pendant les deux sièges qu'il mit devant cette petite

---

(1) Reg. des délib. de la ville de Chalon, des 6 et 30 juin et 9 juillet 1592 (Arch. municip.).

(2) Ibid., textuel. Assemblée du conseil du 29 août 1592. Extrait du reg. des délib. de la ville, 1592-93, séance extraordinaire du jeudi 2 septembre (Arch. municip.).

place, Chalon lui fournit toutes espèces de provisions de bouche et de munitions de guerre, pain, vin, artillerie, poudre, balles, bateaux, attirail de siège, vingt-sept chevaux d'artillerie, quatre charrettes ferrées, neuf charretiers et conducteurs, dix-huit pionniers équipés, et de plus son gouverneur, le baron de Saint-Vincent, la garnison de sa citadelle avec de Lartusie à sa tête.

Le conseil décida « que l'on écrirait à ce gouverneur pour lui faire entendre la *grande affection* que l'on a d'estre purgé du ravage des ennemys, et que pour ce faire *la ville s'efforcera de tout ce qui luy sera possible*, et aussi pour supplier le dit sieur *de continuer ses bonnes volontés* envers la ville » (1). Et afin de témoigner à M. le vicomte de Tavanes sa gratitude, le conseil décida en outre que ce général serait « *reconnu*, au nom de la ville, de quelques bonnes pièces de vin et volailles » (2).

Mais Chalon épuisé, appauvri par les impôts de guerre, les exactions et les pillages qu'il avait endurés depuis le commencement de la ligue, ne possédait pas un denier pour continuer cette campagne contre Verdun. Cependant comme il s'agissait pour les Chalonnais d'une guerre de salut public, Noble Jean-Baptiste de Beuvrand, maire de la ville, après avoir fait un nouvel appel au patriotisme et à la bourse des citoyens *aisés*, offrit de prêter 200 écus pendant six mois sans intérêts, pour l'achat de munitions de guerre, suppliant ses collègues les échevins et les membres du conseil de faire de même (3).

(1) Reg. des délib. de la ville. Assemblée du 30 juin 1592.
(2) Ibid. Séance du conseil du 29 août 1592.
(3) Ibid.

Le sieur de Beaumont, l'un des échevins, désireux de témoigner « *de sa bonne affection à la cause* », dit qu'il était prêt à suivre l'exemple du maire si les autres échevins voulaient l'imiter. Ceux-ci, les sieurs Gaudet et Durant regrettent de ne pas être en état de faire un pareil sacrifice d'argent, mais « ils *offrent de se saigner le plus qu'ils pourront*, et même de prêter 100 écus.

Le sieur de Thésut promet de contribuer pour sa part.

Quant aux autres assistants ils déclarèrent ne pouvoir faire aucun prêt à la ville, « néanlmoins comme il estoit expédient de ne laisser une œuvre de si grand poids imparfaicte pour le péril qu'il en adviendrait », le conseil vota tout d'une voix qu'on emprunterait à intérêts 1500 écus pour la fourniture des munitions que le vicomte de Tavanes réclamait (1).

Toute la Bourgogne ligueuse se lève comme un seul homme pour marcher sur Verdun. Dijon, tête et cœur de la ligue, capitale de la province, ne se contente pas de prêter main-forte au vicomte de Tavanes, Dijon va jusqu'à implorer pour lui l'assistance du ciel contre Verdun et ordonne, à cet effet, une procession générale qui eut lieu le jeudi 2 septembre. Tous les chefs de famille furent exhortés à y assister (2), et les bou-

---

(1) Reg. des délib. Assemblée du 29 août 1592.

(2) « A esté délibéré par la chambre, que jeudy prochain il sera faict procession générale pour implorer l'ayde de Dieu à ce qu'il luy plaise délivrer son peuple du misérable temps regnant et donner force à M. le vicomte de Tavanes (estant devant Verdun qu'il tient assiégé pour estre occupé par les ennemys de l'union des catholiques. A laquelle procession seront exhortez tous chefs d'ostel y assister et tenir les boutiques fermées jusqu'après le service faict ». (Extrait du reg. des délib. de la ville, du mercredi 1er jour du moys

tiques furent fermées, comme pour une fête chômée.

Mais Dieu restera sourd aux prières de ces fanatiques qui voulaient l'associer à leurs passions aveugles et à leurs querelles sanglantes, car Dieu n'est avec aucun parti, avec aucune secte, il est avec ceux qui sont avec lui, c'est-à-dire avec l'éternelle justice.

Le vicomte de Tavanes, tout en comptant sur l'intervention divine pour vaincre Bissy, ne négligeait pas l'assistance des hommes. Il était trop croyant, trop actif et trop intelligent pour mépriser le proverbe : *Aide-toi, le ciel t'aidera ;* et il s'aidait de toutes ses forces et des forces de tous. Après avoir entraîné à sa suite la Bourgogne entière, il associe encore à son entreprise contre Verdun la ville de Lyon et son gouverneur le duc de Nemours. Il lui envoie incessamment des lettres et des messagers de confiance pour le tenir au courant des opérations du siège et pour lui demander des secours (1).

Pendant ce temps Tavanes ne laissait pas un instant de répit aux Verdunois. Bissy, afin de ralentir ses opérations, fit une nouvelle sortie, le 30 août, avec cinquante cuirassiers soutenus par de l'infanterie. Il s'en suivit un combat très vif où cinq des meilleurs cavaliers de la brave garnison de Verdun trouvèrent la mort en mettant le désordre dans les rangs des ennemis. Leurs pertes durent être assez considérables car deux de leurs capitaines, les sieurs Bateliers et de la Plume faillirent y rester : le premier y fut blessé griè-

de septembre 1592. Arch. municip. Note communiquée par M. Joseph Garnier, conservateur des archives de la Côte-d'Or et de l'ancienne Bourgogne).

(1) Voyez aux preuves.

vement à la tête, et le second y perdit un bras (1). Le vicomte de Tavanes fit distribuer, le jour même, des secours en argent à Edme Humbercourt, dit Bar-sur-Aube, capitaine commandant au régiment de gens de pied français du baron de Thenissey « pour faire panser plusieurs soldats de sa compagnie qui avaient estez blessez en faisant leurs approches aux tranchées devant la ville de Verdun » (2).

La résistance opiniâtre de Bissy en absorbant toutes les forces de la ligue finit par concentrer sur Verdun l'attention des deux partis.

Les élus des états royalistes de la Bourgogne réunis à Semur-en-Auxois le 4 septembre 1592, prirent une délibération par laquelle « ils SUPPLIAIENT le comte de Tavanes de convoquer TOUTES LES FORCES de la province pour les employers au secours de Verdun » (3).

Cet appel un peu tardif ne fut et ne pouvait être qu'une démonstration généreuse mais impuissante en faveur des plus héroïques soutiens du parti national en Bourgogne. Le chef militaire de ce parti était, à la vérité, le comte Guillaume de Saulx-Tavanes, mais son autorité, comme lieutenant général du roi Henri IV, dans notre province, bien que reconnue par tous les adversaires de la ligue, était plus nominale que réelle. A chaque instant elle venait se heurter contre les rivalités jalouses et les personnalités égoïstes des capitaines royalistes qui ne rougissaient pas de sacrifier les intérêts de leur parti à de basses et mesquines passions.

(1) *Pépin*, I, 95.
(2) Compte de J. Chrestiennot. Arch. de Bourgogne, à Dijon.
(3) Reg. des délib. des Elus. Arch. de Bourg., à Dijon.

Guillaume de Tavanes, hâtons-nous de le dire, n'avait pas attendu l'appel des élus de Bourgogne pour secourir Verdun dans la mesure de ses forces. Il avait projeté plus qu'il ne lui fut donné de faire en cette grave occurrence : écoutons-le exposer lui-même ses plans et sa conduite.

« Après avoir reconnu les logements des ennemis autour de Verdun, le sieur de Tavanes envoya à la ville de Saint-Jean-de-Laosne *proposer* aux sieurs de Cipierre, et Vaugrenant, qui y avoient leurs compagnies de gensdarmes (1), et au sieur de Conforgien et autres qui estoient dedans, que *s'ils l'avoient agréable*, il meneroit sa compagnie de gensdarmes, au nombre de 90 maistres, 300. hommes de pied en trois compagnies ; passeroit à Saint-Jean-de-Laosne la rivière sur le pont et joignant à luy l'infanterie et cavalerie qui estoit audit Sainct-Jean-de-Laosne, *infailliblement* ils déferoient l'infanterie des ennemis qui estoit aux fauxbourgs de Verdun de là l'eau, et gagneroit leur artillerie, la cavalerie des ennemis qui estoit de l'autre costé de la rivière, ne les pouvant secourir. L'honneur qui eust eu le sieur de Tavanes, comme chef et autheur de cette entreprise, empescha ses envieux de s'y porter ; ce qui fut cause qu'il en *fit une autre plus hasardeuse*, laquelle réussit heureusement, dont lui seul chef en eut aussi seul l'honneur. *Il fit lever le siège* aux ennemis, leur ayant dressé un *stratagème qu'ils ne prévi-*

---

(1) Tavanes s'exprime ici d'une façon étrangement obscure ; pourquoi ne donne-t-il pas à Vaugrenant son véritable titre de gouverneur de Saint-Jean-de-Losne pour le roi, et le confond-il avec les autres capitaines qui se trouvaient accidentellement dans cette ville ? Est-ce parce que Vaugrenant était son ennemi personnel ?

rent point, en rendant par ce moyen l'exécution plus facile.

« Ce fut en cette sorte : il fit partir un homme d'armes de sa compagnie et avec luy un arquebuzier à cheval, de Vergy, pour recognoistre le passage de la rivière de Saone, tant au milieu d'icelle où il falloit passer à nage, que l'entrée et issue qui estoit proche des portes de la ville de Verdun ; les gardes que faisoient les ennemis sur cette advenue, et leur logement, ce qu'il falloit exécuter la nuict, à cause des dites gardes, et recognoistre le chemin le plus couvert pour y mener le secours sans qu'ils l'apperceussent, et advertir le sieur de Bissy, qui *commençoit à capituler*, qu'il l'alloit secourir et luy dire que quand le secours entreroit en la rivière, l'on feroit paroistre pour signal une écharpe blanche desployée. Leur ayant enjoint ces commandemens, ils rapportèrent tost après que la rivière se pouvoit passer à cheval en nageant la moitié ou le tiers de la largeur d'icelle ; que l'entrée et issue en estoit facile, comme il l'avoit recogneu, y ayant passé à cheval la nuit ; que les gardes des ennemis estoient de 40 chevaux sur le bord de la petite rivière de Saône (1), et de 30 chevaux d'autre costé, où estoit leur cavalerie pour la plupart es villages de Bragny et Allerey, assez près des dites gardes ; qu'il y avoit deux lieues de bois proche les prés de la rivière de Saône, où l'on pouvoit aller à couvert, en passant proche le chasteau de la Salle qui appartenoit à l'évesque de Chalon, oncle dudit sieur de Bissy. »

(1) Le comte de Tavanes a commis une erreur ; il a pris pour un bras de la Saône le canal de fortification qu'on nomme *le petit Doubs*.

« Incontinent le sieur de Tavanes fit sonner les trompettes à cheval, mena 150 maistres tant de sa compagnie d'hommes d'armes, que de celle du sieur de Soucey, qu'il fit marcher en trois troupes : arriva à couvert des bois près de la prairie, ayant fait six lieues de chemin depuis Vergy ; fit partir quatre hommes de cheval seulement, avec le sieur de Longueval pour recognoistre : ils amenèrent deux arquebuziers à cheval prisonniers qui dirent ce qu'ils scavoient. Alors le sieur de Tavanes ayant fait demeurer 100 chevaux en deux troupes, en un grand chemin dans le bois, partit avec la troisième de 50 maistres qu'il conduisit jusques au milieu des prez, leur enjoignant de ne s'arrester point à combattre les gardes des ennemis ; mais s'ils venoient à eux qu'ils fissent un peu ferme et passassent outre à l'eau en suivant leurs guides, et après y estre entrez, montrassent le signal de l'escharpe blanche déployée. Ce qui fut si bien suivy par eux, que nonobstant qu'une des troupes desdites gardes s'ébranla pour venir à eux ils passèrent la rivière de Saône, partie à nage, armez de toutes pièces, sans perte d'aucuns d'eux, et furent receus dans Verdun ; et n'y eut qu'un homme d'armes, nommé le sieur de Chomont, qui tomba tout armé dans la rivière, sans se perdre, car son cheval, qu'il avait pris par la queue, nageant avec les autres le sauva. Incontinent après le sieur de Tavanes oyant dans les quartiers ennemis sonner à cheval aux trompettes, se retira au pas trois lieues durant avec les deux troupes de chacune 50 maistres, ayant l'armet en teste, qu'ils ostèrent après qu'ils ne se virent point suivis des ennemis, et ayant fait autres trois lieues se rendirent à Vergy. Ainsi ils firent douze lieues en un jour (1), leur dessein ayant heureusement réussi. Ces 50 maistres passés à nage furent mis dans un fort *de terre* (2), basty dans une isle proche la dite ville de Verdun, où depuis ils servirent à rompre le projet qu'avoient fait les ennemis, et lors à rompre du tout les capitulations de la reddition de place qui estoient en termes d'estre signées. Les garnisons de cavalerie qui estoient à la ville de Saint-Jean-de-Losne n'en sortirent point et ne firent aucune assistance aux assiégez ; se contentant seulement d'ouïr parler de ce qui s'y passait, sans s'employer à aucune sorte de secours... ayant refusé l'offre qui leur avoit esté faite par le sieur de Tavanes, où ils eussent acquis de la réputation..♦ (3). »

(1) Les lieues dont parle le comte de Tavanes sont ce qu'on nommait des *lieues de pays* qui ne sont pas *larges*, comme on disait en Bourgogne. Il y a de Vergy à Verdun un peu plus de 9 lieues, de 2,500 toises ; Tavanes fit donc plus de 18 lieues dans un jour pour secourir Verdun.

(2) D'après les détails que nous avons donnés sur le château que Bissy construisit à Verdun, on s'étonnera de l'infidélité des souvenirs et de l'inexactitude du comte de Tavanes. Rien n'est plus regrettable que ces erreurs des contemporains et des témoins oculaires, car elles prennent indéfiniment la place de la vérité. Ainsi Cusset et le P. Bertaud dans *l'Illustre Orbandale* ont copié Tavanes, et le marquis de Thyard a renchéri sur eux en ne faisant plus du château de l'Ile qu'un *petit* fort de terre ! (*Hist. de Pontus de Thyard*, p. 39).

(3) *Mémoires de Guillaume de Saulx-Tavanes*, pp. 72-75. Dans la fin de son récit que nous supprimons, le comte Guillaume de Tavanes a réuni des événements du siège de Verdun très distincts et les a représentés comme s'étant passés le même jour et comme si l'un eût été la conséquence de l'autre, savoir, l'introduction du secours dans la place et la levée immédiate du siège sous ses yeux. Cette assertion est tout à fait inexacte et contraire à la vérité. Le comte de Tavanes amena du secours avant le 4 septembre et le siège ne fut levé que le 11 du même mois.

Ce passage des mémoires de Guillaume de Tavanes mérite d'être lu attentivement et médité ; c'est de la vraie histoire à l'état naissant. On y cherche en vain ces héros de convention brillants comme leurs armures qui défrayent les historiens fantaisistes. On ne trouve à leur place que des hommes vulgaires dont la cuirasse offre plus d'un défaut.

Nous avons constaté avec quelle nécessité impérieuse et pressante s'imposait la question du siège de Verdun ; nous avons montré toute l'importance que les ligueurs de Bourgogne y attachaient ; nous avons vu leur général, le vicomte de Tavanes, remuer ciel et terre et ne reculer devant aucun moyen pour la résoudre à bref délai et c'est dans un moment décisif, quand il s'agissait de vaincre avec peu de péril et beaucoup de gloire, que le comte Guillaume de Tavanes, au lieu de donner des ordres rapides, *envoie proposer* à des capitaines placés sous son commandement d'exécuter avec lui un plan de campagne *s'ils l'avaient agréable !*

Est-ce le langage, est-ce la conduite qu'un général doit tenir avec ses subordonnés, en présence de l'ennemi ?

Et quand, par suite de leur mauvais vouloir, par une jalousie basse et coupable, ce général se voit dans la cruelle nécessité de renoncer à une entreprise qui eût *infailliblement réussi*, comme il le reconnaît lui-même et qui, exécutée avec ensemble et vigueur, eût anéanti la ligue de Bourgogne sous les murs de Verdun, au lieu de gémir sur les funestes conséquences de l'indiscipline et de la division des partisans du roi, de regretter l'occasion perdue, il se montre pleinement satisfait et dédommagé par l'honneur d'avoir réussi *seul* au moyen d'un *stratagème*, qui n'aboutit qu'à introduire un secours de 50 hommes dans Verdun : « Ce que les ennemis n'avoient pas prévu », ajoute-t-il.... Il y a lieu de s'étonner autant d'une pareille naïveté de la part d'un homme de guerre tel que Guillaume de Tavanes, que de la bouffée d'orgueil qui le pousse à dire « *qu'il fit lever* le siège de Verdun aux ennemis », sans prononcer le nom de l'héroïque défenseur de cette ville (1) !

Plusieurs historiens (2) ont reproduit à l'envi ce passage d'une lettre du comte de Tavanes au roi Henri IV :

« Si mon frère le vicomte de Tavanes vient par de çà à la guerre, comme il en est le bruit, je la luy feray si ferme que mes malveillants n'auront point subject de me blasmer (3). »

Si jamais occasion s'offrit à Tavanes de tenir cette parole ce fut pendant le siège de Verdun. Le moment était propice, l'heure solennelle ; il ne s'agissait plus d'une escarmouche, ni même d'un combat, mais d'une bataille décisive. Eh ! bien, il se contenta de la proposer quand il était de son devoir de l'ordonner.

Cela est triste à dire, bien peu de ces gentilshommes bourguignons qui eurent l'insigne honneur, le courage et le patrotisme de se grouper autour de Henri IV, alors qu'il n'était encore que le huguenot,

(1) Cette injustice, propagée par l'erreur, a poussé de si profondes racines dans notre histoire provinciale, que personne avant nous n'a essayé de la déraciner. Voyez *Correspondance de la mairie de Dijon*, par Joseph Garnier, *Précis historique*, t. II, p. LXVI.

(2) M. Joseph Garnier, ouv. cité. M. L. Pingaud, *Les Saulx-Tavanes*, 1876, in-8, p. 159.

(3) *Mémoires*, p. 70, édit. in-fol.

que le Béarnais mis hors la loi, et d'acclamer en lui le
Sauveur de la France, bien peu d'entre eux surent se
maintenir à la hauteur de ce noble rôle, ni en comprendre toute l'importance et la grandeur. La conduite
qu'ils tinrent envers Bissy, un généreux frère d'armes
écrasé par leurs ennemis communs, éclaire d'une triste
lueur ces points noirs qui font tache sur tant de consciences. On est profondément attristé de ne pas entendre celle du comte de Tavanes protester avec indignation contre ces capitaines dont l'inaction et l'indiscipline en face de l'ennemi constituaient une véritable
défection.

Pour l'honneur du comte de Tavanes autant que dans
l'intérêt de son parti il importait que Verdun fût secouru le plus promptement possible, car il répète lui-
même jusqu'à deux fois « que les capitulations de la
reddition de la place étaient en terme d'être signées (1) »
lorsqu'il la secourut. L'heure, le moment où ce secours parvint aux Verdunois avait autant d'importance
que le secours en lui-même. Une date précise était indispensable sous la plume du comte de Tavanes, mais
nous l'avons déjà dit et aujourd'hui nous le déplorons,
il ne faut pas chercher de dates et surtout de dates
exactes dans ses mémoires (2). Il eût dû indiquer le
jour de son expédition pour montrer qu'il en avait pris

(1) *Mémoires*, pp. 73 et 74, in-fol. Nous n'enregistrons que pour
mémoire cette assertion du comte de Tavanes, car après les plus
minutieuses recherches dans une foule de documents originaux
nous n'avons rien trouvé qui la confirmât.

(2) Pour tout renseignement chronologique, Tavanes dit qu'il
écrivit au roi « peu après, en mai (le 18) 1592 » (p. 71 et 75).
En admettant une erreur de date, il nous laisse incertains sur la
date où il secourut Verdun.

l'initiative et qu'elle n'appartenait pas aux élus de Bourgogne.

Non moins soucieux de l'honneur de ce gentilhomme que lui-même et plus attaché que lui à la vérité historique nous avons eu la satisfaction de pouvoir constater qu'il introduisit du secours dans Verdun du 1er au 3 septembre, c'est-à-dire avant d'avoir connaissance de la délibération que les élus prirent le 4 septembre à Semur-en-Auxois. Un renfort de 50 cuirassiers dans une ville assiégée par plus de 10,000 hommes, depuis dix jours pendant lesquels elle avait perdu ses faubourgs et son arsenal et vu périr par le feu de l'ennemi la femme et deux cousines de son gouverneur, un de ses échevins et plusieurs de ses habitants, ne pouvait exercer qu'une bien faible influence sur l'issue d'une lutte aussi disproportionnée. Aussi les ligueurs comptaient tellement sur une prompte victoire que le 4 septembre, en prévision de la prise de Verdun, la Chambre de ville de Dijon, sur la proposition du vicomte Maïeur, décréta une levée d'hommes de guerre et de pionniers ainsi que des achats de munitions afin d'être en mesure d'assiéger Saint-Jean-de-Losne, aussitôt après que « le vicomte de Tavanes, aidant Dieu, sera venu à bout du siège qu'il a dressé devant Verdun » (1).

Pendant ce temps que se passait-il dans les murs et hors des murs de cette courageuse petite ville ?

La vigoureuse résistance des assiégés excitait l'ardeur des assiégeants ; ceux-ci, chefs et soldats, pleins de dépit, redoublaient d'efforts, le vicomte de Tavanes

---

(1) Regist. des délib. de la ville. Arch. mun.

— 281 —

résolut de tenter un grand coup qui consistait à emporter d'assaut l'île et le château. Cette position une fois occupée c'en était fait de la ville qui se trouvait sous les feux croisés des assiégeants retranchés d'une part, dans le château, de l'autre dans Saint-Jean.

Tavanes prit toutes les mesures capables d'assurer la réussite de cette importante tentative. Il fit construire un bateau si bien couvert par le devant qu'il y pouvait entrer 60 ou 80 hommes, sans être offensés des mousquetades (1); » d'autres bateaux de moindre grandeur formaient avec celui-ci une espèce de flottille qui était montée par des hommes armés diversement de cuirasses, de mousquets ou d'arquebuses. On les avait choisis parmi les plus déterminés; la compagnie du capitaine Humbercourt, du régiment de Thenissey, qui s'était distinguée les jours précédents et celle du chevalier de Rochefort en fournirent le plus grand nombre. Ce terrible chevalier, qui passait pour l'un des braves gentilshommes et des bons guerriers de l'armée, eut le commandement de cette attaque (2).

Le vendredi 4 septembre la flottille s'approche de l'île du château (3); le grand bateau que monte Rochefort ouvre la marche. Il est près d'aborder quand tout à coup les défenseurs du château, parmi lesquels figu-

(1) *Mémoires de Tavanes*, p. 74. Il n'y est question que de ce seul bateau, mais Pépin (I, 95) dit *quelques bateaux et barques* et le curé de Verdun, témoin oculaire, dit positivement que les ennemis étaient dans *des bateaux armés*. Ces divers témoignages se complètent les uns les autres.
(2) Compte J. Chrestiennot.
(3) *Pépin*, I, 95. Il a commis une petite erreur de date que nous rectifions d'après le curé Blandin.

raient *les nageurs du sieur de Tavanes* (1), le saluèrent avec un feu tellement vif et nourri que les soldats qui étaient à la proue du bateau se retirèrent brusquement en masse sur l'arrière et le firent renverser sans dessus dessous. Un désordre épouvantable se répandit dans toutes les embarcations. Les soldats tombés dans la rivière se débattant sous le poids de leur armure et sous le feu des assiégés, « furent tous noyés excepté quelques-uns qui par pitié furent retirés avec des piques dans le fort, et fait prisonniers : parmi lesquels se trouvèrent le sieur d'Attinac et trois ou quatre gentilshommes. Entre les morts noyés fut le chevalier de Rochefort et plusieurs autres gentilshommes, autant zélés et hardis pour le parti catholique qu'on sauroit trouver », dit le chanoine Pépin.

Aussi comme il était lui-même l'un des plus zélés du parti, ne peut-il se décider à faire connaitre le nombre de ces soldats dont la perte était si sensible aux ligueurs; il avoue qu'il y en eut bien quinze de tués ou de noyés, tandis qu'il eût fallu dire au moins quatre-vingts ! Malgré les efforts des ligueurs pour cacher ce que cette journée leur avait coûté, nous avons encore découvert qu'une compagnie entière du régiment de gens de pied français du baron de Thenissey y fut mise en pleine déroute et y perdit toutes ses armes.

Par une ordonnance spéciale, en date du 6 septembre 1592, le vicomte de Tavanes fit payer la somme de 237 écus à Edme Humbercourt, dit Bar-sur-Aube, capitaine de cette compagnie, « pour faire achapt d'armes, arquebuzes, picques et aultres armes nécessaires auxdits

(1) *Mémoires de Guillaume de Tavanes.*

gens de pied à cause de la perte qu'ilz ont faicte des leurs en passant la rivière de Doulx de Verdun, en affaires de la guerre, commandez par le dict sieur Viscomte (1) ».

Outre cette somme le receveur Jean Chrestiennot dut payer, en vertu d'une autre ordonnance du Vicomte de Tavanes, celle de 243 écus à honorable J. Jacquinot, marchand de Dijon, qui avait vendu « 34 fournimentz d'arquebuses, 12 piques, et aultres armes pour les soldats du régiment du sieur baron de Thenissey ».

Les ligueurs eurent la mauvaise foi de chercher à donner le change sur la véritable cause de leur défaite. A les en croire la bravoure des assiégés, la muraille de fer et de feu que les 50 cuirassiers du comte de Tavanes leur opposèrent n'y furent pour rien. Suivant le chanoine Pépin, écho fidèle de leurs mensonges, « la mauvaise conduite d'un batelier *traistre et méchant* » avait tout fait (2) !

Les résultats de cette affaire du 4 septembre causèrent autant de dépit aux assiégeants que de joie aux assiégés. Ceux-ci ne venaient pas seulement d'obtenir un avantage signalé, mais encore de se délivrer d'un de leurs plus cruels ennemis, le chevalier de Rochefort, « qui avait juré leur perte (3) et qui périt lui-même en s'efforçant de tenir ce serment barbare.

Les imaginations exaltées mêlèrent du merveilleux à ce désastre des ligueurs : « une heure avant, a écrit le comte Guillaume de Tavanes en ses mémoires, *tomba un flambeau du Ciel en la rivière :* il pouvoit estre un advertissement de leur malheur ».

(1) Compte de J. Chrestiennot. Arch. de Bourgogne, à Dijon.
(2) Pépin, I, 95.
(3) Note du curé Blandin.

A la nouvelle inattendue des suites de cet assaut, les villes de la Ligue qui faisaient des sacrifices énormes pour le siège de Verdun commencèrent à douter du succès de cette entreprise. Les magistrats municipaux de Chalon, qui s'y étaient engagés avec ardeur, sentant le besoin de s'appuyer sur l'opinion publique, convoquèrent une assemblée générale des habitants pour le dimanche 6 septembre. Personne ne s'y étant présenté (1), ils décidèrent qu'elle serait renvoyée au lendemain et publiée à son de trompe « avec injonction à tous les habitants de s'y trouver à peine de 10 écus d'amende ». Malgré cette menace l'assemblée du lundi 7 septembre ne se composa que de 8 conseillers et d'un pareil nombre d'habitants (2).

Le maire et les échevins rendirent compte de tous leurs actes relatifs au siège de Verdun. Ils exposèrent « qu'une grande quantité de vin avait esté prins pour le dit siège », qu'ils avaient fait plusieurs menus frais desquels ils n'ont aucun mandement, tant en présents offerts à Monsieur le vicomte de Tavanes qu'aux sieurs de Lartusie et Saint-Vincent, qu'en charrois et autres affaires; qu'ils avaient déjà payé aux boulangers 300 et tant d'écus, sans préjudice de plus de 500 écus qui leur étaient dus de nouveau, « ce qu'ils faisoient entendre, afin qu'on sache bien qu'ils vouloient que toutes leurs actions fussent connues et *sur le tout demandoient avis de l'ordre qu'ils tiendroient* (3) ».

Les habitants de Chalon présents à la réunion, non contents d'approuver tout ce qui avait été fait pour le

---

(1) Reg. des délib. Arch. mun.
(2) Ibid.
(3) Ibid. Assemblée du 7 septembre 1592.

siège de Verdun par le maire et les échevins, décidèrent : qu'ils emprunteraient à intérêts de l'argent TANT QU'IL EN FAUDRAIT pour le payement des frais de ce siège ; qu'on députerait au camp de Verdun, vers M. le vicomte de Tavanes, maître Jean Penessot, afin d'y sauvegarder les intérêts de la ville de Chalon conformément aux instructions qu'il recevrait à cet effet. L'une des principales consistait « à supplier Monseigneur le vicomte de Tavanes qu'il luy plaise de faire contribuer les villes qui reçoivent autant d'incommodités de Verdun que la présente ville de Chalon ».

Afin de donner plus de poids et d'autorité à ces diverses résolutions on arrêta qu'elles seraient soumises à l'approbation d'une assemblée générale qui fut convoquée pour le lendemain à 6 heures du matin, « avec nouvelle injonction à tous d'y assister à peine contre les défaillans d'estre imposés pour la fourniture des dites munitions (1) ».

Cette assemblée ratifia tout ce que la précédente avait voté (2). Elle ne pouvait agir autrement, car malgré la lassitude et la division qui se manifestaient dans les rangs des ligueurs chalonnais, ils étaient trop intéressés dans cette guerre contre Verdun pour pouvoir reculer. Ils allèrent donc de l'avant et afin d'acheter des balles pour le siège de Verdun ils firent vendre le sel qui était dans le grenier de leur ville. Chalon contracta ainsi une nouvelle dette de 355 écus envers Mᵉ Bénigne de Requelaine, grenetier au grenier à sel de Dijon. Le vicomte de Tavanes travaillait sans relâche à prendre

---

(1) Délib. de la ville. Assemblée du 7 septembre.
(2) Ibid. 8 septembre 1592.

une revanche éclatante et terrible sur les Verdunois.

L'absence de toute relation historique de ce siège nous en laisse ignorer les opérations et les émouvantes péripéties. Mais on peut facilement se faire une idée des efforts inouïs que les assiégés durent déployer pour déjouer les ruses de guerre et surmonter les nombreux obstacles que leur opposait un tacticien tel que le vicomte de Tavanes. Ce général joignait à une habileté et à une audace peu communes des connaissances spéciales dans l'emploi des armes à feu et particulièrement de l'artillerie qu'il avait perfectionnée (1). Il avait étudié à fond tout ce qui était relatf à l'attaque et à la défense des places et n'avait cessé de joindre la pratique à la théorie depuis le siège de la Rochelle, en 1573, jusqu'à celui de Rouen en 1592, l'année même où il vint attaquer Verdun, après avoir fait ses preuves d'intrépidité en plusieurs de ces sièges, notamment à celui d'Issoire où il reçut cinq arquebusades en montant un des premiers à l'assaut.

« On devait au vicomte de Tavanes plusieurs inventions tant pour les sièges des villes que pour combattre en campagne, tels que des bois se tirant comme un rideau, quand on veut donner à la brèche, des ponts de 40 pieds qui se jettent en dépit des assiégés, un terrassement flanqué de doubles bastions au milieu du fossé pour amollir et rendre inutiles les batteries, enfin des pièces d'artillerie qui tiraient dans les escadrons sans avoir besoin d'ôter les chevaux (2).

---

(1) *Mémoires de Tavanes*, 45. Il y parle de pièces de canon qui peuvent se charger sans tourner l'affût.
(2) Ibid. Voir : *Préceptes pour les assiégés*, p. 153 ; — *Si on peut faire une place imprenable?* p. 154.

Le vicomte de Tavanes, après avoir poussé ses travaux de tranchées et d'approches autour de Verdun et dressé une nouvelle batterie de huit pièces, fit jouer le canon, en même temps contre la ville de deux côtés différents par l'île du Pré et contre le château (1).

Nous sommes au mercredi neuvième jour du mois de septembre, notre petite ville est traversée de part en part par les boulets et les balles des assiégeants, la fumée de la poudre l'enveloppe de nuages épais; le bruit de son artillerie et de sa mousqueterie mêlé à celui des arquebuses et des canons ennemis qui tonnent de trois côtés à la fois ne permet plus de distinguer les coups qu'elle envoie de ceux qu'elle reçoit.

Le vénérable curé de Verdun a la courageuse curiosité de vouloir connaître le nombre des coups de canon des ligueurs; il parvient à en compter trente-huit, tirés contre le château, dans la matinée seulement, puis deux cents contre Verdun « sans y comprendre, dit-il, plusieurs coups de canon tirés à la pointe de l'Isle près Chovort, qui ne peurent estre comptés (2). »

Il note que d'un de ces coups de canon fut tué honorable Pierre Clerc, de Verdun, l'un des braves défenseurs de cette ville (3).

Cette journée du 9 septembre ainsi que celle du lendemain furent des plus terribles pour Bissy et les Verdunois, ils s'y conduisirent en héros; il leur fallut une bravoure, une vigueur peu communes pour ne pas succomber sous les assauts furieux et redoublés des

---

(1) *Pépin*, t. I, p. 95.
(2) Note du curé Blandin.
(3) Ibid.

assiégeants qui faisaient un effort désespéré : c'était en effet, le dernier.

Le vicomte de Tavanes rebuté par une résistance qu'il n'avait point l'habitude de rencontrer parce qu'il ne s'était pas mesuré souvent avec des hommes de guerre de la trempe de Bissy et de ses compagnons d'armes, voyant ses ressources et ses munitions à demi épuisées, et ses soldats découragés, leva le siège de Verdun, dans la nuit du 10 au 11 septembre, comme pour cacher sa honte plus encore que sa retraite.

Les ombres de la nuit convenaient bien à ces chefs et à ces soldats féroces et impies qui outrageaient leur Dieu, profanaient la religion au nom de laquelle ils prenaient les armes en les tournant contre ses temples et ses autels et en foulant aux pieds les lois divines et humaines.

Voici en quels termes simples et naïfs messire Edme Blandin, le vénérable pasteur de Verdun, raconte cette retraite des ligueurs qui ressembla plutôt à celle d'une troupe de Turcs guerroyant en pays chrétien, qu'à celle d'une armée de la sainte-union des catholiques :

« Le jeudy dixiesme jour dudit moys de septembre au soir lesdicts Tavanes ont levé leur siège, environ la minuit et s'en allèrent à leur grande confusion. Et pour eulx se venger de ce qu'ilz ne peurent entrer audit Verdun ont pillié l'église, emporté les vaisseaux ou estoit et reposoit le précieulx corps de nostre sauveur et redempteur Jesu Christ (et nota le tout). Puis pour leur vaillantise ont mis le feu audit Sainct-Jehan et plus ont emporté tous les ornements d'église, calisses, chasubles, nappes, aulbes, seurplis, marbres, livres, gonfanons, brief ont tout pillié et emporté sans neul respect (1). »

Dans leur retraite honteuse et précipitée ces barbares avides de butin n'emportèrent pas tout ; ils laissèrent à Verdun, comme gages de leur défaite au milieu des ruines qu'ils y avaient amoncelées, les membres de leurs soldats mutilés et les cadavres de leurs morts.

Trophées sinistres, signes de ces victoires funestes et maudites.

Cependant les Verdunois ne purent s'empêcher de se laisser aller à la joie lorsqu'ils repêchèrent dans le Doubs, au bout de sept jours, le corps froid et livide du bouillant chevalier de Rochefort, cet impitoyable et forcené ligueur qui leur voulait tant de mal et qui leur en avait tant fait (2).

A en juger par le nombre des blessés et des morts que nous sommes parvenus à découvrir en dépit du silence des historiens, ce siège de Verdun fut meurtrier. Des gratifications ou des services que le vicomte de Tavanes fit distribuer à ses soldats nous fournissent sur les pertes de nos adversaires quelques renseignements inédits ; les voici (3) :

« A Mathieu Rayde, commissaire extraordinaire de l'artillerie, 8 escus 1/3 de solde extraordinaire en considération qu'il a esté pris prisonnier en faisant sadite charge. »

« A Nicolas Allard, dit Legaton, commis de M° Phi-

---

(1) Curé Blandin. Reg. paroissial, mortuaire, fol. 47, verso.
(2) V. sur le chevalier de Rochefort et sur sa mort aux preuves, note 36.
(3) Compte de J. Mahault et J. Chrestiennot. Pièces n°ˢ 19 et 20.

libert Le Muet, garde de l'artillerie et des munitions, 4 escus en avance sur sa solde en *considération qu'il fut blessé aux bapteries devant Verdun,* exerçant sa charge, plus 6 escus pour les frais et médicaments de ses blessures (1). »

« A Guillaume Bachier, dit Lobineau, sergent de la compagnie du capitaine Saint-Julien, 4 escus, pour se faire panser et médicamenter d'un coup d'arquebuze qu'il eut au siège de Verdun. »

« Au sieur Francisque Negre Italien la somme de 10 escus à luy ordonnée pour se faire panser et médicamenter d'un coup qu'il receut devant Verdun. »

« A Guillemette, vefve de Guillaume Le Fait, dit La Folie, 4 escus pour s'acquitter de pareille somme qu'elle debvoit pour les médicaments de la blessure qu'il eust devant Verdun et dont il est mort. »

« A Laurent Maire, la somme de 10 escus pour subvenir aux frais de sa despense et médicaments de sa blessure qu'il a heu à la charge qui fust faicte par les ennemis sur le régiment du sieur baron de Thenissey. »

Ce régiment donna souvent durant le siège et souffrit beaucoup. Il paraît qu'il en fut de même de celui du sieur de Marcy, car le vicomte de Tavanes fit compter à son colonel 150 écus « pour estre par luy distribués à ses compagnies ainsi que bon luy sembleroit » (ordonnance du 14 septembre 1592).

Quel fut le nombre des soldats blessés que les hôpitaux des villes voisines reçurent ? On l'ignore ; nous savons seulement que Chalon réclama 200 écus « qui

---

(1) Ce Nicolas Allard, uniquement connu sous son sobriquet de Legaton, était sergent de la mairie de Dijon qui l'employa dans plusieurs missions plus ou moins périlleuses (V. *Journal de Breunot*).

avaient été dépensés dans son hôpital pour la nourriture et les médicaments des soldats blessés audit siège de Verdun et mis audit hospital pour y estre médicamentez et pancés (sic) (1) ».

Nous découvrons encore dans les registres secrétariaux de la ville de Mâcon de l'an 1592, les lignes suivantes que notre pénurie en documents historiques rend très précieuses :

« Le vendredy unziesme de septembre, le camp se seroit levé devant Verdun, avec grand désadvantage aux assiégeans y ayant perdu environ quatre-vingtz bons hommes par le renversement d'un bapteaul où ilz s'estoient mis environ six-vingtz pour surprendre l'ille du chasteaul, sans les aultres tués és tranchiées et par la défense de la ville. »

Pendant le siège les Verdunois firent de nombreux prisonniers à l'ennemi dont quelques-uns de marque, mais leurs noms nous sont inconnus, à l'exception de ceux du commissaire extraordinaire de l'artillerie, du capitaine d'Attinac, et du capitaine Paradis, de Mâcon.

Le gros de l'armée des ligueurs avait opéré sa retraite du côté de Chalon par la grand'route de Franche-Comté. Bissy ayant été averti, dans la matinée du 11 septembre, qu'une partie des ennemis occupait encore le village de Ciel alla les y attaquer et les en chassa.

Sept jours après ce nouveau succès dont le village de Ciel fut le théâtre et la victime par suite des ravages des ligueurs, Bissy poussait une pointe jusqu'aux portes de Chalon et menaçait ses habitants (2).

(1) Reg. de délib. de la ville Assemblée du 26 septembre 1592.
(2) Assemblée des habitants du 18 septembre 1592. On y an-

Le vicomte de Tavanes, quoiqu'il disposât de forces bien supérieures à celles de Bissy, n'en fut pas moins vaincu par ce dernier qui lui opposa, dans Verdun, une résistance si énergique et si habile qu'il le fit échouer complètement sous les murs de cette petite ville et le força d'en lever le siège « à sa honte et avec grand désavantage », comme l'attestent des documents d'une authenticité irrécusable.

Peut-être paraîtra-t-il étrange que nous prenions la peine de prouver que le vicomte de Tavanes fut défait devant Verdun, et contraint de battre en retraite quand on le voit, dans cette retraite, poursuivi l'épée dans les reins par son adversaire victorieux. Mais, il ne faut pas l'oublier, l'histoire ne fournit que trop d'exemples de vaincus qui ont dissimulé leur défaite en chantant des *Te Deum*.

Le vicomte de Tavanes n'alla point jusque-là, mais ne pouvant se décider à s'avouer seulement battu par une poignée d'hommes, moitié soldats, moitié bourgeois, il eut recours à un mensonge pour cacher le véritable motif de sa retraite. Il fit donc répandre le bruit que le duc de Nemours fortement pressé par Lesdiguières en Dauphiné, l'appelait à son secours et lui avait écrit pour le prier de « lui aller aider et dégager où il estoit détenu par Lesdiguières (cc) qui fut cause, dit le chanoine Pépin, que le 10 (septembre) M. le vicomte *fut contraint* lever le siège pour hastivement aller secourir ledict sieur avec toutes ses troupes » (1).

nonce qu'un habitant qui était de garde à la porte de Beaune avait failli être tué par les ennemis (Reg. des délib. Arch. mun.).

(1) *Pépin*, I, p. 95.

Malheureusement pour le vicomte de Tavanes et pour son panégyriste on ne trouve rien dans l'histoire de Lyon durant la ligue qui indique la présence de Jean de Tavanes et de son armée dans les environs de cette ville, ni que Nemours ait eu besoin de secours à cette époque. Nous voyons, au contraire, le consulat de Lyon lui adresser le 17 juillet 1592 une lettre de félicitations à l'occasion de la prise de Vienne sur *les royaux*, qui fut suivie de celle de Saint-Marcelin. Nemours guerroyait encore avec avantage dans le Dauphiné à la fin de cette même année où il s'empara de Montbrison (1).

Le vicomte de Tavanes, qui était censé marcher en toute hâte au secours de Nemours en Dauphiné, n'était encore, le 14 septembre, qu'à Cuisery (2) d'où il envoya aux échevins de Mâcon une réquisition de 10,000 pains de munition. Les Mâconnais, après s'être procurés à grand'peine 7200 pains, les firent conduire en bateau moitié à Tournus et moitié à Chalon (3).

La direction d'une partie de ces vivres sur Chalon dont le vicomte de Tavanes feignait de s'éloigner est une énigme que nous expliquerons bientôt.

Disons de suite que nous avons acquis la preuve que le duc de Nemours n'engagea point Tavanes à abandonner le siège de Verdun pour venir se joindre à lui, car le 16 septembre ce prince ignorait encore

---

(1) Perricaud, *Notes et documents* pour servir à l'*Hist. de Lyon pendant la ligue.*

(2) Petite ville de la Bresse chalonnaise à environ 40 kilomètres de Verdun. V. Juenin, *Hist. de Tournus*, 284-85.

(3) Arch. mun. de la ville de Mâcon.

la levée du siège de cette ville, comme il l'écrivait lui-même aux échevins de Lyon qui l'avaient informé que le bruit en courait (1).

Le prétexte d'aller au secours du duc de Nemours ne fut donc qu'une ruse imaginée par le vicomte de Tavanes pour sauver les apparences et surtout pour tromper les Verdunois et leur inspirer une fausse sécurité en leur faisant croire qu'il s'éloignait de la Bourgogne.

Tavanes, dans cette occasion, mit en pratique cette maxime que nous lisons dans ses mémoires : « Il vaut mieux reculer pour mieux sauter et céder quelque peu pour gagner beaucoup » (2).

Neuf jours étaient à peine écoulés depuis son départ qu'il reparaissait devant Verdun !

Par ce retour subit Tavanes espérait surprendre et effrayer cette ville au point de l'amener à capituler (3). S'il échouait dans cette tentative, il donnait, tout d'abord, satisfaction aux intérêts des populations viticoles du Beaunois et du Chalonnais dont il protégerait les vendanges contre les ravages de la garnison Verdunoise (4). Enfin Tavanes était résolu à tenter un dernier effort pour faire table rase de Verdun et exterminer ses intrépides défenseurs.

Le chanoine Pépin l'avoue sans détour, c'était une

---

(1) V. Lettre du duc de Nemours aux échevins de Lyon, datée de Chasey, le 16 septembre 1592, dans laquelle il leur dit : « Je n'ay encore sceu que le siège de Verdun soit levé » (Arch. de la ville, *Corresp.* xvie siècle, AA, Reg. 43, fol. 153).

(2) P. 80.

(3) « Pour taster le gué de les prendre à quelque bonne composition. » *Pépin*, I, 96.

(4) Ibid.

guerre à mort contre eux, il s'agissait de « les battre, les DÉTRUIRE ET DE TOUT RUINER » (1).

Afin d'atteindre ce but Tavanes avait mis à profit le court espace de temps qui s'était écoulé depuis la levée du dernier siège pour renforcer son armée et renouveler ses munitions épuisées (2).

« Ledict vicomte avec bonne troupe de gens tant du baron de Thenissey qu'aultres, ayant renflé son camp de bien 2000 hommes, écrit le chanoine Pépin, s'en est retourné devant ledict Verdun et les a campés de rechef. »

Bissy ne fut point étonné de ce retour offensif des ligueurs, il savait trop combien leurs chefs et particulièrement le vicomte de Tavanes étaient profondément blessés de la défaite qu'il venait de leur infliger, pour ne point se tenir sur ses gardes.

Il avait reconnu les difficultés et les périls de la défense de Verdun contre des assiégeants retranchés dans les maisons de Saint-Jean. Son premier soin fut de faire démolir les restes des bâtiments de l'hôpital et des chapelles de l'église que le feu des ennemis avait épargnés et qui pouvaient leur servir d'abri et de retranchements dans le cas où ils reviendraient

---

(1) Pépin, t. I, p. 96.
(2) Outre la réquisition de 10,000 pains exigée des Mâconnais nous trouvons une ordonnance du vicomte de Tavanes, en date du 21 septembre 1592, pour faire compter au capitaine Saint-Julien 30 écus « pour lui aider à faire levée d'une compagnie de gens de pied » (Compte J. Chrestiennot). — Par une autre ordonnance du 22 septembre, Tavanes faisait payer à Denis Gaignerot, tonnelier à Chalon, 7 *écus* 20 *sous pour cinq queues et demie* de tonneaux pour enchapper onze tonnes de poudre à canon (Compte J. Mahaut, n° 4).

attaquer Verdun. Cette prévoyance de Bissy n'eut pas seulement pour effet de déconcerter les ligueurs, mais en les privant des avantages qu'ils comptaient retirer des débris du faubourg Saint-Jean, elle influa puissamment sur la durée de leur second séjour devant Verdun.

Dans leur première campagne contre cette ville, les ligueurs avaient mis tout en œuvre pour triompher, tout, jusqu'à l'intervention criminelle et vénale de deux incendiaires. Dans la seconde, quoique plus nombreux encore, ils n'auront pas le cœur de se fier à leur courage et à la fortune des combats, ils auront recours au fer d'un assassin.

Oui, un des principaux capitaines de l'armée du vicomte de Tavanes n'avait pas reculé devant un crime odieux, l'assassinat masqué par la trahison, et, pour accomplir ce crime, il avait trouvé, oh! honte! un habitant de Verdun qui, moyennant salaire, s'était chargé de tuer Héliodore de Tyard de Bissy!

Les ligueurs comptaient profiter de l'alarme et de la confusion occasionnées par la mort subite et inattendue du brave défenseur de Verdun pour attaquer la ville avec succès et la forcer.

L'exécution de ce lâche complot avait été fixée au 25 septembre. Dès le 20 de ce mois l'armée des ligueurs était devant Verdun (1). Mais deux jours avant son arrivée les fils de cette trame criminelle avaient été découverts par les Verdunois et brisés aussitôt.

L'histoire impartiale, qui a pour mission d'inscrire

---

(1) Note du curé Blandin. — Pépin (I, 96) commet une erreur de date en fixant le retour de Tavanes devant Verdun au 22 septembre.

les noms honorables dans son livre d'or et de clouer les noms infâmes au pilori, a conservé ceux de l'auteur de ce complot et du vil instrument qui devait l'exécuter. Cet ennemi déloyal qu'une haine sauvage et une basse jalousie poussèrent au crime n'était autre que Lartusie.

1592
Septembre

L'historien Perry, qui parle souvent de cet homme dans son *Histoire de Chalon*, insiste sur ses mauvais penchants et le signale comme « haïssant *mortellement le sieur de Bissy* ». Il en savait sans doute plus long sur Lartusie qu'il ne nous en a dit ; et la cause de ce sombre épisode du grand siège de Verdun ne lui fut peut-être pas inconnue ? Nous en devons la révélation au curé Blandin qui l'a consignée dans la note suivante dont nous regrettons le laconisme :

« Le vendredy 18 dudit moys de septembre 1592, a esté ensepulturé Georges Conquillet, dit *La Chaulx*, qui avoit conspiré faire le vendredy suyvant la traïson de tuer Monsieur de Bissy, par ses promesses faictes à Lartusy (1). »

Notre curé a gardé le silence sur le genre de mort du traître Georges Conquillet qui dut être pendu ou arquebusé.

Le 20 septembre 1592 le vicomte de Tavanes avait déployé son camp sur les hauteurs d'Allerey et de Bragny (2) ; c'était un dimanche, vers les trois heures de l'après-midi pendant les vêpres : on voit que Jean de Tavanes chômait le jour du Seigneur à sa manière.

Dès la matinée du lendemain, Tavanes, à sa grande

---

(1) Reg. des mortuaires, fol. 48, recto.
(2) Note du curé Blandin et Reg.-des délib. des villes de Dijon et de Chalon, septembre 1592.

1592
Septembre

surprise, fut vigoureusement attaqué. Sept hommes d'armes, de la compagnie de son frère le comte de Tavanes, sortis de Verdun par la porte de Bragny, soutinrent seuls le choc d'un corps tout entier de l'armée ennemie. Un de nos braves, nommé Pierre Bichardon, fut blessé mortellement dans ce combat inégal (1).

Les jours suivants on ne cessa d'en venir aux mains de part et d'autre et d'échanger force coups d'arquebuses et de canon. Un gentilhomme Lyonnais, de la garnison de Verdun, fut blessé à mort le 22 (2).

Le mercredi 23 les ennemis vinrent attaquer Verdun du côté de Saint-Jean où, de rage d'être repoussés, ils mirent le feu dans les quelques masures qui y restaient encore et en firent des monceaux de cendres.

Lartusie en voyant comment les Verdunois accueillaient les ligueurs comprit que son coup de jarnac contre Bissy avait manqué.

Nous n'osons pas mêler le nom du vicomte de Tavanes à cette infamie; cependant ce général, en présence de l'héroïque résistance de Verdun et de l'inébranlable courage de son gouverneur, jugea inutile et périlleux de prolonger la lutte contre de tels adversaires et ne songea plus qu'à la retraite, tout en feignant de se préparer à un long siège (3).

Mais comment accomplir cette seconde retraite, sans laisser devant Verdun toute sa réputation militaire, sans devenir la risée de ses ennemis et sans perdre la confiance de ses amis ?

(1) Note du curé Blandin.
(2) Ibid.
(3) Voir plus bas sa lettre aux Chalonnais.

Ce fut alors, sans doute, qu'il roula dans son esprit agité cette pensée que nous trouvons consignée dans ses mémoires : « Rien n'est où l'entendement soit si nécessaire qu'aux armes où l'on hasarde à toute heure, vie, biens, honneur ; il se perd en un quart d'heure ce qui s'est acquis en toute la vie (1). »

Ce quart d'heure semblait être venu pour lui : Qu'allait-il donner à toutes les villes de l'union en échange des sommes d'argent, des munitions, des vivres et des hommes qu'elles lui ont fournis sur la promesse d'une victoire fructueuse qui se trouvait changée en une défaite ruineuse ? Des paroles menteuses.

Tavanes, trahi par le sort des combats, trahira la vérité ; il rusera avec la victoire et la renommée qui l'abandonnaient. C'est surtout pour la levée de ce second siège de Verdun qu'il se montre *tacticien* habile. Le 22 septembre, deux jours après son arrivée devant cette place, il écrit, de Bragny-sur-Saône, au maire de Dijon, pour se mettre à la disposition de la ville avec ses troupes et annonce qu'il s'y rendra pour assurer la sécurité des vendanges, aussitôt qu'il sera mandé. Le 24, seconde lettre, le 25 troisième lettre afin de préparer, de motiver et de justifier la levée de son camp de Verdun et son arrivée à Dijon.

La diplomatie du vicomte de Tavanes réussit à souhait dans cette petite négociation, car le conseil de ville décida que le sieur mayeur répondrait aux lettres dudit sieur vicomte de Tavanes « et le supplierait de secourir ladite ville pour lesdites vendanges » (2).

---

(1) *Mémoires*, p. 69, col. 1.
(2) Reg. des délib. de la ville de Dijon. Assemblée des 23 et 25 septembre 1592.

1592
Septembre

Avec les Chalonnais, beaucoup plus intéressés que les Dijonnais à la prise de Verdun, pour laquelle ils avaient fait d'énormes sacrifices (1), le vicomte de Tavanes redouble de précautions oratoires, le ligueur combattant se change en avocat plaidant. Ecoutons-le exposer lui-même sa conduite devant Verdun, dans la lettre qui suit :

« A Messieurs les maire et eschevins de la ville de Chalon,

« Messieurs, ayant longtemps demeuré icy à intention d'y faire des fortz ainsy que désirées *(sic)*, dont j'avais très bonne volonté comme l'on a veu n'y ayant personne qui me puisse blasmer, considérant l'importance des vendanges de la coste, pour la seureté desquelles ceulx de Dijon en réclamoient comme verrez par les lettres que je vous envoye, j'aye esté contrainct me retirer et m'aprocher d'eulx pour cet effect, joint qu'il faut un moys ou six sepmaines pour faire lesditz fortz ; que nous n'avions point de pionniers, que le manquement de vivres, n'en estant venu de Chalon que deux foys, apportoit la ruyne de noz trouppes, s'en estant déjà allé une bonne partie, mesme les sieurs de la Clayte et Morlan. Mais puisque vostre principal intérest gist en vos vendanges, je donnerai si bon ordre pour la seureté qu'elles vous seront faciles, ayant ja mys garnison de gens de pied à Chaigny, et sitost que j'auray rendu le canon à Dijon, je mettray 80 ou 100 chevaulx à Beaulne et enverray les sieurs de la Poterye et Attignac et trente ou quarante Albanois pour mettre à Chalon, Champforgeux et Chaigny. Vous

(1) Voir aux preuves les pièces numérotées **37** à **43**.

promettant que les ditz fortz soient faictz je y reviendray ; ils se peuvent faire l'hiver aussy bien que maintenant, estant résolu ou de les faire ou de les assiéger encore une foys, ne voulant que les despences que vous avez faictes vous soient inutiles. Et sur ce je me recommande très affectionnement à vos bonnes grâces et prie Dieu, Messieurs, qu'il vous donne bonne et longue vie.

« D'Allerey ce vingt-cinquiesme de septembre.
« Vostre plus affectionné et serviable amy,
« Le viscomte de TAVANES (1). »

Cette lettre est un modèle de politique et de duplicité. La ruse et le mensonge s'y coudoient à chaque phrase. Nous y voyons le vicomte de Tavanes invoquer la nécessité où il était de répondre à l'appel des Dijonnais ; appel qu'il a provoqué lui-même, et produire, comme pièces à l'appui, des lettres qui ne sont que des réponses aux siennes. Nous l'y voyons insister sur l'approche des vendanges qu'il veut, dit-il, protéger et rendre faciles. De même qu'avec les Dijonnais il insiste sur les intérêts importants de la récolte des vignes, comme pour faire diversion aux intérêts compromis par sa malheureuse campagne contre Verdun.

Quant à l'insuccès de cette entreprise il cherche à en rejeter la faute sur tout le monde ; lui seul est exempt de blâme. Ses plaintes sur le manque de pionniers et de vivres, ainsi qu'au sujet du départ d'une partie de ses troupes, sont sans aucun fondement. Du reste la retraite de deux ou trois capitai-

(1) Reg. des délib. de la ville de Chalon du 3 juillet 1591 au 24 juin 1594, fol. CLXII. Arch. mun. (inédite).

1592
Septembre

nes avec leurs compagnies ne pouvait être que de peu d'importance sur la fin d'un siège, pour une armée qui avait reçu un renfort de plus de 2000 hommes de bonnes troupes.

Cette défaite que Tavanes venait d'essuyer devant Verdun était pour ce brave général un tel crève-cœur qu'il ne pouvait se décider à l'avouer. Il s'efforçait de faire croire aux autres ce que lui-même ne croyait plus, et il allait jusqu'à promettre de revenir assiéger Verdun, dans une saison où la position seule de cette petite ville la rendait inexpugnable.

Cette lettre présente une particularité digne d'être signalée : elle est écrite aux portes de Verdun et au sujet de Verdun, et le nom de cette ville ne s'y trouve pas une seule fois !

C'est que ce nom de Verdun résonnait plus lugubre aux oreilles de Tavanes qu'un glas de mort, car c'était le nom d'une de ses plus grandes défaites !

Le vicomte de Tavanes avait tellement hâte de s'éloigner de Verdun que le jour même où les Chalonnais recevaient la lettre que nous venons de reproduire « il arrivait inopinément et *fort tard* au château de Dijon (26 septembre 1592 (1) ».

Mais il ne quitta pas notre contrée sans y laisser des traces hideuses de son dernier séjour. Ce général qui devait écrire dans ses mémoires : « La cruauté *sans utilité* fait participer les hommes au naturel des bestes brutes (2) », lâcha la bride à ses soldats (3)

(1) Reg. des délib. de la mairie de Dijon. Arch. mun.
(2) *Mémoires*, p. 342.
(3) On ne saurait imaginer les maux que les environs de Verdun endurèrent pendant que les ligueurs assiégèrent cette ville. Rien

et fit mettre le feu autour de Verdun dans la soirée du 23 septembre ; ce ne fut qu'après une horrible nuit d'incendie qu'il leva son camp et se décida à battre en retraite.

1592
25 septemb.

Voici la note dans laquelle le curé Blandin nous a conservé la date et l'heure de ce départ des ligueurs :

« Et fault noter que le vendredy 25ᵉ jour dudict moys de septembre, environ les 10 heures du matin, ledict viscomte leva son armée et siège qui estoient à Bragny et à Allerey, encoire à sa grande honte. »

Oui à sa grande honte, le curé de Verdun a dit le mot vrai et terrible. Cette honte toute la ligue de Bourgogne la ressentait à l'égal de son général en chef et comme lui elle s'efforçait de la dissimuler.

Quoique ce second siège de Verdun eût été de courte durée les ligueurs ne laissèrent pas d'y éprouver des pertes. Elles portèrent principalement sur le régiment du trop fameux baron de Thenissey qui avait été si maltraité pendant le siège précédent.

Le vicomte de Tavanes, par un ordre en date du 29 septembre 1592, fit payer « la somme de 500 écus au sieur de Saint-Cire, capitaine au régiment de Thenissey, tant pour lui que pour tous les capitaines d'icelluy régiment, affin de leur donner moyen *d'ar-*

---

n'échappa à la rapacité de la soldatesque. Ainsi le château de Bragny où l'évêque de Chalon habitait alors et pour lequel il avait très certainement obtenu une sauvegarde du duc de Mayenne, fut mis au pillage. Nous lisons dans le procès-verbal d'inventaire qui y fut dressé le 21 janvier 1600, après la mort de Guillaumette de Montgommery : « Et nous a esté déclaré qu'il n'y a aucune baterie (en la cuisine) parce que tous les meubles furent prins et volés lorsque Verdung fust assiégé. »

mer leurs compagnies et de redresser leurs équipages (1) ».

Les ligueurs désiraient si ardemment la prise de Verdun et ils l'avaient regardée comme tellement certaine que, ne pouvant se décider à confesser leur défaite, ils s'ingéniaient à donner le change sur ses véritables causes, à savoir la valeur et l'habileté de Bissy secondé par la bravoure de ses soldats et des Verdunois.

La lettre du vicomte de Tavanes à la municipalité de Chalon servit de modèle à tout ce que ceux de son parti écrivirent sur les deux sièges de Verdun. Ce fut, pour ainsi dire, un mot d'ordre, une consigne parmi les ligueurs. Ils prononcèrent le nom de Verdun le moins possible ; ils passèrent sous silence ou ils défigurèrent les principaux épisodes de ces deux sièges, ils en diminuèrent la durée et l'importance, enfin ils les réduisirent à si peu de chose qu'ils parvinrent à les faire passer inaperçus. On peut en juger par la manière dont le chanoine Pépin apprécie ce grand fait d'armes dans son *Livre de souvenance :*

« On n'a rien exécuté *digne de mémoire* devant Verdun, dit-il, sinon qu'il faut dire et confesser que la pluspart des barons et gendarmes audict siège ont faict fort mal, occasion de quoi mon dict sieur le vicomte voyant ses desseins mal tournés fut adverti que Rougemont, le marquis de Mirebel et aultres se fortifient à Montsaugeon, près Langres, qui lui donna résolution de les aller trouver et leva ledict siège de Verdun (2). »

(1) Compte de J. Chrestiennot. Arch. de Bourgogne, à Dijon.
(2) T. I, p. 96.

C'est un *Post-scriptum* à la lettre de Tavanes, avec des variantes et des amplifications mensongères.

A ce morceau d'histoire fantaisiste écrit par un contemporain partial, opposons une page de cette vraie histoire à l'aide de laquelle nous composons ces annales. Nous ne l'empruntons pas à un auteur plus ou moins inexact ou véridique, mais au registre des délibérations des états du comté d'Auxonne. Les élus de ce petit pays, en présentant aux états généraux du duché de Bourgogne assemblés à Dijon le 8 janvier 1596, les cahiers de leurs doléances exposèrent « qu'en toute la province il n'y avoit eu endroit qui eust esté tant pillé que ledit Comté » ; puis passant à l'examen de chaque ville en particulier, voici ce qu'ils dirent de Verdun :

« Verdun a esté prins et reprins à diverses foys et y a eu au-devant de ladicte ville *ung siège* SIGNALÉ ET REMARQUABLE POUR LES EXPLOITS DE GUERRE QUI S'Y SONT FAICTZ. Mais tout le malheur est tombé sur ceste pauvre ville, car le bourg de Saint-Jehan, qui vailloit mieulx que la ville mesme, a esté ruyné de fondz en comble sans qu'il y ait rien demeuré d'entier. Tous les villaiges voisins bruelez et le pays est tellement apauvry que c'est une vraye solitude (1). »

Ainsi au bout de quatre années, après tant de combats livrés chaque jour sur tous les points du territoire de notre province, après le bombardement de tant de villes, la prise de tant de châteaux forts, le siège de Verdun était encore cité comme un fait d'armes mémorable.

(1) Reg. du comté d'Auxonne. Arch. de Bourgogne, à Dijon.

En effet pour apprécier à sa juste valeur, pour voir sous leur véritable jour l'héroïsme des défenseurs de Verdun et le mérite du capitaine qui les commandait, il suffit de considérer le nombre et le courage des adversaires qu'ils eurent à combattre.

« Le vicomte de Tavanes, a dit un biographe, continua l'illustration que le maréchal avait donnée à sa maison et fut lui-même un homme de guerre savant et habile (1). »

Après cet éloge mérité des connaissances militaires du vicomte de Tavanes nous devons mentionner la critique qu'en a faite un auteur qui s'est livré à une étude spéciale sur ce guerrier et sur sa famille (2). Cet auteur se montre plus que sévère, nous n'osons dire injuste et inexact quand il présente Jean de Tavanes dépensant « une activité fiévreuse en Bourgogne, *sans esprit de suite et se heurtant à tous les obstacles* (3). Loin de là il ressort du récit même de cet auteur qu'il ne rencontra aucun obstacle sur sa route depuis son entrée à Dijon jusqu'à son arrivée devant Verdun (4). Si on substitue à l'exposé incomplet fait par M. Pingaud le récit exact de la conduite du vicomte de Tavanes, tel que nous l'avons donné dans ces annales, on voit au contraire qu'il sut aplanir ou surmonter tous les obstacles, qu'il leva, équipa et approvisionna une armée, qu'il assura des fonds pour sa solde et qu'il répandit la terreur de ses armes dans l'Autunois et le Charollais avant d'investir Verdun.

(1) *Mémoires relatifs à l'Hist. de France.* Collect. Michaud et Poujolat, t. VIII, nouv. éd. 1866, art. Sig. Moreau.
(2) M. L. Pingaud. V. les notes 19 et 20.
(3) M. L. Pingaud, p. 156.
(4) M. Pingaud le reconnaît.

Quant au reproche d'avoir manqué d'esprit de suite, il n'est pas mieux fondé que les précédents. Le vicomte de Tavanes eut un plan de campagne aussi bien conçu que fermement arrêté. En s'emparant de Verdun il rétablissait les communications entre les villes ligueuses de la Saône depuis Lyon jusqu'à Seurre inclusivement, puis il portait son armée victorieuse sur Saint-Jean-de-Losne dont il était presque certain de se rendre maître grâce au puissant concours que la ville de Dijon lui avait promis. Une fois ce plan réalisé les ligueurs occupaient seuls la grande voie stratégique et commerciale de la Saône depuis Auxonne jusqu'à Lyon.

On se demande ce qu'alors fussent devenus les partisans de Henri IV relégués dans deux ou trois places de l'Auxois et réduits à l'impuissance dans toutes les villes principales de la Bourgogne où ils étaient en minorité ?

Quant à commencer son attaque par Verdun plutôt que par Saint-Jean-de-Losne, deux motifs l'y déterminèrent, l'un était de ne pas laisser l'ennemi sur ses derrières dans la position importante de Verdun, où il eût coupé sa ligne d'opérations, l'autre de satisfaire au désir le plus ardent de la ville de Chalon qui mettait toutes ses forces et ses ressources à sa disposition pour le siège de Verdun.

Si le vicomte de Tavanes échoua dans cette première entreprise, du succès de laquelle dépendait celui de toute la campagne, ce ne fut pas faute d'un bon plan bien exécuté, mais parce qu'il se trouva en face d'un adversaire non moins habile, aussi brave et plus heureux que lui.

Le double échec que le vicomte de Tavanes essuya

sous les murs de Verdun est, pour cette petite ville, ainsi que pour Héliodore de Bissy, son défenseur, une victoire éclatante couronnée par une gloire militaire sans égale dans les guerres de la ligue en Bourgogne (1).

Mais ces deux sièges de Verdun ne sont pas seulement des faits d'armes qui ont mis en relief de nobles caractères et de grands courages, ce sont aussi des évènements qui influèrent puissamment sur la ruine de la ligue dans notre province et sur le triomphe du parti national de Henri IV.

Des contemporains dignes de foi le proclamèrent, et leur dire fut consigné dans quelques documents officiels de cette époque parmi lesquels nous citerons l'arrêt que le parlement de Paris rendit en faveur des enfants orphelins d'Héliodore de Tyard de Bissy, et dans lequel on lit :

« Que le sieur de Bissy ayant esté établi par le roi gouverneur et capitaine de la ville de Verdun-sur-Saône, la plus importante place qui tint en Bourgogne pour le dit Roy, iceluy sieur de Bissy auroit soubstenu en icelle DEUX SIÈGES SIGNALÉS ET PAR EUX CAUSÉ LA RUINE DE LA LIGUE EN BOURGOGNE (2). »

En effet par sa résistance opiniâtre dans Verdun, Bissy décima l'armée du vicomte de Tavanes, lui enleva sa force morale, tandis que par son infatigable

---

(1) L'échec de Jean de Tavanes devant Verdun, où il déploya tant d'activité et où il fut blessé si profondément dans son amour-propre, méritait, ce nous semble, de fixer l'attention de l'auteur d'une étude consacrée à faire connaître à fond le caractère de ce gentilhomme bourguignon. M. L. Pingaud y eût découvert des traits saillants qui eussent ajouté à l'intérêt de son livre.

(2) Arrêt rendu par la chambre des requêtes du palais, à Paris, le 3 mars 1599.

activité et la fréquence de ses courses il épuisa et réduisit à la dernière extrémité la plupart des villes de la ligue. Il arrêta les transactions commerciales de celles qui étaient riveraines de la Saône (1), les privant, par là, de leurs ressources, dans le moment où elles en avaient le plus besoin pour faire face aux dépenses excessives de l'entretien de gens de guerre qui loin de les protéger étaient pour elles un fléau par les ravages et les dégâts qu'ils ne cessaient d'exercer.

Pour donner une idée du triste état où les villes ligueuses de la Bourgogne étaient réduites après leur campagne contre Verdun nous allons exposer la situation de Chalon, l'une des plus importantes et des plus riches d'entre elles.

Reprenons les faits à partir du jour où le vicomte de Tavanes informa les Chalonnais de la nécessité où il était, disait-il, de lever le siège de Verdun.

Par une étrange coïncidence, pendant que le vicomte de Tavanes écrivait aux magistrats de Chalon, maître Pierre Monnet, procureur syndic de cette ville, arrivait de leur part à son camp d'Allerey pour le prier de vérifier l'état des dépenses qu'ils avaient faites pour le siège de Verdun et de leur accorder commission afin d'en obtenir le remboursement.

Cette requête des Chalonnais ne pouvait arriver dans un moment moins opportun. Dieu sait comment le vicomte de Tavanes reçut leur envoyé qui pour toute réponse rapporta la lettre que nous connaissons (2).

Ce qui dans cette étrange lettre frappa les magis-

(1) V. plus bas, la triste situation de Chalon.
(2) Reg. des délib. de la ville. Assemblée du 26 septembre 1592.

1592
Septembre

trats et les habitants de Chalon, ce fut l'annonce de nouveaux préparatifs contre Verdun et la promesse de revenir assiéger cette place ; promesses mensongères « dont plusieurs Chalonnais se moquèrent et qu'ils traitèrent de ridicules (1) » ; puis la nouvelle de l'envoi d'une garnison à Chalon sous le prétexte de faciliter les vendanges que la garnison de Verdun se disposait à faire pour son propre compte dans les vignes des Chalonnais.

Tandis que les officiers municipaux de Chalon recevaient cette lettre de Tavanes, il leur en parvenait une autre par laquelle les élus de Bourgogne les avertissaient que la ville était imposée, pour les frais extraordinaires de la guerre, à la somme de 525 écus payables dans cinq jours (2) !

La levée du siège de Verdun, l'arrivée d'une garnison et un nouvel impôt de guerre ! A l'annonce de ces trois fléaux les Chalonnais furent attérés. Ils décidèrent à l'unanimité « qu'on supplierait le sieur vicomte de Tavanes de ne pas envoyer les garnisons annoncées par ses lettres et *de ne trouver mauvais* que l'on s'adresse au sieur évesque de Chalon pour le prier *d'adoucir les affaires* envers le sieur de Bissy...... et que l'on fera entendre au sieur vicomte que *pour cause des ruynes, misères et ravages* soubstenus *pour son armée*, il n'y avoit AULCUN MOYEN de payer les 525 escuz mentionnez par le billet des Eslus, et sera supplié de dispenser la ville du payement d'iceulx » (3).

Enfin ils abordèrent encore dans leur requête la

(1) Perry, *Hist. de Chalon*, p. 375.
(2) Reg. des délib. Assemblée du 26 septembre 1592.
(3) Ibid.

grosse question des frais du siège de Verdun, en ces termes :

« Sera supplié semblablement de donner commission pour la vérification de l'estat de la despense faicte pour le siège de Verdun et pour le département et remboursement de ce à quoy reviendra la dite despence (1). »

Bien loin d'obtenir satisfaction les Chalonnais se virent en butte à des poursuites pour le paiement de l'impôt de guerre de 525 écus dont ils avaient demandé à être déchargés. Ils ne se rebutèrent pas et, sur la proposition du maire, on résolut « de supplier de nouveau le vicomte de Tavanes de faire décharger la ville de cet impôt en considération des grands frais et foules soubstenus par elle pendant le siège de Verdun (2) ».

Malgré ces justes réclamations, cet impôt fut affecté au paiement de la garnison de la citadelle de Chalon et donné pour cet effet à Lartusie qui ne ménagea pas les contraintes et les violences pour son recouvrement.

La municipalité de Chalon, poussée à bout par la nécessité et par la misère croissante des habitants de la ville, eut le courage d'écrire de nouveau « à Monseigneur le vicomte de Tavanes pour lui faire entendre les calamités, ruynes, ravages, cruaultez et pertes qu'endure et souffre le baillage et qu'il a enduré par *le moyen du siège de Verdun*, et pour le prier de *treuver quelque moyen doux au soulas du peuple* (3) ».

Chacune de ces demandes et de ces réclamations, chacun de ces cris de misère dans lesquels le vicomte

---

(1) Reg. des délib. de la ville de Chalon.
(2) Assemblée du 19 octobre 1592.
(3) Assemblée générale du 5 décembre 1592. Reg. des délib.

de Tavanes entendait évoquer, sans cesse, le souvenir du siège de Verdun, était pour lui comme autant de coups de poignard portés dans la blessure encore saignante que sa renommée d'homme de guerre venait de recevoir à ce siège maudit.

C'est pourquoi, au lieu de faire droit aux requêtes pressantes et réitérées des Chalonnais, il y répondit par une lettre contenant l'ordre de recevoir les troupes qu'il leur envoyait, puis il la terminait par ces lignes où percent l'ironie et le mécontentement :

« Messieurs, à ce que je vois vous estes souvenans du siège de Verdun et des frais de M. le vicomte du Pasquier, *qui ne furent pas grands*. Si vous pensiez en ce temps calamiteux avoir vos ayses, sans incommoditez, vous seriez fort trompez et la saison ne le vous permettra (1). »

Les malheureux Chalonnais obérés par les frais du siège de Verdun, réduits à la plus extrême misère par la guerre impitoyable que le gouverneur de cette ville leur faisait, les Chalonnais qui n'avaient reculé devant aucun sacrifice pour s'affranchir du joug d'une garnison et qui n'avaient pu en obtenir pour les protéger contre Bissy duquel ils avaient été contraints d'acheter la paix à des conditions aussi onéreuses qu'humiliantes, se voyaient condamnés à subir dans leurs murs la présence de ces mêmes gens de guerre qui n'avaient pu les délivrer de leurs ennemis.

Ce fut en vain que les magistrats municipaux de Chalon firent fermer les portes de la ville et noti-

---

(1) Cette lettre est datée de Beaune, le 3 décembre 1592. Reg. des délib. de la ville de Chalon. Assemblée du 5 décembre.

fier leur résolution à Lartusie, cet impitoyable capitaine, dont ils avaient cherché à gagner les bonnes grâces par des présents et des flatteries, fit entrer les soldats de Tavanes dans la ville par la citadelle. « Il fallut céder à la force et à la violence (1) » et contracter de nouvelles dettes pour subvenir à l'entretien de cette garnison (2).

1592

Claude Perry, historien de Chalon, a résumé le déplorable état de cette ville en ces mots : « Elle n'en pouvoit plus alors et estoit tellement exténuée qu'elle ressembloit à un schelet (*sic*) décharné (3). »

Les Chalonnais adressèrent de nouvelles supplications au vicomte de Tavanes, qui resta sourd à leurs réclamations, ils durent envoyer un chargé d'affaires jusqu'à Paris, auprès de Mayenne lui-même qui finit par leur octroyer des lettres patentes pour la vérification de ces dépenses et en obtenir le remboursement au moyen d'un impôt spécial. Cet impôt devait être levé sur le bailliage de Chalon dont les malheureux habitants n'avaient cessé d'être pillés, rançonnés, mis à la besace et en fuite par les gens de guerre des deux partis, depuis nombre d'années.

(1) Perry, p. 375.
(2) Assemblée du 15 octobre 1592.
(3) Perry, p. 389. La guerre que Bissy avait faite aux Chalonnais les avait réduits dans un tel état qu'ils ne pouvaient s'en remettre et ne cessaient de s'en plaindre. Nous lisons dans le procès-verbal de l'Assemblée générale du 16 septembre 1594 : « Que pour les saisies de leurs marchandises et bestail faites par le sieur de Bissy, on a tiré d'eux six fois plus que ne pouvaient produire leurs cotes d'impots, ce qui est cause que lesdicts habitants sont *tellement exténués et réduicts en si extrême nécessité* que mesme ils ne peuvent paier les subsides ordinaires de ladicte ville et que ceux de leur parti leur imposent » (Arch. de la ville. Reg. des délibérations, fol. 274).

Pendant ce temps la guerre civile continuait et les calamités publiques allaient croissant ; les flots des soudards, semblables à ceux d'un fleuve débordé et furieux, passaient sans cesse, répandant la terreur, la désolation, la ruine et la mort.

Les villes de la ligue, tristes et consternées, faisaient la longue addition de ce que leur avait coûté leur défaite devant Verdun, tandis que cette petite ville, renaissant de ses cendres, comme le phénix fabuleux, lançait contre elles ses invincibles soldats. Bissy les dirige dans ces représailles terribles : les ligueurs avaient fait le désert autour de Verdun, il fait de même sur les terres des ligueurs. Les habitants de Chalon le voyaient, presque chaque jour passer fier et menaçant aux portes de leur ville, chargé du butin qu'il venait d'enlever dans leurs métairies et dans leurs champs où ils n'osaient s'aventurer dans la crainte d'être emmenés prisonniers de guerre à Verdun et mis à rançon.

La terreur est dans Chalon, menacé de famine. Cette cruelle situation ranime l'énergie des Chalonnais : ils sortent, en armes, et fondent sur les soldats de la garnison de Verdun ; ceux-ci les reçoivent comme à leur ordinaire, les mettent en déroute et les forcent à se réfugier derrière leurs murailles.

Ce nouvel échec ajouté à tant d'autres abat les Chalonnais qui ne songent plus qu'à implorer la clémence du vainqueur. Nous les revoyons, comme en 1591, dépenser tout ce qui leur reste d'activité en négociations pour obtenir la paix de M. de Bissy, l'invincible commandant de Verdun.

Leur embarras était si grand que M. de Beuvrand,

alors maire de la ville, et les échevins en conférèrent avec de Lartusie qui refusa de s'en mêler (1). Dans cette extrémité ils eurent recours, comme à l'ordinaire « au reverend évesque de Chalon » et décidèrent « qu'au nom du corps de la ville il seroit supplié de tenter les moyens avec le sieur de Bissy de faire cesser ses courses et les violences qu'exercent ses soldats contre les habitants de la dite ville.

Le conseil arrêta, en outre, séance tenante, que l'on écrirait à M. le vicomte de Tavanes pour l'informer que la garnison de la ville était insuffisante pour les protéger contre le sieur de Bissy et « qu'ilz estoient précipitez à un accord avec luy s'ils n'estoient assistez de plus grandes forces ».

Cette démarche des Chalonnais auprès du vicomte de Tavanes n'était qu'une ruse pour dissimuler leur ardent désir de traiter avec le gouverneur de Verdun, ce qu'ils préféraient de beaucoup à recevoir garnison. En effet, sans donner au vicomte de Tavanes le temps de répondre, la municipalité de Chalon envoya un député à Bragny auprès de l'évêque Pontus de Tyard, pour proposer une trêve aux mêmes conditions que celle de l'an passé.

Noble Philippe Bataille, conseiller du roi au bailliage et chancellerie, ancien maire, personnage éminent, l'un des amis intimes de l'évêque de Tyard, et tout dévoué au bien public (2), fut chargé de cette négociation que les faits accomplis depuis peu rendaient très difficile.

En effet, depuis 1591 la guerre avait semé tant de

(1) Assembléo du conseil, 7 octobre 1592.
(2) Perry. *Hist. de Chalon.*

1592 haines entre Chalon et Verdun que le gouverneur de cette dernière ville, justement irrité contre les Chalonnais, qui lui avaient manqué de parole si souvent et lui avaient fait tout le mal possible, leur imposa des conditions beaucoup plus dures que par le passé, et en termes tellement menaçants que le sieur Bataille refusa de retourner à Verdun vers M. de Bissy, malgré les prières et les instances du conseil de ville (1).

Le maire et les échevins de Chalon convoquèrent aussitôt une assemblée générale des habitants pour leur faire part de ces fâcheuses nouvelles et leur donner lecture de la réponse du vicomte de Tavanes témoignant clairement « qu'il ne vouloit permettre aucun accord, ou trêves avec le dit sieur de Bissy (2) ».

Cette réponse, datée de Dijon le 11 octobre 1592, révélait les craintes sérieuses qu'inspiraient au vicomte de Tavanes les entreprises du gouverneur de Verdun contre Chalon et la situation critique de cette ville vis-à-vis de ce redoutable adversaire.

Voici cette lettre de Tavanes qui a son cachet comme toutes celles qui portent sa signature :

« Messieurs, je vois des grandes plaintes et des menasses que vous faictes de vous accorder avec le sieur

---

(1) Assemblée du 14 octobre. Reg. des délib.
(2) Ibid. « Cette négociation étoit très juste et très importante, dit Perry, l'historien chalonnais, pour le soulagement d'une ville qui n'en pouvoit plus et alloit estre réduite dans une extrême nécessité » (Voir aux preuves les pièces n° 37 à 43 relatives aux dépenses que fit la ville de Chalon pour le siège de Verdun, en 1592.) Mais le vicomte de Tavanes ne put souffrir d'accommodement entre les villes de Chalon et de Verdun (p. 375) ». Il ressort de l'exposé des faits que la principale cause qui s'opposa à la paix fut plutôt la dureté des conditions imposées par Bissy, que la volonté de Tavanes.

— 317 —

de Bissy. Je désire vostre bien en quelque façon que ce soit, et celui de la province, c'est pourquoy je suis icy. Je vous ai envoyé deux des meilleurs soldats que j'aye qui n'ont accoustumé d'estre oisifs. J'escriptz à ceulx de Chaigny de vous mener cent arquebusiers, au sieur de Moris de vous aller trouver avec quinze salades, à M. de Varennes de vous en envoyer vingt et à M. Duxelles je luy ay ja escript qu'il retournast mascus.

« Si vous voulez le capitaine Nicolas avec vingt chevaulx nous vous l'enverrons.

« Il ne fault perdre courage pour une sortie ; l'advantaige n'est venu de la vaillance de nos ennemys, mais du désordre des nostres... (1). »

Les Chalonnais, qui ne redoutaient pas moins de voir ces dangereux protecteurs dans leurs murs que les soldats de Bissy à leurs portes, firent de vains efforts pour ne point les recevoir, il fallut obéir aux ordres formels du vicomte de Tavanes.

Sur ces entrefaites Bissy se préparait à faire ressentir aux Chalonnais l'effet de ses menaces. Il s'entendit avec Vaulgrenant, gouverneur de Saint-Jean-de-Losne, qui vint le joindre avec une partie de ses hommes à la tête desquels ils tirèrent droit à Chalon.

C'était le lundi 19 octobre, le Maire de cette ville venait de faire convoquer une assemblée générale à son de trompe, mais personne, à l'exception du maire, de trois échevins, du procureur syndic et d'un conseiller, ne s'y était rendu « *pour raison de l'alarme* », lisons-nous au registre des délibérations de la ville.

(1) Assemblée générale du 14 octobre 1592. Reg. de la ville Cette défaite des Chalonnais par la garnison de Verdun était entièrement inconnue; Perry l'a passée sous silence.

Cette fois, chacun était à son poste, soit sur les remparts, soit aux prises avec l'ennemi.

Laissons le Chalonnais Claude Perry raconter cet épisode militaire dont il a conservé le souvenir.

« Les sieurs de Bissy et de Vaulgrenant qui tenoient le party du roy ne dormoient pas alors. La passion de faire quelque belle action agitoit leur esprit et ne luy donnoit point de repos. Le premier estoit gouverneur de Verdun, et l'autre de Saint-Jean-de-Losne. Ils firent donc une partie de 150 chevaux, et de 200 hommes de pied et vinrent dresser une embuscade aux habitans de Chalon et ensuite les obliger à une sortie. Ils se cachèrent dans des buissons entre l'hermitage qu'on appelle Saint-Uruge et les piles du moulin Bailly, qui sont restées dans la Saône. Pour faire réussir leur dessein, ils détachèrent quatre de leurs cavaliers, qui feignirent d'emmener du bestail qui passoit aux champs. Les habitants ne purent souffrir cette bravade, et firent à trois heures après midi une sortie sur eux. Mais comme ils estoient sortis tumultuairement et sans chef, et que d'ailleurs ils n'estoient guère aguerris, aussi furent-ils si mal menez par les ennemis, que plusieurs furent tuez sur le lieu, et beaucoup d'autres blessez. Jamais on ne vit une plus grande consternation dans la ville. Les femmes pleuroient leurs maris ou morts, ou blessez et les enfans leurs pères. Sans doute ces gens-là auroient mérité plus de louange, s'ils avoient eu plus de conduitte (1).

---

(1) P. 376. Perry assigne à ce combat la date du 26 octobre ; y aurait-il erreur de sa part ou une faute d'impression, 26 au lieu de 19 ? Nous adoptons cette date du 19 d'après l'indication que nous fournit le registre des délibérations de la ville de Chalon et

« Mais, continue le même historien, ce ne fut pas la dernière insulte que le sieur de Bissy fit à la ville de Chalon. Car peu de temps après ce combat, il retourna au mesme lieu, pour y dresser une seconde embuscade. Il crut que lui ayant esté favorable une fois, il lui seroit encore une autre; de sorte qu'il fit cacher ses gens dans les mesmes buissons qui lui avoient autrefois servi de retraite. L'alarme en ayant esté donnée à la ville, le sieur de la Poterie, capitaine des chevau-légers du vicomte de Tavanes, monta incontinent à cheval avec sa compagnie. Il fut rencontré par les gens du sieur de Bissy, qui estoient partagez en deux escadrons de cavalerie, et un corps d'infanterie. Ceux-là le chargèrent si brusquement qu'il demeura mort sur la place. Son corps fut enterré en pompe militaire dans l'église des Pères Cordeliers, où le P. de Valtier, gardien du couvent, et théologal de la cathédrale, fit une oraison funèbre à sa louange. Il ne faisait qu'arriver à la ville (1). »

Ce combat fut plus sérieux que le précédent et eut des suites plus funestes pour les Chalonnais que le récit incomplet de leur historien ne le fait supposer. Un grand nombre d'habitants de Chalon sortirent bravement à la suite des chevau-légers du vicomte de Tavanes et beaucoup d'entre eux partagèrent le sort du capitaine La Poterie et restèrent morts sur la place.

La population de Saint-Laurent fut la plus éprouvée dans cette triste journée où elle perdit au moins le tiers

---

parce qu'à la date du 25 octobre de la même année, Bissy et Vaulgrenant battaient les ligueurs près de Genlis, dans les environs de Dijon (V. *Pépin*, I, p. 98).

(1) P. 376.

de ses habitans les plus valides et les plus déterminés (1).

L'année 1592, qui avait été si remplie, si agitée, si terrible et si glorieuse pour les Verdunois touchait à son terme, elle finit pour eux par une suite de succès qui achevèrent la défaite de leurs ennemis.

(1) Dans l'assemblée du conseil de ville du 26 novembre 1592, honorable Laurent Bacon, capitaine du faubourg Saint-Laurent, « remontre que par le meurtre fait dois peu de jours en ça par les ennemys, de plusieurs habitans, tant de la ville que dudit faubourg, *le tiers et plus* des habitans d'icelluy faubourg, gens bien zellés y estoient demeurez, tellement que le reste des autres habitants estoient fort fatigués de guet et garde » (Reg. des délib. Arch. mun.).

CHAPITRE QUINZIÈME

Suite des guerres de la ligue à Verdun. — Bissy répare et augmente ses fortifications. — Continuation des hostilités. — Le vicomte de Tavanes fait une nouvelle tentative contre Verdun. — Il est forcé de se retirer. — Bissy attaque les ligueurs et tombe entre leurs mains. — Est emmené prisonnier à Beaune. — Il y meurt... — Fidélité des Verdunois. — Le comte de Tavanes déjoue les projets des ligueurs contre Verdun. — Henri IV nomme gouverneur de Verdun Gaspard de Gadagne, fils de Guillaume, comte de cette ville. — Il est tué dans une attaque contre les ligueurs. — M. de Sabran lui succède dans le poste de gouverneur de Verdun. — Cette ville continue d'être l'un des centres principaux du parti de Henri IV en Bourgogne. — Un grand nombre de partisans de ce roi viennent y chercher un asile.

1593-1599

Les excès et les crimes d'une guerre intestine sans trêve ni merci, l'épuisement et les discordes des partis faisaient pencher les esprits du côté de la paix. Malheureusement chacun y cherchait plutôt son propre intérêt que celui de son pays.

Le duc de Mayenne, chef de la ligue, n'eut pas d'égal parmi ces ambitieux insatiables et sans vergogne. Il voulait profiter seul des votes de l'assemblée des Etats généraux qui se réunirent à Paris le 26 janvier 1593. Cette année semblait commencer sous des auspices un peu moins sombres que ses devancières car elle chargeait une assemblée délibérante de résoudre des questions dont la solution avait été demandée jusqu'alors aux armes, c'est-à-dire à la violence et à la force brutale.

Les états avaient pour mandat d'élire un roi de France catholique, afin, suivant les visées de Mayenne et de l'Espagne, d'exclure le roi de Navarre du trône et de leur livrer la France. Elle était en danger de périr démembrée dans cette horrible anarchie lorsque Henri IV la sauva en embrassant le catholicisme.

Cet acte dont la haute portée politique est si incontestable qu'elle fait naître des doutes sur sa sincérité religieuse, fut pour la ligue un coup mortel, et, dès lors, on put prévoir sa fin prochaine.

Cependant son agonie fut encore trop longue, car elle en profita pour faire beaucoup de mal en Bourgogne. On y parlait de suspension d'armes et de paix, comme dans les autres provinces, mais les partis ne cessaient de s'y faire la guerre ; c'était au point que les gentilshommes qui se rendirent à Dijon pour accompagner les députés de la province ainsi que le vicomte de Tavanes, lors de leur départ pour les Etats généraux, faillirent d'être assaillis d'un côté par Bissy et d'un autre par Chamilly (1).

(1) Hérard Bouton, seigneur de Chamilly, se distingua en Bourgogne pendant la Ligue en qualité de lieutenant de la compagnie de chevau-légers de Baillet de Vaugrenant, gouverneur de Saint-Jean-de-Losne pour Henri IV. Ce prince, pour reconnaître les services qu'il en avait reçus, le nomma écuyer de la grande écurie avec 400 livres de gages et lui donna un brevet de gentilhomme ordinaire de sa chambre le 20 février 1603. Hérard Bouton avait épousé, le 1er juillet 1593, Anne Brulard, fille du 1er président au Parlement de Bourgogne, de laquelle il eut 17 enfants ; l'un d'eux fut père du brave maréchal de Chamilly. Le fils aîné d'Héliodore de Tyard, seigneur de Bissy, épousa une Bouton et de cette union naquit

A la vérité parmi ces gentilshommes figuraient les champions de la ligue, tels que les barons de la Clayette, de Thianges, de Lux et de Vitteaux (1).

On a pu juger, d'après l'exemple de Chalon, dans quel état de misère et d'abattement la résistance héroïque de Verdun avait plongé la plupart des villes de la ligue, mais aussi qui pourra jamais dire ce que Verdun lui-même avait souffert et combien son éclatante victoire lui coûta (2) ?

Néanmoins, tout mutilé qu'il était, il se dressait imposant sur ses propres décombres au milieu du désert couvert des ruines qu'un ennemi barbare avait amoncelées autour de son enceinte, pareil à un intrépide soldat qui survit aux blessures dont il est criblé et reste fièrement debout et encore menaçant environné des cadavres de ceux qui furent ses compagnons de gloire.

Les maisons de la petite ville de Verdun de même que ses murs étaient troués comme de vieux drapeaux qui ont essuyé maintes fois le feu des combats ; la plupart de ses palissades et de ses guérites étaient brisées ; une partie de ses pièces de remparts gisaient éclatées à côté de leurs affûts rompus, l'éboulement des parapets et des contrescarpes joints aux travaux des assiégeants avaient comblé ses fossés, enfin les brèches de ses murailles ne mesuraient pas moins de 322 mètres carrés (3) !

Quel spectacle saisissant que celui qu'offrait cette

l'intrépide comte de Bissy, l'un des vainqueurs de Saint-Gothard (1664).

(1) *Breunot*, t. I, p. 264.
(2) Voyez aux preuves, pièce n°ˢ 18, 31 et 32.
(3) 138 toises carrées, la toise de sept pieds carrés. Voir pièce n° 17.

1593 poignée de Verdunois et de soldats campés au milieu de ces ruines qu'une nuée d'ennemis entoure et menace sans cesse, y passant tout un hiver sans trembler ni de peur, ni de froid, réchauffés qu'ils étaient par la victoire et aguerris par l'exemple du brave Bissy.

Le printemps n'était pas encore venu et déjà, sans se préoccuper des futures décisions des Etats généraux, ni des bruits de paix, Bissy entrait en campagne et faisait travailler aux réparations des fortifications de Verdun auxquelles il en ajoutait de nouvelles.

Dès le mois de février 1593 les derniers vestiges de Saint-Jean de Verdun avaient disparu et une légion d'ouvriers maçons, charpentiers et terrassiers travaillait aux fossés et aux retranchements tant intérieurs qu'extérieurs, ainsi qu'aux plates-formes et aux chemins couverts de la ville, de l'Ile du Pré et du château, restaurait les palissades et les guérites, enfin commençait un nouvel éperon dans le Doubs et un nouveau fossé autour du château (1).

Le retour du vicomte de Tavanes en Bourgogne sur la fin de mars justifia les mesures de prévoyance que Bissy avait prises pour mettre Verdun en état de défense.

Le vicomte, quoique accompagné du fils de Mayenne, qui était revêtu du titre de gouverneur de la province, continuait à y commander en qualité de lieutenant général. Il fit des expéditions dans le Chalonnais, le Mâconnais et le Charollais sans un plan de campagne appréciable et sans autres résultats notables que la dévastation de ces malheureuses contrées.

(1) V. pièce n° 8.

Le jeune prince de Mayenne et Tavanes reviennent à Dijon, y renforcent leur armée et en partent le 5 juin pour assiéger Saint-Jean-de-Losne d'où Vaugrenant bravait et menaçait sans cesse la capitale de la Bourgogne. Dijon, qui attachait une grande importance à la prise de Saint-Jean-de-Losne, se hâta de faire une levée de pionniers pour envoyer au camp de Tavanes; des vivandiers s'y rendent; ils le trouvent levé! Tavanes y avait séjourné quatre jours à peine et battit en retraite après une vigoureuse sortie de la garnison (1).

Le bruit avait couru dans Dijon que la paix était conclue et que le roi de Navarre avait embrassé le catholicisme. Cependant le vicomte de Tavanes continuait à faire de grands préparatifs de guerre « pour assiéger places », disait le conseiller Breunot (2).

Sur qui ses coups vont-ils tomber? Il a tant de revanches à prendre, tant de revers à faire oublier! Tout porte à croire qu'il méditait une nouvelle tentative contre Verdun. Dans tous les cas on y faisait bonne garde.

Il retourne du côté de Saint-Jean-de-Losne, prend les châteaux de Laperrière et de Longecourt, puis ramène à Dijon ses troupes qui, en guise de lauriers, s'étaient couvertes d'infamie par les horreurs qu'elles avaient commises (3).

Tous ces petits faits de guerre n'étaient ni assez importants, ni assez brillants pour consoler le vicomte

---

(1) *Pépin*, 103, *Breunot*, I, 318.
(2) Id., 320.
(3) Ibid., 323, 325 et 327. En passant à Gilly-les-Citeaux, pays ami, les soldats du prince de Tavanes brûlèrent vingt-deux maisons!

de Tavanes de sa grande défaite sous les murs de Verdun. Ses regards se tournaient souvent de ce côté, car là était le nœud gordien de la campagne. Tout à coup il se dirige sur cette place dans l'intention de l'attaquer de nouveau et avec l'espoir de la surprendre.

Mais il avait compté sans la vigilance de Bissy qui, surveillant ses mouvements, devina ses projets sur Verdun et les déjoua en prenant de si bonnes mesures pour la défense de cette place que le vicomte de Tavanes n'osa pas venir l'assiéger.

Dans les comptes de maître Jacques Bourrée, commis à la recette des impôts, en Bourgogne, pour les années 1592 et 1593 (1), nous voyons figurer une somme de 400 écus qu'il avait payée en vertu d'une ordonnance du comte Guillaume de Tavanes, en date du 15 juin 1593, au sieur de Bissy, capitaine gouverneur de la ville de Verdun, « pour solde et entretenement de gens de guerre tant de pied que de cheval, qu'il avoit dû lever, outre la garnison ordinaire dudit Verdun ». Le livre d'un autre comptable (2) nous fournit un renseignement positif sur le sujet qui nous occupe. Au chapitre de la dépense de ce compte nous lisons

---

(1) Arch. de Bourgogne, à Dijon.

(2) Maître Guillaume Maigret de Verdun, commis par les sieurs des trois Estatz du duché de Bourgogne et pays adjacents à la recepte des deniers du taillon, frais extraordinaires de la guerre et affaires du pays, imposés sur portion des bailliages de Dijon, Chalon, vicomté d'Auxonne, ressort de Saint-Laurent dudit Chalon, comté de Charollois et Masconnois, pour une année commencée au 1er jour de janvier et finie au dernier jour du mois de décembre mil cinq cent quatre-vingt-treize. Reg. in-4, de 496 feuillets. Copie du temps prise sur l'original en la Chambre des comptes de Dijon. Collection de l'auteur.

ce qui suit : « Aultre payement fait tant au sieur de Han à sa compagnie de 25 hommes, que le sieur de Bissy appela en garnison audict Verdun *pour empescher* le siège de la ville en l'obéissance du roy et empescher le siège que vouloient mectre les ennemis. »

« Au capitaine de Han et à sa compagnie.... la somme de 397 escuz pour les estatz, appointement et solde du service qu'ils ont faict au quartier de juillet, aost et septembre 1592, qu'ilz ont faict garnison en ladicte ville de Verdun y ayant estés appelés pour fortifier la garnison et empescher le siège et desseing des ennemis. »

Aucun historien, ni chroniqueur de notre province n'a fait mention de cette troisième entreprise du vicomte de Tavanes contre Verdun (1); on n'en connaît donc pas la moindre particularité, mais il est certain que cette tentative de Tavanes eut lieu dans les premiers jours de juillet 1593, et que l'armée des ligueurs ayant à sa tête le fils de Mayenne et l'intrépide Jean de Tavanes dut battre en retraite par suite de la contenance de Bissy.

Tandis que les nouvelles sont à la paix plus que jamais, les partis s'acharnent à guerroyer entre eux. Le duc de Nevers pénètre en Bourgogne et ravage les environs de Vittcaux et d'Arnay-le-Duc ; les garnisons des châteaux-forts et des villes en sortent à chaque instant, comme des brigands de leur caverne, raflent le

(1) Cette tentative d'un troisième siège de Verdun par le vicomte de Tavanes est attestée par l'évêque de Chalon-sur-Saône, Pontus de Thiard, dans une des requêtes qu'il adressa au roi Henri IV, après la mort du brave de Bissy, son neveu (Voir cette pièce aux preuves).

1593
22 juillet

bétail, les récoltes, les provisions et jusqu'aux personnes ; enfin le jeune prince de Mayenne et le vicomte de Tavanes vont et viennent de Chalon à Beaune où ils concentrent leurs troupes.

Le 22 juillet 1593 Bissy, après avoir signé un mandat de payement d'une somme de 155 écus pour les terrassiers qui creusaient par ses ordres un nouveau fossé hors des murs de Verdun, quitta cette ville pour aller surveiller les mouvements de l'ennemi du côté de Beaune : le soir de ce même jour le reste de la petite troupe qui l'avait accompagné revenait morne et silencieuse sous le commandement de Dampierre et de Cussigny dont un bras était labouré par deux coups de coutelas (1).

Voici ce qui s'était passé : Bissy en approchant de Beaune avait rencontré des troupes de Mayenne ; il n'hésita pas, malgré la supériorité de leur nombre, à les attaquer ; déjà il mettait le désordre dans leurs rangs, lorsque son cheval s'abattit ; assailli par les ennemis et couvert de blessures, il dut se rendre et fut fait prisonnier (2).

Qu'on juge de l'abattement et du désespoir des Verdunois, eux qui étaient habitués à voir Bissy rentrer dans leurs murs toujours victorieux et chargé de butin, lorsqu'ils apprirent l'affreuse nouvelle : leur gouverneur tant aimé, le sauveur et l'honneur de leur ville blessé grièvement et prisonnier !

(1) L'importance de ce combat, resté inaperçu, n'a point échappé à M. J. Garnier. Voir *Correspondance de la mairie de Dijon*, t. II, introduct. histor., p. LXXVII.

(2) Voyez pour les détails de ce combat et sur ses suites funestes pour Héliodore de Thiard, le chap. XVI, consacré à sa biographie et à celle de sa digne épouse Marguerite de Busseul.

Le lendemain 23 juillet les citoyens et la garnison de Verdun étaient encore sous le coup des cruelles émotions dans lesquelles le funeste événement de la veille les avait plongés quand ils virent arriver à leurs portes M. de Charnilly que Vaugrenant leur envoyait avec 40 cuirassiers afin de leur prêter secours. Cet empressement du gouverneur de Saint-Jean-de-Losne parut suspect aux Verdunois : ils soupçonnèrent M. de Vaugrenant de quelque arrière-pensée et remercièrent M. de Chamilly de son assistance, l'assurant qu'ils n'en avaient nul besoin et le priant de se retirer (1), ce qu'il fut contraint de faire.

Tandis que les Verdunois donnaient cette preuve d'attachement à leur gouverneur absent, prisonnier et presque mourant, lui, de son côté, ne les oubliait pas, malgré ses douleurs physiques, ses souffrances morales et l'horreur de sa situation. Il avait sans cesse présents à la pensée leur dévouement, leur fidélité et leurs sacrifices à la cause du roi et de la France ; il redoutait surtout pour eux les nouveaux dangers auxquels les entreprises des ennemis enhardis par sa captivité allaient les exposer.

De Thiard n'hésite pas à demander aux capitaines ligueurs qui l'avaient fait prisonnier une faveur, et, chose extraordinaire, ils la lui accordèrent, c'était de s'entretenir en particulier avec un de ses serviteurs et de l'envoyer à Verdun (2).

Ce commissionnaire partit aussitôt pour cette ville

---

(1) *Breunot*, I, 346 : « L'on tient, dit-il, que c'estoit pour s'emparer de la place, comme la saison d'aujourd'hui ne tend qu'à jeu de boutehors. »

(2) Ibid., 344.

avec des lettres de créances signées de la main d'Héliodore de Thiard ; on peut dire qu'elles étaient le testament de ce noble guerrier, resté fidèle à son roi et à son pays.

Il y recommandait aux gentilshommes, capitaines et soldats de la garnison, quoi qu'il advînt de lui, qu'il restât captif ou qu'il mourût, de garder soigneusement Verdun où ils avaient défendu ensemble, contre les factieux du dedans et les ennemis du dehors, le drapeau de la France ; que s'il s'en trouvait dans leurs rangs quelques-uns qui ne se sentissent pas sûrs d'eux-mêmes et qui redoutassent les hasards que Verdun avait encore à courir, ils pouvaient en sortir et se retirer où bon leur semblerait.

A cet appel suprême de leur chef, tous officiers et soldats levèrent la main et protestèrent de leur fidélité jusqu'à la mort (1).

Bissy ne s'était adressé qu'à ses compagnons d'armes, mais les Verdunois à la lecture de ses lettres firent tous vœu solennel de lui garder fidèlement leur ville et de mourir plutôt que de se rendre (2).

Ce témoignage d'attachement donné par les habitants de Verdun à leur gouverneur, ce généreux et héroïque serment qu'ils lui prêtaient spontanément furent comme l'oraison funèbre de ce valeureux et noble capitaine, car cinq jours après la nouvelle de sa mort parvenait à Verdun !... Le deuil qu'elle y répandit fut si profond que, dans ce pays où le passé n'a point laissé de traces, nous en avons retrouvé le sou-

(1) *Breunot*, I, 344.
(2) Ibid.

venir au bout de trois siècles ; voici les lignes que le curé Blandin, écho fidèle de la douleur de ses paroissiens, écrivit, pour mémoire, sur le registre des mortuaires de l'église Saint-Jean de Verdun pour l'année 1593 :

1593
27 juillet

« NOTA AVEC DOULEUR

« Que le jeudy xxii juillet, jour de saincte Marie Magdalaine, environ les quatre heures après midy fut blessé noble Éléodore de Thiard, sieur de Bissy, Bragny, Charney, gouverneur pour le roi en la ville de Verdun, auprès de la ville de Beaulne, et prins prisonnier, dont d'icelle blessure est mort ledit sieur de Bissy, deans le chasteau de Beaulne le mardy xxvii° jour dudit moys, environ les unze heures avant mingnuit. Son corps amené le mercredy suyvant en l'abaie de Mesières et le jeudy xxix° jour dudit moys a esté son corps ensépulturé en ladicte abaye.

« Dieu veille avoir son âme.
« Amen.
« Laquelle mort a esté au grand regret et perte des habitans dudit Verdun (1). »

La mort d'Héliodore de Thiard attira, de nouveau, sur Verdun tous les regards, excita les convoitises des divers partis et réveilla les projets de conquête des ligueurs : c'est à qui des partisans de Mayenne ou de Henri IV se logeraient dans cette petite place à laquelle Bissy avait fait jouer un si grand rôle en Bourgogne.

Vaugrenant dont l'activité, dans son gouvernement de Saint-Jean-de-Losne, avait plus d'un trait de ressemblance avec celle de Bissy dans Verdun, cherchait

(1) Reg. déjà cité, fol. 49, verso. Arch. du greffe de Chalon-sur-Saône (inédit).

à s'y créer des intelligences par l'entremise de M. de Cussigny, qui, disait-on, avait promis de lui livrer Verdun, tandis que, d'un autre côté, le comte Guillaume de Tavanes s'en était assuré l'entrée par le moyen de M. de Dampierre (1). Vaugrenant qui, bien que du même parti que le comte de Tavanes, était souvent en opposition contre lui, se proposait, par cette manœuvre, de mettre en défaut Tavanes, lieutenant général en Bourgogne, en faisant preuve de plus d'activité et de prévoyance que lui pour la conservation de Verdun, action qui lui eût servi de recommandation auprès d'Henri IV.

Mais l'inébranlable fidélité des Verdunois profita, en cette occasion, au comte de Tavanes. Ce général, de son côté, n'oubliait pas Verdun, car il y arriva le 31 juillet, avec sa compagnie de gendarmes, fort à propos pour déjouer toutes les menées plus ou moins égoïstes et surtout les projets des ennemis.

Tavanes, en vertu de l'autorité que lui conférait son grade de lieutenant général pour le roi en Bourgogne, prit le commandement de la place de Verdun où il pourvut aux mesures capables d'en assurer la conservation. Après avoir fait inventorier et estimer, par des experts compétents, l'artillerie et toutes les munitions de guerre trouvées à Verdun lors du décès de son gouverneur Héliodore de Thiard, Tavanes se disposait à en prendre possession au nom du roi lorsque messire Pontus de Thiard, évêque de Chalon, grand oncle et tuteur des enfants mineurs de feu M. de Bissy,

---

(1) *Journal de Gabriel Breunot*, édité par M. J. Garnier, t. I, p. 253.

et Guillemette de Montgommery, leur aïeule, intervinrent et exposèrent au sieur de Tavanes « que toutes ces munitions de guerre appartenaient au sieur de Bissy qui les avait achetées ou fait fabriquer de ses propres deniers, c'est pourquoi ils priaient le comte de Tavanes de les autoriser à les vendre au profit des héritiers du feu sieur de Bissy ».

Le comte de Tavanes, qui connaissait parfaitement quelle était la provenance de ces munitions, accueillit la demande de Pontus de Thiard, mais comme elles étaient indispensables à la défense et à la conservation de la place, il n'hésita pas à les acheter pour le service du roi et les laissa dans Verdun. D'un autre côté il fit en faveur des enfants mineurs d'Héliodore de Thiard une reconnaissance de la somme de 6500 écus, payable au 1er janvier 1594 (1).

Parmi les personnages de divers partis qui convoitaient Verdun il y en avait un qui lui seul possédait plus de titres sur cette ville que tous les autres ensemble, c'était Guillaume de Gadagne, chevalier de l'ordre du roi, conseiller en son conseil privé et d'Etat, capitaine de cinquante hommes d'armes des ordonnances de sa majesté, sénéchal de Lyon, seigneur de Bothéon de Mirabel, de Saint-Victor et de Verdun. La valeur de ce dernier titre venait d'être augmentée par l'érection de sa baronnie de Verdun en comté, par Henri IV, au mois de juin 1593.

Par suite d'une de ces coïncidences assez fréquentes dans les événements divers qui constituent l'existence de l'homme et des sociétés, ce fut dans l'espace de

(1) Cet acte fut passé à Verdun, par devant notaire, le 8 août 1593.

1593 moins d'un mois de la même année 1593, que les Verdunois eurent le malheur de perdre leur brave et généreux défenseur, et l'honneur de voir leur petite ville décorée de la dignité de comté pour récompenser leur fidélité et celle de leur seigneur. Car hâtons-nous de le dire, Guillaume de Gadagne n'avait pas seulement le privilège de tenir à Lyon le premier rang par sa position officielle et son immense fortune, mais encore le mérite d'y être l'un des plus dévoués à la cause de Henri IV. Aussi ce monarque s'empressa-t-il de satisfaire au désir que lui avait exprimé Gadagne de voir son fils unique occuper le poste de gouverneur de Verdun auquel Bissy venait de donner autant d'importance que de gloire.

A cette époque d'activité fiévreuse pour ainsi dire les affaires ne traînaient pas en longueur : Bissy était mort le 27 juillet 1593; nous voyons à sa place son successeur, Gaspard de Gadagne, passer la revue de la garnison de Verdun le 7 septembre de la même année (1).

Le fils du comte de Verdun n'avait que le défaut d'être un peu jeune en raison des circonstances difficiles où il pouvait se trouver dans Verdun, mais il était doué de cette énergie et de cette bravoure qui, « chez les âmes bien nées, n'attend pas le nombre des années », et surtout il avait pour conseillers et pour guides son père et sa mère qui à l'exemple de tant de grandes dames du XVIᵉ siècle, mûries par les épreuves, se montrèrent à la hauteur de toutes les situations, soit dans la vie privée soit dans la vie publique. Nous

(1) Voir aux preuves et notes, compte de Mᵉ Guillaume Maigret, de Verdun.

avons recueilli sur le rôle de l'épouse et de la mère, au xvıᵉ siècle, des documents nous révélant chez elle de grandes qualités, jointes aux vertus modestes et pratiques de la ménagère.

Jehanne de Sugny, une noble dame de haute noblesse, nous servira d'exemple, grâce à la découverte que nous avons faite d'une lettre intime qu'elle écrivit à son fils peu de jours après son installation en qualité de gouverneur des ville et château de Verdun. Une lettre de Guillaume de Gadagne, adressée en même temps à ce jeune gouverneur, complètera cette étude de mœurs au xvıᵉ siècle.

Lettre de Mᵐᵉ de Gadagne :

« Gaspard, encore que vous soiez M. le gouverneur je ne vous changeray pas de nom, vous en seriez trop glorieux. Vous nous avez ostez d'une grande peyne de nous mander de voz nouvelles car Le Meige nous avait dit qu'incontinent que vous seriez arrivé vous nous en menderiez et craignant que vous n'eussiez pas bonne yssue de vostre voyage vostre père vous avoit despesché ledit Meige pour scavoir comme le tout en estoit passé nous en estions tout troublez car personne n'eut jamais pensé que M. de Tavanes eust esté si facile et que plustost vous eussiez eu quelque mescontentement et encore qu'il aye faict le commandement du roy vous ne laissez par de luy en avoir une obligation particulière car il estoit bien a son pouvoyr de vous traiter plus rudement parquoy vous ferez très bien de l'entretenir et luy faire paroistre que vous estes son serviteur oultre qu'il vous a obligé c'est un seigneur qui mérite beaucoup. Vous avez bien besoin

de ses bonnes graces pour ayder à conserver ce lieu (1).
Car vous ne scavez les affaires qui vous peuvent venir
sur les bras. C'est ung grand desplaisir de ce que
M. de Vaugrenan et luy ne sont bons amys il vous y
fault gouverner bien subtillement et que pour l'amour
de l'un vous ne perdiez l'amitié de l'aultre. Il la fault
conserver de tous deux s'il est possible. Qui les pourroit mettre bons amys ce seront ung grand plaisir
pour le service du roy. Le présent porteur nous a fort
contentez du bon rapport qu'il nous a faict de vous,
mais qu'il ne dissimule point vous neustes jamais tant
de besoing destre saige, advisé et retenu qu'a présent
puisque vostre aage n'est pas tel que vostre charge le
mérite. Mais que vous ayez devant les yeulx la crainte
de faillir se sera beaucoup, cela vous gardera de rien
faire et entreprendre sans l'advis des plus saiges et
de ceux que connoistrez estre de voz amys et qui ayment vostre réputation Et fault bien vous entretenir
de tous ces Messieurs les cappitaines qui vous font cet
honneur de vous aymer ; prenez garde de les bien contenter et de ne particulariser poinct vous les caressiez
tous selon leur mérite et les faire manger tous les uns
après les aultres à celle fin qu'il ny en ay point de jaloux. Faites leur bonne chere selon vos moyens que
vous n'acqueriez point le bruit d'estre prodigue et aussi
avare car depuis que l'on prend ceste réputation on
ne la peult perdre et cela porte dommaige, aussi ne
sera il trouvé jamais mauvais de mesnager honestement son faict et se mesurer. Et faictes honestement vos
excuses que vous voudriez bien faire mieux mais que

(1) Verdun.

vous navez pas tous les moyens qui vous seroient de besoing a cause des grandes pertes que nous avons faictes et vous aussy et quand vous serez plus riche vous ferez mieux ; et avec ces choses que vous verrez estre besoing, trouvez une table propre pour vostre ordinaire et voir combien de voz gens y mangeront et quelle place il y aura pour les estrangers de quoy il fault faire estat car selon cela reglez vostre despence et qu'il ne manque point s'il est possible et que vous soyez tousiours en mesme estat et me semble que vous aurez assez de deux services le roty et le bouilly et l'yssu de table. Il ne fault que les gens de guerre se traictent si magnifiquement. Regardez de faire voz provisions ceste foire a tant (*sic*) (à temps) et les baillez à voz serviteurs que cognoistrez vous estre les plus fidelles et qui vous servent de meilleur cœur. Jay donné charge à M. de Curye (1) de vous faire donner 200 escuz pour commancer vostre mesnaige. Il m'a promis de vous ayder de tout ce qu'il pourra et de son conseil et des bons advis. Il fault que vous oyez chacun et ne rien dire des uns aux aultres car après vous ne sauriez rien. Ne vandez point des boys et faites les conserver car si Dieu nous donne une paix ilz se vandront bien. Il y a des habitans qui ont faict des grands dégatz de leur authoritéz que je veux bien leur faire payer le dommage, mais il fault attendre l'yver pour les faire revisiter, jayme mieux que vous en acheptez ou vous en prendrez en quelque lieu séparé, comme vers les estrangers, car ils prendroient leurs excuses

(1) Noble François de Curyer, hommes d'armes de la compagnie de Guillaume de Gadagne, sénéchal de Lyon, demeurant ordinairement à Verdun.

que ce sont vos gens. Faites y aller quelques fois de
voz gens pour surprendre ceux qui y sont, remettez-
les toujours devant la justice, mais de ce qui s'est
passé il ne fault dire mot car il ne faut mutiner personne. Ne faites rien pour le *faut* de m'en donner advis
car au prix la jouissance de une chose porte tiltre. Ilz
ont prins de noz meschans bois pour rabiller un chemin, il fauldra leur en faire donner une sentence un
jour, et dites leur a tous ceux qui vous pourront demander quelque privilège ou permission que vous n'ose-
riez l'entreprendre ny le faire que M. de Boutheon et
moy le trouvions fort mauvais et ne monstrez point à
personne ceste lettre. Je ne veux aussy oublier de vous
dire que vous vous gardiez bien de vous aller prome-
ner sur l'eau avec ces meschans bateaux car je sçay
bien que vous scavez faire et y a de meschans lieux
ou il y a le meilleur najeur qui nen scaurait sortir
mesme auprès du chasteau. Vous mavez faict grand
plaisir d'envoyer quérir M. de la Roche, si jestois à
Bouthéon je luy envoyrois dune bonne eau pour ses
aureilles, je m'asseure qu'encores que vous luy avez de
l'affection, il vous aydera à entretenir ses honnestes
gens qui sont auprès de vous. Je ne veux faillir à vous
faire ressouvenir surtout de la crainte de Dieu et que
ne faissez tous les jours à lui rendre grâces de tant de
bien qu'il vous faict et le supplier qu'il vous veuille
tousiours bien conduire. Et nentreprenez jamais rien
que premièrement vous n'invocquiez son ayde, et si
avez sa crainte devant les yeulx vous ne pourrez que
prosperer. Je le supplye quil vous en face la grâce.
Nous avons sceu des nouvelles de vostre tante de Saint-
Marcel qui estoit extrêmement malade dune pu-

rezie ; je suis en grand peyne pour scavoir ce quil aura pleu à Dieu ordonner delle. Nous avons perdu beaucoup de noz amys; prenez exemple à M. de Bissy qui a tousiours si bien faict et à la fin il en est advenu un grand desastre. Voilà ce que c'est que de mespriser ses ennemys. Vous estes en un pays couvert et ne scavez les adresses comme luy, vous avez bien à vous prendre garde pour n'avoir des advertissements ny les amys quil avoit. Dieu par sa grâce vous veulle assister et vous veulle conduire de telle façon que vous acqueriez de lhonneur et que tout soit à la louange de Dieu. Ne vous fiez pas à moy de vous envoyer quelqun pour l'affaire, car je n'ay personne. Il fauldra que Guerin et Meigret aydent, si le recepveur Machon va à Verdun faictes le retenir et gardez qu'il ne sorte de la ville jusques à ce qu'il aye rendu ses comptes devant les officiers et M. Meigret et si M. Teyseur y eust esté. Il ma dit que tous les papiers estoient à Verdun, c'est un meschant homme, ilz disent qu'il nous a faict tout plain de tort ; gardez bien den dire rien, jusquà ce quil soit arrivé, lesleu nest pas de ses amys et il me semble que devez en suivre et gouverner vos affaires comme M. de Bissy avoit commancé, car il estoit bien saige et avoit un bon conseil que son oncle ; entretenez vous de luy, car il a plus de crédit dans Verdun que vous et auroit bien le moyen de vous nuyre s'il voulloit. Gouvernez-vous bien sagement et comme verrez pour le mieux et je priray Dieu qu'il vous assiste tousiours et vous doint sa grâce et vous demeure votre bonne mère.

J. Sugny.

1593

Lisez bien toute la lettre deux fois, ne failliez d'avoir un livre pour mettre tout largent que vous recepverez et un aultre endroit séparez tout largent que vous mettrez. Mettez le jour et la datte et la quitance que vous donnerez. Je monstreray jusques à un liard tout ce que j'ay receu et payé depuis ces troubles ; et tenez en la clef et vous faire rendre compte comme faisoit M. de Bissy (1).

LETTRE DE GUILLAUME DE GADAGNE A SON FILS GASPARD, GOUVERNEUR POUR LE ROI DE LA VILLE ET DU CHATEAU DE VERDUN.

Mon filz, je masseure que vous aurez congneu par la lettre que vous aurez receue par le Mage comme je trouvois mauvois vostre proceddé pour l'exécution d'une chose de laquelle moy et tous ceux à qui jen ay parlé neussions jamais creu quen fussiez venu à bout comme vous avez faict de quoy vous debvez bien rendre grâces à Dieu et de bien et dignement le servir, recognoissant cela plus par sa divine providence que par voz mérites mesme en laage en quoy vous estes qui vous rend peu expérimente en telles affaires. Jespere qu'il vous fera la grâce puisqu'il a permis un tel commancement de parachever avec bonne réputation en servant fort fidellement le roy vostre maistre. Jay entendu par le porteur comme toutes choses sont passées qui mapporte aultant de contentement comme auparavant jen avois le contraire et ce qui m'a plus satisfaict et contenté c'est davoir sceu un proceddé

(1) Cette lettre ne porte pas de date, mais elle est du mois de septembre 1593, époque où Guillaume de Gadagne écrivit à son fils.

avecq M. de Tavanes de telle façon qu'il est content et satisfaict de vous et certes vous lui debvez beaucoup dobligation et luy faire service en tout ce quil vous ordonnera, tant pour le rang qu'il tient en cette province là que pour estre un honneste seigneur et qui mérite beaucoup. Vous verrez la lettre que je luy escrips à cachet vollant, accompagnez la dune aultre lettre. Jay veu aussi les mémoires que vous avez envoyés à la Cour qui sont bons mais je vous advertis une aultre fois de ne mettre la somme que de ce qu'avez accordé, car si de fortune ledict sieur de Tavanes en escripvoit au Roy vous vous trouveriez en divers langaige. Il n'est pas de besoing que vous y escripviez pour mes affaires particulières car j'y donnerai ordre de mon côté et puisque vous ny estes pas je crains bien que par les lettres que M. Dufresne mescript quil nest guères content de vous de ce que estes departy sans prendre congé de luy, reparez telle faulte en luy trouvant quelque honeste excuse car je luy ai beaucoup d'obligation et luy en debvez avoir de mesme et de l'entretenir daultant que c'est un appuy qui nest pas petit auprès du Roy. Jay faict entendre beaucoup de particularitez à ce porteur que vous prie croire et sur tout taschez de vous conserver lamityé de tous voz voisins et compagnons car se sont eux qui doivent ayder à acquérir de lhonneur et de la réputation, faictes leur la meilleure chère que vous pourrez et honorez et aymez tous ceux qui vous honnorent et ayment car c'est le vray moien d'acquérir le cœur des personnes. Quant à voz gardes je m'asseure que vous en suiverez les mesmes qui se faisoient masseurant que le deffunct ny avoit rien oublyé. Toutesfois je trouve fort bon que là où vous mettez voz corps de garde tant de la ville que du fort, que tous les soirs, vous devez faire tirer les billettes par les sergents qui menent les escadrons et par lesdites billettes ilz verront là ou ilz doibvent faire la garde, aussy ceux qui sont ordonnez pour faire les rondes et patrouilles et après que les corps de garde sont posez et les portes seures, leur faire tirer par billette les heures qu'ilz doivent faire leurs entrées rondes et patrouilles, et ce faisant on ne peult jamais courir fortune ny avoir intelligence avec les ennemys ne saichant les lieux où ilz doibvent faire la garde, ni les rondes. Et quand il y a quelque doubte et les ennemys prestz les patrouilles dehors sont très requises, tant à cheval qu'à pied. Taschez d'estre tousiours muny de toutes choses de munitions de gueule et de guerre et ayez plustost de reste que de faulte, et les maigazins sont très nécessaires pour cest effaict. Je vous envoye un livre pour passer vostre temps quant vous aurez aultre à faire. Quand vous pourrez faire plaisir à voz voisins sans que le service du Roy soit intéressé faites le, mesme à l'endroit de ceux de Lion encore qu'ilz m'ayent faict beaucoup de mal ce n'a pas esté pour mon particulier sinon pour la fidélité que jay eue au Roy, et leur parlez tousiours le plus gratieusement que vous pourrez et les assseurez que hors le service du Roy ilz me trouveront tousiours à leur commandement et aussi affectionné que je fuz jamais. Je vous eusse envoyé un cheval d'Espaigne que j'avois mais il estait foulé et vieil je l'ay vendu il y a quelques jours. Je ne fuz jamais en ma vye si mal monté que je suis. Si vous trouvez quelque bon cheval du pais qui soit fort vous le pourrez achepter et dictes à

Messire Meigret quil le paye. Si Dieu donne une paix j'envoyray achepter des courtaulx à Lion. Au reste je trouve fort bon tout ce qui cest passé comme vous dira le porteur avecq un grand contentement de la façon quy avez procedé vous asseurant que je ne vous manqueray jamais à vous faire paroistre l'amityé que je vous porte masseurant que vous men donnerez tousiours l'occasion. Quand vous aurez subjet et occasion descrire au Roy et à M. Du Fresne, faictes le et à voz amys, mesme à M. l'amiral qui vous faict cet honneur de vous aymer. Taschez davoir le temps d'ouyr tous les jours la messe et vous recommander à Dieu sur tout, car cest cestuy là de qui il fault avoir espoir. Je le supplie vous conserver tousiours en sainte, longue et heureuse vye. De Romant, ce viie septembre.

J'espère au retour de Mege daler trouver Monsieur de Monmorancy où je vous acheptray un couple de chevaux barbes. Jescry à Monsieur de Chaalon (1). Vous verrez que je luy mande je ne fauldray de satisfaire à ce quil désire et luy faire payer les 1000 escuz à Rome. Faites tousiours estat du Conseil et advis de Monsieur le bailly et de Monsieur le Chastellain saichant qu'ilz m'ayment. Prenez-vous bien garde qu'on ne vous donne aucune assignation pour ceux qui vous vouldront venir parler soit du lieu ou de jour ni heure sinon là où vous serez le plus fort, car les ennemys du Roy feront tout ce qu'ilz pourront pour vous attrapper: Quand vous me vouldrez escrire adressez vos lettres à Claude Prez, batellier à Lyon, lequel j'ay prié me les faire tenir là où je seray et comme je partiray pour aller à la cour je fe-

---

(1) **Pontus de Thiard.**

ray passer un homme par devers vous. Je suis bien ayse que vous ayez envoyé quérir Monsieur de La Roche il est bien nécessaire que vous ayez des gens qui deppendent de vous. Je suis après vous trouver quelques vieulx et saiges gentilshommes pour vous servir de conseil et qui vous soient fidelles, mais aussi il les fauldra croire et les biens entretenir et leur donner occasion de vous estre fidelles car c'est tout ce qu'il fault désirer en ce misérable temps. Quant vous aurez besoin de ce que m'a dit ce porteur et que cognoistrez estre à propos je vous en enverray tant que vous vouldrez et si je nestois en ce païs escripvez en au cappitaine Vaulchette qui est à Botheon lequel jay prié faire ce que vous luy manderez et leur feray bailler de l'argent pour les conduyre vers vous. Cependant je vous envoyray trois ou quatre (1) que vous porrez mettre dans le fort auquel il fault avoir l'œil sur toutes choses et que tousiours qu'il y en demeure un des chefs quant l'autre sort. Je prie Dieu vous vouloir assister et conserver mon fils. Je loue Dieu de ce quil vous a si bien assisté et quayez mis en effaict le commandement du Roy avec la bonne grâce de votre lieutenant de Roy laquelle il vous fault conserver et vous en la place et vos amys quest la plus belle richesse que vous sceuriez avoir. Je vous recommande surtout la crainte et l'amour de Dieu qui vous assistera tousiours. Si vous mescripvez adressez mes lettres à Claude Prest qui me les fera tenir en Avignon. A Monsieur Benoist Sere? auquel je donneray ordre me les faire tenir. Faites faire

(1) Il manque évidemment ici un mot. Cette omission est-elle volontaire? Nous supposons qu'il s'agit des gentilshommes dont il a parlé plus haut, pour servir au conseil.

un registre de toutes les ordonnances que vous ferez et des passeports que vous donnerez mettant le jour et le subject, aussi tenez ou faictes tenir compte de ce que vous recepvrez et despenserez en un livre de recepte et despense pour pouvoir un jour monstrer que vous lavez employé pour le service du Roy (1).

Ces deux lettres sont des pages d'histoire vraie, de cette histoire comme on n'en rencontre que trop rarement, car elles n'ont point été écrites pour le besoin d'une cause, ni pour capter l'opinion publique, elles sont les interprètes fidèles des nobles et généreux sentiments d'un père et d'une mère dignes de ces noms sacrés et soucieux de leur honneur et de leur fortune, placés entre les mains d'un fils unique et bien-aimé. Ce fils Gaspard de Gadagne avait de qui tenir. Aussi le vide causé par la perte d'Héliodore de Thiard fut comblé par lui. C'était la même activité, le même courage et la même intrépidité dans les combats, le même dévouement à la cause de Henri IV et à la conservation de Verdun. Nous ne mentionnerons ce dernier point que pour mémoire, car Verdun était le fleuron des nombreuses seigneuries de son père, aussi il en avait fait sa patrie d'adoption au point qu'il en portait le nom à la place de Gadagne, et signait : Verdun.

Le jeune comte de Gadagne était désigné dans le Lyonnais sous le nom de M. de Bothéon (2) que l'on

---

(1) Copie du temps légalisée. Anciennes archives de la famille de Thiard de Bissy, au château de Pierre (Saône-et-Loire).

(2) Bothéon était le nom d'une des principales seigneuries de Guillaume de Gadagne, qu'on appelait généralement M. de Bothéon. Tandis que son fils Gaspard, comte et gouverneur de Verdun, était désigné en Bourgogne sous le nom de *Monsieur de Verdun*.

1593

donnait également à son père, et en Bourgogne sous celui de M. de Verdun.

Ce nom de Verdun retentissait au loin depuis le grand siège soutenu si valeureusement sous le commandement d'Héliodore de Thiard, et tous les regards étaient tournés vers lui.

Les on dit qui circulaient en Bourgogne sur Verdun intéressaient assez pour être recueillis par les chroniqueurs d'alors. Nous lisons dans le *Journal de G. Breunot*, édité par M. J. Garnier, de Dijon : « 1593, 31 juillet. M. de Tavanes (1) est dans Verdun, ainsi que M. de Dampierre et M. de Cussigny. L'un l'avait vendue à M. de Tavanes, et l'autre à M. de Vaugrenant ; M. de Chauffour y est, en veut sortir ; M. de Tavanes le retient, il y reste (2). »

« 9 août. L'on tient que M. de Tavanes a laissé M. de Chauffour lieutenant à Verdun (3).

« L'on tient que l'on a trouvé au cabinet de M. de Bissy 15,000 écus d'argent, sans les armes et chevaux (4). »

« 30 août. L'on tient que Verdun est remis entre les mains de M. de Gadagne, sénéchal de Lyon (auquel il appartenait précédemment), par exprès commandement du roy, moyennant 10,000 écus, savoir : 7000

Les Chalonnais, à l'imitation du vicomte de Tavanes, semblent s'efforcer de ne point prononcer le nom de Verdun, qui leur rappelait les défaites que les Verdunois leur avaient infligées. Lorsqu'ils parlaient des Gadagne, ils ne les appelaient que de Bothéon.

(1) Guillaume de Tavanes, frère du vicomte.
(2) Breunot, t. I, p. 353.
(3) Ibid., p. 359.
(4) Ibid., p. 356.

pour les enfants de feu M. de Bissy, et trois pour M. de Tavanes (1). »

« 12 septembre. M. de Gadagne change les garnisons de Verdun, y met des gens qu'il prend des garnisons de M. de Vaulgrenant. Ceux qui y estaient sont très malcontents, et non sans cause (2). »

Thiard de Bissy revivait en Gaspard de Gadagne qui rappelait son activité et sa bravoure poussée jusqu'à la témérité. En effet, Gadagne avait à peine pris possession de son gouvernement de Verdun, que nous le voyons faire expier aux Chalonnais leur conduite hostile contre cette ville et leur imposer une contribution de guerre. Les conseillers de Chalon décidèrent qu'une députation serait envoyée au nouveau gouverneur pour le supplier de ne pas exiger cet impôt des Chalonnais « *qui aymeraient beaucoup mieux quitter leurs vies et leurs biens* (3) ».

M. de Thésut, avocat des plus distingués et très considéré à Chalon, fut chargé de cette mission auprès du gouverneur de Verdun afin d'en obtenir la décharge de cet impôt, qui, « à raison de 400 écus par mois, représentait, pour trois quartiers échus, la somme de 3,600 écus !! »

Le jeune gouverneur de Verdun « répondit de bouche, puis par lettres qu'il entendait avoir payement de cette somme, parce que les soldats de la garnison de Verdun y avaient l'assignal de leur paye » (4).

1593

---

(1) Breunot, t. I, p. 371.
(2) Ibid.
(3) *Textuel*. Reg. des délib. de la ville. Conseil du 9 septembre 1593.
(4) Délib., séance du 16 septembre. Arch. mun.

Cette réponse plongea les Chalonnais dans une cruelle alternative : il leur fallait subir l'humiliation d'acheter la paix ou s'exposer à voir leurs vignes, prêtes à être vendangées, et leurs moissons ainsi que les autres récoltes de leurs champs devenir la proie des soldats de la garnison de Verdun. Pour sortir de cette situation, ils donnèrent une procuration spéciale à Maître Jean Pennesot, l'un des échevins de la ville, pour se rendre auprès de M. le prince de Mayenne, gouverneur du duché de Bourgogne, et de M. le vicomte de Tavanes, lieutenant général, afin d'en obtenir l'exécution de la trêve. Mais l'infortuné député de Chalon échoua dans sa négociation et les habitants de cette ville se décidèrent à recourir de nouveau à M. le duc de Mayenne et au vicomte de Tavanes pour leur signaler les prétentions du gouverneur de Verdun, tandis qu'ils lui renvoyaient un autre député « pour le supplier, de rechef, de *non importuner davantage* lesdits habitants qui, par la prise et capture qui a esté faite de leurs blé, vins, bestail et personnes, le feu sieur de Bissy en a tiré six fois plus que ne pouvaient monter leurs cottes d'impôts, ce qui est cause que lesdits habitants sont tellement exténuez et réduitz en une extrême nécessité, que mesme ils ne peuvent payer les subsides ordinaires de ladite ville et que si ceulx de leur parti les imposaient en telles et si excessives cottes, ilz seraient *contrainctz d'abandonner leurs propres maisons* » (1).

Enfin le jeune, mais terrible gouverneur de Verdun, se laissa toucher et consentit à traiter avec les Chalon-

---

(1) Assemblée du 16 septembre 1593.

nais qui, pour le rendre plus accommodant, « décidèrent qu'on lui ferait quelque présent honneste » (1).

Au milieu de l'anarchie qui régnait dans tous les pouvoirs, Gadagne imposait l'ordre avec l'autorité de son épée, sans se préoccuper des formalités bureaucratiques, comme on dit de nos jours.

Le nouveau gouverneur de Verdun y avait trouvé pour receveur comptable des deniers des tailles Maître Guillaume Meigret, qui avait toujours rempli sa charge à la satisfaction de Thiard de Bissy. Non seulement Gadagne conserva Meigret, mais il étendit le cercle de ses attributions et, de sa propre autorité, il concentra entre ses mains la recette de Maître Bourrée, commis pour les élus de Bourgogne. De là grand émoi parmi les élus qui envoyèrent deux des leurs à Verdun, pour en informer. D'après le compte rendu de leur mission les élus arrêtèrent « qu'il sera escript audit sieur comte de Verdun, qu'il ait à vivre soubs la police de la province et n'y *rien violenter*, aultrement que l'on serait contrainct de faire plainte au roy et se pourveoir contre luy ; et cependant qu'il sera procédé contre ledit Meigret et autres comme criminels de peculat » (2).

Nous touchons à la fin de l'année 1593, pendant laquelle Verdun et Bissy, jusqu'à son dernier jour, n'avaient cessé de tenir le premier rang en Bourgogne, parmi les fidèles au parti français de Henri IV, et de dicter des lois à ses ennemis. C'est ainsi que Verdun porta, comme un brave, le deuil de son héroïque dé-

---

(1) Assemb. du 7 octobre.
(2) Ext. des reg. des délib. des Elus, 13ᵉ de décembre 1593.

fenseur, trahi par la victoire et tué lâchement par la félonie de ses indignes vainqueurs (1). Mais, grâce à Gaspard de Gadagne, nous venons de voir qu'ils avaient trouvé à qui parler.

Terminons cette année maudite *de 93*, par quelques courts extraits du cahier des plaintes et doléances que les élus des trois états du comté d'Auxonne présentèrent à Mgr le duc de Mayenne :

« .... Luy sera encore remonstré que durant la guerre les garnizons d'Authume, ceux de Verdun et de Saint-Jean-de-Losne ont prins et levé des cottes extraordinaires et violenté sur les villages voisins dudit Auxonne... Il n'y a journée qu'ils ne tiennent la campagne.

« Mais pour ce que ceux de Verdun et Saint-Jean-de-Losne sont du parti contraire, ils ne recognoissent l'autorité de Monseigneur le prince et partant ne peuvent estre amenés à la raison par admonitions et conférences... .

« Mon dit seigneur le prince sera très humblement supplié de moyenner avec ceux qui commandent és dits lieux, pour leur faire cesser telles violences, soit durant la trêve ou autre saison ; et en cela interposer ses moyens et sa puissance. »

Voici la réponse du duc de Mayenne ; elle est instructive, car elle nous apprend ce qu'était en réalité l'influence et l'autorité de ce chef suprême du grand parti de la ligue :

« Tous les chasteaux et places sont ennemis : l'on a

---

(1) Voir chapitre XVI consacré à Héliodore de Thiard et à Marguerite de Busseul, sa digne épouse.

cherché les conférences avec eulx qu'ilz fuyent de tout leur pouvoir : et celles qu'ilz ont accordées ils ne les observent point.

« Quant à y *opposer sa puissance il n'oseroit*, car toutes les villes l'accuseroient d'avoir rompu la trefve et le repos public (1). »

1594

L'année 1594 sembla s'ouvrir sous des auspices favorables pour les Verdunois ; les ennemis, qui ne pouvaient se consoler de la défaite qu'ils avaient essuyée sous les murs de Verdun, essayèrent de s'emparer de son château fort par ruse, durant une absence du gouverneur, qui était allé saluer le maréchal de Rais, à Saint-Jean-de-Losne ; mais ce complot fut découvert (2).

Cet avantage ne compensa point un échec déplorable que subit une partie de la garnison de Verdun peu de temps après.

On était vers la fin d'avril, les capitaines des garnisons de Verdun et de Saint-Jean-de-Losne tentèrent de s'emparer de la ville de Seurre par un coup de main hardi. Ils équipèrent à Verdun une petite flottille montée par 300 à 400 hommes. Arrivés à l'improviste aux pieds des murs de Seurre, ils dressent leurs échelles et commencent à escalader les murailles de cette ville. Mais une sentinelle donne l'alarme, le canon et les arquebusades y répondent, une partie des assaillants se sauve, une autre, faite prisonnière, se rend et demande quartier au fameux capitaine Guillerme qui, dit-on, après leur avoir accordé, les

---

(1) Ext. du reg. des délib. des Elus, 13e de décembre 1593.
(2) Breunot, t. II, p. 13.

fit tous tuer, contre la foi promise. On lui présente le capitaine Martène, de Saint-Jean-de-Losne ; Guillerme lui dit avec blasphème : « N'as-tu pas dit que tu mangerais de mon foie ? Tu n'en mangeras jamais ! Puis lui donnant un coup de pertuisane, il le fit achever par ses soldats ; les autres prisonniers sont ainsi accommodés (1). »

De Vaugrenant, gouverneur de Saint-Jean-de-Losne, principal chef de cette entreprise, se jeta dans un petit bateau avec quelques autres et parvint sain et sauf à Verdun ; « il y en eut quelques-uns de noyés de ceux qui ne savoient nager, le reste se sauva qui çà, qui là » (2).

Le gouverneur de Verdun n'avait pris aucune part à la malheureuse affaire de Seurre ; il méditait une expédition non moins importante pour son parti : c'était la prise de Tournus. La possession de cette ville eût contrebalancé l'influence prépondérante des ligueurs dans le Mâconnais, où le marquis de Treffort et le vicomte de Tavanes guerroyaient avec succès. Gadagne, dont les plans avaient reçu l'approbation de Guillaume de Tavanes, se rendit à Mâcon au mois de juin 1594, afin de s'entendre avec M. de Varennes, gouverneur de cette ville. Il profita de la présence à Mâcon des royalistes de Tournus qui s'y étaient réfugiés, pour s'assurer de leur concours. Gadagne se flattait de réussir, lorsque les ligueurs introduisirent dans Tournus des secours, ce qui le fit renoncer au siège de cette ville.

Aussitôt rentré à Verdun, Gadagne continua sa campagne contre les Chalonnais qui, après avoir pris une si grande part au siège de Verdun, s'obstinaient à faire

(1) Journal de G. Breunot, t. II, p. 105.
(2) Ibid.

cause commune avec ses ennemis. Les hostilités du gouverneur de Verdun contre les Chalonnais étaient donc légales, suivant les lois de la guerre, de même que les conditions qu'il leur imposait, car il était le vainqueur, eux étaient les vaincus. A défaut des cotes qu'ils refusaient de payer pour l'entretien de la garnison de Verdun, cette garnison se payait en nature par le butin qu'elle faisait sur les Chalonnais.

Cette situation intolérable était devenue celle de toutes les populations voisines d'une place occupée par un chef du parti contraire ; en faisant connaître celle des habitants de Chalon, nous retraçons l'histoire déchirante de la Bourgogne entière à cette affreuse époque.

En présence des prétentions du gouverneur de Verdun, les Chalonnais lui députèrent un de leurs concitoyens les plus recommandables « pour moyenner avec luy et adviser de luy promettre quelque somme de deniers ou plutost quelque quantité de vin, *non par mode d'imposition, mais par honnesteté et par recognoissance* » (1).

Au bout de deux jours, un nouveau conseil de la ville revenait sur la même question et insistait « sur la nécessité d'envoyer au gouverneur de Verdun un *personnage expert* pour aviser au moyen de demeurer en paix et arrester les courses que font journellement ceux de la garnison de Verdun, sur les personnes des habitants qu'ils emmènent prisonniers... »

M⁰ Jehan Penessot, praticien, ci-devant échevin de la ville, s'étant rendu auprès du comte gouverneur de

(1) Assemb. du 24 juillet 1594.

1594 Verdun et ayant conféré avec lui, rapporta qu'il « l'avait assuré de la bonne volonté qu'il avait pour les habitants de la ville de Chalon, en qualité de proche voisin, qu'il promettait de faire cesser toutes prises et ravages qui se pourroient faire tant par ceux de la garnison de Verdun, que tous les autres du même parti, pourveu qu'ils veuillent faire tel accord avec lui qu'ont fait ceux d'Auxonne avec le seigneur de Vaulgrenant, gouverneur de Saint-Jean-de-Losne, et ceux de Beaulne avec le sieur de Tavanes, tenant le chastel de Vergy, moyennant quoy tout le bestial pris depuis ces derniers temps serait rendu et restitué en payant certaine somme, laquelle seroit déduite sur le prix dudit accord » (1).

Les Chalonnais s'empressèrent d'accepter ces conditions « tant pour assurer aux habitants de la ville de Chalon la conservation de leurs personnes, moyens et facultés, que pour empescher les courses que font journellement ceux de la garnison de Verdun qui, non seulement s'emparent de tout ce que lesdits habitants ont aux champs : bleds, vins, bétail et revenus de leurs métairies, mais aussi preignent et emmenent audit Verdun les habitans de la présente ville qu'ils détiennent prisonniers... »

Les sieurs Penessot et Vorvelle, chargés d'aller passer un traité avec le comte de Verdun, durent emprunter la somme de 500 écus qu'ils lui payèrent sans préjudice de 250 écus à donner dans huit jours et 200 écus de mois en mois (2).

Vu l'impossibilité absolue où l'on était de faire

---

(1) Assemblée du 26 juillet.
(2) Idem.

face à cette charge, au moyen d'un impôt levé sur les habitants de Chalon, on décida qu'on aurait recours à des droits qui seraient perçus sur toutes les denrées et marchandises qui entreraient ou sortiraient de la ville de Chalon (1).

Les malheurs de cette époque maudite ne permirent pas de tirer de cet impôt l'argent sur lequel on avait compté. Comme la ville de Chalon ne tenait pas ses engagements avec le comte de Verdun, celui-ci se trouvait affranchi des siens ; il renouvela donc ses menaces de se payer de ses propres mains comme l'avait fait son prédécesseur, Thiard de Bissy.

Dans cette situation des plus critiques, le Conseil de la ville convoqua une assemblée générale des habitants. Croira-t-on que, dans ce péril commun, les Chalonnais restèrent sourds à ce pressant appel ?

Le maire et les échevins ne purent que protester et prendre acte qu'aucune faute ne puisse leur être imputée, dans le cas où le gouverneur de Verdun ferait quelques prises sur les habitants de Chalon. Enfin ils recoururent à un emprunt sur les citoyens aisés, mais ils ne purent réaliser les 400 écus, montant du terme à payer au gouverneur de Verdun. Ils convoquèrent une nouvelle assemblée dans laquelle noble Denis Leubert, seigneur de Damerey, prêta 160 écus, dont les magistrats municipaux et six habitants de Chalon se portèrent caution.

De son côté, le gouverneur de Verdun, lui-même, en dépit de son bon vouloir et de son énergie, ne pouvait empêcher les ravages des gens de guerre qui

(1) Assembl. des 11 et 25 août, 4-7 septembre 1594.

n'étaient point sous ses ordres. Nous avons vu, naguère, le duc de Mayenne, chef de la Ligue, confesser son impuissance en pareil cas.

Tenir ses promesses et ses engagements, c'était en ce siècle pervers chose aussi rare que difficile. Les pauvres Chalonnais ne savaient où prendre de l'argent pour payer l'impôt de guerre dû au comte de Verdun qui les menaçait de rompre l'accord qu'il avait fait avec eux. En attendant l'exécution de ces menaces, les Chalonnais étaient rançonnés chez eux par l'ignoble Lartusie qui avait mission de les protéger. Le receveur de l'impôt destiné à la solde des hommes de Lartusie se trouvant en retard, Lartusie le força à loger et à nourrir trente soldats qui, de plus, firent de grands dégâts dans sa maison, quoique ce receveur eût nourri chez lui et payé cinq sergents de la garnison pendant quinze jours (1).

Le gouverneur de Verdun ne se contentait pas de tenir en échec les ligueurs de Chalon, il faisait sentir la force de son épée aux autres villes qui s'obstinaient à ne point reconnaître Henri IV. Au mois de septembre de cette année, nous le trouvons, en compagnie de Vaugrenant, gouverneur de Saint-Jean-de-Losne, occupant militairement certains villages des environs de Beaune, qui tenait encore le parti contraire, afin de forcer les propriétaires de cette ville à payer un droit pour avoir celui de vendanger leurs propres vignes. Ce droit, assurait-on, consistait en une douzaine de tonneaux de vin pour le seul climat d'Auxey (2).

---

(1) Assemblée du 4 novembre 1594.
(2) *Journal de Breunot*, t. I, p. 306.

Ces chevauchées incessantes contre les ligueurs, ces rencontres en armes où l'on échangeait force coups de pistolets, n'étaient point sans dangers ; le brave et invincible Thiard de Bissy y trouva la mort et son digne successeur eut le même sort. Deux chroniqueurs contemporains ont donné chacun une relation de cette mort, d'autant plus déplorable qu'elle n'a point l'auréole de gloire qui brille au front de ceux qui tombent sur un vrai champ de bataille.

Voici le passage des mémoires où le comte Guillaume de Tavanes raconte ce triste événement : « Le comte de Verdun, gouverneur de cette ville, ayant été attiré, par La Fortune, gouverneur pour le duc de Mayenne à Seurre, en une embuscade, comme il vouloit charger la cavalerie de Seurre, une salve d'arquebusiers mit ses gens en désordre : il y fut blessé, pris et le lendemain, il mourut, estant demeuré gouverneur de Verdun en sa place le sieur de Sabran, son oncle (1). »

Faire un emprunt aux mémoires de Guillaume de Tavanes, c'est se mettre dans la nécessité de le critiquer et de relever les erreurs et les omissions dont il est coutumier. Nous avons eu occasion de faire remarquer l'insuffisance du récit qu'il a fait de la mort d'Héliodore de Thiard, auquel il n'accorde ni un mot d'éloge, ni un regret, sans préjudice de l'erreur grossière qu'il a commise en plaçant *sur la fin de février* 1594 cet événement qui arriva sur la fin du mois de juillet 1593, et qui se passa, pour ainsi dire, sous ses yeux.

Pour ce qui regarde la mort de Gaspard de Gadagne, qui privait le parti de Henri IV d'un fidèle et brave

(1) Mémoires, édition originale, in-fol., p. 76-77.

défenseur, on est frappé de l'impassibilité glaciale avec laquelle il enregistre cette mort.

Le journal du conseiller Breunot nous fournit une date plus présise et les renseignements suivants :

« Le mesme jour (13e de décembre 1594) M. le baron de Verdun étant sorti avec sa garnison de Verdun, est chargé par Guillerme (1) et sa garnison et quelques autres troupes qu'il avoit tirées de Beaune, *tué sur place*, avec dix des siens, et plusieurs rompus.

« C'est un grand dommage, parce qu'il estoit seigneur de bonne espérance. Ce malheur, à ce que l'on conte, est venu par des lettres dudit sieur de Verdun, surprises par le capitaine Guillerme, par lesquelles il découvrit quand il devoit sortir (2).

« L'on fait, en même temps (le 17 dudit mois) courir le bruit que M. de Tavanes et M. de Chauffour, après le désastre avenu à M. de Verdun, estoient entrés en ladite ville et y avoient esté receus ; mais, enfin, il se trouve qu'il n'estoit véritable (3).

Avec le conseiller Breunot nous avons moins d'erreurs et d'omissions qu'avec le comte de Tavanes, mais on trouve des lacunes et quelques inexactitudes. Ainsi ni l'un ni l'autre ne nous font connaitre le nom et l'âge de ce jeune et bouillant capitaine qui appartenait à

---

(1) Guillermino, Milanais, figure plusieurs fois dans les *Mémoires de la Ligue* où il est signalé comme « *fameux assassin* », « *grand scélérat* ». Il avait fait tuer et avait tué de sang-froid, dans la ville de Seurre, plusieurs habitants et soldats prisonniers de guerre. Envoyé, par Mayenne, à Beaune, de braves citoyens de cette ville purgèrent la Bourgogne de cette bête enragée, le 5 février 1595.

(2) Tome II, p. 417.

(3) Ibid., p. 418.

une des plus grandes familles du Lyonnais, qui s'éteignit avec lui.

La découverte d'un document contemporain nous met à même de rectifier les inexactitudes de Tavanes et de Breunot sur la cause et la date du trépas funeste du jeune et brave Gaspard de Gadagne. Des marchands de Verdun avaient été attaqués et pillés par les soldats de la garnison de Seurre : Gadagne, en ayant été informé, partit à la tête de sa compagnie de gendarmes afin de punir les auteurs de ce délit et de recouvrer, si faire se pouvait, les marchandises dont ils s'étaient emparés. Les Seurrois prévenus, probablement par suite d'une trahison, se cachèrent dans une embuscade, tandis qu'une partie des leurs se montraient à découvert. Gadagne fond sur eux, son cheval s'abat ; ses lâches adversaires, au lieu de le faire prisonnier, le tuent à terre ! Cette triste scène se passa dans la matinée du lundi deuxième jour de décembre 1594 (1).

Le capitaine Guillerme fut le héros sinistre de cette sombre journée.

Gaspard de Gadagne n'avait occupé le poste de gouverneur de la ville et du château de Verdun que quatorze mois ; mais ce court espace de temps lui suffit pour donner la mesure de ce qu'il était capable de faire, car Verdun conserva sous ses ordres l'importance et l'autorité que lui avait conquises Héliodore de Thiard.

(1) Procès-verbal d'un inventaire dressé à Verdun le 13 décembre 1594, par Pierre Renaut, docteur en droit, lieutenant criminel au bailliage de Nuits, et commis à l'exercice des bailliage et chancellerie de Chalon transférés à Verdun... après le décès du sieur comte de Verdun, etc., copie du temps (Collect. bourguignonne de l'auteur).

Il en fut de même sous M. de Sabran, baron de Granin, son oncle et son successeur immédiat (1). Quelques jours après son installation dans Verdun, nous le voyons mettre les Chalonnais au pied du mur, en leur demandant s'ils voulaient oui ou non « entretenir l'accord que leur ville avait fait avec le feu comte de Verdun. Les Chalonnais, afin de gagner du temps, gardèrent le silence, et décidèrent qu'il fallait écrire à M. le duc de Mayenne afin de connaître sa volonté sur ce point ».

La conduite des Chalonnais dans leurs rapports avec le gouverneur de Verdun était si peu digne d'eux qu'elle a fixé l'attention du père Perry, historien de Chalon, qui y consacre les lignes suivantes :

« La ville de Chalon étoit alors dans une très mauvaise posture : les dépenses immenses qu'elle avoit faites pour les sièges de Verdun, qui fut trois fois assiégé et autant de fois manquée, du château de Montaigu, des villes de Louhans et de Tournus, l'avaient épuisée et engagée dans de grandes dettes.

« En même temps le sieur de Sabran, gouverneur de Verdun, lui fit savoir qu'il entretiendroit le traité fait entre elle et le feu comte de Verdun, pourvu qu'on continuât de lui payer les contributions dont on était tombé d'accord de part et d'autre ; mais les magistrats ne voulurent rien conclure qu'ils n'eussent auparavant

---

(1) « La maison de Sabran est si ancienne et si illustre, tant par les grands hommes qui en sont sortis et qui se sont distingués... qu'il faudrait un volume entier pour lui rendre justice et contenter le lecteur, qui pourra se dédommager par l'histoire de Provence, par l'ouvrage du père Anselme et d'autres monuments publics. » (*Mercure de France*, mars 1737). Sabran porte pour armoiries : De gueule au lion d'argent, pour supports, deux lions d'or, cimier un lion naissant, avec cette devise : Noli irritare Leonem.

l'agrément du duc de Mayenne. Il le trouva bon, pourvu que le sieur de Lartusie y consentit. Néanmoins ce traité ne fut pas sitôt conclu. Enfin après plusieurs lettres écrites de part et d'autre, il fut arrêté, pour six mois, à la somme de 450 écus par quartiers, mais la difficulté de trouver promptement de l'argent le mit en sursséance (1). »

L'historien de Chalon a puisé dans les registres des délibérations de la ville les faits relatés dans le passage que nous venons de transcrire. Ce qui nous y surprend péniblement, c'est la déférence servile des Chalonnais pour Lartusie, ce barbare dont ils n'avaient eu qu'à se plaindre et qui s'était toujours montré incapable de les protéger contre leurs ennemis. On s'étonne également du rôle effacé et secondaire que M. de Saint-Vincent, gouverneur de Chalon, jouait dans toutes les affaires militaires.

Perry parle de lettres échangées entre la municipalité de Chalon et le gouverneur de Verdun. Ces lettres nous paraissent intéressantes, par le contraste que nous voyons exister entre la politesse du langage, l'urbanité des formes, du gouverneur de Verdun et les violences habituelles des mœurs de son époque.

Le sieur Monnet, ex-procureur syndic de la ville, ayant été député auprès de M. de Sabran, gouverneur à Verdun, pour traiter avec lui, en rapporta la lettre dont voici la copie :

« A Messieurs les Maire et Échevins de Chalon,

« Messieurs, le sieur Monnet m'a faict entendre de vostre part voz intentions sur la continuation et entrete-

(1) *Hist. de Chalon*, p. 388.

nement du bon voisinage entre nous. Je croy que mes déportements passés vous ont pu faire veoir de combien votre repoz et commodité m'estoient plus agréables. que votre perte et domage et serois très marry s'y a l'advenir le service du roy ou quelque autre subjet me détornoit les effects de la bonne volonté que je vous ay, laquelle pour toutes ocurrences ou accidentz je ne voudrois changer et parce qu'en toutes celles que vous m'avez escriptes, vous m'y avez marqué un désir de continuer le traicté que feu mon nepveu avoit avecq vous, qui n'avoit moindre occasion que moy de se comporter en voisin et bon amy de votre ville. Je pensois de vous satisfaire assez s'y je prolongeois, mais les discours du dit sieur Monnet m'ont fait croire le contraire, car bien que les raisons qu'il m'a alléguées aient toute apparence de vérité, l'injure du temps, néanmoings, ne me permet les recepvoir, aimant mieux le soldat une licence bien que l'utilité en soit incertaine, et sera plus content que d'une paye bien asseurée pourveu qu'il batte la campagne. Mais quoiqu'il en succède ne croyez point, Messieurs, que nul puisse, par mauvais offices ou aultrement, me divertir de la bonne volonté que j'ai de vous servir en tout ce que le service du roy et mon honneur me le pourront permettre. Doncq si vous désirez la continuation dudit traicté passé avec feu mon nepveu, envoyez-moi le mesme original qu'il vous avoit signé à cette fin que je n'y contrevienne, car je ne say s'il s'en estoit réservé une copie, et s'y en icellui il y avoit quelque poinctz doubteux je le puisse avec celluy que vous m'enverrez, esclaircir, et à quoy que vous vous résolviez, que je désire soit dans deux ou trois jours, demeurez asseurez je vous prie que vous me trouverez tousiours très plain de bonne volonté de demeurer, Messieurs, votre humble voisin très affectionné à vous faire service.

« *Signé :* SABRAN.

« A Verdun, ce 7 janvier 1595.

« Messieurs sy avez volonté de m'envoyer quelqu'un de votre part la présente luy servira de passeport et asseurance pour six jours. »

Après la lecture de cette lettre, il fut décidé que l'on enverrait le même député à Verdun avec les articles de l'accord qu'on était dans l'intention de conclure avec M. de Sabran. Ce député revint sans avoir pu s'entendre avec le gouverneur de Verdun qui, au lieu de 400 écus qu'on lui offrait par quartier, en voulut 500.

D'où nouvelles lettres des magistrats municipaux de Chalon qui protestaient de leur désir de demeurer en paix avec le gouverneur de Verdun en qualité de voisin ; nouvelles réponses négatives de ce dernier, mais toujours bienveillantes et polies.

Les négociations pour une trêve continuent à se traîner, si nous pouvons ainsi dire, entre les Chalonnais et le nouveau gouverneur de Verdun, mais avec M. de Sabran, gentilhomme de race, qui prenait au sérieux sa noblesse et qui mettait en pratique l'adage NOBLESSE OBLIGE, ces négociations affectèrent des formes courtoises qui n'étaient point dans les habitudes de cette époque en proie à toutes les violences.

La pusillanimité des Chalonnais devient moins choquante en présence des procédés de M. de Sabran, c'est ce qui nous a engagé à reproduire quelques lettres inédites de la correspondance qu'il entretint avec les magistrats municipaux de Chalon, au sujet de la trêve que ceux-ci imploraient.

« A Messieurs le Maire et les Echevins de la ville de Chalon,

« Messieurs, j'ay grand regret qu'à mon advenement je n'aye peu estre assez heureux de vous pouvoir continuer les effetz d'une si bonne volonté, mais vous m'en avez retranché les moyens. Sy toutesfoys il ne tenoit qu'à peu que l'offre se peut prolonger je rendray toujours preuve qu'il n'aura tenu en moy, désirant aultant le bien de ceux de vos habitants que je préfère à vous fere le butin d'un indiscret soldat et sy vous désirez vous advencer de quelque chose, renvoyez vostre député vous cognoistrez par effect que je désire demeurer, Messieurs, votre humble voisin et très affectionné à vous faire service.

« SABRAN.

« A Verdun, ce 13 janvier 1595. »

Sous l'impression favorable de cette lettre les Chalonnais firent de nouvelles propositions au gouverneur de Verdun, mais il ne crut pas pouvoir les accepter, comme le prouve la lettre suivante.

« Messieurs, j'ay grand regret de n'avoir pu satisfaire à voz désirs touchant la charge qu'avez commise au sieur Monnet vostre député. M'empesche plus tousiours le temps que aultre manquement de bonne volonté, comme ledit sieur Monnet l'ayant peu cognoistre le vous pourra aussy représenter. Je ne lerray pourtant, en toutes occasions, où le service du Roy me le pourra permettre, de vous tesmoigner comme je suis, Messieurs, vostre humble voisin pour vous servir.

« Sabran.

« A Verdun ce quinzième janvier 1595.

« Messieurs, à celle fin qu'en mes actions ny aye personne de surpris, je vous supplie incontinent faire revoquer publiquement tous passeports et saulvegardes qu'aucun pourroit avoir obtenuz tant de fut mon nepveu que de moy, comme dès à présent je les revoque. »

Les conseillers de la ville de Chalon ayant convoqué une assemblée générable des habitants afin de leur communiquer l'ultimatum du gouverneur de Verdun, furent découragés en constatant que *quatre habitants* seulement s'étaient présentés à cette assemblée; ils ne purent que consigner sur le registre des délibérations « la *négligence*, le *mépris et contemnement* des habitans de la présente ville, et arrêtèrent que ce jour même l'on fera publier à son de trompe, par les carrefours de la ville et faubourgs d'icelle, que l'on fait inhibition et défenses à tous habitants de sortir hors de la dite ville, soit par eau, soit par terre, sans permission des sieurs Maire et Eschevins, d'aultant que tous passeports cidevant concédez et octroyez par le feu seigneur de Verdun aux dits habitans sont révoqués ».

Laissons les citoyens de Chalon prisonniers dans leur ville de par le gouverneur de Verdun, où nous avons hâte de rentrer. Car dans cette petite ville nous trouverons la vie active, où se font sentir les contre-coups des grands événements qui s'accomplissent en Bourgogne. L'un des principaux fut à cette époque le combat épique de Fontaine-Française (5 juin 1595) (1), qui porta le dernier coup à la Ligue et dans lequel Henri IV, à la tête d'une petite troupe de cavalerie, mit en pleine déroute une armée de 18,000 hommes, commandée par Ferdinand de Velasco, gouverneur du Milanais, connétable de Castille.

Cette brillante victoire de Henri IV nous intéresse tout particulièrement, car elle eut pour résultat de sauver Verdun, que le connétable de Castille se proposait d'attaquer. Les détails nous manquent sur ce point intéressant de notre histoire locale, mais il nous est signalé positivement dans un document historique que nous transcrirons ici, car il appartient aux Annales de Verdun.

LETTRE DE VALIDATION DE LA SOMME DE 1500 ÉCUS DÉPENSÉE POUR RENFORCER LA GARNISON DE LA VILLE DE VERDUN, MENACÉE PAR LE CONNÉTABLE DE CASTILLE (2).

« Henry, par la grâce de Dieu, Roy de France et de Navarre, à nos amés et feaulx les gens de nos comptes à Dijon, Salut. Nostre cher et bien amé Maître Jacques Gast, commis par les élus des trois états de nostre pays de Bourgogne à la recepte des derniers destinés à l'entretenement des garnisons, nous a faict dire et remonstrer en nostre conseil que ces quartiers d'apvril et juillet de l'année dernière (1595), il auroit esté contrainct en vertu des ordonnances de nostre très cher et amé cousin le sieur de Biron, mareschal de France,

---

(1) Fontaine-Française, chef-lieu de canton de l'arrondissement de Dijon, département de la Côte-d'Or. En 1848, on y posa la première pierre d'un monument commémoratif de cette victoire de Henri IV.

(2) Extrait des Reg. de la Chambre des comptes. Arch. de Bourgogne, à Dijon.

gouverneur et nostre lieutenant général en nostre dite province, de fournir comptant des derniers plus eslevés de sa recepte au sieur de Sabran, commandant pour nostre service en la ville et chasteau de Verdun-sur-Saône, la somme 1500 escuz, pour le payement de la crue et renfort de la garnison dudit Verdun, ordonné par nostre dit cousin, pour la deffense et tuition de ladite place contre les forces du conestable de Castille qui faisoit contenance de la vouloir attaquer, et avec ce la somme de 700 escuz que nostre dit cousin auroit ordonné, sur les deniers de l'arrière ban, audit sieur de Sabran, en considération des services qu'il nous avoit faict près de sa personne tant au siège de Beaulne et entreprise d'Autun et de Dijon, qu'au voyage de la Franche-Comté de Bourgogne ou ledit sieur de Sabran avoit suivi nostre dit cousin avec sa compagnie de gens à cheval.

« Toutesfois ledit Gast craint que procédant à l'examen et closture de ses comptes, vous faciez difficulté passer lesdites deux sommes en la despense de ses comptes parce que les deniers estoient destinez à autres effectz... Sur quoy il nous a humblement supplié luy vouloir pourveoir. Pour ce est-il que ayant faist veoir à nostre conseil les ordonnances de nostre dit cousin et autres pièces y attachées; sur lesquelles appert ladite somme de 1500 escuz d'une part et 700 escuz d'autre part avoir esté employée pour le bien de nostre service et conservation de ladite place de Verdun, avons approuvé et validé, approuvons et validons par ces présentes le payement d'icelles sommes fait par ledit Gast audit sieur de Sabran, tout ainsi que s'il avoit esté faict par nostre exprès commandement... Si voulons et vous mandons que vous représentant par ledit Gast les présentes et les pièces comme dit est, vous avez à passer en la despence icelles deux sommes... Sans refus ou difficulté, sans vous arrester à ce que portent nos ordonnances, dont nous avons dispensé ledit Gast par ces présentes.

« Donné à Paris, le 11ᵉ jour de juillet l'an de grâce 1596 et de nostre règne le VIIᵉ. »

Durant l'année 1595, Verdun, après avoir été menacé chez lui, porta la guerre chez nos ennemis. Le trop fameux capitaine La Fortune qui commandait à Seurre s'était emparé au mois de septembre des ruines du château de Gilly, où après avoir pillé le pays, il força les habitants à travailler aux fortifications du château, afin de s'y retrancher. Sur la demande de la ville de Dijon le comte de Tavanes ordonna aux commandants de diverses garnisons, parmi lesquels était celui de Verdun, de venir chasser les ennemis qui tenaient Gilly. La Fortune, prévenu de ce qui le menaçait, se hâta de décamper.

Mais il ne put le faire assez promptement pour éviter nos troupes commandées par le comte de Tavanes. La Fortune battu fut forcé d'abandonner son butin et poursuivi l'épée dans les reins jusque sous le canon de la ville de Seurre (1).

Ce La Fortune fut un des fléaux des guerrres de la ligue en Bourgogne. Toute la province en ressentit les funestes effets. Nous avons trouvé dans les archives de la ville de Mâcon un ordre de Charles de Gontault,

---

(1) Voyez *Histoire du château et du village de Gilly-les-Cîteaux*, par M. Joseph Garnier (de Dijon), 1840, in-4.

duc de Biron, maréchal de France, alors gouverneur de Bourgogne, un ordre portant imposition d'une somme de 600 écus sur la ville de Mâcon, pour subvenir à la construction des forts qu'on élevait autour de Seurre, afin d'y bloquer le capitaine La Fortune.

On réclama en plus 800 francs, aux Mâconnais au sujet de la reddition de Seurre (Arch. de la ville de Mâcon, Portef. EE. 53, 1594-98). Enfin nous avons retrouvé, dans les archives du bailliage de Mâcon, un mémoire attestant que « pour faire la somme promise au capitaine La Fortune, nagueres commandant pour la ligue en la ville de Seurre, pour la réduction d'icelle en l'obéissance du Roy, le sieur reverend evesque de Mascon a esté imposé, pour sa juste cote, à la somme de 70 écus. » (Audience du bailliage royal de Mâcon, 1599, Reg. B. 931.)

Le capitaine La Fortune fut une des plaies honteuses du xvi° siècle en Bourgogne.

Nous touchons à la fin de ce chapitre, en même temps qu'à celle du xvi° siècle. Cependant nous trouverions encore facilement la matière d'un grand chapitre sur Verdun au xvi° siècle.

Mais le temps, la santé, j'ai presque dit *la vie*, nous manquent ; nous ne pouvons qu'indiquer l'importance considérable que ce petit point de Verdun acquit sous le commandement d'Héliodore de Thiard et de ses dignes successeurs, Gaspard de Gadagne et de Sabran. Verdun devint alors le refuge et l'asile assuré de la plupart des habitants intelligents et patriotes de la Bourgogne, qui ne voulurent pas courber la tête sous le joug des ligueurs, et qui restèrent fidèles au parti national représenté par Henri IV.

La liste que nous avons dressée de ces français patriotes est des plus instructives.

Mais ce qui mérite particulièrement d'être signalé, c'est que la plupart des administrations furent transférées à Verdun. Nous ne mentionnerons ici que les sièges de Seurre et de Saint-Laurent, les bailliage et chancellerie de Chalon.

Les Elus des Etats du Mâconnais, qui s'étaient retirés dans le château de Dondain, vinrent se réfugier dans Verdun.

Après avoir assisté à l'émouvante représentation de ce grand et sombre drame du xvie siècle où les principaux rôles sont remplis par des artistes de premier ordre, possédés, eux-mêmes, par toutes les passions nobles et généreuses, viles et honteuses qui en éclairent ou en assombrissent les scènes ;

Après avoir entendu les fils de ce grand siècle acclamer la liberté et les avoir vus s'ériger en tyrans, poser les bases du droit et de la justice et briser les tables des lois, se livrer avec amour à la culture des lettres et des sciences civilisatrices et tomber dans la barbarie, adorer un Dieu de bonté et de paix, puis se transformer en suppôts de Satan et allumer les brandons de la discorde, en les voyant, baignés dans leurs larmes et noyés dans leur sang, il me semble entendre résonner à mes oreilles assourdies cette parole, attribuée, je crois, à Bossuet :

« L'homme s'agite ; Dieu le mène ! » Aux accents de cette voix mystérieuse, je m'incline, je médite, je prie ! et je me tais !!

CHAPITRE SEIZIÈME

HÉLIODORE DE THIARD DE BISSY,
gouverneur des ville et château de Verdun.
1556-1593
MARGUERITE DE BUSSEUL, DAME DE BISSY,
sa femme.
1563-1592

Nous n'en sommes plus à présenter, avec timidité, les titres d'Héliodore de Thiard et de Marguerite de Busseul, comme nous le faisions il y a quarante ans, afin d'obtenir l'admission de leurs portraits dans les *Galeries historiques* de Versailles. Ce qui nous fut octroyé alors, comme une faveur, nous pouvons le revendiquer, aujourd'hui, comme un droit, car ce droit est écrit avec leur sang généreux dans les fastes de la petite ville de Verdun où ces deux héros inconnus combattirent pendant quatre années pour l'unité de la France incarnée dans la personne de Henri IV.

Leurs existences, si agitées, si remplies et pourtant si courtes, qu'une mort violente brisa au bout de 29 ans pour Marguerite de Busseul, et de 37 ans pour Héliodore de Thiard, nous ont semblé dignes d'attirer la curiosité et d'inspirer un vif intérêt. Aussi, avons-nous recherché les péripéties de ces deux vies dans l'histoire de leur pays natal, témoin de leurs hauts faits et qui en ont recueilli le profit et l'honneur.

Recherche vaine! nous y avons à peine trouvé leurs noms! Cependant les noms de Thiard et de Busseul furent illustres ; ces deux nobles enfants de la Bourgogne les portèrent noblement et la Bourgogne semble les avoir oubliés ! Oserais-je lui en faire un crime? moi qui sais de quelle sollicitude, de quelle mémoire elle a besoin pour se souvenir de tous les fils renommés qui sont sortis de ses entrailles fécondes. Cependant cet oubli nous attrista, puis nous indigna, car c'était une injustice ; nous venons la réparer, et rendre un hommage tardif, mais aussi sincère que mérité, à la mémoire d'Héliodore de Thiard et de sa digne compagne, en les réintégrant dans la place qu'ils ont conquise dans les annales de notre province.

Héliodore de Thiard, seigneur de Bissy, Fley, Champagne, Bragny et Charney-sur-Saône, écuyer de la grande écurie du roi, capitaine de cinquante lances et de deux cents arquebusiers français, gouverneur pour le roi Henri IV de la ville et du château de Verdun-sur-Saône-et-Doubs, appartenait à une ancienne famille de Bourgogne. Son origine paraît avoir été modeste, comme toutes les origines ; le chêne altier et robuste ne sort-il pas d'un petit gland? Les Thiard durent à un sang généreux incessamment renouvelé par de nobles alliances, à des mœurs d'une austérité primitive, à une foi sincère, enfin à une activité aussi intelligente qu'infatigable, les hautes positions sociales où ils parvinrent et où ils se sont maintenus jusqu'aux derniers jours de leur existence.

Le plus ancien de leurs berceaux qui nous soit exactement connu est Saint-Gengoux-le-Royal (1) dont Jos-

(1) Autrefois ville du Mâconnais, archiprêtré et paroisse du diocèse de Chalon-sur-Saône, prévôté et châtellenie royale du bailliage de Mâcon, 4e et dernière ville pour la députation, aux Etats du Mâconnais. Aujourd'hui chef-lieu de canton de l'arrondissement de Mâcon, département de Saône-et-Loire.

serand de Thiard, seigneur de Bissy, écuyer d'écurie des ducs Philippe le Bon et Charles le Téméraire, était capitaine châtelain en 1450.

Du Mâconnais, la famille de Thiard se répandit dans le Chalonnais, le Charollais, l'Auxerrois, en un mot dans toute la Bourgogne et presque dans la France entière où nos rois lui confièrent des postes et des emplois de la première importance.

De toutes ces contrées aucune n'est plus intimement liée à la famille de Thiard que la petite ville de Verdun. Elle lui doit l'une des pages les plus émouvantes, les plus glorieuses et les plus patriotiques de ses annales. L'existence de Héliodore de Thiard de Bissy fut si étroitement unie à celle des Verdunois que cette union s'est maintenue entre les descendants de ceux qui l'avaient contractée en combattant ensemble pour la patrie française, et n'a pas pris fin même avec le dernier des Thiard, après une durée de près de trois siècles, car nous en gardons encore un vivant et pieux souvenir dans notre mémoire.

Comme tout est Verdunois, pour ainsi dire, dans la vie d'Héliodore de Thiard, que nous allons raconter pour la première fois, nous la prendrons d'un peu haut, à ses sources, au mariage de ses père et mère.

Noble Claude de Thiard, écuyer, seigneur de Bissy, de Fley du Suchault et de Marchiseul, grand gruyer du Charollais, fils de Jehan de Thiard, écuyer, seigneur de Bissy, lieutenant-général au bailliage royal de Mâcon et de Jehanne de Ganay, épousa Guillemette de Montgommery, fille de Messire Louis de Montgommery, chevalier, seigneur de Lantenay, Pontailler, Perrigny-sur-l'Ognon, Bragny près Verdun et Charney-sur-

Saône, gentilhomme ordinaire de la Chambre du roi, lieutenant-général des cent hommes d'armes de la compagnie du maréchal d'Aubigny (1) et de dame Michelle des Maillots. Ce contrat de mariage fut passé au château de Bragny près Verdun, le 22 mai 1553, par devant « Antoine Gardien de Verdun et Grégoire Pyot, demeurant audit lieu, notaires royaulx ». Parmi les témoins, parents ou amis, nous remarquons : « Scientifique personne Pontus de Thiard, protonotaire du Saint-Siège apostolique et chanoine de l'église cathédrale de Mâcon, frère du futur », déjà fort connu dans les lettres par de curieux ouvrages et comme membre de la Pléiade, messire Pierre de Courcelles, chevalier, seigneur d'Auvillars, Messire Jehan Bouton, protonotaire du Saint-Siège apostolique et Sébastien de Villers-la-Faye, écuyer, seigneur dudit lieu, Chevigny et Saint-Sauveur (2).

Ce fut cette alliance des Thiard avec l'illustre maison de Montgommery qui les amena dans notre contrée et les fixa aux portes de Verdun, à Bragny-sur-Saône où ils formèrent, plus tard, une branche dite de Bragny.

De cette union, que la mort brisa au bout de neuf années, naquirent six enfants, trois filles et autant de fils, dont l'aîné, Héliodore, devint le chef de la famille.

(1) Robert Stuart d'Aubigny, de la maison royale d'Ecosse, vint, sous le règne de François Ier, prendre du service dans nos armées où il se distingua, ce qui lui valut le bâton de Maréchal de France en 1543. De même qu'Héliodore de Tyard, il eut pour mère une Montgommery.

(2) Ce contrat de mariage étant un document intéressant pour l'histoire de la famille de Thiard, pour celle de Verdun au xvie siècle et pour les mœurs de cette époque, nous en donnerons la copie dans les notes et preuves de ce chapitre.

On ignore le lieu de sa naissance : il me serait donc facile d'en faire honneur à mon pays natal en plaçant son berceau dans le château de Bragny, propriété et demeure habituelle de sa mère, mais ce n'est qu'une probabilité, la preuve marque. Ce que nous savons c'est qu'Héliodore de Thiard vit le jour en 1556 (1), soit au château de Bragny-sur-Saône, soit dans celui de Bissy, manoir patrimonial de ses ancêtres.

Héliodore perdit son père à l'âge de six ans, mais il en retrouva un second, aussi affectueux et non moins digne, dans la personne de son oncle paternel et tuteur, le savant Pontus de Thiard, l'une des illustrations de l'épiscopat de Chalon-sur-Saône, et qui prit un soin tout particulier de son éducation. Le jeune Héliodore de Bissy était destiné par sa naissance à la carrière des armes. Son oncle l'y prépara en le faisant recevoir au nombre des pages des écuries du roi Charles IX. Après la mort de ce prince, Bissy acheva son temps de service et d'instruction sous Henri III qui le nomma écuyer de sa grande écurie, par brevet en date du 8 juillet 1577 (2).

En parlant de la durée du service et de l'instruction du jeune Bissy, comme page des écuries royales, nous évoquons le souvenir oublié d'une institution qui eut, sous la vieille monarchie, son utilité pratique et son éclat. Les écuries du roi étaient une espèce d'école militaire, où les jeunes gens nobles, ces pupilles nés de l'état-major de l'ancienne armée française,

---

(1) Voir la note 7 aux Preuves.
(2) Titre produit par le fils aîné d'Héliodore de Thiard, dans un procès contre les officiers de la justice de Saint-Gengoux (Arch. du Château de Pierre). Ce brevet est perdu.

recevaient une éducation en harmonie avec la carrière qu'ils étaient appelés à parcourir.

De temps immémorial nous voyons figurer les écuyers d'écurie dans la maison des rois de France et des grands feudataires de la couronne. Josserand de Thiard, seigneur de Bissy, trisaïeul d'Héliodore, fut écuyer des écuries des ducs de Bourgogne Philippe le Bon et Charles le Téméraire, en même temps que Jean de Busseul, Huguenin Du Blé, André de Toulonjon, Philibert de Vaudrey et un grand nombre d'autres gentilshommes des premières familles des deux Bourgogne.

Pour être admis parmi les pages de la petite ou de la grande écurie du roi, il fallait faire preuve de quatre degrés de noblesse paternelle.

Ces deux écuries différaient essentiellement l'une de l'autre : la grande était réservée aux chevaux de guerre et de manège du roi, la petite à ses chevaux de selle et de carrosse.

L'école des pages durait ordinairement sept ans ; les jeunes nobles y entraient à l'âge de sept à huit ans, et en sortaient à quatorze ou quinze. Ces enfants d'honneur étaient logés dans un hôtel particulier. Un gouverneur, un sous-gouverneur et de nombreux précepteurs et maîtres leur enseignaient les sciences et les arts que leur condition sociale exigeait, et particulièrement tous les exercices militaires. Cette partie importante de l'instruction des écuyers du roi était donnée dans ce qu'on nommait l'*Académie*. Tout ce qui était du ressort de la grande et de la petite écurie relevait d'un officier de la couronne qui portait le titre de GRAND ECUYER DE FRANCE. Du temps d'Héliodore de

Bissy, ces officiers supérieurs furent, sous Charles IX, Léonor Chabot, comte de Charny, un de ses illustres compatriotes, et, sous Henri III, Charles de Lorraine, comte d'Harcourt.

Les attributions des pages de la grande écurie étaient multiples ; la plus honorable consistait à suivre le roi et à remplir les fonctions d'aides de camp de ses aides de camp, à l'armée (1).

Que reste-t-il, aujourd'hui, de ces pages ? Le souvenir de leurs espiègleries poussées jusqu'à la dernière licence, d'où la locution proverbiale : « *Effronté comme un page* », et les exhibitions scéniques de leurs costumes dont la richesse et la capricieuse élégance le disputait à la coquetterie.

Tandis que notre jeune écuyer remplissait les fonctions de sa charge à la Cour de Henri III, Pontus de Thiard, son oncle, aumônier et conseiller du roi, était à la veille de venir prendre possession de l'évêché de Chalon-sur-Saône, que ce prince « luy avoit donné pour loyer de ses vertuz et scavoir », comme se plut à le proclamer un de ses illustres collègues et compatriotes, l'historien Saint-Jullien de Balleure (2).

Héliodore de Thiard se fit un devoir et un plaisir d'accompagner son oncle bien aimé et vénéré, afin de figurer dans le brillant cortège de l'illustre prélat, le jour de sa première entrée dans sa ville épiscopale.

Le nouvel évêque comte de Chalon profita de la présence de son neveu en Bourgogne pour l'engager

(1) Voir le P. Anselme, *Histoire des grands officiers de la Couronne.*
(2) Procès-verbal de l'entrée de R. P. en Dieu Mre P. de Thiard en sa ville épiscopale. Manus. du temps. Arch. de la ville de Chalon.

à s'y marier. Celui-ci se rendit volontiers à ce désir et ne tarda pas à prendre pour épouse Marguerite de Busseul. Cette alliance rehaussa la noblesse des Thiard et fortifia leur robuste vitalité.

En effet, la famille de Busseul marche de pair avec les premières de la Bourgogne par l'ancienneté et la position féodale qu'elle occupa dans notre province, par les alliances qu'elle y a prises ou données, par la vigueur de ses nombreux rejetons et la continuité de leurs bons et loyaux services.

Chez les Busseul, il n'y a pas à rechercher à quelle époque remonte leur noblesse ; ils sont gentilshommes dès le jour lointain où ils apparaissent dans notre histoire, c'est-à-dire du temps de Hugues Capet. Quant au nom qu'ils portent il n'est autre que celui de leur antique manoir qui se dressait fier et imposant dans l'un des plus beaux sites de l'agreste Charollais.

L'aspect de cette demeure séculaire des Busseul donnait pour ainsi dire la mesure de ses hôtes, brillants et trempés comme leur armure, comme elle à l'épreuve de l'épée, de la lance et de la hache d'arme ; l'âge des paladins aux combats légendaires était passé, excepté pour eux. En pleine régence, les Busseul ressemblaient à leurs ancêtres des XIIIe et XIVe siècles.

Nous découvrons dans le Mercure de France de 1719 le récit d'une aventure véridique et, ajoute le journal, « des plus glorieuses pour le cavalier qui en est le héros ». Ce cavalier est un Busseul ; la scène se passe dans son pays natal, le Charollais ; la relation de ce fait oublié et presque inconnu sera ici à sa place.

Le 10 avril de l'année 1719 le jeune comte de Busseul, lieutenant en second au régiment Royal cavalerie, passant à cheval le long d'un bois fut attaqué par un loup enragé « des plus grands et des plus furieux que l'on ait jamais vu ». Ce loup mordit son cheval par derrière avec tant de rage que celui-ci surexcité par la douleur fit de telles ruades qu'il désarçonna M. de Busseul. Le loup, le voyant renversé à terre, se précipite sur lui la gueule ouverte et toute écumante. Le jeune officier sans s'effrayer ni sans se servir de ses pistolets et de son épée, saisit avec sa main droite la langue du loup et avec l'autre main une de ses pattes.

Dans la lutte corps à corps qui s'engage entre la bête enragée et le jeune comte de Busseul la langue que celui-ci tenait avec sa main droite lui échappe. Au même instant le loup lui enlève le pouce.

M. de Busseul s'élance sur le dos de l'animal et le monte comme s'il eût été un cheval. Apercevant une troupe de paysans armés qui faisait la chasse à ce loup, il les appelle à son secours, mais ils n'osent approcher et lui crient de loin qu'ils s'exposeraient à le tuer lui-même en tirant sur le loup. « N'importe, répond le comte de Busseul, je vous pardonne ma mort si vous me tuez. » Un paysan tire son coup de fusil et envoie trois balles dans l'habit de M. de Busseul, sans blesser ni lui ni le loup. Un autre paysan enhardi à la vue du cavalier se tenant ferme sur l'animal dont il étreignait fortement les flancs entre ses bottes, s'approche, tire son coup de fusil et blesse mortellement le loup qui, après trois quarts d'heure de lutte et d'efforts pour se débarrasser de son cavalier, mourut enfin sous cet intrépide et courageux dompteur sans avoir pu le terrasser. Dans cette lutte terrible le comte de

Busseul eut le second doigt de la main gauche déchiqueté, le dessus de la main droite qui avait déjà perdu le pouce, tout déchiré, plusieurs morsures à la cuisse et ses bottes criblées de coups de dents.

Après avoir reçu les premiers soins chez un curé des environs il rejoignit son régiment qui était dans le Berry. Aussitôt après son arrivée les officiers du régiment, ayant été informés de l'accident terrible que venait d'essuyer leur brave frère d'armes, l'obligèrent à se rendre en poste aux bains de mer, d'où M. de Busseul revint en parfaite santé.

Les hommes de cette trempe semblent avoir reçu le sacrement du baptême dans le Styx.

M. le comte de Busseul, ajoute le rédacteur du Mercure de France, est bien fait, âgé seulement de 19 ans, grand et fort vigoureux; il entra au service dans sa dixième année, fut fait enseigne de la colonelle dans le régiment de Mortemart où il a servi deux ans et s'est trouvé au dernier siège de Douai (1).

La jeune femme d'Héliodore de Thiard était fille de haut et puissant seigneur Messire Charles de Busseul, chevalier de l'ordre du Roi, seigneur de Saint-Sernin, Escole, La Bastie, Corcelles, Gratay, Germoles, La-Tour de Mailly et Senecé près Mâcon, Bailly pour sa majesté au comté de Mâconnais, et de dame Antoinette de Gorrevod.

La famille de la mère de Marguerite de Busseul brillait d'un éclat encore plus éblouissant que celle de son père. La chapelle de Gorrevod, l'un des ornements

---

(1) D'après une lettre écrite de Paray-le-Monial en Charollais, le 8 août 1719 et publiée dans le Mercure de France du mois d'août de la même année.

de la ravissante église de Notre-Dame de Brou, témoigne, depuis plus de trois siècles de leur ancienne splendeur (1).

Il suffit de rappeler que du côté maternel Antoinette de Gorrevod était de cette antique et chevaleresque famille de Semur alliée aux maisons royales de Bourgogne, de France, de Portugal et qui a fourni, en même temps, une épouse à Robert Ier, duc héréditaire de Bourgogne, et un saint illustre à l'Église (2).

Ce n'est point une vaine curiosité, doublée de préjugés surannés, comme on dit de nos jours, qui nous fait insister sur les origines, les alliances, la position sociale des anciennes familles nobles ; nos visées sont plus hautes et notre but plus sérieux : nous poursuivons une étude sur les couches sociales et sur les conditions de durée des familles en France. Nous cherchons et nous espérons trouver les causes de cette durée dans l'ancienne constitution politique, l'éducation religieuse, l'influence des milieux, des exemples et des traditions.

Le contrat de mariage de M. de Bissy (c'est sous

(1) Voyez : *Histoire et descript. de l'église de Brou* par le P. Rousselet, 4° édit., 1836, in-12. — Guichenon, *Histoire de Bresse et Histoire de Savoye*. — Laurent de Gorrevod, cousin de la mère de Marguerite de Busseul, fut le chef du conseil, directeur de la construction de l'église de Brou ; il était premier chevalier de la Toison d'or, gouverneur de l'Empereur Charles-Quint, maréchal du comté de Bourgogne, gouverneur de la Bresse et prince du Saint Empire.

(2) Voyez sur la maison de Semur-en-Brionnais : D. Plancher, *Hist. de Bourg.*, II, p. 293 et table des noms V° Semur ; — Courtépée, III, p. 83, nouv. édit. ; — H. Beaune et J. d'Arbaumont, *la Noblesse aux Etats de Bourgogne*, p. 297 ; — l'abbé F. Cucherat, *le Bienheureux Hugues de Poitiers*, etc. 1862. Cette maison portait pour armes : *Coticé d'argent et de gueules*.

ce nom qu'il était connu) et de Mlle de Busseul fut passé au chastel fort de Saint-Sernin (1), le 18 d'octobre 1580, en présence et du vouloir et consentement des père et mère de la future, également présente, tous domiciliés en la paroisse de Saint-Germain-des-Bois, de révérend Père messire Ponthus de Thiard, conseiller et aumônier du roi, évêque de Chalon, frère de feu noble Claude de Thiard, père de l'époux et procureur spécial de demoiselle Guillemette de Montgomery, veuve dudit seigneur Claude de Thiard, et dudit sieur Eléodore de Bissy, domicilié en la paroisse dudit Bissy.

Ses parents, ravis de la belle alliance qu'il contractait, s'empressèrent de lui assurer une fortune qui lui permit de tenir son rang dans le monde. Sa mère lui confirma une donation, précédemment faite, des deux tiers de la propriété des terres et seigneuries de Bissy, Charney et Bragny ; ses sœurs, Barbe de Thiard, religieuse, et Mme de Foudras renoncèrent, à son profit, à leurs droits sur les seigneuries précitées. « Davantage en ceste dicte mesme faveur de mariage, R. P. en Dieu messire Pontus de Thiard lui donna par donation irrévocable les deux tiers de ses biens présents et à venir, ne s'en réservant que l'usufruit, et la propriété de sa bibliothèque, de laquelle il entend disposer quand bon luy semblera ».

Nos yeux et nos pensées se fixent, pleins de tristesse, sur les feuillets poudreux de cet acte qui consacra une union que Dieu semblait avoir assortie par le voisinage et la noblesse des berceaux, la similitude de la destinée, union que devaient cimenter l'amour con-

(1) Voyez la note sur la famille de Busseul.

jugal et de cruelles épreuves, enfin, qu'une mort funeste et prématurée briserait violemment.

M. de Bissy installa son jeune ménage chez sa mère, au château de Bragny, pendant les quatre ou cinq premières années de son mariage ; puis après un court séjour dans son manoir de Bissy, il revint définitivement à Bragny, demeure ordinaire de sa mère et où son oncle, le savant Pontus, aimait à venir se délasser, par l'étude et la culture des lettres, des travaux de l'épiscopat.

La vie active du sire de Bissy se dérobe en partie à nos investigations jusqu'à l'année 1585, où nous le voyons de service à la cour ; il en arriva, le 17 avril, à Mâcon, chargé d'une lettre du roi Henri III, adressée aux échevins qui convoquèrent, pour entendre la lecture de cette lettre, les principaux citoyens dont les noms suivent, et qui se réunirent chez le lieutenant général. Voici les noms des Mâconnais qui composaient cette assemblée d'élite : M. le lieutenant général ; vénérable maître Thomas de Chandon, lieutenant particulier ; noble Nicolas Bernard, seigneur de Marbé, capitaine de la ville ; noble Denis Arcelin, élu ; noble Claude Dormy, greffier en l'élection ; noble maître Pierre Tamisier, président en l'élection, Me Charles Decrivieux, avocat pour sa majesté ; vénérable Me Aymé de Rymon, procureur pour sa majesté ; vénérable Me Pierre Boton ; noble Vincent Bernard ; honorable Jacques de Meaulx ; honorable Philibert Boyvin, honorable Antoine Olivier, échevins ; noble François Delaporte, noble Antoine de Pise, noble Abel Guérin, Me Gratian Chandon, vénérable Me Humbert Morisson, noble Guillaume Pavalier, coadjuteurs des échevins, lesquels ont fait ouvrir et lire lesdites lettres, en présence de M. de Bissy; en voici la teneur :

« De par le Roy,

« Chers et bien amez, nous vous avons ces jours passés escript et néanlmoins nous vous faisons encore volontiers ceste lettre pour la jalousie que nous avons de votre conservation soubz notre obéissance de laquelle nous pensons ne vous pouvoir solliciter trop souvent, à notre gré, vous priant que comme la chose n'est moins conjointe à votre propre et particulière utilité que au bien de mon service vous l'embrasserey d'aultant plus grande affection, vous souvenant que vos villes, biens et facultez et de vos familles et enfants ne peuvent estre mieux asseurés que en vous tenans amis et inséparablement en l'obéissance de votre Roy, ce que nous promettent de vous. Nous ne vous en dirons rien davantage. Donné à Paris, le x° jour d'avril 1585. Signé : Henri. Et plus bas, Brulart, et scellé en cire rouge du cachet de sa majesté. Suscription : A nos chers et bien amez les maire, eschevins, manans et habitants de la ville de Mascon. »

Après avoir pris connaissance de cette lettre du roi, l'assemblée décida qu'on y répondrait, sur-le-champ, en ces termes :

« Sire,

« Par M. de Bissy, nous avons receu la lettre qu'il a pleu à Vostre Majesté nous escripre, et par icelle esclaircis de vostre intention, il vous donnera preuve, sire, qu'il nous a trouvés entièrement disposés de ne nous départir jamais de la fidélité que jusques icy nous vous avons rendue, soubs les commandements de Messeigneurs vos lieutenans et gouverneur et particulièrement de M. le comte de Crusilles, qu'il a pleu à Votre Majesté pourveoir du gouvernement de ceste ville et citadelle, auquel nous obéirons comme nous avons toujours faict pour vostre service.

« Sire, nous supplions Dieu vous donner en saineté très heureuse et très longue vie.

« De vostre ville de Mascon, ce xviie avril 1585.

« Vos très humbles, très obéissans subjectz et serviteurs ;

« Vos officiers, eschevins, manans et habitans de vostre ville de Mascon,

« *Signé par ordonnance,*
« Vallier, *secrétaire.* »

Nous n'avons pas besoin de faire remarquer que Bissy ne remplissait pas, dans cette occasion, le rôle d'un courrier ordinaire, mais celui d'un envoyé de confiance, initié à la mission dont il était chargé.

Il ne tarda pas à prendre du service dans les armées du roi ; nous l'y trouvons en 1587, au mois de septembre, à la tête d'un détachement avec lequel le marquis de Varambon s'efforça vainement de barrer le passage aux troupes allemandes que Châtillon, fils de l'amiral, amenait au secours des calvinistes.

Bissy était alors « enseigne de 100 hommes d'armes de Sa Majesté, sous la charge de Mgr de Brion (1) ». Cette compagnie ayant reçu l'ordre de débusquer les

(1) François de Chabot-Brion, marquis de Mirebeau, fils du comte de Charny, amiral de France, gouverneur de Bourgogne, et de Françoise de Longwy, petite fille (bâtarde) du père de François Ier.

ennemis du bourg de Griselles, Bissy contribua puissamment au succès de cette attaque par la bravoure qu'il y déploya. Assailli par huit soldats qui voulaient lui enlever son étendard, il le défendit vaillamment en le tenant toujours arboré, et quoique blessé d'une balle au côté droit, il le rapporta fièrement à sa compagnie.

Cet épisode militaire, resté inaperçu au milieu des innombrables combats de cette époque, nous donne un spécimen de la bravoure de Bissy et nous offre en même temps un exemple frappant des contrastes et du désordre que les révolutions et les guerres civiles répandent dans les événements comme dans les actions des hommes. Ainsi le futur roi de France Henri IV, alors roi de Navarre, pour lequel Bissy devait combattre jusqu'à la mort, se trouvait dans les rangs des ennemis du roi de France contre lesquels Bissy se distingua dans cette journée !

Les soins que sa blessure exigèrent et l'approche de l'hiver le ramenèrent en Bourgogne. Il y passa la plus grande partie de l'année suivante.

Ce fut à Bragny qu'il apprit la nouvelle de l'entrée triomphale du duc de Guise dans Paris, où il venait braver le roi, puis la fuite de ce dernier en présence de l'émeute dans la journée dite des barricades.

Lors de l'ouverture des Etats de Blois, où Pontus de Thiard, évêque de Chalon-sur-Saône, prêta l'appui de sa fidélité et de sa parole à la couronne chancelante du dernier des Valois, Bissy se trouvait encore dans ses terres, tout occupé, en apparence, du soin de ses intérêts, mais, en réalité, pensant à ceux de son pays et prenant ses mesures pour être en état de choisir un rôle dans le drame sanglant où les partis déchaînés allaient jouer les destinées de la France.

Les mesures que prit Héliodore de Thiard consistèrent à se procurer de l'argent (1), ce nerf moteur de toutes les affaires et particulièrement de la guerre.

Le proverbe : « Point d'argent, point de suisses », c'est-à-dire point de soldats, est une formule dont l'exactitude est confirmée par l'expérience. Elle est applicable particulièrement aux gens de guerre du XVIe siècle qui n'étaient, pour la plupart, que des mercenaires achetés ou à vendre. Le marquis de Mirebeau écrivait au maréchal d'Aumont, le 19 septembre 1589 : « Quant aux gens d'armes et archiers, je puis vous dire, avec vérité, qu'il les fault achepter aujourd'huy et leur advancer 200 escus ou 100 escus pour le moings... et sy, encores, l'on n'en peult recouvrir (2). »

Sur ces entrefaites Bissy reçut l'ordre de se rendre à Blois auprès du roi, pour le service de sa charge d'écuyer. Il était bien loin de soupçonner la nature de la mission qu'il aurait à remplir. C'était de porter en Bourgogne, de la part de Henri III, la grande et émouvante nouvelle de l'exécution sommaire des Guises et l'exposé des motifs qui l'avaient poussé à cette cruelle extrémité. A défaut de plus amples détails, qui nous

---

(1) Nous possédons les preuves de ce fait dans trois contrats : le premier, de la fin de l'année 1589 par lequel de Bissy, au lieu de rembourser une dette de 300 écus, créait une rente au profit de son créancier ; le second, du 8 mai 1588, billet d'une somme de 200 écus empruntée à M. de Villers-la-Faye, son oncle ; le troisième du 20 octobre suivant, emprunt de 600 écus à M. Pierre Courtot, procureur à Beaune (Collect. de l'auteur).

(2) *Correspond. de la mairie de Dijon*, édit. par M. J. Garnier, t. II, p. 310.

manquent sur la teneur des missives dont M. de Bissy fut chargé, nous allons donner copie du passeport que le roi lui délivra :

« De par le roy,

« A tous noz lieutenants généraulx gouverneurs de noz provinces, cappitaines chefs et conducteurs de noz gens de guerre, maires et eschevins de nos villes et à tous autres qu'il apartiendra et auxquelz ces présentes seront monstrées salut : S'en allant le sieur de Bissy, escuyer de nostre escurie, en aucuns lieux de nostre province de Bourgogne, nous voullons et vous mandons que vous ayez à le laisser seurement et librement passer sans luy donner aucun empeschement.

« Mandons au conducteur général de noz postes et maistres d'icelles luy fere bailler les chevaux de poste qui luy seront nécessaires, car tel est nostre plaisir. Donné à Blois, le xiie de janvier 1589.

« HENRY.

« Par le roy,

« RUZÉ. »

Au bas est écrit :

« Postes, puis la Court jusques à Moullins, ne faittes faulte de monter le sieur de Bissy, escuier de service du roy, des chevos de poste qui luy seront nécessaires sans le retarder en voz maysons, et vous Girodet qui tenes la poste pour le roy à Moullins faittes bailler des chevos audit sieur de Bissy pour le mener à Bourbonlansy, soit de chevos de poste ou de louage. Fait à Bloy le jour et an que dessus. Dumas (1). »

(1) Ms. original, collection bourguignonne de l'auteur (inédit).

Aussitôt que M. de Bissy eut accompli la mission que le roi lui avait confiée, il commença, de lui-même, celle que lui imposait la gravité des événements.

En homme de guerre qui sait que dans les troubles civils le dernier mot est à l'épée, il se fit pourvoir d'un brevet de capitaine et leva à ses frais deux compagnies, l'une de cinquante lances, l'autre de cinquante arquebusiers à cheval. Cette prise d'armes répandit l'alarme dans toutes les villes voisines de Verdun dont on soupçonnait M. de Bissy de vouloir se rendre maître (1).

Les gouverneurs de Beaune, de Seurre et de Chalon se hâtèrent d'en écrire à M. de Fervaques, lieutenant général de Mayenne dans notre province. De Montmoyen, créature de ce prince et gouverneur de Beaune, envoie secrètement des émissaires à Bragny pour y épier Bissy (2).

La marche précipitée et incertaine des événements politiques rendait la situation de ce dernier de plus en plus difficile et jetait nécessairement du trouble dans ses résolutions. La faveur dont son oncle l'évêque de Chalon jouissait auprès de Henri III, la fidélité que ce prélat venait de lui témoigner aux états de Blois, celle que lui-même lui devait personnellement, en qualité de son écuyer, étaient autant de liens qui l'attachaient à la cause du roi, tandis que leur position en Bourgogne, où le duc de Mayenne commandait en maître absolu, les plaçait l'un et l'autre sous l'autorité directe de ce chef de la ligue. Pour naviguer à travers ces écueils Bissy trouva un guide sûr dans la personne

(1) Voir ces Annales, chap. xi, an 1589.
(2) Lettre de Montmoyen, datée de Beaune 4 février 1589.

de son oncle, qui, semblable à un pilote aussi prudent qu'habile, sut affronter les tempêtes de la politique et du fanatisme, éviter les naufrages et atteindre le port, se montrant ainsi à la hauteur du titre de *politiques*, donné par l'histoire à ces grands citoyens de la France du xvie siècle, qui placèrent les intérêts de la patrie au-dessus des leurs et des questions de sectes et de partis.

Conseiller et aumônier du roi Henri III auquel il faisait écouter les vérité de la religion et des sciences (1), ce prince comptait sur Pontus de Thiard pour le servir en Bourgogne. Pontus n'hésita point à faire connaître cette situation au duc de Mayenne auquel il envoya son neveu M. de Bissy qui arrivait à Paris au moment où le duc y était déclaré « lieutenant-général de l'état royal et couronne de France », par les ligueurs. Après avoir pris connaissance des instructions que Henri III avait données à l'évêque de Chalon ainsi que des lettres dans lesquelles ce prélat l'assurait de son entier dévouement, de son horreur pour les troubles et divisions qui ne servent, disait-il, à autre chose que de nous éloigner de la grâce et service de Dieu », et protestait, en outre, qu'il n'avait d'autre préoccupation que celle « *du repos publique et du sien au milieu de ses livres* (2) », Mayenne se contenta de demander à l'évêque de Chalon sa neutralité et char-

---

(1) Pontus de Thiard dédia à Henr III ses ouvrages intitulés : *Deux Discours de la nature du monde et de ses parties*. Paris, 1er janvier 1578 ; — *Homélies sur les Evangiles, l'Oraison dominicale, la Passion et la Croix*, Paris, 1585 et 1586 ; — *Les Discours philosophiques*, 1587 ; voyez notre *Etude sur le* xvie *siècle en Bourgogne*. — *Pontus de Thiard*, p. 170-73 et passim, in-8, 1860.

(2) Voyez ibid., lettres de Pont. de Thiard à M. de Fervacques, 7-25 février 1589, p. 219 et 21.

gea M. de Bissy d'écrire à son oncle « que sa volonté était qu'il demeurât tranquille en sa maison « sans rien innover ny entreprendre contre luy » (1).

Cependant les hostilités entre Mayenne, à la tête des ligueurs, et Henri III uni au roi de Navarre, plaçaient les amis du juste milieu et de la paix entre deux feux, lorsque l'assassinat du roi qui, avant d'expirer, désigna le roi de Navarre pour son successeur, vint poser cet ultimatum : Etre ligueur-catholique ou royaliste huguenot.

Pontus de Thiard et son neveu, déliés de leur serment de fidélité à Henri III par la mort de ce prince, libres de toute attache avec le roi de Navarre, dont ils étaient séparés par la différence de religion, engagés vis-à-vis de Mayenne par la parole qu'ils lui avaient donnée, se rangèrent du côté de la Sainte-Union. Cette conduite ne fut alors ni une faiblesse, ni une faute, mais une nécessité imposée par leur conscience, leur religion et leur position en Bourgogne (2).

Une lettre du marquis de Mirebeau au maréchal d'Aumont, à la date du 19 septembre 1589, quoique

---

(1) Lettre de Bissy à son oncle, datée de Paris le 13 février 1589.
(2) Cette phase importance de la vie politique de l'évêque de Chalon et de son neveu était restée dans l'ombre jusqu'à ce jour. Nous-même ne l'avions pas encore éclairée lors de nos précédentes publications sur ces deux illustres Bourguignons en 1856 et 1860. Pour la première fois, aujourd'hui, nous y répandons la lumière à l'aide de plusieurs documents authentiques et contemporains. C'est donc contrairement à la vérité qu'on a imprimé dans le petit ouvrage, publié sous le titre d'*Histoire de Pontus de Thiard*, 1784, p. 30, que M. de Bissy ne fut pas ligueur et que son oncle Pontus de Thiard n'a point voulu entrer dans la ligue (V. notre Pontus, p. 73) ; c'est y persévérer qu'il eût fallu dire (Voyez ci-dessus, chap. XII).

dictée par un sentiment de jalousie contre le comte de Tavanes, ne laisse pas de nous fournir des révélations intéressantes sur les hésitations de la noblesse de Bourgogne entre le nouveau roi Henri IV et la Ligue.

Dans cette lettre, il exprime ses regrets de ne pouvoir faire tout ce qu'il désirerait pour le service du Roi (Henri IV), « car, ajoute-t-il, ceux qui faisoient contenance, au commencement, estre les plus échauffez, ce sont ceux que j'ay trouvez plus refroidiz. Quand il a fallu marcher, mesme M. de Bissy, escuyer de l'escurie du roy et enseigne de ma compagnie, m'a mandé que M. de Chalon, son oncle, avoit fait un serment pour luy, qu'il ne pouvoit rompre; mon guidon m'en a fait de mesme et mon lieutenant qui est M. de Beaulvais et auquel j'ay escript cinq à six fois, sans en avoir heu response... (1).

Le marquis de Mirebeau ne dut pas tarder à connaître la cause du refus de Bissy de marcher contre les troupes de la ligue, car dès les premiers jours de septembre, il avait passé dans leurs rangs.

« Le conseil d'Etat établi à Dijon pour le service du Roi très chrestien et de la Sainte-Union se hâta de mettre à profit l'activité bien connue de Bissy. Le 16 octobre, il lui expédia une commission afin d'aller à Saint-Gengoux « saisir et s'emparer d'une certaine quantité de sel appartenant à un nommé Claude Doret, *ennemy de Sa Majesté et de ladite Sainte-Union* ».

Cette façon peu légale de procéder était d'un usage général, dans les deux partis, contre tout individu réputé hostile et même contre tout habitant d'une ville qui tenait pour le parti contraire.

(1) *Corresp. de la mairie de Dijon*, t. II, p. 340.

Cette même commission chargeait le sieur de Bissy de faire procéder à la vente du sel « pour les deniers en provenant être employés aux affaires de ladite union des catholiques (1).

Cette vente produisit la somme de 1,844 écus 16 sous qui fut incontinent versée entre les mains du sieur de Bissy, en déduction de celle de 5,062 écus 40 sous qui lui était due pour le paiement et solde de ses compagnies depuis le mois de septembre 1589 jusqu'au mois de janvier 1590 (2).

Sur la fin de l'année 1589, Bissy avait été chargé de veiller à la conservation de Charolles, de Givry et de Buxy où il tint garnison (3).

Bissy, dont la demeure ordinaire était le château de Bragny-sur-Saône, près Verdun, fut bientôt informé de la tyrannie que le capitaine Réal exerçait sur les Verdunois. Son noble cœur s'en indignait, tandis que les infortunés habitants de cette petite ville tournaient incessamment leurs regards et leurs espérances du côté d'Héliodore comme vers un libérateur.

Nous avons vu que dès les premiers jours de février, tous les capitaines ligueurs des villes voisines de Verdun accusaient hautement Bissy de convoiter cette place. Les mêmes soupçons ne tardèrent pas à tourmenter le capitaine Réal lorsqu'au mois de mars 1590,

(1) Mandement du baron de Senecey, lieutenant général de Bourgogne (original). Donné à Chalon, le 8 décembre 1589. Collect. de l'auteur (V. aux preuves).

(2) Etat et exposé présenté par M. de Bissy au Conseil de l'union. Copie du 14 septembre 1598 faite sur l'original par Mᵉ Jaq. Gast, notaire royal à Verdun. Inédit. Collect. de l'auteur.

(3) Etat du payement des compagnies de M. de Bissy, montant à 1057 écus, dressé au conseil, à Dijon, le 18 décembre 1589. Original inédit. Coll. de l'auteur.

on vint lui dire que M. de Bissy projetait de se loger de force dans Saint-Jean de Verdun. Cette nouvelle provenait, sans nul doute, de révélations sur les projets secrets de Bissy, car moins de vingt jours après il était maître de Verdun (5 avril 1590).

Le baron de Senecey, lieutenant général au gouvernement de Bourgogne, en l'absence de Mayenne, et le conseil de la Sainte-Union des catholiques se gardèrent bien de demander à Bissy de quelle façon il avait succédé à Réal dans le commandement de Verdun, ils s'empressèrent de le reconnaître pour gouverneur de cette ville, heureux de se l'attacher à ce prix, de conserver Verdun et probablement d'être débarrassés d'un allié aussi compromettant que Réal.

La prise de Verdun par un des capitaines de la ligue, sur le capitaine Réal, commandant à Verdun, au nom de cette même ligue, n'est pas seulement un signe de l'anarchie de cette époque, si profondément troublée, c'est encore un coup de maître par lequel Héliodore de Thiard s'assurait le gain de la partie qu'il avait résolu de jouer contre la ligue. Il s'efforça de ne rien laisser voir de ses desseins aux ligueurs, ses alliés d'un jour, qui allaient devenir ses ennemis pour le reste de ses jours. Il feignit d'être des leurs afin de gagner du temps, dont il avait besoin pour se fortifier dans Verdun et pour y réparer une partie des dégâts que Réal y avait commis.

Avant de poursuivre le récit des événements qui suivirent l'occupation de Verdun par Thiard de Bissy, nous jetterons un coup d'œil sur ceux qui s'accomplissaient dans le Lyonnais et auxquels le nom de Bissy se trouve associé.

Tandis que le baron de Senecey faisait éprouver quelques pertes aux royalistes en Bourgogne, ceux-ci avaient gagné du terrain, dans les environs de Lyon, au point que cette grande ville, l'une des principales têtes de la ligue en France, se trouvait sérieusement menacée. Les Lyonnais eurent recours à la Bourgogne, leur ressource ordinaire en maintes occasions. Ils s'adressèrent au baron de Senecey et lui écrivirent lettres sur lettres pour le prier de venir au secours de la ville de Lyon avec ses troupes « sur la créance qu'ils ont tousiours eue de son amitié et bienveillance envers leur ville et de son zèle en la cause générale de la Sainte-Union. Nous tiendrons, pour jamais, ajoutaient-ils en terminant, vostre secours opportunément donné pour un des plus grands et signalez bons offices que cette ville ait receu de autre seigneur » (1).

En même temps, les consuls députaient le sieur de Saint-Christophe, gentilhomme dévoué à la Ligue, puis un des leurs pour supplier le baron de Senecey de faire avancer ses troupes en toute diligence ; enfin, ils adressèrent des lettres personnelles aux principaux capitaines bourguignons qui servaient sous Senecey ; ils n'eurent garde d'oublier Thiard de Bissy qui reçut la lettre dont la teneur suit :

« Monsieur de Bissy,

« Monsieur, le besoing que nous avons du prompt secours de l'armée de M. de Senecey et la crainte que nous avons que avant que le nous baile, il ne s'arreste à ses premiers desseings, nous auctorise de luy en-

(1) Arch. mun. de la ville de Lyon.

voyer le seigneur de Lecquin ? nostre coeschevin, présent porteur, pour le supplier de le haster et de vous en fere la mesme requeste comme à l'ung des principaux chefz de ladicte armée, luy ayans baillé et commis tout pouvoir de vous asseurer du contentement qu'en auries, désirions fere tant aux chefz que aux soldatz, nous vous supplyons donc, Monsieur, de l'assister en cette négociation pour disposer ledict sieur de Senecey de nous secourir promptement, car l'ennemy faict si peu de cas de nos forces qu'il court impunément jusqu'à noz barrières, d'où nous espérons de l'esloigner, moyennant vostre dict secours, attendant lequel nous pryerons Dieu vous donner,

« Monsieur, en bonne santé, sa saincte grace. De Lyon, ce IIIe apvril 1590 (1). »

Cette lettre, qui parvint à Bissy trois jours après son entrée dans Verdun, prouve que sa réputation militaire avait déjà franchi les limites de sa province. La présence de Bissy étant indispensable à Verdun,

---

(1) Arch. mun., Correspondance, AA. Reg. 109. A la suite des ravages commis par les gens de guerre dans les environs de Lyon, les échevins de cette ville, redoutant la disette, écrivirent le 3 mars 1590 aux gouverneurs de Beaune et de Chalon ainsi qu'aux magistrats de cette dernière ville pour les prier de favoriser le sieur de Joux, leur procureur, qu'ils envoyaient en Bourgogne afin d'y acheter des grains (Arch. munic. de la ville de Lyon, AA. R. 109, fol. 99 et 100). Le 1er avril, lettre à MM. de Thianges, baron de Lux et baron de Vitteaux ; le 4 avril seconde lettre aux mêmes et à M. de Bissy. Dans le court espace de sept jours le consulat écrivit douze lettres et envoya deux députés en Bourgogne pour demander du secours. Nous spécifions ces faits quoiqu'ils soient étrangers à ces annales, parce qu'ils sont entièrement inédits et qu'ils ont été omis même dans l'*Histoire monumentale de la ville de Lyon* par le Dr J.-B. Monfalcon. Voyez cet ouvrage, t. II, p. 148.

il ne se rendit point aux instances des consuls de Lyon, ni à l'appel du baron de Senecey (1).

Les circonstances exceptionnelles dans lesquelles il se trouvait motivèrent son refus et servirent merveilleusement ses vues, en lui permettant de ne pas s'engager plus avant dans un parti qu'il avait résolu d'abandonner. Ce n'était point pour le livrer en pâture aux ligueurs qu'il avait conquis Verdun, mais pour le conserver à la France en l'offrant avec son épée, comme gages de sa bravoure et de sa fidélité, au Béarnais qui seul portait haut et fier le drapeau national.

Bissy ne rompit ouvertement avec les ligueurs que le plus tard possible, justifiant déjà, par sa conduite en cette occasion, cet éloge mérité qui devait décorer son épitaphe : « Aussi prudent en paix que vaillant en guerre. »

Cette nouvelle du passage de Bissy et de Verdun du côté de Henri IV émut profondément le parti contraire ; elle ne fut connue des Beaunois que le 26 juillet 1590, ils s'empressèrent de la transmettre à la mairie de Dijon en lui exprimant l'inquiétude qu'elle leur causait (2).

---

(1) Dans le compte de Mᵉ J. Berthaud (voir aux Preuves), nous remarquons au chap. des dépenses une somme de 4 écus pour un voyage fait par Jehan Nil, archier des mareschaux de Dijon, *depuis la ville de Lyon* jusqu'à Verdun, par ordonnance du sieur de Senecey, en date du xᵉ jour d'avril 1590. Cet archer avait évidemment pour mission de presser l'arrivée du sieur de Bissy à l'armée du sieur de Senecey, à Lyon.

(2) Lett. des magistrats de Beaune à ceux de Dijon, du 28 juillet 1590. *Corresp. de la mairie de Dijon*, t. II, p. 349. Guillaume de Tavanes a la mauvaise habitude de ne jamais donner la date précise des événements. D'après Pépin (*Livre de souvenance*, p. 62) la mort du gouverneur de Saint-Jean-de-Losne, qui motiva la venue

Au dire du comte Guillaume de Tavanes, la réduction de la ville de Verdun et la soumission de M. de Bissy à Henri IV, furent son œuvre ; cette assertion est mensongère, Tavanes s'attribue à tort, dans cette affaire importante, le principal rôle au détriment de Bissy qui le remplit effectivement, en prenant Verdun par escalade à ses risques et périls et en y faisant reconnaître Henri IV, sans l'assistance ni l'intervention de Tavanes et avant l'époque à laquelle celui-ci fixe cet événement. Nous avons acquis la preuve que Bissy avait quitté la ligue dès le mois de juin 1590 et qu'à cette date il commandait dans Verdun, au nom du roi ; mais ce ne fut que le 11 août de cette même année, jour où Henri IV lui expédia le brevet de gouverneur de cette ville, que sa position y fut régularisée (1).

« A l'œuvre on connaît l'ouvrier. » — Henri IV en bon juge qu'il était comprit ce que Bissy, dans Verdun, pouvait faire pour sa cause en Bourgogne, d'après ce qu'il avait fait dans les rangs de ses adversaires. Il s'empressa donc de lui adresser une

---

de Tavanes dans cette ville, serait arrivée le 2 juin, mais il n'y aurait commandé qu'à partir du mois suivant et Tavanes lui-même dit que ce ne fut que deux mois après son installation dans Saint-Jean-de-Losne qu'il amena M. de Bissy à embrasser le parti de roi. Ce fait n'aurait donc eu lieu qu'au mois d'août, d'après ces deux auteurs dont nous prouvons l'inexactitude.

(1) Ce brevet, qui a échappé à toutes nos recherches, est probablement perdu sans retour. Nous en avons découvert la mention et la date dans un inventaire de pièces produites dans un procès que messire Pontus de Thiard, seigneur de Bissy, fils aîné d'Héliodore, soutint en 1633 contre les officiers de la châtellenie royale de Saint-Gengoux, au sujet de la justice sur sa terre de Bissy. Anc. arch. du château de Pierre (Saône-et-Loire).

lettre de sa main, le 24 septembre 1590, pour lui témoigner sa satisfaction des services qu'il venait de lui rendre (1).

Bissy après avoir fait prompte justice de l'infâme Réal et répandu la lumière sur ses attentats, s'efforça d'en effacer les traces.

Séparé de ses alliés par une ceinture d'ennemis nombreux qui l'enserraient de tous côtés, il dut se suffire à lui-même et puiser dans son activité et son courage, dans sa foi et son patriotisme tous les moyens capables de satisfaire à des nécessités impérieuses, de surmonter des difficultés extrêmes et d'échapper à des périls sans cesse renaissants.

Nous l'avons vu dans Verdun, pendant trois grandes années de guerres continuelles qu'il y commanda en chef, et nous n'avons eu que des éloges à donner à l'intelligence et à l'équité du gouverneur et à la bravoure du capitaine.

Il nous reste à dévoiler son rare désintéressement et son dévouement à son roi et à son pays. Ce fut avec ses ressources particulières et à l'aide d'emprunts contractés en son propre nom, qu'il fit face aux premières dépenses que nécessitèrent la fortification, l'armement, l'approvisionnement et la garnison de Ver-

---

(1) Cette lettre des plus honorables pour M. de Bissy et des plus intéressante pour sa biographie est malheureusement perdue. Elle fut produite par son fils aîné (lors d'un procès qu'il soutint en 1633). Dans l'inventaire des titres exhibés pour prouver les services d'Héliodore de Bissy, cette lettre est résumée en ces termes : « par la lecture de laquelle lettre il se voit quel estat Sa Majesté faisoit du sieur de Bissy et de ses services » (Anc. archiv. du château de Pierre).

dun (1), ainsi que l'équipement de ses compagnies (2), « l'estat des affaires du roy ne permettant pas alors de bailler deniers à cest effect » (3). Outre l'emprunt de 1500 écus dont nous avons parlé (4), il contracta l'année suivante, en 1592, un nouvel emprunt de 2000 écus pour le service du roi, qui ne put être remboursé qu'en 1594 par ses enfants (5). Les revenus des péages qu'il avait établis aux portes de Verdun, les produits de ses prises sur l'ennemi et toutes ses économies étaient épuisées, mais l'œuvre qu'il avait entreprise restait inachevée, il y allait des intérêts du roi et de son parti. Bissy engagea ses biens sans autre garantie que sa confiance dans la fortune de son jeune roi et dans celle de la France. Au mois de juin 1591, c'est-à-dire avant que Henri IV ne l'eût nommé gouverneur de Verdun, il fortifia cette place à ses frais au nom du roi. Pour couvrir les premières dépenses que ces travaux nécessitèrent et pourvoir Verdun des munitions indispensables, il fournit, de sa propre bourse 6500 écus.

Dirons-nous, moins pour incriminer le cœur de celui qu'on nommait le *bon Henri*, que pour mettre à même d'apprécier ses ressources d'alors et les nécessités impérieuses de sa position, entre ses amis à récompenser et ses ennemis à acheter, que cette somme ne fut point

---

(1) Requête au roi. Voyez pièce n° 9.
(2) Voyez aux preuves, note 11 de ce chapitre.
(3) Jugement des requêtes du palais, à Paris, rendu le 3 mars 1599 en faveur des enfants de feu H. de Thiard, lieutenant et gouverneur pour le roi à Verdun (imprimé in *Hist. de Pont. de Thiard*, p. 81.
(4) Note 5.
(5) Compte Jaq. Gast, ch. VIII, fol. 51, verso, aux Preuves.

rendue à M. de Bissy et qu'il fallut à ses fils dix ans de procès et de poursuites au parlement de Bourgogne et au conseil d'état pour en obtenir le remboursement? Tandis que Vitteaux tout couvert du sang et chargé des dépouilles des sujets fidèles du roi, obtenait de lui une pension de 2000 écus, et 20.000 écus de gratification! Ajoutons, afin de ne point être injuste envers Henri IV, que lui-même manquait parfois du nécessaire. En effet, lors de son entrée à Dijon, le 4 juin 1595, on remarqua que ce chef illustre de la branche des Bourbons était vêtu d'un pourpoint de futaine blanche percé aux deux coudes (1). Il parait que ce victorieux n'en avait pas de rechange car un jour il écrivait à Sully : « Je suis fort proche des ennemis, et je n'ai quasi pas un cheval sur lequel je puisse combattre, mes chemises sont toutes déchirées, mes pourpoints troués au coude et depuis deux jours je dine chez les uns, chez les autres parce que mes pourvoyeurs n'ont plus moyens de rien fournir à ma table (2). » En ce temps-là comment le pauvre paysan faisait-il donc pour vivre ? il broutait l'herbe des champs et mourait de faim ou de la peste !

Revenons à Héliodore de Thiard. La présence et les succès du duc de Nemours en Bourgogne ne l'empêchèrent point de tenir la campagne. Ses courses eurent pour résultats importants de réduire à l'impuissance les villes ligueuses de Chalon, de Beaune et de Seurre et de les forcer à conclure avec lui une trêve qui était tout à son avantage.

Après avoir procuré à Verdun la sécurité, l'abon-

(1) Entrée des rois de France à Dijon, par Girault, *Mém. de l'acad. de Dijon*, 1848.
(2) Eloge de Sully, par Thomas (aux notes).

dance et la paix au milieu des calamités de la guerre, il la porta dans le Dijonnais, l'Autunois et le Louhannais, sous les ordres du maréchal d'Aumont. Au mois de mai 1591, il contribua au succès du combat d'Allerey-sur-Saône, qui permit au maréchal d'Aumont de tirer de Verdun des munitions et des hommes dont il avait besoin pour le siège d'Autun qui échoua.

Le 28 septembre, Bissy eut la hardiesse de s'avancer jusqu'à Chenôve, à 5 kilomètres de Dijon, de fondre comme un oiseau de proie sur les vendangeurs et sur les soldats chargés de les protéger, tous prirent la fuite, il y eut plusieurs blessés au nombre desquels un chanoine de la Sainte-Chapelle de Dijon qui fut emmené prisonnier et mis à rançon (1).

Dijon bloqué par les troupes du maréchal d'Aumont qui faisaient le dégât autour de ses murailles, craignant un siège demanda du secours au duc de Mayenne (2).

C'est avec un sentiment de répulsion et de profonde tristesse que nous assistons aux ravages incessants de nos campagnes par des troupes que l'on prendrait plutôt, en les voyant à cette œuvre, pour des bandes de voleurs que pour des compagnies d'ordonnances. Cette guerre de déprédations fut une des plaies et des hontes de nos guerres civiles, dans lesquelles chaque parti se ruait avec une égale fureur.

Thiard de Bissy, lui-même, qui en devint un des sombres héros, en subit les funestes conséquences. C'était l'application impitoyable de la peine barbare du talion. Tous ses meubles du château de Champfor-

(1) Pépin, t. I, p. 75.
(2) Id., p. 77 et Jos. Garnier, note.

geux, l'une des propriétés de l'évêque de Chalon, son oncle, furent pillés par la soldatesque du fourbe Lartusie, capitaine de la citadelle de Chalon (1). D'un autre côté il apprenait qu'un régiment commandé par le sieur de Royant, lieutenant du capitaine La Castillière (2), venait d'envahir sa terre patrimoniale de Bissy. Il part de Verdun à toute bride avec ses chevau-légers et plusieurs de ses amis. Mais il arriva trop tard pour sauver son Bissy ; village et château, tout avait été pillé, saccagé et « *mis en désolation* » (3).

Le régiment ligueur était déjà parti chargé de butin. M. de Bissy se met à sa poursuite, l'atteint dans les environs de Volnay et le charge avec tant de vigueur qu'il le taille en pièces et le disperse (4). C'est ainsi qu'il trouva dans ce désastre privé une occasion de remporter une victoire de plus sur nos ennemis.

Par sa conduite, sa contenance et les dispositions qu'il avait prises dans Verdun il empêcha le duc de Nemours de venir assiéger cette place, contrairement à ce qu'il avait résolu et promis sur les instantes prières des Chalonnais. Nemours, ce bouillant général de 24 ans, si audacieux et si entreprenant, tout fier de la prise du château de Montaigu, aima mieux manquer à la parole qu'il avait donnée aux Chalonnais

---

(1) Perry, *Hist. de Chalon*, p. 381.
(2) Procès-verbal dressé pardevant notaire constatant que le château et le village de Bissy ont été pillés par les ligueurs au mois de juin 1591 (original. Collect. de l'auteur inédit). Au mois d'août de cette même année, ce capitaine La Castillière faisait partie de l'armée du duc de Nemours, à laquelle la ville de Mâcon fournit des vivres (Arch. de la ville de Mâcon, EE. 52).
(3) Procès-verbal mentionné dans la note 2.
(4) Ibid.

que de se mesurer avec Bissy, dans la crainte de compromettre, dans cette lutte qui eût été digne de lui, sa petite renommée d'homme de guerre.

Bissy ne laissa point le maréchal d'Aumont quitter la Bourgogne sans avoir visité Verdun. Il voulait appeler l'attention de ce général expérimenté sur l'importance stratégique de ce point, eu égard à la situation où les forces des ennemis se trouvaient alors dans cette province. Il lui soumit les mesures qu'il avait prises et celles qu'il comptait employer afin d'assurer la conservation de Verdun au roi. Le maréchal d'Aumont, à vue des lieux, donna une entière approbation à tout ce que Bissy avait fait depuis qu'il occupait Verdun, et lui promit son appui auprès de Henri IV, pour les demandes qu'il se proposait de lui adresser relativement à la défense de cette ville (1).

Héliodore de Bissy, afin de donner plus de poids à son autorité de commandant pour le roi à Verdun et de pouvoir y multiplier ses moyens de défense, conçut le hardi projet de correspondre directement avec Henri IV, afin de lui faire connaître d'une manière exacte sa position dans Verdun, l'importance que cette petite place pouvait acquérir et d'être autorisé à prendre toutes les mesures qu'il jugerait nécessaires pour sa conservation.

Bissy consigna ses plans, ses vues, ses observa-

(1) Nous lisons dans un mémoire rédigé par l'évêque Pontus de Thiard, pour le procès qu'il dut soutenir afin de défendre les intérêts des enfants d'Héliodore de Thiard, après la mort de leur père : « M. le maréchal d'Aumont au voyage qu'il fit en Bourgogne pour le roy, veit, recogneut, advoua et eust pour agréable tout ce qui avoit esté faict par le sieur de Bissy » (Anc. archives du chât. de Pierre, Saône-et-Loire (inédit).

tions et ses espérances au sujet de Verdun et du rôle qu'il pouvait jouer en Bourgogne dans un mémoire destiné au roi et à son conseil d'Etat. La grande difficulté était de le faire parvenir à son adresse.

En ce temps-là notre Bourgogne abondait en hommes de résolution et d'énergie. Bissy en trouva, dans son entourage, un assez dévoué et assez courageux pour se charger de cette périlleuse mission qui consistait à braver mille dangers pour aller, au péril de sa vie, depuis Verdun jusqu'aux confins de la Normandie, trouver le roi dans son camp devant Rouen qu'il assiégeait alors (mars 1592).

L'homme qui exposait sa liberté et sa vie pour porter ce message n'était point un vieux routier habitué aux ruses et aux dangers de la guerre, comme on serait disposé à le croire ; c'était un notaire, oui un notaire (1), improvisé soldat par les circonstances et enrôlé, depuis peu, dans la compagnie de chevau-légers de M. de Bissy. Cet intrépide royaliste patriote se nommait Noël Dunoyer. Que de traverses, que d'obstacles n'eut-il pas à surmonter, que de périls à courir durant ce long voyage !! Cependant le 9 du mois de mars il avait remis les mémoires du gouverneur de Verdun entre les mains de Henri IV.

Ce prince, malgré la multiplicité et la gravité de ses affaires, trouva le temps de s'occuper des demandes du gouverneur de la petite ville de Verdun, et il les prit en telle considération qu'au milieu des péripéties d'un long siège où son courage devait échouer, il signa

(1) Il habitait Buxy, autrefois Bussy-le-Royal, bourg du Châlonnais, aujourd'hui chef-lieu de canton, départem. de Saône-et-Loire.

de sa main et fit expédier dans l'espace de sept jours deux commissions et des lettres patentes conformément aux mémoires que Bissy lui avait envoyés. Ces deux commissions, datées du camp de Rouen le 20 mars 1592, étaient adressées, personnellement à M. de Bissy. Nous avons donné celle qui regardait les fortifications de Verdun, l'autre doit être consignée ici :

« Henry, par la grâce de Dieu, Roy de France et de Navarre, A notre amé et féal le sieur de Bissy, commandant pour notre service dedans notre ville de Verdun, salut. Ayant advisé nécessaire de vous faire assister du nombre de gens de guerre requis tant pour conserver ladite ville soubz notre auctorité que pour les employer es autres occurrences qui s'offriront pour notre service à ces causes, confians de votre fidélité, valeur et expérience au faict des armes, vous avons commis et depputé et par ces présentes commectons et députons avec pouvoir et auctorité de lever le nombre de 50 hommes montez et armez à la légère des meilleurs et plus agueriz que pourrez recouvrer et les employer en tous les exploictz de guerre qui se présenteront pour notre service et qu'il vous sera ordonné par nos lieutenants généraux, et icelle compaignie faire vivre en tel ordre et discipline militaire que n'en recepvions plaincte, ny nos subjectz foule n'y oppression et vous ferons pourvoir par le trésorier extraordinaire de noz guerres à l'appoinctement d'icelle compagnie, des deniers qui seront pour cest effect ordonnez selon le roolle de la monstre et reveue qui en sera faicte. Mandons à tous noz lieutenans généraux, gouverneurs et autres, noz officiers qu'à vous en ce faisant vous facent respecter obéyr et entendre de tous ceulx et ainsy qu'il appartiendra es choses touchant et concernant iceluy, car tel est nostre plaisir. Donné au camp devant Rouen le xxme jour de mars l'an de grâce mil V^c quatre-vingtz-douze et de notre règne le troisième.

« Signé : HENRY.

« Par le Roy, signé : POTIER (1). »

Le même jour 20 mars, Henri IV, « voulant traiter favorablement Cyrus de Thiard, frère du sieur de Bissy, en faveur des services que celui-ci lui rendait dans son commandement de Verdun, approuva la résignation faite audit Cyrus par Pontus de Thiard, son oncle, de l'évêché de Chalon » et en attendant les lettres à ce nécessaires, le roi lui en signa le brevet qu'il fit contresigner par son conseiller et secrétaire d'Etat.

L'intelligent gouverneur de Verdun, tout en soumettant ses actes aux minutieuses formalités administratives et bureaucratiques, se garda bien d'imiter leurs lenteurs, c'eût été perdre un temps précieux et compromettre la cause qu'il servait. Aussi de même qu'il avait commencé de son chef, dès son entrée dans Verdun, les travaux de fortification de cette ville, de même il les avait repris avant que la commission royale, qui lui ordonnait de les continuer ne fût signée, car le 20 mars on payait, d'après ses ordres, 150 écus aux ouvriers qui travaillaient aux fossés de la ville et à un

(1) Original sur parchemin ; au dos est écrit : « Commission du roy à M. de Bissy commandant pour son service à Verdun pour lever une compagnie de cinquante hommes montés et armés à la légère. » (Collection de l'auteur. Don du général comte de Thiard, descendant d'Héliodore).

grand retranchement qu'il avait fait construire en face de Saint-Jean, près du grand pont.

Bissy ne s'en tint pas là ; comme la place manquait d'artillerie, il acheta, de ses propres deniers, deux pièces de canon et il établit à Verdun une fonderie et un atelier où il en fit couler lui-même avec du métal qu'il avait fait venir à ses frais du comté de Bourgogne et de Genève. Dépourvu d'ouvriers habiles et d'un outillage suffisant, il eut à surmonter les plus grandes difficultés pour arriver à des résultats assez médiocres et pour obtenir des pièces dont la facture laissait beaucoup à désirer.

Cependant il parvint à mettre en batterie sur les remparts, tant de la ville que du château, seize pièces d'artillerie de divers calibres, *grande, moyenne, faucon, fauconneaux* et *chevrettes*, dont les plus fortes mesuraient de 3 à 4 mètres de longueur. Il lui restait encore en magasin trois petits canons non montés pour autant de chevrettes et douze cents livres de matière pour couler une pièce.

Bissy, dans ces divers travaux, utilisait tous les bras disponibles et même les soldats étrangers qui se trouvaient dans la garnison de Verdun. Nous lisons dans le compte journalier des paiements des ouvriers employés à la fortification de cette ville que le dernier d'avril 1592 il ordonna de compter « aux Suisses et aultres ouvriers qui ont faictz huict centz gabions, 160 écus pour leurs peines ».

D'après la commission qu'il avait reçue de Henri IV, Bissy pouvait faire travailler aux fortifications de Verdun tous les habitants des villages circonvoisins à tour de rôle. Au lieu de recourir à cet ancien moyen très vexatoire pour les paysans et qui ne fournissait que des travailleurs inexpérimentés, il déchargea les villages de ces corvées moyennant un impôt fixe. Par cette combinaison que la plupart des paroisses demandèrent, il réalisa des fonds à l'aide desquels il paya des ouvriers choisis et il put conclure des marchés avec des entrepreneurs. Cet impôt produisit, dans l'espace de quinze mois, du 1er juillet 1592 au 30 septembre 1593 la somme de 3,515 écus qui passa dans les fortifications de Verdun.

Nous avons retrouvé le rôle de cet impôt en date du 20 juin 1592, contenant les noms des villages que le gouverneur de Verdun fit contribuer aux fortifications de cette ville, ainsi que la cote de ce que chaque village payait par trimestre.

Ce document est précieux à plus d'un titre : nous ne l'envisagerons que sous le rapport des renseignements qu'il fournit sur l'autorité qu'exerçait Bissy et le degré d'importance où il avait élevé Verdun. On peut dire que, grâce à lui, Verdun était devenu le seigneur suzerain de toute la contrée, forçant ses nombreux vassaux à reconnaître sa suprématie et à contribuer à sa puissance. Bissy l'avait étendue jusqu'aux portes de Chalon et de Saint-Gengoux-le-Royal sur les limites du Mâconnais.

Elle englobait 65 villages de diverses contrées qui font partie, aujourd'hui, des cantons de Verdun, Chalon nord, Chalon sud, Saint-Martin-en-Bresse, Saint-Germain-du-Plain, Senecey-le-Grand (arrondissement de Chalon), Pierre et Saint-Germain-du-Bois (arrondissement de Louhans).

Telle était la banlieue que Bissy avait tracée avec

son épée autour de Verdun. Il y avait fait entrer des villages éloignés de 32 à 34 kilomètres, comme ceux de Saint-Loup-de-Varennes, d'Ouroux et du Tartre, et même de 45 à 55 kilomètres, comme Etrigny, Nanton et Champlieu! interprétant de la sorte la qualification de *voisins* pour déterminer les villages sujets à la fortification de Verdun.

Il faut convenir que les gens de guerre et les conquérants n'ont pas leurs pareils pour *fixer* les bases *du droit, enrichir la grammaire*, et délimiter les frontières.

De Bissy puisait son énergie dans ce qui eût abattu celle d'une âme vulgaire, nous voulons dire dans le mauvais état où se trouvaient les affaires de son parti.

En effet, le 29 mai 1592, le chant du *Te Deum* résonnait sous les voûtes de la Sainte-Chapelle de Dijon, le clergé, la noblesse, le vicomte de Tavanes à sa tête, le Parlement, le vicomte maïeur avec la Chambre de ville, et la foule du peuple, sillonnaient processionnellement les rues, et l'artillerie de la ville tonnait en signe d'allégresse.

C'est que la veille de ce jour le vicomte de Tavanes et l'avocat Bernard, deux incarnations militantes de la ligue, le premier avec le bras et l'épée, le second avec la plume et la parole, étaient revenus du camp de Rouen et avaient confirmé « *les bonnes nouvelles* de la délivrance de cette ville par le duc de Mayenne et le prince de Parme et de la retraite du roi de Navarre » (24 avril).

Les Etats de Bourgogne décident la guerre à l'instigation du vicomte de Tavanes que Mayenne venait d'envoyer dans notre province, avec les titre et autorité de maréchal général des camps et armées catholiques et de lieutenant général en Bourgogne.

Tandis que le vicomte de Tavanes se prépare à entrer en campagne, Bissy commence les hostilités contre les ligueurs. Le 5 avril 1592 nous le voyons revenir avec Vaugrenant, gouverneur de Saint-Jean-de-Losne, d'une excursion dans l'Auxois, quartier général des Bourguignons fidèles à la France et à son roi. Ils passent hardiment au faubourg Saint-Pierre de Dijon et bravent cette capitale au point de donner la chasse et de blesser plusieurs de ses habitants (1).

Nous sommes à la veille d'un événement qui n'a d'égal dans la vie d'Héliodore de Thiard que celui de sa naissance et de sa mort : nous voulons parler de la défense de Verdun en l'année 1592. Dire qu'il soutint deux ou trois sièges dans cette petite ville, ce ne serait qu'énoncer un fait des plus ordinaires à cette époque, mais en racontant les péripéties, en montrant l'acharnement et les résultats de ces sièges nous avons révélé que ce fut la Bourgogne en armes, commandée par les plus renommés et les plus braves de ses capitaines, que Bissy eut à combattre et qu'il vainquit. Et cela dans une bicoque qu'il avait transformée en une place forte et avec une poignée d'hommes dont sa bravoure et son exemple avaient fait des foudres de guerre (2).

De ce drame héroïque du grand siège de Verdun, dont tous les historiens de la Bourgogne ont méconnu l'importance, nous avons mentionné, en son lieu, un épisode qui y occupe une trop grande place, ainsi que

(1) Pépin, I, 79-80.
(2) Voir chap. XIII et XIV. Verdun avant et pendant le siège.

dans l'existence de Bissy, pour que nous ne le racontions pas dans ses moindres détails.

L'intrépide défenseur de Verdun, à la vue des forces considérables de l'ennemi qui se massaient autour de cette ville et à la pensée des périls du siège qu'il était résolu d'y soutenir, sentit faiblir son cœur, non de soldat, mais d'époux. Il voulut mettre sa femme en lieu de sûreté. Mais celle-ci, douée d'un courage au-dessus de son sexe, et familiarisée aux hasards des combats par ceux que son mari avait affrontés heureusement depuis dix années qu'ils étaient unis, resta sourde à ses prières et demanda non seulement, à demeurer dans la ville assiégée, mais encore à prendre part à sa défense.

« Vous ne pouvez avoir oublié, dit-elle à son mari, l'humble supplique que je vous présentai il y a un mois, lors de de la menace de ce siège, de m'autoriser à faire mon testament, non en votre faveur, mon bien aimé seigneur, puisque nous courons même fortune, mais en faveur de nos enfants que nous avons éloignés de ce lieu, où vous m'avez permis de rester. Dieu en m'unissant à vous, en ces temps d'épreuves, a voulu que je fusse digne de vous, digne de votre nom et du mien ; sous vos yeux, cher Bissy, à votre exemple, dans cette ville confiée à votre garde, par le roi, notre sire, je serai de force, je le sens, à braver tous les dangers de la lutte à outrance qui s'engage en ce jour. N'y va-t-il pas de votre honneur de gentilhomme, du triomphe d'une sainte cause et du salut de ce lieu de Verdun (1) ? »

---

(1) Testament de Marguerite de Busseul ; expédition légalisée, le 30 octobre 1592. Collect. de l'auteur.

Bissy, fier de sa noble et digne compagne, saisit ses deux mains, les couvre de baisers, pour toute réponse, puis court soutenir le premier assaut. Il fut terrible et funeste pour les défenseurs de Verdun; accablés par le nombre, ils durent se replier, au point que les ennemis se rendirent maitres de tous les travaux avancés qui protégeaient le faubourg Saint-Jean, où ils parvinrent à se loger.

En présence d'une situation aussi grave, chacun dans la petite ville fut utilisé pour la défense, même les femmes; Mme de Bissy choisit pour son poste l'arsenal, afin d'en ménager les munitions en se chargeant elle-même de les distribuer.

Le lendemain, 27 du mois d'août, la lutte recommença furieuse et acharnée de part et d'autre. Pour arrêter le feu meurtrier des ennemis, les Verdunois effectuent plusieurs sorties et font pleuvoir une grêle de balles qui épuisent leurs munitions; il vont incessamment les renouveler dans l'arsenal où Mme de Bissy les encourage par son exemple et ses paroles, en même temps qu'elle leur délivre de la poudre et du plomb. Au milieu du va et vient des arquebusiers qui se pressent autour d'elle, tenant leur mèche allumée, une étincelle tombe dans un baril de poudre sur lequel Mme de Bissy était appuyée; tout à coup une explosion se fait entendre, une colonne de flamme et de fumée, qui semble sortir d'un volcan en ignition, enveloppe Mme de Bissy, la lance dans l'espace, renverse, suffoque ou brûle les personnes qui l'entouraient et met le feu à l'arsenal.

Au bruit de cette explosion, qui répand l'alarme dans Verdun, Bissy se demande si l'ennemi vient d'employer quelque nouvelle machine de guerre ou s'il a fait jouer une mine qui lui a ouvert un chemin dans la place.

Il accourt anxieux vers le quartier que l'incendie lui désigne ; un horrible spectacle s'offre à ses yeux ! Il voit sa femme étendue à terre, sans connaissance, respirant à peine, défigurée par de larges brûlures qui font une plaie de tout son corps.

Héliodore s'agenouille pour embrasser son infortunée compagne, ses lèvres ne trouvent pas une place pour déposer un baiser ; la poudre a tout calciné !

« Oh ! Marguerite, s'écrie-t-il, mes yeux ne peuvent te voir en si piteux état ! Ta vue qui les a charmés tant de fois leur fait horreur ! Quand je craignais pour toi, j'étais loin de prévoir le coup mortel qui en te frappant me blesse moi-même si cruellement ! Ce siège maudit me torture en ce funeste jour ; l'ennemi n'est point vainqueur, et cependant il triomphe de mon malheur, ô ma chère Marguerite ! »

A son nom, aux accents de cette voix connue et aimée, Marguerite de Busseul reprend ses sens, entr'ouvre les paupières et d'une parole entrecoupée par l'excès de la douleur, s'efforce de consoler son époux :

« Héliodore, lui dit-elle, courbons humblement la tête devant la volonté du tout-puissant qui nous envoie cette épreuve... Si les bords du calice qu'il nous condamne à boire sont enduits d'un fiel amer et empoisonné le fond en est plein de douceurs. N'est-il pas doux pour moi de payer pour vous, pour les habitants de notre petite ville, la dette de la victoire qui vous attend ? Croyez-moi, Bissy, je vous le répète, il est doux de mourir pour son Dieu, pour son roi, pour sa patrie, pour son époux ; mourir ainsi, c'est aller, d'un vol plus rapide et plus assuré, revivre dans le royaume de Dieu qui, par cette flamme terrestre qui a dévoré mon corps, commence la purification de mon âme. Puisse notre créateur, je l'en supplie très dévotement, la recevoir, quand elle sera délivrée de son enveloppe, en son saint paradis, avec les bienheureux, pour le mérite de la mort et passion de notre Seigneur et sauveur Jésus-Christ ».

« Près de franchir le seuil de l'éternité, j'entrevois une partie de ta destinée, ô mon Héliodore, les cyprès de ma tombe mêlés à ta couronne de laurier en rehausseront l'éclat, car, je te le prédis, tu triompheras, généreux guerrier, et nos ennemis qui m'ont donné, par le feu de la poudre, une mort glorieuse, en trouveront une ignominieuse au fond des eaux du Doubs et de la Saône où ta vaillante épée les précipitera (1). »

L'héroïne et l'épouse avaient achevé leur noble tâche, celui de la mère commença. Elle fit à son mari les plus touchantes recommandations pour leurs chers enfants, indiqua le partage de *ses bagues, joyaux et habillements* entre ses deux filles (2) ; enfin, épuisée par la douleur, elle expira au bout de trois longues heures d'une cruelle agonie.

La date exacte de ce tragique événement et quel-

---

(1) Ces paroles, que nous mettons dans la bouche de Marguerite de Busseul, n'ont point été imaginées par nous pour dramatiser ses derniers moments. Nous nous sommes appliqué à leur donner la couleur et la note de l'époque en les empruntant soit aux deux testaments qu'elle avait faits, soit à celui de Mme de Croisier, sa parente, victime du même accident, enfin à son éloge funèbre par Jacques Guijon, d'Autun. Voir cette pièce aux preuves.

(2) Testament olographe d'Héliodore de Thiard, en date du 7 avril 1593 (inédit), copie légalisée (Collection de l'auteur).

ques-unes des particularités intéressantes qui s'y rapportent, seraient restées à jamais inconnues, sans un témoin oculaire, le bon curé Blandin, qui a eu le soin de le consigner sur son registre paroissial que nous avons eu la rare fortune de retrouver dans nos recherches obstinées et si souvent couronnées de succès.

Ce registre paroissial est une des plus précieuses reliques d'une époque terrible qui n'a laissé à Verdun que des ruines, que des cendres et quelques vagues souvenirs (1).

Transcrivons ici ces lignes du curé Blandin dont la naïveté et le laconisme laisseront les âmes sensibles tout entières aux déchirantes émotions qu'elles éveillent.

« Aoust 1592... Le mesme jour de jeudy XXVII, au grand malheur de ceulx de Verdun, est adveneu ung sy piteulx spectacle ou inconvénient que Mademoyselle Marguerite de Busseul et Mademoiselle de Pont-de-Vaulx et dame Claudine de Dampierre, religieuse, avec plusieurs aultres, ont esté bruslées de feu mis dedans les pouldres, dont ladite damoyselle, fame de Monsieur de Bissy, gouverneur dudit Verdun, est trépassée ledit jour environ les quatre (heures) du soir, et fut faict le malheur environ une heure après midi. Dieu luy face paix et à tous trépassés.

« Son cœur (fut) enterré en la chapelle (de Verdun), et son corps à Bragny. »

Le curé Blandin nous apprend que deux autres dames qui secondaient Mme de Bissy dans sa péril-

---

(1) Voir aux sources et Preuves, XVIe siècle, la description et l'analyse de cet intéressant document.

leuse entreprise y périrent avec elle, ainsi que « *plusieurs aultres* ». Ces deux nobles et courageuses compagnes de Mme de Bissy étaient ses parentes par alliance du côté de son mari ; elles appartenaient à la famille de Croisier, l'une, Claudine, était sœur de M. de Croisier de Dampierre, cornette de la compagnie de chevau-légers de Bissy, l'autre Philiberte, tante de ce jeune officier, était veuve du seigneur de Pont-de-Vaux. Elle mourut des suites de ses blessures, le 2 septembre suivant, après avoir dicté son testament la veille au soir (1).

Ce n'est point assez pour nous d'avoir exhumé de l'oubli ce mémorable événement, il nous reste à en dévoiler la cause, non la cause apparente, l'étincelle qui tombe de la mèche allumée d'un soldat imprudent ou maladroit, qui se serait approché trop près des barils de poudre, mais la cause véritable, inconnue, mystérieuse, qu'on soupçonna mais que personne n'osa dénoncer publiquement parce qu'elle eût été une note d'infamie pour le vrai coupable. Cela coûte à dire, ce fut un vil instrument, un traître, un transfuge acheté à prix d'or par un ennemi déloyal, qui eut le lâche courage de commettre ce crime, à l'aide duquel les ligueurs espéraient s'emparer de Verdun.

Nous devons cette révélation à deux témoins oculaires et irrécusables, au vénérable Pontus de Thiard, évêque de Chalon, qui la fit en 1596, dans une requête

---

(1) Ce testament fut passé à Verdun, pardevant Me Jehan Vaudoiset, notaire royal audit lieu, le 1er septembre 1592, à 4 heures du soir, « ladite testatrice déclare savoir signer et escripre, mais à « cause de la bruslure de sa main dextre ne pouvoir signer ». Original (inédit) Collect. de l'auteur.

au roi Henri IV, et au fils aîné de Marguerite de Busseul (1).

La conduite de cette noble femme ne fut pas l'effet d'un de ces élans spontanés et passagers de bravoure auquel succède bientôt la faiblesse ou la crainte, mais la manifestation d'un courage réfléchi, grandissant avec le péril, comme la vraie bravoure. Mme de Bissy se dissimulait si peu les dangers qu'elle allait affronter, qu'elle mit ordre à ses affaires de famille aussitôt qu'on eut connaissance à Verdun des projets hostiles des ligueurs contre cette ville. Le 13 juillet 1592, pleine de santé et de vie, dans toute la force de l'âge, elle fit son testament, non en faveur de son mari dont l'existence était encore plus exposée que la sienne, mais de ses deux jeunes fils qu'elle avait éloignés de Verdun (2).

Ainsi au mérite personnel, aux vertus de son sexe, développées par l'influence du milieu où elle se trouvait, et fortifiées par le combat de la vie, nous voyons réunis, dans Marguerite de Busseul, l'éclat d'une naissance illustre, les faveurs de la fortune, le glorieux trépas des champs de bataille, en un mot tous les prestiges qui séduisent et enchaînent la renommée, et, par une étrange injustice du sort, sa mémoire tomber dans l'oubli.

Aucune ville, aucun château, nul village n'ayant

(1) Voir la note relative à la cause de cet événement.
(2) Donation de « Noble damoyselle Marguerite de Bussul (*sic*), épouse de noble sieur Hélyodore de Tyard, gouverneur pour Sa Majesté à Verdun, seigneur de Bissy, Bragny et Charney, au profit de Pontus et Loys de Tyard ses enfants, absents, faite à Verdun pardevant Jacques Gast, notaire royal, le 13ᵉ jour du mois de juillet 1592 (Expédition sur parchemin, signée dudit notaire). Collect. de l'auteur (inédit).

revendiqué l'honneur d'avoir été le berceau de l'héroïne Verdunoise, nous ne pouvons préciser le lieu de sa naissance, sa date est 1563.

L'histoire et la renommée ont d'étranges caprices ; tandis qu'elles traitent avec dédain ou qu'elles oublient des noms dignes de mémoire, elles se font courtisanes de célébrités équivoques ou usurpées (1).

A ceux qui, appréciant les actions humaines moins au point de vue moral qu'à celui des intérêts matériels, tiendraient peu de compte du dévouement de Marguerite de Busseul, et allégueraient, pour justifier le silence des biographes à son égard, le peu d'importance du fait principal dont la mort de Mme de Bissy n'est qu'un épisode, nous croyons avoir répondu victorieusement en faisant connaître le rôle que Verdun

---

(1) Nous ne comprenons pas comment le nom de Marguerite de Busseul a pu être omis dans toutes les Biographies, et surtout dans la *Biographie universelle historique des Femmes célèbres* (1830, 4 vol. in-8). Notre étonnement a bientôt fait place à un profond sentiment de mépris pour les auteurs de cet ouvrage, en voyant à quels noms ils avaient donné la préférence sur celui de Marguerite de Busseul. Nous citerons, comme exemple, entre une foule d'autres, les suivants que l'on trouve dans la *Biographie des Femmes célèbres* :

Acmé, espèce de *laurette* romaine, citée dans une épigramme de Catulle! Acté, esclave, puis affranchie, enfin maîtresse de Néron! Agasie, femme d'un roi d'Ecosse, dont le mérite fut d'avoir été soupçonnée d'infidélité par son mari qui la répudia! Aglaïde, de Mégare, espèce de Gargantua femelle. Beauvais (Sophie), femme de chambre de la reine, femme de Louis XIV ; elle trahit sa maîtresse, en captivant le cœur du roi, qui la remplaça bientôt par Marie de Mancini. Elle était très voluptueuse (*sic*)! Duc (Philippine), jeune Piémontaise, pour laquelle Henri II *eut un caprice* (*sic*), etc. »

Une noble femme dont la foi, le patriotisme, et l'amour conjugal font un martyr, mérite-t-elle une mention honorable dans nos fastes? c'est une vile courtisane qui l'obtient !

jouait alors en Bourgogne où il était l'unique rempart du faible parti de Henri IV dans cette portion de notre province. Certes la conservation de Verdun devenu « la plus importante place qui tint en Bourgogne pour le roi » (1), n'importait pas moins à celui-ci, encore excommunié et proscrit de presque toutes les villes de son royaume, que la conservation de Beauvais n'intéressait Louis XI. Cependant la défense de cette ville a valu autant de gloire que de profit à la courageuse Jeanne Laîné, devenue illustre sous le nom d'Hachette, tandis que l'héroïne de Verdun est à peine connue dans la petite ville qui fut témoin de sa mort glorieuse et qui en recueillit les fruits.

Ses contemporains, nos pères, hâtons-nous de le proclamer à leur louange, ne restèrent point spectateurs insensibles de son dévouement et de son martyre ; le pays qui avait produit l'héroïne donna un poète pour la chanter. Le savant Autunois Jacques Guijon, auquel son mérite et sa fidélité à Henri IV valurent la première magistrature du bailliage et de la ville d'Autun, remplit dignement ce pieux devoir en composant un éloge funèbre de Marguerite de Busseul en vers latins. Mais le fracas des armes, les cris de joie des vainqueurs mêlés aux gémissements des vaincus, les plaintes de la patrie déchirée par ses enfants couvrirent la voix du barde Eduen. En vain son petit poème, après avoir échappé à la rage des ligueurs, qui saccagèrent sa maison, fut recueilli et publié par l'érudit Philibert

(1) Jugement des requêtes du Palais, en date du 3 mars 1599, en la cause pendante entre messire Pontus de Tyard, tuteur des enfants de feu Héliodore de Thiard de Bissy et Guillaume de Gadagne, comte de Verdun.

de La Mare, en 1658, la fatalité qui n'a cessé de poursuivre Verdun atteignit également ceux qui l'aimèrent et le glorifièrent, et l'ombre de l'oubli enveloppa, comme un linceul, des noms et des gestes éclatants (1).

Un de mes compatriotes et amis, le poète Fertiault, de Verdun, a protesté contre ce déni de justice par le

---

(1) Le Dr Abel Jeandet (de Verdun) a fait de cet épisode historique, aussi intéressant que dramatique, le sujet d'une lecture à la Séance publique annuelle de l'Académie de Mâcon du 26 mai 1888.

Bien avant cette époque, nos patriotiques efforts avaient fini par tirer de l'oubli les noms d'Héliodore de Thiard et de Marguerite de Busseul : Voici les publications que nous leur avons consacrées :

I. — *Galerie historique de la Bourgogne*, xvie siècle, *Héliodore de Thiard*, gouverneur de Verdun, et *Marguerite de Busseul*, sa femme. Notices lues à la séance de rentrée de la Société d'histoire, d'archéologie et de littérature de l'arrondissement de Beaune, du 3 novembre 1851 (Beaune, Batault-Morot, 1854, in-4, 16 pages).

II. — Publication de cette lecture dans la *Revue Bourguignonne*. Mai et juin 1854.

III. — Tirage à part de ce travail. Beaune, Batault-Morot, 1854, augmenté d'un appendice et de preuves (12 pag. in-4). Chalon-sur-Saône, Dejussieu, 1856.

IV. — Nous leur avons accordé des mentions honorables dans notre lettre sur les *Richesses historiques de la Bourgogne*. Paris, librairie historique d'Aubry, 1859, in-8.

V-VI. — Dans l'*Histoire des villes de France*, par Aristide Guilbert, et dans le *Dictionn. géographique et historique* des villes de France par Girault de Saint-Fargeau, 1844-46, 3 vol. in-4.

Notre compatriote et ami F. Fertiault a consacré à Marguerite de Busseul une légende historique dans *le Conseiller des Dames*, Paris, 1848, in-8.

Ces divers travaux ont valu à Marguerite de Busseul de figurer dans un ouvrage important intitulé : *Les Martyrs de la Liberté*, orné d'une belle gravure par Ferdinand, d'après R. de Moraine, représentant Mme de Busseul au moment où elle est blessée mortellement, par l'explosion des poudres de l'arsenal de Verdun, pendant le siège de 1592.

sonnet suivant, dédié à la mémoire de Marguerite de Busseul :

Que fait donc ici-bas la gloire, ô noble femme,
Pour que ton nom se cache en un si sombre oubli ?
Que fait l'homme ignorant, pour que nul ne réclame
Un diamant si pur que le ciel a poli ?
L'amour de ton pays a vibré dans ton âme ;
De l'ardeur d'un héros tout ton cœur fut rempli ;
Sur la brèche, en luttant, tu péris par la flamme...
Et rien !... dans le néant tout reste enseveli !!!
O justice de l'homme ! Etrange destinée !
A mille fronts obscurs l'auréole est donnée,
Et le front rayonnant tout à coup s'assombrit !
Que fait l'historien ? que fait donc le poète ?...
— Qu'en nous, qui t'exhumons, ce cri parle en prophète :
Qu'un jour dans les grands noms ton grand nom soit écrit !

L'incendie de l'arsenal de Verdun, action déloyale et criminelle des assiégeants et la mort de Mme de Bissy qui en fut une des conséquences, ne firent, de part et d'autre, que multiplier les efforts et les actes de courage qui signalèrent ces deux sièges de Verdun. Nous en avons raconté les émouvantes péripéties et l'issue glorieuse pour son défenseur qui, par les talents militaires et la bravoure qu'il y déploya, s'est placé au premier rang parmi tous les capitaines qui figurèrent en Bourgogne durant les guerres de la Ligue.

Le vicomte de Tavanes eut à peine levé le siège de Verdun que Bissy fit payer chèrement aux ligueurs la mort de sa noble compagne et les maux qu'ils avaient causés aux Verdunois. Les Chalonnais, principaux instigateurs du siège de Verdun, furent les premiers sur lesquels tombèrent ses coups. Du 5 octobre au 8 décembre, soit seul, soit avec le concours de Baillet de Vaugrenant, il les défait à trois reprises, sous les murs de leur ville qu'il tient bloquée, les réduit à implorer la paix, et lève des contributions de guerre sur les ennemis du roi, dans un rayon de plus de sept lieues autour de Verdun ; enfin il clôt sa rude et belle campagne de l'année 1592 en concourant au succès du combat d'Izier (1), où les compagnies réunies du comte de Tavanes, du marquis de Mirebel, de Vaugrenant et de Bissy, taillèrent en pièces le régiment du terrible baron de Thenissey.

Le printemps de 1593, en ramenant le vicomte de Tavanes dans notre province, le mit, de nouveau, en présence du sieur de Bissy.

Mayenne, afin de réchauffer le zèle des ligueurs de Bourgogne, leur avait envoyé son fils, en qualité de gouverneur de cette province, avec le vicomte de Tavanes pour Mentor. Ce dernier, accompagné du jeune prince, se mit aussitôt en campagne.

Bissy avait déjà fait de même, car dès les premiers jours de mars nous le trouvons blessé, et en voie de guérison d'une arquebusade à l'épaule, dont il avait été pansé à Saint-Jean-de-Losne (2), on disait que sa présence dans cette ville avait pour but d'y tenir sur les fonts de baptême, avec Mme de Fervaques, l'enfant de M. de Vaugrenant, en signe d'union, entre ces deux frères d'armes que de mesquines jalousies divisaient trop souvent. En effet, cette réconciliation ne dura

---

(1) Village du canton de Genlis, arrondissement et à 18 kil. de Dijon (Pépin, p. 98-99).

(2) *Journal de Breunot*, t. I, p. 285.

pas : de nouveaux nuages s'élevèrent entre eux ; leurs soldats en vinrent aux mains : « Les loups se mangent », dit à cette occasion le fin ligueur Gabriel Breunot (1).

Dans ce déplorable conflit les torts étaient, évidemment, du côté de Vaugrenant qui, jaloux de la gloire que Bissy avait acquise par sa défense de Verdun, cherchait à débaucher ses soldats. Il était parvenu à gagner un capitaine de la garnison de Verdun nommé Grenoble, et il l'avait installé avec des vivres et des soldats dans le vieux château fort d'Authume, « place d'ancienne structure et proche de Seurre et de Verdun », dit le conseiller Breunot, qui a consigné dans son journal ce petit événement : il est intéressant comme peinture de mœurs et comme exemple de la rivalité qui existait entre les chefs du même parti.

Bissy, indigné du procédé de Vaugrenant et de la désertion du capitaine Grenoble, résolut de les en punir. Il alla investir le château d'Authume et força le capitaine Grenoble à capituler (17 avril) sous ces conditions : qu'il rendrait la place le 5 mai suivant, entre les mains de M. de Bissy ou de M. le grand écuyer de France qui en était propriétaire ; que d'ici au 5 mai la garnison n'exercerait aucun ravage, ni ne ferait aucune fortification au château et que tous ceux qui auraient un passeport de M. de Bissy seraient inviolables.

A l'époque convenue pour l'exécution de cette capitulation, le capitaine Grenoble refusa d'en tenir les conditions et de rendre le château d'Authume.

(1) *Journal*, p. 315.

Bissy, justement irrité de cette seconde félonie de son ancien soldat, jura de s'en venger en prenant, à son tour, ce fourbe dans un piège. Mettant en pratique le proverbe : « à trompeur, trompeur et demi », il gagna un des soldats de la garnison d'Authume, qui lui promit de faire sortir du château le capitaine Grenoble à un jour fixé par Bissy. Mais ce soldat, soit par remords, soit par vénalité, afin de recevoir de l'argent des deux mains, prévint le capitaine Grenoble et Vaugrenant du piège que leur avait tendu Bissy. Celui-ci, au jour dit, sort de Verdun, en compagnie de M. de Chauffour, son lieutenant, sous prétexte d'aller à la chasse, avec dix cavaliers pour sa sûreté. Aussitôt hors de la ville il fait monter en croupe, derrière chaque cavalier, un arquebusier, et se rend au lieu assigné. Grenoble ne tarde pas à y arriver, mais bien accompagné. Bissy n'était pas homme à se déconcerter en face d'un danger ; il fond sur Grenoble qui tient ferme, mais qui, blessé d'un coup de pistolet par M. de Chauffour, finit par mordre la poussière avec cinq des siens. Au même instant M. de Vaugrenant paraît à la tête de 80 cavaliers. Bissy avec sa petite troupe s'abrite dans les bois et se retire en bon ordre, sans être tombé dans le piège de son faux ami.

Bissy, à l'abri des ennemis dans Verdun, surveillait leurs expéditions à travers nos contrées. Il les suivit, à distance, avec environ 400 chevaux, jusque sous les murs de Dondain (1) où sa présence contri-

---

(1) Château fort, situé sur une éminence, dans la paroisse de Pressy-sous-Dondain, en Charollais, aujourd'hui canton de Saint-Bonnet-de-Joug, arrondissement de Charolles, département de Saône-et-Loire ; il en reste encore quelques pans de murailles.

bua à faire échouer le siège de ce château, en donnant lieu à un conflit qui s'éleva entre les sieurs de Thianges et de Drée, dont l'un voulut charger Bissy tandis que l'autre s'y opposa (1).

Pendant que le vicomte de Tavanes laisse ses soldats faire le dégât dans les environs de Dijon, comme en pays ennemi, et s'amuse à guerroyer aux alentours d'Arnay-le-Duc, Bissy médite une de ces entreprises audacieuses du genre de celle qui l'avait rendu maître de Verdun, et non moins importante, car elle avait pour but de hâter la fin des guerres de la ligue en Bourgogne en s'emparant de la ville de Beaune, moitié par ruse, moitié par force. Comme cette affaire intéressait au plus haut point tous les partisans de Henri IV, il communiqua son plan à Vaugrenant, gouverneur de Saint-Jean-de-Losne, avec lequel il était raccommodé, et lui demanda l'assistance de quelques gens de guerre que celui-ci s'empressa de mettre à sa disposition.

Bissy comptait au nombre de ses soldats un Beaunois, nommé Jean Borne, par l'entremise duquel il s'était ménagé des intelligences dans la ville avec plusieurs notables habitants à la tête desquels figurait M. Massol, lieutenant au bailliage, chaud partisan de Henri IV et, comme tel, réputé huguenot. Jean Borne s'aboucha avec deux autres Beaunois de sa connaissance, dont l'un était meunier du second moulin qui est sur la rivière de la Bouzaise. Ce der-

---

(1) *Journal de Breunot*, t. I, p. 307. — Le vicomte de Tavanes se rendit maître du château de Dondain au mois du juillet de la même année.

nier promit d'arracher la grille de fer qui fermait la muraille à l'endroit où cette petite rivière entre dans la ville et d'y introduire, par cette ouverture, le gouverneur de Verdun et ses hommes.

Une fois dans Beaune il s'en remettait pour le succès de ce hardi coup de main à sa bonne épée et à la bravoure des siens que les royalistes de Beaune devaient seconder.

Les choses en étaient là quand, quelques jours avant l'époque fixée pour l'exécution de ce projet, tout fut découvert par suite de quelques paroles indiscrètes échappées aux conjurés.

« Dieu voulut, dit le ligueur Beaunois qui nous a transmis les détails de cette conspiration, que quelques-uns de ceux qui étaient de cette partie ne purent s'empescher d'en parler, ainsi la trahison étant découverte, on se saisit du meunier nommé Trapet, on lui fit son procès, et suivant l'arrest rendu au Parlement de Dijon, qui étoit pour lors dans les interests de la Ligue, Trapet fut pendu et étranglé devant l'hostel de ville de Beaune. Quant à M. Massol il fut mis provisoirement hors de cause par suite de la déclaration de M. Brunet, maire de la ville, qui affirma qu'il lui avoit découvert cette entreprise. » D'un autre côté, Massol, par son crédit, parvint à sauver un des autres conjurés (1).

(1) « *Remarques sur la ville de Beaune*, par M. Lacurne, avocat à Beaune et père de M. le Chanoine Lacurne qui y a fait quelques additions. » Copie manus. autogr. du R. P. N. Grozelier, de l'Oratoire, in-4, pp. 8-9. Collect. Bourguignonne de l'auteur (inédit).

Cette entreprise de Bissy sur la ville de Beaune est restée inconnue. Pépin et Breunot n'en font aucune mention. L'abbé Gandelot parle d'une tentative des religionnaires pour s'emparer de Beaune, dans laquelle figure également un meunier qui devait lever les

Les trois villes de Dijon, Beaune et Chalon formaient une ligue redoutable, dit M. Rossignol, au sujet de la réduction de la ville de Beaune à l'obéissance de Henri IV. On résolut de la couper en deux pour l'anéantir ; la ville de Beaune prise, les deux autres étaient moins fortes et devaient tomber un peu plus tard (1). »

« Quand cette ville fut occupée par Biron, Nuits, Châteauneuf, Autun, Chalon, Dijon, tombèrent successivement au pouvoir de Henri IV ;... il n'y avait plus de résistance possible : la ligue expira (2).

Cette appréciation, confirmée par le président de La Cuisine (3), montre toute l'importance du plan que Bissy avait conçu et qu'il fut sur le point de réaliser. Sa réussite eût procuré à notre province épuisée de grands soulagements et eût épargné de cruelles épreuves aux Beaunois en les délivrant, trois ans plus tôt, de la tyrannie de Mayenne qui, pour maintenir son autorité dans leur ville, n'hésita pas à la saccager en y faisant abattre pour plus de 200,000 écus de maisons (4).

Bissy, pour se distraire de la vive contrariété que lui avait causée l'avortement de cette grande entreprise,

---

grilles, mais le chef de cette entreprise est un capitaine Lépine qui fut décapité, et cet événement aurait eu lieu en 1567 (Voyez p. 131). M. Rossignol (*Hist. de Beaune*, 1854, p. 389) place l'exécution à mort de François de Lespine au mois d'avril 1575.

(1) *Histoire de Beaune*, p. 293-94.
(2) Ibid., 400.
(3) « La prise de Beaune par l'armée royale fut un coup de main hardi qui rompait par son centre la ligue formidable de trois places importantes (Dijon, Beaune et Chalon). » *Le Parlement de Bourgogne*, t. I. p. xciii-iv (introd.), 2ᵉ édit.
(4) *Histoire de Beaune*, p. 398.

poussa une pointe vigoureuse contre Chalon qu'il ne cessait de tenir en échec, et mit en pleine déroute 50 soldats de la garnison de cette ville (1).

De Paris à Dijon, les nouvelles d'une trêve générale s'entre-croisent avec celles d'une foule de rencontres sanglantes entre les deux partis. La paix est dans l'air, dans les aspirations du peuple réduit à la plus cruelle misère, mais la guerre continue.

Le vicomte de Tavanes concentre des troupes aux alentours de Beaune où le jeune prince de Mayenne se rend en personne.

Bissy, informé de ces mouvements des ennemis, résolut de s'assurer par lui-même de leurs forces et de chercher à découvrir leurs desseins. Dans ce but il partit de Verdun le 22 juillet au matin à la tête d'environ 24 cuirassiers de sa compagnie, auxquels s'étaient joints MM. de Chauffour, de Dampierre et de Cussigny, ses fidèles et braves lieutenants (2).

Arrivé au château de la Salle (3), il fit halte chez son oncle, l'évêque de Chalon, avec lequel il dîna, puis il reprit la route de Beaune. Aux approches du couvent des Chartreux, sous les murs de cette ville, il rencon-

(1) *Breunot*, I, 329.
(2) Pépin a commis une grave erreur en écrivant dans son journal (t. I, p. 105) que ce fut le vicomte de Tavanes qui envoya faire une reconnaissance du côté de Verdun, *pour attaquer Bissy*. Le même chroniqueur, ne porte qu'à 15 le nombre des cavaliers qui l'accompagnaient le comte de Tavanes le fixe à 50 ; nous n'hésitons pas à adopter la moyenne donnée par Breunot comme étant l'évaluation la plus exacte (t. I, p. 342).
(3) Ancien hameau, aujourd'hui détruit, demeure de campagne des évêques de Chalon, avec château et chapelle, de la paroisse de Saint-Loup-de-la-Salle ou de Maisières, canton de Verdun, à égale distance de cette ville et de Beaune (11 kilom.).

tra les troupes du prince de Mayenne, venant de Chalon et se rendant à Dijon.

Le porte-enseigne auquel huit soldats ne purent enlever son drapeau, le gouverneur assiégé par des forces considérables qui ne voulut jamais rendre la place confiée à sa fidélité et à son courage n'était pas homme à reculer même devant un ennemi supérieur en nombre. Fondre sur les ligueurs, les refouler jusque dans les faubourgs de Beaune, étendre raides morts leurs capitaines, ce fut pour Bissy l'affaire d'un instant. Avec ses 24 cuirassiers, il venait de mettre en déroute trois escadrons de cavalerie (1).

« L'alarme est chantée aux faubourgs », nous dit un contemporain, « chacun monte à cheval » (2). Le nom de Bissy circule dans les rangs ennemis. Celui-ci ordonne à sa petite troupe de se tenir à l'écart puis, trop confiant dans sa force et entraîné par cette fougueuse bravoure à laquelle il avait dû tant de fois la victoire, il retourne à la charge avec sept de ses meilleurs cavaliers, « disant tout haut qu'il ne se vouloit point retirer qu'il n'eust donné quelques coups de pistolets (3) ».

Bissy est bientôt enveloppé par les ennemis ; cependant sept ou huit des plus hardis ont déjà mordu la poussière (4) ; il va leur échapper, grâce à sa vaillance, quand son cheval, lancé au galop, s'abat en franchissant un fossé et se renverse sur lui. Les cavaliers passent et repassent sur son corps, « il est foudroyé

---

(1) Epitaphe d'Héliodore de Thiard en latin, manuscrit ancien, inédit.
(2) *Breunot*, 1, 343.
(3) *Mémoires de Guill. de Tavanes*, 75-76, in-fol.
(4) *Breunot*, I, 345.

par les chevaux » pour nous servir des expressions d'un contemporain (1). Engagé sous sa monture, il ne peut se relever et demeure ainsi exposé aux coups de ses adversaires. N'ayant qu'une main pour se défendre, pressé de toutes parts, épuisé par la perte de son sang qui s'écoule de cinq blessures (2), il est forcé de se rendre !

C'est à qui s'emparera de ce redoutable capitaine; les ligueurs, semblables à des carnassiers altérés de sang, se le disputent, s'acharnent sur lui, le frappent quand il est à terre sans défense, et ternissent ainsi une insigne victoire par une insigne lâcheté !

La présence du baron de Vitteaux et de sa bande dans ce combat explique cette conduite barbare et déloyale envers un loyal ennemi désarmé et vaincu. Deux principaux capitaines de la ligue revendiquent l'honneur et le profit de cette victoire qui offrait pour appoint l'appât d'une grosse rançon, la perspective de la reddition de Verdun, enfin la gloire enviée d'avoir vaincu Bissy.

Ces deux capitaines étaient : l'un, le trop fameux baron de Vitteaux, de sinistre mémoire; l'autre, le baron de Merzé qui se fit un nom dans la carrière des armes où il devint lieutenant général des armées du roi, chevalier de ses ordres et gouverneur d'Aigues-Mortes (3).

(1) *Breunot.*

(2) V. son épitaphe et *Breunot*, t. 1, p. 343-54. « Il est blessé en cinq endroits : trois au col, une à la cuisse, l'autre sur le fil des reins... Il n'avait qu'un coup avant qu'il se fût rendu, tous les autres lui avaient esté baillé APRÈS ET ESTANT PAR TERRE. »

(3) François de Nagu « qui, depuis, a paru avec beaucoup de valeur sous le nom de marquis de Varennes ». Il était fils du gou-

On voit que, dans ce combat, Bissy se mesura avec des adversaires redoutables et d'une bravoure éprouvée.

De Vitteaux et de Merzé se disputèrent cet illustre captif avec tant d'animosité, qu'ils osèrent mettre l'épée à la main en présence du prince de Mayenne. Ce dernier s'efforça de les apaiser; il y parvint à grand peine et déclara que Bissy serait le prisonnier du baron de Merzé, au grand dépit du bilieux Vitteaux qui se retira furieux en blasphémant (1).

Ce dut être pour Bissy, ce brave des braves, une consolation dans son infortune, de rendre son épée à un digne gentilhomme plutôt que de la voir souillée par les mains du héros lubrique de Charlieux, du cruel geôlier du château de Noyers (2).

Dans cette lutte gigantesque pour les nôtres, tant ils étaient inférieurs en nombre à leurs adversaires, *sept contre plus de trois cents* (3)! de Chauffour fut blessé à côté de son ami de Bissy et fait prisonnier avec les cinq intrépides qui les avaient secondés.

« Le lieu où se livra le combat était tout entrecoupé de fossés et de haies et extrêmement désavantageux pour la cavalerie (4). »

« L'on tient infailliblement, écrivait le conseiller Breunot, que sy M. de Bissy eut eu patience de temporiser une heure, que M. le prince et M. le vicomte

---

verneur de Mâcon pour la Ligue et épousa une Du Blé d'Huxelles. V. Perry, 382 et 451.

(1) *Breunot*, I, 349.
(2) V. ci-devant chap. xii:
(3) *Breunot*, p. 343.
(4) « Ainsy qu'on le voit encore près du monastère des Chartreux de Beaune. » *Perry*, 382, d'après les *Mémoires* contemporains de Muguet.

tiroient avec la cavalerie contre l'Auxois; qu'il eust peu avec sa troupe bailler une grande route à nos gens; mais l'impatience naturelle aux Français fut cause de sa perte (1). »

Bissy fut emporté presque mourant dans la ville de Beaune (2) avec Chauffour : on voulut le mettre à l'hôpital, mais sur son désir il fut logé chez Jean Belin, maire de la ville (3).

Nous sommes heureux de pouvoir constater qu'une fois la fureur du combat calmée et après qu'on se fut rendu maître de la personne de Bissy, les chefs ligueurs et le jeune prince de Mayenne, en particulier, le traitèrent avec tous les égards que méritaient sa valeur et son infortune et qui font l'éloge des vainqueurs et des vaincus.

Bissy reçut les premiers soins d'un chirurgien de Dijon qui se trouvait à Beaune où il était venu acheter des vins (4).

Aussitôt que le pansement du blessé fut terminé, le jeune prince de Mayenne alla lui faire visite et lui témoigna le plus vif intérêt. « Usant de propos gracieux, rapporte le conseiller Breunot, il l'assura que les égards et les soins ne lui manqueraient pas et lui dit d'avoir bonne espérance (5). »

(1) *Breunot*, I, 343.
(2) Epitaphe de Bissy.
(3) *Breunot*, 343.
(4) Ce chirurgien dijonnais, nommé Etienne de la Place, eut aussi sa part de misères de cette terrible époque; au mois de mars 1595, se rendant à Saulx-le-Duc pour panser M. de la Marche, il fut pris par des soldats de la garnison de Blaiscy qui le maltraitèrent indignement et le taxèrent à une rançon de 1500 écus, qu'ils finirent par réduire à 500. *Breunot*, t. I, p. 343; t. II, p. 467.
(5) Ibid., I, 343.

Si le fils de Mayenne s'en fût tenu là, cette démarche lui eût fait autant d'honneur qu'à son prisonnier. Mais il en laissa voir le but intéressé en profitant de cette première visite pour engager Bissy à quitter le parti de Henri IV et à acheter sa liberté au prix de son honneur de gentilhomme et de sa fidélité de sujet.

Tout affaibli que fût Bissy, son âme n'avait rien perdu de sa force. En réponse aux propositions du prince, il se contenta de le supplier de ne point aggraver son malheur et de le laisser tout entier à son affliction (1).

Il fut autorisé à envoyer chercher son chirurgien ordinaire, maître Anthoine Durusseau, de Verdun. Ayant encore demandé maître Jean Girard, chirurgien à Chalon, Lartusie, capitaine de la citadelle de cette ville, osa refuser de lui donner un passeport.

Bissy témoigna aux gentilshommes ligueurs qui l'environnaient son étonnement de cet indigne procédé, et leur demanda une faveur, celle de pouvoir parler à un de ses gens et de l'envoyer à Verdun; ils la lui accordèrent. L'homme de confiance qu'il désigna est introduit auprès de Bissy. Tandis qu'ils s'entretiennent ensemble, les capitaines ligueurs ont la discrétion de de se retirer; enfin, ils poussent les égards envers Bissy jusqu'à permettre à son homme de confiance de se rendre à Verdun (2).

Pourquoi un doute pénible vient-il se mêler dans notre esprit attristé par tant de scènes navrantes, à la bonne impression que nous fit éprouver tout d'abord la magnanimité de la conduite des chefs de la ligue?

(1) *Breunot*, I, 343.
(2) Ibid., p. 344.

Etait-elle l'effet d'une générosité chevaleresque et d'un hommage rendu à l'un de leurs ennemis les plus redoutables? ou bien, avait-elle pour but de cacher à tous les regards une de ces sombres et criminelles machinations que, dans leurs rancunes et leurs haines personnelles les meneurs, de partis ourdissent trop souvent pour se débarrasser, à tout prix, de leurs adversaires ?

Toujours est-il que Bissy était gardé à vue. De Chauffour, son lieutenant, avait été logé à Beaune avec les cinq autres prisonniers de la garnison de Verdun, chez Mme de Rouvray qui avait demandé à leur donner l'hospitalité. Cette dame, conjointement avec Mme de Thianges et leurs deux fils qui tenaient le parti de la ligue, firent tous leurs efforts pour que la garde de M. de Bissy leur fût confiée, afin d'adoucir par leurs soins l'amertume de sa captivité. C'est en vain que ces deux mères offrent leurs propres fils en otage pour garantie de la personne du gouverneur de Verdun. Le vicomte de Tavanes leur répond par un refus obstiné.

Ces nobles femmes, vivement blessées dans les fibres les plus sensibles de leur cœur charitable et généreux, exprimèrent au vicomte de Tavanes toute l'indignation que sa conduite envers elles et M. de Bissy leur inspirait. Madame de Thianges alla jusqu'à dire à son fils en présence du vicomte lui-même : « Ecoute, François, je proteste, puisque M. le vicomte te refuse cette courtoisie, et à moi aussi, de ne te jamais recognoistre pour mon fils et de te déshériter de tous mes biens, si jamais tu sers sous les ordres de M. le vicomte que voilà (1). »

(1) Breunot, I, 349.

Certes c'était beaucoup pour les ligueurs de Bourgogne d'avoir Bissy en leur pouvoir, mais cette capture si importante ne leur suffisait plus; ils exigeaient que Bissy abandonnât le parti du roi ou qu'il leur cédât Verdun pour sa rançon !

Les chefs, de même que les villes de la Ligue, n'ont qu'une crainte c'est de le voir recouvrer sa liberté et rentrer dans son Verdun. Lorsque les Dijonnais surent que Bissy était prisonnier, ils offrirent 10,000 livres (somme considérable pour l'époque) (1), si on voulait le remettre entre les mains du vicomte de Tavanes, étant certains qu'il ne laisserait pas échapper une telle proie (2).

A la première nouvelle de la défaite et de la prise du gouverneur de Verdun, « la mairie de Dijon écrivit au prince de Mayenne et au vicomte de Tavanes, que la ville louait Dieu de leurs succès, et les supplia de ne consentir à la restitution des prisonniers que dans le cas où on livrerait la ville de Verdun, ce qui serait un grand bien pour l'avancement de la cause catholique, et la moitié de la prise de Saint-Jean-de-Losne (3).

Le prince de Mayenne fit venir à Beaune l'évêque de Chalon, oncle de son prisonnier, dans l'espoir de l'amener à une composition avantageuse pour la Ligue, c'est-à-dire de lui gagner Verdun et Bissy. Le lendemain de sa visite à ce dernier il fit une tentative du

---

(1) Environ 50,000 francs de notre monnaie.
(2) *Journal de Breunot*, mss. de la Biblioth. de Dijon, inédit, (partie non imprimée).
(3) Délibérat. de la ville, reg. 403. Note de M. Joseph Garnier *in Journal de M. Pépin*, p. 106.

même genre auprès de son digne lieutenant qui était un Lenoncourt du côté paternel et un Brancion par sa mère; cette fois le prince avait la certitude de réussir, car, de Chauffour, issu d'une des premières maisons de Lorraine, avait été élevé chez le duc de Guise, dont il fut le page préféré; de plus il comptait deux de ses oncles au nombre des chefs de la Ligue; tous ces motifs étaient de nature à le ramener dans ce parti. Le jeune Mayenne fit donc mander Chauffour, il lui rappela les liens nombreux qui l'unissaient à sa maison, l'affection que feu son oncle lui portait, il lui fit entrevoir tous les avantages qu'il trouverait en changeant de parti »; que de plus, tout en servant ses propres intérêts il pouvait rendre un grand service à la cause de l'union et à la Bourgogne entière en décidant les Verdunois à se soumettre, ce dont il serait récompensé par un avancement rapide (1).

« Le grade de lieutenant de Bissy, ajouta le prince de Mayenne, peut-il satisfaire votre ambition ? Vous offre-t-il, en perspective, une carrière digne de votre nom ? Je veux vous envoyer à Verdun pour traiter de la reddition de la place (2). »

L'autorité et la considération dont il jouissait dans cette ville, la situation critique et périlleuse où elle se trouvait par suite de la défaite et de l'absence de son gouverneur, le bruit de sa mort qui courait déjà, toutes ces causes réunies assuraient la réussite de cette mission qui eût posé avantageusement Chauffour dans le parti de la Ligue auquel, comme l'écrivait

(1) Breunot, I, 347.
(2) Ibid.

le maire de Dijon, elle eût fait faire un pas immense.

Chauffour après avoir écouté le jeune prince, avec un calme apparent qui cachait l'agitation de son cœur indigné, lui répondit : « Monsieur le Prince, je n'ai point perdu la souvenance de l'honneur qui m'est échu d'avoir été élevé chez Monsieur de Guise et je demeure serviteur à toute sa maison et le vôtre, hormis ce que je dois à mon parti. Je suis gentilhomme d'honneur, et il ne sera jamais reproché à Chauffour d'avoir fait aucune chose contre son devoir. Je vous prie, Monseigneur, de trouver bon que je m'excuse d'aller de votre part à Verdun : cependant s'il vous plaît de me commander de m'y rendre, j'obéirai, mais je parlerai à ces braves gens d'une façon digne d'eux et de moi. Je leur dirai : restez fidèles à votre roi et à votre gouverneur, en défendant votre ville comme il convient à gens de cœur, et si parmi eux j'en trouvais aucuns disposés à faire autrement je serais le premier à leur couper la gorge !

— Que dites-vous, Chauffour ? s'écrie Mayenne ; comment osez-vous parler ainsi ?

— Je parle, Monsieur, comme je dois.

— Je vous mènerai à Verdun, réplique Mayenne, et vous ferai voir que vous êtes prisonnier et en ma puissance.

— Je le suis, il est vrai, mais cela ne me fera oublier mon devoir envers M. de Bissy, ni les liens de l'amitié qui nous unissent, ni la parole que nous nous sommes donnée de courir même fortune.

— Bissy est mort, lui dit Mayenne.

— Je ne le crois point.

— Le voulez-vous voir ?

— Comme il vous plaira (1). »

Chauffour est conduit dans la chambre où était Bissy. Jamais entrevue ne fut plus déchirante que celle de ces deux frères d'armes portant au cœur la même blessure et tombés ensemble dans le même combat. Pas une larme! pas un mot! Seules leurs âmes attristées se parlent. Ce muet entretien dura un quart d'heure.

Le chirurgien, voyant que l'émotion de Bissy aggravait son mal, pria M. de Chauffour de se retirer.

Peu après le jeune Mayenne, touché de la magnanimité du digne lieutenant de M. de Bissy, le mande en son hôtel, l'accueille amicalement et l'engage à faire une partie de paume et à se distraire. Chauffour refuse, donnant pour motif sa blessure. Le prince insiste gaiement, lui verse de son vin et le fait boire à sa propre santé; enfin il lui dit qu'il pouvait aller en toute liberté par la ville, qu'il était connu pour un gentilhomme d'honneur (2).

De son côté Bissy, triste, mais résigné, restait inébranlable dans sa foi et dans sa fidélité à Henri IV. Aussi afin de le surveiller de plus près on l'enferma au château de Beaune, tandis que ses compagnons d'armes prisonniers comme lui étaient logés chez des habitants de la ville.

Pourquoi ce redoublement de précautions et cette sévérité? Quels étaient les projets des ligueurs sur Bissy et sur Verdun? Un sombre et impénétrable mystère enveloppe leurs agissements durant la courte cap-

---

(1) Breunot, I, 347.
(2) Ibid., I, 348.

tivité de Bissy. Nous le voyons tomber entre leurs mains le 22 juillet, dans l'après-midi et expirer cinq jours après, dans la soirée du 27 du même mois, « lors que ses blessures étaient en voie de guérison et que tout permettait d'espérer un prompt rétablissement ». — Que se passa-t-il ? — Ses cruels ennemis « firent mourir, par on ne sait quelles pratiques, ce guerrier qu'ils n'avaient pu tuer les armes à la main » (1).

La mort de l'invincible défenseur de Verdun, du redoutable champion de la cause du roi en Bourgogne, était un événement si funeste pour cette cause et si avantageux à ses adversaires, que ces derniers furent accusés de l'avoir hâtée par le poison. Le soupçon d'un crime en présence de la mort de Bissy, prit tant de consistance dans les esprits en Bourgogne que le comte Guillaume de Tavanes n'hésita pas d'écrire dans ses mémoires : « Bissy fut blessé à terre, puis emmené prisonnier au château de Beaune où il mourut, non sans soupçon que sa mort avoit esté avancée par ceux qui pansoient ses plaies (2). »

Enfin cette accusation d'un crime se laisse entrevoir jusque dans l'épitaphe que le vénérable évêque de Chalon fit placer sur le tombeau d'Héliodore de Thiard, son neveu bien aimé.

Nous avons transcrit, à la fin du chapitre précédent, les lignes simples et émues par lesquelles le bon curé de Verdun, qui n'avait cessé de vivre dans la société de M. de Bissy pendant qu'il commanda dans cette ville nous a, le premier, fait connaître exactement les dates,

---

(1) Document contemporain. Collection de l'auteur.
(2) Mém., p. 57, in-f.

le jour et heure de sa blessure et de sa mort. Un autre contemporain nous a transmis en termes aussi simples que naïfs l'impression générale que produisit la fin prématurée de Bissy : « Plusieurs, dit-il, en estoient marris, autres joyeulx. A la vérité c'estoit un rude ennemi de l'union, il laissa beaucoup de regrets à ses amis, et entre autres à M. de Villers-la-Faye (1); ce sera un *grand coup de baston* pour M. de Chalon (2). »

Le ligueur Pépin traduit le contentement de ses coreligionnaires avec sa partialité cynique : le trépas funeste de ce noble adversaire n'obtient de lui que cette mention : « Le 28, Bissy mourut au chasteau de Beaune, aultant de pris (3)! »

Quelque vives que furent la joie et la satisfaction des ligueurs Bourguignons de se voir délivrés de M. de Bissy elles n'égalèrent point le deuil de ses proches, les regrets de ses fidèles compagnons d'armes ni la douleur des Verdunois. Douleur aussi sincère que légitime, car nul ne saura jamais ce qu'ils perdirent à la mort de ce chef dont l'équité égalait l'intelligence et le courage.

« Car en vérité l'on peut dire sans jactance que si aucun capitaine s'est comporté modestement au fait des armes, autorité, gouvernement, charge et puissance qu'il avoit, si aucun a entrepris et heureusement exécuté de bonnes, braves et belles entreprises pour le service du Roy, si aucun a craint de nuyre à personne,

---

(1) Louis de Villers-la-Faye, chevalier des ordres du roi, était non seulement l'ami, mais l'oncle de Bissy.

(2) Breunot, I, 354.

(3) Pépin, p. 106. Cette date du 28 est inexacte.

ains (mais) désiré profiter à tous serviteurs du Roy, gratifier et attirer des hommes au service de sa majesté, c'est le feu sieur de Bissy qu'on peut dire l'un de ceulx qui a conservé l'authorité du Roy et premier rompu le col à la ligue en Bourgoigne après avoir soutenu valeureusement deux sièges signalez dans Verdun, à la ruyne et confusion des ennemys de sa majesté.

« Bref par ses déportements et ses mérites il eût pu estre donné pour modèle tant au faict de la guerre, que conversation, œconomie et familiarité domestiques (1). »

Le prince de Mayenne et le vicomte de Tavanes consentirent à rendre la liberté au corps de Bissy lorsqu'il fut couché dans son froid cercueil. Le mardi 28 juillet il quittait Beaune pour être transporté dans l'abbaye royale de Maisières. Le lendemain il était inhumé dans l'église, à quelques pas du château de La Salle où sept jours auparavant, l'évêque de Chalon, qui présidait à cette funèbre cérémonie, l'avait reçu à sa table plein de vie, de courage et d'espérances.

(1) Ext. des mém. et contredits de messire P. de Thiard, anc. évêq. de Chalon, tuteur des enfants du feu sire de Bissy, baillés devant nos SS. de la Cour de Parlement à Paris, en 1599. (Procès contre M. de Gadagne). Deux cahiers manuscrits, in-fol., 44 pages. Anciennes archives de la maison de Thiard, inédit.

CHAPITRE DIX-SEPTIÈME

Un bailly de la justice seigneuriale de Verdun au xvie siècle (1),
MAISTRE ESTIENNE TABOUROT,
Esquisse biographique et littéraire.
1549-1590

A l'imitation du citoyen des républiques antiques. le bourgeois et le gentilhomme français du xvie siècle étaient, suivant les occasions, soldat, orateur, écrivain, poète ou magistrat. La perfection de l'art y perdait quelquefois, mais l'activité et l'intelligence de l'homme y gagnaient toujours.

« Je loue certainement, disait Tabourot, ceux qui, à la façon des Allemans, peuvent contenir à n'embrasser qu'une seule profession, mais il ne faut pas aussi blasmer ceux qui, ayant l'esprit capable d'en manier diverses, les sçavent si bien exercer, qu'en chasque espèce ils ne devront rien ou peu de reste à chacun des particuliers qui s'addonnent à une. L'on sçait assez que l'esprit du François est plein de vivacité et variété, que c'est malgré luy, si on l'attache à une science seule (2). »

---

(1) 4e livre des *Bigarrures* ; au lecteur.

(2) Aucun biographe avant nous n'avait su que Tabourot occupa la charge de bailly, juge-châtelain de la seigneurie de Verdun. Cela fait époque dans sa vie en raison des relations intimes qu'elle lui fournit les occasions d'établir avec le savant Pontus de Thiard, évêque de Chalon-sur-Saône, qui habitait ordinairement le château

Dans la France du xvıᵉ siècle, la société lettrée et savante, la société partageant le pain de la vraie vie, celle de l'intelligence, n'était pas seulement à Paris, comme aujourd'hui, mais on la trouvait représentée dans chaque province, dans chaque ville, sur chaque point de ce vieux et fertile sol gaulois, où germait notre France.

Si, le jeudi après Quasimodo, dernier jour du mois d'avril de l'an 1579, sur l'heure de midi, vous vous étiez trouvé, au fond de la Bourgogne, égaré jusque dans la petite ville de Verdun, le flot des curieux oisifs et des paysans affairés et plaideurs vous eût porté vers l'auditoire de la halle où le juge du lieu tenait alors les jours du bailliage et de la châtellenie. Là, vos regards se fussent bientôt arrêtés sur ce magistrat, car, à part les lignes plus accentuées de son nez aquilin, sa physionomie expressive, son œil vif, son large front de penseur, vous eussent remis en mémoire la figure de l'auteur de Pantagruel. Cette ressemblance n'était qu'un jeu du hasard, mais, cette fois, le hasard avait bien joué. Si le vieux curé de Meudon et le jeune bailly de Verdun n'eurent point un berceau commun, ils n'en étaient pas moins de même race ; le même sang gaulois échauffait leurs veines ; tous les deux professèrent cette philosophie pantagruélique « confite en cer-

---

de Bragny, situé aux portes de Verdun. Ce fut en cette ville que Tabourot composa le premier livre de ses *Touches* ou épigrammes qui est dédié à Pontus de Thiard.

Les productions littéraires de Tabourot sont devenues des curiosités fort appréciées par certains bibliophiles. Nous citerons, comme exemple, un bel exemplaire, en très bon état, relié par Capé, « *Les Bigarrures et Touches* », Paris, 1662, in-12, mis en vente, à la librairie Bachelin-Deflorenne, en 1875, au prix de 260 fr. !

taine gaieté d'esprit et en mépris des choses fortuites ».

François Rabelais, le maître, l'*inimitable*, comme l'appelait le seigneur des Accords, est connu de tous ; essayons de faire connaître l'un de ses dignes élèves, Estienne Tabourot, qui a été baptisé du nom de Rabelais de la Bourgogne.

Du Bellay, c'est lui qui le dit, « le premier travailla de manier les odes à la lyre » ; la sextine et le sonnet eurent Pontus de Thiard pour introducteur en France ; Dorat, le savant maître et le bienveillant patron des poètes de la Renaissance, fut renommé pour son habileté dans l'anagramme ; l'un des brillants fleurons de la couronne brisée du tragique Jodelle était en petites pièces connues sous le nom de vers rapportés qu'il passe pour avoir essayés, un des premiers, en français, dans ce quatrain sur Marot dont il résume la vie et la mort agitées :

> Quercy, la cour, le Piedmont, l'univers,
> Me fit, me tint, m'enterra, me cogneut ;
> Quercy, mon los, la cour tout mon temps eut,
> Piedmont mes os, et l'univers mes vers.

Eh bien ! Tabourot, à lui seul, en a fait plus que tous ceux-ci ensemble. Il fut le collecteur studieux, le conservateur soigneux, le divulgateur ingénieux, le professeur joyeux de tous ces riens difficiles, de tous ces jeux de l'esprit, de tous ces petits tours de force poétiques et littéraires dans lesquels nos pères aimaient tant à dépenser leurs heures perdues et à oublier en riant leurs travaux et leurs soucis.

Équivoques latines et françaises, coq-à-l'âne, quolibets, calembours, rébus par lettres, chiffres, notes de musique ou mots superposés comme dans le suivant :

> Pir vent venir,
> Un vient d'un (1);

vers numéraux, macaroniques, rapportés, lettrisés, entrelardés et monosyllabiques; échos, acrostiches, anagrammes, en un mot tous les enfants capricieux et sans souci de cette littérature badine, jadis tant choyée, aujourd'hui si délaissée, sont les sujets chéris du seigneur des Accords, et tous s'empressent de lui rendre foi et hommage comme à leur légitime suzerain. Aussi a-t-il pour eux des entrailles de père. Afin de ne pas trop compromettre sa robe de magistrat, il fait semblant de les abandonner à Paris, « comme petits enfants naturels et illégitimes, conçus hors mariage », mais il les suit d'un regard inquiet et affectueux; il les recommande en secret à Jean Richer qui leur prête l'ombrage de son *arbre verdoyant* (2); il prend plaisir à les revoir; enfin, il va jusqu'à leur donner son nom que vous trouverez sous la forme d'un acrostiche en tête des chapitres du premier livre des *Bigarrures*.

Les Bigarrures, tel est le titre original du recueil étrange que le jeune Estienne Tabourot composa pour « se chatouiller lui-même afin de se faire rire le pre-

---

(1) Pour en obtenir le sens, il suffit d'ajouter la préposition *sous* à chaque mot de la seconde ligne, ce qui signifie : un soupir vient souvent d'un souvenir.

(2) C'était l'enseigne du libraire parisien, Jean Richer, premier éditeur des *Bigarrures* et de la plupart des écrits de Tabourot.

mier, et puis après les autres », épanchant en ces joyeusetés « la superfluité de son esprit ».

> Des Accords, tes Bigarrures
> Ressemblent aux pourtraitures
> Des paysages plaisans
> Que font les peintres flamans,
> Dans lesquels, d'un trait fertile,
> Là, ils peignent une ville,
> Là, un champ, là, un désert.
> . . . .
> Des rivières, des fontaines,
> Et des montagnes lointaines,
> Çà et là, de grands troupeaux.
> . . . .
> Qui fait que l'œil se contente
> De variété plaisante.
> . . . .
> Ton livre est du tout semblable,
> De tous endroits agréable.
> . . . .

N'allez pas, ami lecteur, sur la foi de cette estampille signée T. T., Théodecte Tabourot, un frais chanoine de Langres, frère de l'auteur, choisir les *Bigarrures* pour récréer vos soirées de famille. On pouvait se permettre de telles licences au *bon vieux temps*, mais dans le nôtre, qui n'est pourtant ni des plus mauvais, ni des plus jeunes, de semblables livres sont marchandises prohibées, qu'on passe en contrebande et qu'on montre seulement en cachette. Est-ce à dire que les *Bigarrures* forment un mauvais livre ? Point du tout ; c'est presque un bon livre rempli de choses amusantes, curieuses et même instructives, au dire de plus savants que moi, du fameux philosophe Bayle, par exemple. En effet, ce volume est une espèce de petite arche conservatrice qui a sauvé du naufrage des âges les vrais types du vieil esprit français. Malheureusement, cette arche a relâché en des eaux fangeuses qui l'ont toute souillée. Le cynisme de maître Rabelais a déteint sur maître Tabourot. Les plaisanteries au plus gros sel lui semblent de l'atticisme ; comme la coquette effrontée qui, pour séduire, foule aux pieds la pudeur, Tabourot, dans ses *Bigarrures*, devient obscène pour paraître ingénieux. Et il ne s'en cache point, il s'en vante. Le goût folâtre et les mœurs relâchées de son temps ne l'y autorisaient que trop. Lors de la quatrième édition de ses *Bigarrures* (car, pour le dire en passant, les *Bigarrures*, livre né viable, ne comptent pas moins de quinze éditions)! le grave avocat général Estienne Pasquier écrivit bien à son ami Tabourot : « J'eusse souhaité qu'on y eût rien augmenté ; en tels sujets, il faut que l'on pense que ce soit un jeu et non un vœu auquel nous fichions toutes nos pensées. » Mais quel faible correctif c'était à cette première phrase de la même lettre : « J'ai lu vos belles *Bigarrures* et les ai lues de bien bon cœur, non seulement pour l'amitié que je vous porte, mais aussi pour une gentillesse et naïveté d'esprit dont elles sont pleines, ou, pour mieux dire, pour être bigarrées et diversifiées d'une infinité de beaux traits..... » Nous reconnaissons dans ces lignes le « chercheur des pulces de mes demoiselles Des Roches », durant les loisirs des grands jours de Poitiers, en 1579.

Aussi Tabourot ne prit-il au sérieux que les éloges de Pasquier ; de ses bons et sages conseils, il ne tint compte, et bien il fit; autrement il ne nous eût jamais donné le quatrième livre des *Bigarrures* « pour fermer la bouche à un tas de calomniateurs ignorants qui lui objectoient malignement qu'il n'avoit l'esprit disposé qu'à des lascivetés », et nous eussions été privés des *Apophtegmes* du sieur Gaulard et des *Escraignes Dijonnoises*, écrits bien capables de faire rouvrir la bouche à tous les Catons renfrognés, mais cette fois pour rire, à gorge déployée, des joyeux devis de Catherine l'Enragée, de Jeanne la Noire, de Claudin Fainéant, de Denis Grospied, et *tutti quanti*.

Il y a, effectivement, dans ces *Escraignes*, un fond de gaieté franche et d'esprit populaire assez riche pour établir la fortune du seigneur des Accords comme conteur français, conteur un peu grivois, trop décolleté et fort graveleux, mais conteur pittoresque, plein de verve et d'originalité.

Tout en écoutant le conteur Des Accords, nous oublions le poète Tabourot; il est temps de lui donner audience et d'esquisser sa vie.

Estienne Tabourot, fils d'un célèbre avocat au parlement de Dijon, naquit dans cette ville en 1549. Il avait à peine douze ans, quand la mort le priva de la direction intelligente de son père. Cette mort laissait une rude besogne à demoiselle Didière Thierry, sa mère, car, à douze ans, Tabourot n'était plus un enfant, ou plutôt c'était un enfant terrible, un vrai prodige. Le Collège de Bourgogne, à Paris, où il faisait ses études classiques, comptait peu d'écoliers de sa force. A quatorze ans, il offrit à l'évêque de Paris, monseigneur Viole, un quatrain lettrisé en vers latins dont chaque mot commençait par un V. Il était déjà passé maître dans tous ces jeux de patience littéraires auxquels les plus graves de ce temps ne dédaignaient pas de se livrer. Il surmontait sans peine les difficultés de l'acrostiche lettrisé, témoin celui-ci qu'il composa sur le nom du roi François :

F rançois Faisant Florir la France,
R oyalement Regnera.
A mour Amiable Aura,
N i N'aura Nulle Nuisance.
C onseil Constant Conduira,
O rdonnant Obéissance.
I ustice Il Illustrera
S ur Ses Sujets Sans Souffrance.

Laissez, s'il vous plaît, de côté la *poésie*, pour remarquer que le mot François peut se lire trois fois perpendiculairement en répétant les lettres R et O, et que tous les mots de chaque *vers* commencent par la même lettre correspondante du nom de François ; puis veuillez vous reporter au xvie siècle et vous souvenir que le poète Petrus Placentius publiait alors un poème latin d'environ deux cent cinquante vers sur les combats des porcs, *Pugna Porcorum*, dont tous les mots commencent par un P ; n'oubliez pas que Scaliger s'ingéniait à composer un vers latin qu'il surnomma Protée, parce qu'on pouvait aisément le changer en soixante douze manières différentes, et vous admirerez la précoce maturité de notre écolier de quatorze ans.

« La pierre était jetée. » Tabourot, suivant la pente de son caractère, lui permit de s'égayer en la source abondante de sa vivacité naturelle. D'illustres écrivains, se disait-il, s'amusèrent bien à traiter de frivoles et légères matières. Homère n'a-t-il pas chanté la guerre des rats et des grenouilles ? Virgile, le moucheron ? Ovide, la puce ? Lucien, la mouche ? Erasme, la Folie ? Catulle n'a-t-il pas fait vibrer sa lyre pour un moineau ? Thiard, pour une chienne ? Ronsard, pour la fourmi, et Belleau pour le papillon ?

Des Accords s'empresse de suivre d'aussi bons exemples : il donne une version latine des deux pièces de Ronsard et de Belleau sur la fourmi et le papillon : il trace le portrait de Fleurette, chienne mignarde et choyée de demoiselle Charlotte, la fille unique de l'intègre ministre Jeannin, Fleurette,

> Petite bête folâtre,
> Aussi blanche que l'albâtre,
> Qui ne doit céder en rien
> A l'oiseau catullien.

Il compose, en vers français, *la Défense et la louange du pou, ensemble celle du ciron* ; enfin, il va chercher de nouvelles difficultés à vaincre dans cette poésie qui parle même aux yeux en dessinant la figure de l'objet qu'elle décrit, et il fait, entre autres amusements, à l'imitation des Grecs, *la Coupe* et *la Marmite*. Nous n'avons pu retrouver ni l'une ni l'autre. Pour vous dédommager amplement de cette perte, nous vous renverrons, ami lecteur, à la charmante bouteille et au verre pétillant de Panard. Si le poète grec Théodoric est le père du genre cultivé par Tabourot, Panard en est le roi.

Tabourot avait quitté le collège pour les écoles de droit, mais il n'avait point renoncé à ses délassements poétiques. Il trouvait matière à versifier jusque dans

Rabelais, une de ses lectures favorites. Les réponses de Frater Fredon aux questions indiscrètes de Panurge lui donnèrent l'idée d'un dialogue en vers monosyllabiques, les premiers, peut-être, qui aient été faits en français. Voici une partie de ce dialogue :

> Frère, voudriez-vous bien,
> Sans vous forcer de rien,
> Ni être détourné
> De votre long dîné,
> Répondre à mes propos?
> — Oui. — Quel est l'abbé? — gros.
> Et où demeure-t-il? — loin.
> Le vîtes-vous onc? — point.
> Où est le prieur? — près.
> Quels sont ses moines? — rès.
> Étudiez-vous?   — rien.
> Comment vous portez? — bien.
> Qu'avez-vous souvent? — faim.
> Et que mangez-vous?   — pain.
> Quel est votre pain?   — bis.
> Quels sont vos habits? — gris.
> Qu'aimez-vous l'hiver? — feu.
> Quand priez-vous Dieu?— peu.
> . . . .
> Maintenant je suis las
> De ces interrogats;
> Vous avez répondu
> Si bien et sagement,
> Que n'avez pas perdu
> Un petit coup de dent.

Tabourot recueille ou compose sur les événements de son temps une foule de poésies de circonstance, et entre autres de ces vers coupés si ingénieusement qu'en lisant la moitié du vers vous trouvez un sens opposé à celui qui est exprimé dans le vers entier. Je ne citerai en ce genre que la petite pièce suivante ;

elle a trait à la grande question de cette époque, à la question du catholicisme et du protestantisme :

Je ne veux plus	— La messe fréquenter
Pour mon repos	— C'est chose bien louable
Des huguenots	— Les prêches écouter
Suivre l'abus	— C'est chose misérable.
Ores je vois	— Combien est détestable
Cette finesse	— En ce siècle mondain
Par quoi je dois	— Voyant la sainte table
Tenir la messe	— En horreur et dédain.

Au milieu de ces amusements, Tabourot ne négligeait pas les travaux sérieux et l'étude approfondie de notre poésie. Un de ses oncles, homme docte, amateur des arts et des sciences, nommé Le Fèvre, avait laissé un manuscrit informe sur les rimes françaises. Tabourot corrigea ce manuscrit, l'augmenta d'un grand nombre de vocables, le mit en meilleur ordre par la substitution du classement alphabétique au classement par les voyelles, « le tout pour l'avancement de la jeunesse en la poésie françoise ». En un mot, il fit un livre nouveau, « profitable, comme il le dit lui-même, à infinis bons esprits, amateurs de notre poésie. » On peut donc considérer le seigneur des Accords comme le véritable auteur du premier dictionnaire des rimes françaises. Il le fit imprimer à Paris, en 1572, puis en 1588.

L'étude de la jurisprudence marchait lentement pour notre écolier « de l'alme, inclite et célèbre Académie que l'on vocite Lutèce, » mais elle allait trop vite encore au gré de ses désirs. Cependant, après plus de dix années passées dans les universités de Paris et de Toulouse, il lui fallut dire adieu à cette libre vie d'étudiant si pleine de charmes. Tabourot prit le bonnet de docteur en droit, et revint en Bourgogne où l'attendait une honorable position. Reçu avocat au parlement de Dijon, il fut nommé, dans la suite, procureur du roi au bureau des finances du bailliage et de la chancellerie de la même ville ; enfin un riche et puissant seigneur, messire Guillaume de Gadagne, sénéchal de Lyon, le choisit pour bailli de sa baronnie de Verdun en Bourgogne. Cet office, que Guillaume Tabourot avait possédé, fut pour son fils une retraite agréable. Sans trop l'éloigner de Dijon, il le rendait voisin de Bragny où le savant Pontus de Thiard aimait à recevoir tous les amis des lettres. Le bailli de Verdun y fut l'un des mieux accueillis.

Ces fonctions de juge seigneurial, dans l'exercice desquelles il étudiait et corrigeait les mœurs en riant; ce séjour retiré de la petite ville insulaire de Verdun ; ces rapports intimes et quotidiens avec l'un des glorieux vétérans de la Pléiade, toutes ces causes réunies semblent avoir exercé une influence salutaire sur le talent de notre poète-jurisconsulte.

Il faut renoncer à connaître entièrement Tabourot comme écrivain et comme poète. Pendant sa jeunesse, il ne fit que rimer. Lui-même « n'ose dire poétiser, de peur de s'attribuer une louange que d'aucuns s'approprient aux dépens de leur réputation et à l'injure des Muses françoises ».

La *Synathrisie* ou Recueil confus qu'il mit au jour en 1567, à dix-huit ans, sous le nom de « son compère » Jean Desplanches, imprimeur libraire de Dijon, « gaillard et jovial », et les sonnets qu'il fit imprimer à Paris, en 1572, par Galiot Du Pré, sont devenus introuvables. D'ailleurs, ce sont les essais d'un collégien inhabile dans l'art des vers. Il se proposait de les corriger, puis de les mettre en lumière avec ses autres poésies et écrits en prose ; il avait dit en parlant de lui-même (1) :

> . . . . . . Il y a temps de rire,
> Il y a temps aussi de gravement escrire ;
> La nature se plaist en la varieté.
> Tel verra quelque jour un serieux ouvrage
> De ce gentil auteur, qui rendra tesmoignage,
> Que ses doctes escrits ont beaucoup mérité.

Ce jour des ouvrages mûris et sérieux n'a pas eu le temps de luire dans la courte carrière de Tabourot ; il n'a pu tenir sa parole. La plupart de ses écrits sont perdus, et, à l'exception de quelques pièces de vers disséminées dans les *Bigarrures* et des ouvrages introuvables dont nous venons de parler, il ne reste de ses poésies que *les Touches*, qu'il composa, il y a deux cent soixante-quinze ans, à Verdun-sur-Saône, dans le lieu même où, seul, nous les relisons aujourd'hui.

Ce petit volume doit être considéré sous toutes ses faces, car toutes reflètent l'auteur et son époque. « L'intitulation du livre » est tirée du vocabulaire des maîtres d'escrime qui nomment *touche* un coup léger porté avec l'épée rabattue. « Je donne, dit Tabourot, une touche qui perce à peine la peau et ne peut entamer la chair. Et me semble que cette dénomination est plus propre que le nom grec ou latin, car épigramme signifie proprement inscription, nom trop général ; joint que nous devons étudier d'embellir notre langue de mots propres et significatifs, plutôt crus en notre terroir que non pas en étrange pays. »

(1) Sonnet au lecteur, en tête des *Escraignes dijonnoises*.

Les conditions dans lesquelles il composa cet écrit satirique méritent d'être signalées. C'est en présence de la peste, qui l'avait forcé d'abandonner Dijon et de se réfugier à Verdun, qu'il conservait assez de liberté d'esprit pour décocher ses carmes mordants contre les vices et les travers de ses contemporains. Il assure qu'il a terminé ce livre en deux mois. Les tours de force poétiques lui étaient assez familiers pour qu'il ait accompli celui-ci. Il dédie ses *Touches* à Pontus de Thiard, seigneur de Bissy, évêque de Chalon-sur-Saône; c'est encore là une étude de mœurs, car si l'auteur est un *grave* magistrat, fort dévotieux, le livre est rieur et mondain en diable. La *Pagina lasciva* de Martial se rencontre à chaque instant sous l'œil du lecteur.

Des Accords a le tort de s'appesantir sur des sujets qu'il faudrait à peine effleurer, et d'en rechercher d'autres qu'il serait mieux d'éviter. Malgré ce manque de goût et de tact, fort commun alors, il est, avec Marot et Baïf, l'un des poètes du xvi° siècle qui a le mieux réussi dans l'épigramme française. Il a su lui donner sa véritable allure, sa concision et sa pointe acérée. Ce genre convenait à la nature vive, indépendante et un peu satirique de son esprit qui, sous l'apparence de la frivolité, cachait un jugement sain et philosophique éclairé par une parfaite connaissance des hommes et des choses. Nous ne dirons pas à Des Accords, comme le lui disait un de ses amis :

> Ainsi ton sel, par sa gentille grâce
> Les traits gaillards de Martial efface.

Toutes ses *Touches* ne sont pas portées avec art, aisance et justesse, mais, dans quelques-unes, nous sentons une main de maître.

Ce qui nous reste des autres poésies de Tabourot suffit pour donner un avant-goût de celles que nous avons perdues et pour nous inspirer de vifs regrets ; vous les partagerez, sans doute, ces regrets, après avoir lu l'épître qui suit (1) :

> Sais-tu, mon Chanlcecy, comme j'aurois envie
> De vivre pour passer heureusement la vie ?
> Suffisamment de biens, amassés sans labeur,
> Par libéralité de quelque donateur :
> Voir mes champs non ingrats, fertiles chaque année ;
> Avoir toujours bon feu dedans ma cheminée ;
> Haranguer rarement, n'avoir aucun procès,
> L'esprit bien en repos ; ne faire point d'excès ;
> Être en bonne santé, le corps net et agile ;
> Sage simplicité ; tenir table facile,
> Sans art de cuisinier ; et encor je voudroi
> Des amis, ni plus grands, ni plus petits que moi ;
> Une joyeuse nuit, n'étant toutefois ivre ;
> Un lit chaste et gaillard, de tous soucis délivre ;
> Le sommeil gracieux, rendant courtes les nuits ;
> Vouloir tant seulement être ce que je suis ;
> Ne souhaiter la mort, et moins encore la craindre ;
> Je ne te saurois mieux tous mes souhaits dépeindre ;
> Que si jouir de tout n'est pas en mon pouvoir,
> J'en prends ce que je puis, ne pouvant tout avoir.

Admirateur de Ronsard et de Thiard, Tabourot ne marche que de loin et prudemment sur leurs traces aventureuses et déjà un peu effacées. Quoique plus rapproché d'eux que de Marot, il s'inspire volontiers de ce dernier dont il rappelle la manière facile, gracieuse et

---

(1) Elle est adressée à un de ses compatriotes et amis, M. de Chanlecy, capitaine des gardes de monseigneur le duc d'Elbeuf.

naturelle. Dans les sonnets du seigneur Des Accords, la place d'honneur appartient à l'Amour, Amour inconstant s'il en fut. C'est un véritable papillon qui voltige de fleur en fleur. Avec les Amours de Ronsard, nous avions compté Jeanne, Marguerite, Marie et Cassandre ; avec ceux de Des Accords, nous trouvons des amies par douzaines. Leurs noms, il ne peut plus les retenir ; il se souvient à peine de la fidèle Angélique et de la petite Gadrouillette, une simple villageoise qui lui inspira un charmant et piquant vaudeville ; quant aux autres, il les désigne par des numéros d'ordre ; ma 7e, ma 26e ! Il nous fait part d'un sonnet contre un rival qui poursuivait sa 30e maîtresse !... « Mais il n'en vint pas à bout, nous dit-il, non plus que moi ; aussi n'eût-ce pas été raisonnable, car si j'avois toutes celles que j'ai aimées, je ne les saurois où loger. »

En somme, toutes ces maîtresses sont plus mythologiques et idéales que réelles ; les Amours de Des Accords se terminèrent d'une façon très morale et toute prosaïque, par un mariage avec une gentille demoiselle nommée Gabrielle Chiquot de Monpâté, sur le nom de laquelle il fit quarante-sept anagrammes ! Qu'en dites-vous ? — C'est prodigieux ! — Attendez un peu. « Je luy fis, nous dit Tabourot, une épistre où tous ces anagrammes estoient si bien adaptés qu'il sembloit que ce fust une oraison coulant sans aucune recherche affectée. »

C'était à faire crever de dépit le vieux poète Dorat, lui si ingénieux dans l'anagramme, lui qui avait trouvé dans Pierre de Ronsard *Rose de Pindare*.

Notre poète est marié, il jouit des douceurs de la paternité, tout semble terminé. Mais, dans une vie aussi bigarrée que celle du seigneur des Accords, on est exposé à laisser échapper plus d'un épisode digne de mémoire. Ainsi, nous avions oublié de vous raconter l'origine de la seigneurie Des Accords pour laquelle il eût volontiers donné sa terre patrimoniale de Véronne. Car il faut que vous le sachiez, Tabourot était bel et bien gentilhomme, à telles enseignes qu'on voyait, en 1533, les armoiries de sa famille sur les vitraux de la grande salle du Palais de Justice de Dijon, et que nous possédons un certificat signé de la main et scellé des armes du chevalier de Gissey, commandant la noblesse de Bourgogne, attestant « que M. Tabourot de la Tour, seigneur de Saint-Apollinaire (un arrière petit-fils de notre seigneur Des Accords) a servi dans l'escadron de Dijon pendant toute la campagne, en équipage convenable à sa qualité ». (3 octobre 1694).

Revenons à la seigneurie Des Accords. Point ne la tenait de ses ancêtres, ni du Roi notre Sire, mais d'honnête et gracieuse damoiselle Anne Bégat qui, de sa pleine autorité, l'avait inféodée audit seigneur Tabourot. Voici de quelle manière la chose advint. Tabourot, qui portait pour armes parlantes un tambour (1) et pour devise ces mots : « A TOUS ACCORDS », plaça un jour cette devise, en guise de signature, au bas d'un sonnet qu'il adressait à Mlle Bégat. Celle-ci, lui répondant par un autre sonnet (il paraît qu'en ce temps-là les honnêtes demoiselles répondaient par des vers aux vers des jeunes amoureux), mit pour suscription « AU SEIGNEUR DES ACCORDS. » Ce surnom fit

(1) Autrefois Tabour.

fortune au point de prendre la place du vrai nom de notre poète. Bien plus, le fief de Véronne, qu'il possédait effectivement, fut oublié, tandis que la seigneurie imaginaire *Des Accords* eut plus de renommée que maint duché-pairie ; c'est que, dans cette heureuse seigneurie, au lieu de pauvres serfs taillables et corvéables à merci, son possesseur avait « des *Accords* pour contenter les humeurs diverses des plus rébarbatifs et joyeux, et, les accordant ensemble, s'accorder avec eux » (1).

Estienne Tabourot, ce gai convive, ce boute-entrain de toutes les réunions de poètes, de savants, de francs buveurs et de chauds catholiques (car il fut l'un des promoteurs de la *Sainte-Union* et joua un rôle dans la Ligue), ce bon compagnon, disons-nous, était à la veille de tomber en mélancolie, par suite d'une maladie du foie, quand la mort l'enleva dans toute la vigueur de l'âge « ENTIER ET BON A TOUS (2) ».

Pour un tel viveur, n'était-ce pas mourir à propos ?

(1) 4° livre des *Bigarrures*. Au lecteur.
(2) Anagramme d'Estienne Tabourot.
Voir les *Bigarrures* du seigneur des Accords, Paris, J. Richer, 1572-1585 ; les *Touches*, Paris, J. Richer, 1585 ; les *Bigarrures et Touches* du seigneur des Accords avec les *Apophtegmes* du sieur Gaulard, et les *Escraignes dijonnoises*, Paris, J. Richer, 1614 ; Rouen, L. Du Mesnil, 1640 ; *Dictionnaire des rimes françoises*, de feu M. J. Le Fèvre, Dijonnois, etc., Paris, 1572 et 1588 ; Baillet, *Jugements des savants*, etc., revus, corrigés et augmentés par De La Monnoye, t. VI, p. 309 ; Bayle, *Dictionnaire historique et critique*, sous le nom de Accords (E. T. S^r des) ; l'abbé Papillon, *Bibliothèque des auteurs de Bourgogne*, t. II ; *Annales poétiques, ou Almanach des Muses depuis l'origine de la poésie française*, Paris, 1779, t. XI ; Abel Jeandet (de Verdun), *Galerie bourguignonne*, XVI° siècle (ouv. mss.), etc.

APPENDICE

NOTES SUR QUELQUES PIERRES TUMULAIRES ET ÉPITAPHES
INÉDITES OU PEU CONNUES, PERDUES ET RETROUVÉES

Une communication de notre regretté collègue Albert Albrier, relative à l'épitaphe d'Etienne Tabourot (1), qui existe encore dans l'église Saint-Bénigne de Dijon, demande quelques rectifications et peut donner lieu à une discussion sur la véritable date de la naissance de Tabourot et, par conséquent, sur l'âge auquel il est mort.

Ces rectifications portent sur deux points :
1° Sur la reproduction du texte de l'épitaphe ;
2° Sur le père d'Etienne Tabourot.

1° Cette reproduction est très fautive, ce qui s'explique par les erreurs typographiques et par l'état actuel de l'inscription tumulaire, « inscription presque effacée, dit M. Albrier, et dans peu d'années il n'en restera plus de traces ».

Elle était en meilleur état, il y a vingt-neuf ans, bien sonnés, quand je la copiai, en compagnie et avec l'aide de mon cher et excellent ami Joseph Garnier (de Dijon), le savant et laborieux conservateur des archives de la

(1) Voir les *Matériaux d'Archéologie et d'Histoire*, nos 6 et 7, p. 98, t. I, 1869. Chalon-sur-Saône, imp. Landa.

Côte-d'Or et de l'ancienne province de Bourgogne. Comme notre copie diffère de celle donnée par les *Matériaux*, je crois qu'il convient de la reproduire ici, à titre de variante et d'errata ; la voici :

D. M.

MEMORIÆ ÆTERNÆ STEPHANI
TABOROTII ACCORDI QVI FISCI
PROCVRATOR APVD SVOS TVM MRITIS
TVM LIBERALITATE REGIA EFFECTVS INT
ER PVBLICAS PATRIÆ DISCORDIAS ANIMA
QVIETAM ET CONCORDEM NON SINE
AMICORVM DOLORE EXHALAVIT 1590
NATVS ANNOS 43.
GABRIELLA MONPASTEA CONJVX CARISS.
ET GVILLEL PETRVSQVE TABOROTUS
PAT. PIENTISS. PONENDVM CVRAVE
RVNT.
1605

Nous dessinâmes également les écussons qui n'étaient pas aussi frustes qu'ils sont aujourd'hui. Le lion passant ou léopardé de sable en chef, le chevron d'or et les trois tabours (tambours d'argent) de l'écu de Tabourot, se voyaient parfaitement, et, à sa droite, sur l'écusson de sa femme Gabrielle Chiquot de Monpasté, on distinguait trois merlettes.

Ajoutons que cette tombe, qui mesure 2 m. 35 cent. de long sur 1 m. 30 cent. de large, est placée dans l'entrecolonnement de la quatrième travée à droite de l'église Saint-Bénigne.

2° Quel fut le père d'Estienne Tabourot, seigneur de Véronnes ?

Nous lisons dans les *Matériaux*, page 99 :

« Tabourot, seigneur de Véronnes, était fils de Pierre

Tabourot, vicomte Maïeur de Dijon, de 1532 à 1533, architecte de mérite... »

C'est une erreur : elle a été propagée par M. Victor Dumay, ancien président de l'Académie des Sciences, Arts et Belles-Lettres de Dijon, maire de cette ville, auteur du supplément, avec additions, à la table générale de la deuxième édition de Courtépée (1).

On voit que notre collègue Albrier s'est trompé en bonne compagnie.

Pierre Tabourot, ci-dessus nommé, fut l'aïeul d'Estienne Tabourot, seigneur de Véronnes, si connu des bibliophiles sous le pseudonyme de *Seigneur des Accords*, lequel eut pour père « Noble et saige M^{tre} Guillaume Tabourot, docteur en droit, seigneur de la Tour de Saint-Apollinaire, conseiller du Roi, maître extraordinaire en sa chambre des comptes de Bourgogne, » et pour mère Bernarde Thierry.

Ces faits sont établis par une foule de documents qu'il serait trop long d'énumérer ici.

Ce Guillaume Tabourot ne se recommande pas seulement à nous comme père du spirituel auteur des *Touches* et des *Bigarrures*, mais encore par lui-même. Ce fut un jurisconsulte et un avocat éminent du parlement de Dijon, où il marcha de pair avec les Fyot et les Desbarres. J'ai sous la main une importante consultation, délibérée à Dijon, le 20 mars 1560, signée de ces trois avocats (2).

Guillaume Tabourot fut choisi pour juge de diverses seigneuries de Bourgogne. J'ai trouvé qu'il fut

(1) *Description de Bourgogne*, 1848, t. IV, p. 685, in-8.
(2) *Manuscrits et autographes bourguignons*. — Collection J.-P. Abel Jeandet (de Verdun).

bailly de Charney-sur-Saône, en 1553, puis investi, en 1554, par Laurent de Cenamy et Jehan de Collodio, de l'office, beaucoup plus important, de bailly de leur baronnie de Verdun et dépendances, qui comprenait, outre la ville de Verdun et sa banlieue, les prévôtés de Verjux, Sermesse et Damerey, et dont relevaient les appels des justices seigneuriales de Saint-Bonnet, de la Cosne, de la Barre-de-Bragny et des Cadots.

Son fils, le poète Estienne Tabourot, remplit cette même place après lui.

Grâce à ces particularités de la vie de Guillaume et de son fils Estienne, que j'ai découvertes, ces deux illustres Dijonnais appartiennent également à notre contrée, où l'exercice de leurs charges les appelait incessamment; à telles enseignes que le *Seigneur des Accords* composa trois livres de ses *Touches* à Verdun, d'où il dédia le premier livre, le x octobre 1585, « A PONTUS DE TYARD, *Seigneur de Bissy, conseiller et aumonier ordinaire du Roy, Evesque de Chalon* » (1).

Nous notons ce détail comme étude de mœurs de cette grande et curieuse époque.

Je crois devoir faire revivre le souvenir effacé du père d'Estienne Tabourot, en donnant ici son épitaphe; elle mérite cette reproduction, car elle a disparu du lieu, inconnu aujourd'hui, où elle fut placée il y a trois siècles, et de plus elle est l'œuvre de la piété filiale

(1) V. *les Touches du Seigneur des Accords*, à Paris, chez Jean Richer, 1585, et *Pontus de Thiard*, par J.-P. Abel Jeandet, p. 94-95.

d'Estienne Tabourot qui l'a publiée dans les *Bigarrures*, où elle gît presque ignorée (1).

DÉDIÉ
A LA POSTÉRITÉ

*Guillaume Tabourot, éloquent et célèbre advocat à la Cour,
Conseiller du Roy et Maistre extraordinaire en sa chambre des comptes
à Dijon. Après avoir vescu en honneur et réputation
entre les siens, recherché des grands Seigneurs,
chéry de ses semblables, honoré du peuple et généralement
aymé de tous, mourut aagé de XXXXV ans, cinq mois,
le xxiiij Juillet cɪɔ ɪɔ lxi. Au grand regret de sa patrie,
et douleur inestimable de Damoiselle Bernarde Thierry
sa femme, et de ses fils Estienne et Théodecte, qui
luy ont pour dernier office de piété faict faire ce tumbeau.*

Le second fils de Guillaume Tabourot, nommé dans cette épitaphe, fut chantre et chanoine de l'église cathédrale de Langres et official du diocèse, saintes fonctions qui ne l'empêchaient pas de se gaudir à la lecture des graveleuses *Bigarrures*, en tête desquelles il a placé, sous les initiales T. T. (Théodore Tabourot), une pièce de vers à la louange de l'auteur et de son livre.

Maintenant, il nous reste à rechercher la véritable date de la naissance d'Estienne Tabourot, et à savoir à quel âge il est mort.

Cette recherche paraîtra superflue après avoir lu dans son épitaphe : « il rendit l'âme..... en 1590, âgé de 45 ans », ce qui reporte sa naissance à l'année 1547.

Mais on en sentirait la nécessité si l'on avait, comme

---

(1) V. les *Bigarrures du Seigneur des Accords*, revues et augmentées de nouveau par l'auteur, à Paris, chez Jean Richer, 1584. *Des Epitaphes*, p. 239.

moi, sous les yeux deux portraits d'Estienne Tabourot, gravés en 1584, sur lesquels il est dit âgé de 35 ans. (Ætate 35 — 1584 (1), ce qui place sa naissance à l'année 1549 et sa mort à l'âge de 41 ans.

Entre ces témoignages recommandables, mais contradictoires, je n'ai pas hésité longtemps : j'ai donné raison à celui des portraits. Aussi dans mon *Pontus de Tyard* (2), où j'ai parlé de Tabourot; dans le recueil des *Poètes français* (3), pour lequel j'ai été chargé de composer son article, enfin dans la nouvelle *Biographie générale* (Firmin Didot), n'ai-je fait connaitre que la seule date de 1549 et l'âge de 41 ans.

Un siècle avant moi, un savant bibliographe bourguignon, l'abbé Philibert Papillon (4), avait agi de même à vue d'un des portraits de Tabourot gravé en 1584 ; les auteurs du grand *Dictionnaire de Moréri*, l'abbé Courtépée (*Description de Bourgogne*), l'auteur des *Annales Poétiques* (t. XI, 1778) ; Cl.-X. Girault (*Ess. histor. et Biogr. sur Dijon*), enfin MM. Ch. Muteau et Joseph Garnier (*Galerie Bourguignonne*), ont adopté cette date de 1549.

Ces estimables auteurs ne nous ont point fait con-

---

(1) *Galerie de portraits bourguignons anciens et modernes*, corrigés, classés et annotés par J.-P. Abel Jeandet (de Verdun).

(2) *Etude sur le* XVI° *siècle.* — *France et Bourgogne.* — *Pontus de Tyard, seigneur de Bissy,* etc. Ouvrage couronné par l'Académie de Mâcon et honoré d'une mention de l'Institut national de France. Paris, Auguste Aubry, 1860, in-8. (Imprimé par L. Perrin, de Lyon).

(3) V. les *Poètes français*, recueil des chefs-d'œuvre de la poésie française, etc., publié sous la direction de M. Eugène Crépet. Paris, Gide, 1861, in-8, p. 286.

(4) *Bibliothèque des auteurs de Bourgogne,* t. II, art. Tabourot (Etienne).

naitre les motifs de leur détermination ; je crois devoir exposer les miens. Beaucoup d'épitaphes sont entachées d'erreurs de dates, erreurs faciles à expliquer, et celle de Tabourot me parait être de ce nombre, ce que j'attribue autant à un oubli de ses fils et de sa veuve qu'à l'inadvertance de l'ouvrier chargé de graver cette épitaphe, car elle ne fut composée qu'en 1605 (1), c'est-à-dire quinze années après la mort de Tabourot. Et quelles années ? Des siècles pour ainsi dire, en tenant compte des événements, guerres civiles, crimes, larmes, misères, qui remplirent ces quinze années !

A la place des causes d'erreurs faciles à expliquer dans l'épitaphe de Tabourot, ses deux portraits n'offrent que des garanties. Ils furent gravés de son vivant, très probablement sous ses yeux, par ses soins et à ses frais. Peut-on supposer qu'un érudit et un lettré de sa force ignorât son âge, comme le commun des individus de cette époque? N'était-il pas trop jeune pour avoir besoin de se rajeunir ? s'il se fût glissé une erreur de date dans la gravure d'un des portraits, n'eût-elle pas été rectifiée dans l'autre ?

Depuis peu, j'ai recueilli un nouveau témoignage d'un plus grand poids encore que celui des deux portraits, pour ne pas dire un témoignage irrécusable ; c'est celui dans lequel je lis :

« Guillaume Tabourot, escuyer, seigneur de la Tour de Saint-Apollinaire, espousa D^{lle} Bernarde Thierry, en 1548 (2). »

---

(1) On lit dans Courtépée, 1606, c'est une erreur.
(2) Ce manuscrit du xviie siècle, sur papier, paraît être une copie revue et augmentée d'un manuscrit plus ancien ; il est intitulé : *Généalogie de MM. Tabourot, avec leurs alliances, à commencer en*

C'est, comme on le remarquera, un an après cette date que j'ai fixé la naissance d'Etienne Tabourot, premier enfant né de cette union, lequel serait venu au monde un an avant le mariage de ses parents, si on adoptait la date de 1547. Inutile d'ajouter combien nous sommes éloigné de porter une pareille atteinte à l'honneur de la mère du *Seigneur des Accords*.

Ce n'est point à la légère, on nous rendra cette justice, que nous nous sommes décidé à fixer la naissance d'Etienne Tabourot à l'année 1549, et sa mort à l'âge de 41 ans, contrairement à la date et au chiffre gravés sur son épitaphe. Le chercheur heureux, s'il se rencontre un jour, qui mettra la main sur l'acte de baptême d'Etienne Tabourot, pourra seul dire si nous avons commis ou rectifié une erreur.

L'érudit de la Monnoye, digne concitoyen du Seigneur des Accords et continuateur de ses traditions rabelaisiennes, a publié un fragment de l'épitaphe qui vient de nous occuper (1), l'antiquaire Girault, d'Auxonne, l'a signalée dans ses *Essais historiques et biographiques sur Dijon*, p. 114 ; enfin, elle a été traduite en français dans l'Almanach de Bourgogne, pour l'année 1857, p. 111 (2). Cependant, on pouvait la considérer comme inédite avant l'intéressante communication de notre

---

l'an 1420, auquel temps ils prirent leur origine dans le duché de Bourgogne, par Anthoine Tabourot et Alix Morisot, sa femme (*Manuscrits et autographes bourguignons*. Collection J.-P. Abel Jeandet, de Verdun).

(1) *Notes sur les jugements des savants*, par Adrien Baillet, t. VI, p. 308.

(2) Beaune, A. Lambert, imprimeur-éditeur. — Nous devons signaler une étrange étourderie de l'auteur de cet article. Après avoir eu l'excellente idée de publier un des portraits de Tabourot, avec l'indication Ætate, 35, 1584, il a écrit à côté, *né en 1547*.

collègue M. Albrier. Il a donc bien mérité de ses compatriotes et des bibliophiles de tous les pays, en appelant l'attention sur ce monument et en demandant la conservation de la pierre tumulaire de ce libre *Seigneur des Accords*, qui a laissé trace de son passage dans ce grand xvie siècle, où il fut l'un des représentants les plus originaux de l'esprit gaulois et du franc Bourguignon.... salé.

Nous terminons cette esquisse biographique sur le personnage le plus distingué qui occupa le siège du premier magistrat de la justice seigneuriale de Verdun, en faisant connaître le personnel et le ressort de cette justice au xvie siècle (1).

« Assises tenues au lieu de Verdun, le jeudi cinquième jour du mois d'avril après Pâques l'an 1554, par :

Noble homme et saige maistre Guillaume Tabourot, docteur es droiz et bailly dudit Verdun pour Messieurs Laurent de Cenamy et Jehan de Colodyo, seigneurs dudit Verdun et des dépendances. »

OFFICIERS EN LA CHATELLENIE DE VERDUN

Maître Estienne Coussin, châtellain.
Maître Claude Arcambault, lieutenant.
Itasse Gardien, procureur.
Anthoine Gardien, greffier.
Jean Bourgeot, Jean Roux, Hugues Bernoul, Millan du Fay, sergens.

PREVOSTÉZ EN LA SEIGNORYE DUDIT VERDUN

Les officiers en la prévosté de Verjux.

(1) Extrait du registre des causes de la Justice de Verdun, pour l'an 1554.

Les officiers en la prévosté de Sermesses.
Les officiers en la prévosté de Damerey.

AUTRES OFFICIERS

Des seigneurs, vassaux et subjets en fief, bailliage et ressort en la seignorye dudit Verdun.

Les officiers en la seigneurie de Sainct-Bonnet.

Les officiers des seigneurs de Labergement de Verdun (François Lappostole, juge audit Labergement).

Les officiers Du Bourget Donzeaul, à cause de la seignoirie Du Plain (Ledit Lappostole, juge).

Les officiers du seigneur de Senecey-en-Bresse (Ledit Lappostole juge).

Les officiers des seigneurs de la Cosne.

Les officiers des seigneurs de la Barre de Bragny, en ce qu'ils tiennent en fief à Saint-Maurice.

Les officiers des seigneurs tenans fief de Messeigneurs dudit Verdun au lieu de Damerey, à cause des Cadotz.

AVIS

AUX LECTEURS SÉRIEUX ET SYMPATHIQUES

Les seuls dont j'ambitionne les suffrages.

S'il plaît à Dieu de me rendre la santé compatible avec mes souffrances morales, et de m'accorder encore quelques jours de vie, je les emploierai à compléter ces fragments historiques par de nombreuses notes et plusieurs documents originaux.

Verdun-sur-Saône-et-Doubs (Saône-et-Loire),
22 décembre 1892.

J.-P. Abel Jeandet.
(De Verdun).

www.ingramcontent.com/pod-product-compliance
Lightning Source LLC
Chambersburg PA
CBHW050558230426
43670CB00009B/1169